Quo Vadis Profit Split?

Internationale Steuerlehre, Steuerrecht und Wirtschaftsprüfung

Herausgegeben von Andreas Dutzi

Band 16

Zur Qualitätssicherung und Peer Review der vorliegenden Publikation

Die Qualität der in dieser Reihe erscheinenden Arbeiten wird vor der Publikation durch einen Herausgeber der Reihe geprüft.

Notes on the quality assurance and peer review of this publication

Prior to publication, the quality of the work published in this series is reviewed by one of the editors of the series.

Gert Gilson

Quo Vadis Profit Split?

Eine holistische Relevanzanalyse der geschäftsvorfallbezogenen Gewinnaufteilungsmethode in Deutschland

PETER LANG

Berlin - Bruxelles - Chennai - Lausanne - New York - Oxford

Bibliografische Information der Deutschen Nationalbibliothek
Die Deutsche Nationalbibliothek verzeichnet diese Publikation in der Deutschen Nationalbibliografie; detaillierte bibliografische Daten sind im Internet über http://dnb.d-nb.de abrufbar.

Zugl.: Siegen, Univ., Diss., 2024

D 467
ISSN 2191-1223
ISBN 978-3-631-92149-4 (Print)
E-ISBN 978-3-631-92151-7 (E-PDF)
E-ISBN 978-3-631-92152-4 (E-PUB)
DOI 10.3726/b21979

Verlegt durch: Peter Lang GmbH, Berlin, Deutschland

info@peterlang.com http:www.peterlang.com

Diese Publikation wurde begutachtet.

Geleitwort

Verrechnungspreise haben aus betriebswirtschaftlicher Perspektive seit jeher eine hohe Relevanz für die Steuerung von Organisationen. Dies gilt insbesondere in Hinblick auf steuerliche Effekte, die mit Verrechnungspreisen einhergehen können. So können durch die Gestaltung von Verrechnungspreisen Gewinne auf andere Konzerngesellschaften verlagert werden, die ihren Sitz in steuerlich attraktiveren Jurisdiktionen haben und/oder steuerliche Bemessungsgrundlagen von Unternehmen mit Sitz in steuerlich weniger attraktiven Jurisdiktionen reduziert werden. Solche Maßnahmen werden in der öffentlichen Debatte inzwischen als sozial unerwünschtes Verhalten eingeordnet und im Zuge der mehr und mehr geforderten Ausrichtung von Unternehmen auf Nachhaltigkeit und gesellschaftlicher Verantwortung (CSR) abgelehnt.

Auch der Gesetzgeber sowie der Fiskus haben ein sehr großes Interesse das schädliche Gestaltungspotenzial zu minimieren, das mit der Nutzung von Verrechnungspreisen für unternehmensinterne Transaktionen einhergeht, ohne die betriebswirtschaftlich gebotenen Funktionen von Verrechnungspreisen über Gebühr einschränken zu wollen. So wurde z.B. im Rahmen des sog. Base Erosion and Profit Shifting-Projekts (BEPS) von den Staaten der OECD und der G20-Gruppe ein Aktionsplan mit 15 Maßnahmen im Jahr 2015 vorgestellt, die von den Mitgliedsländern umgesetzt werden sollen, um künftig über klare Regeln für den bestehenden internationalen Steuerwettbewerb zu verfügen sowie gleichzeitig, die nationalen Steuerrechtssysteme besser aufeinander abzustimmen. Vorgaben zu der Gestaltung und Dokumentation von Verrechnungspreisen bilden darin eine zentrale Thematik, was deren Bedeutung nochmals unterstreicht.

Auch wenn auf deutscher bzw. internationaler Seite bereits umfassende Verrechnungspreisregelwerke vorliegen, verbleiben nach wie vor Gestaltungsoptionen in Bezug auf die Annahmen wie auch hinsichtlich der Methoden zur Bestimmung von Verrechnungspreisen. Überdies stellen sich infolge der hohen Bedeutung von immateriellen Werten und digitaler Geschäftsmodelle weitergehende Fragen, die von den aktuell präferierten Verrechnungspreismethoden nicht vollumfänglich gelöst werden. In dieser Hinsicht wird zuletzt vermehrt auf die geschäftsvorfallbezogene Gewinnaufteilungsmethode bzw. Profit Split Methode verwiesen, die zur Lösung solcher Fragestellungen grundsätzlich geeignet erscheint. Inwieweit diese Methode indes tatsächlich zur Lösung dieser Fragestellungen beitragen kann, ist offen und daher auch Gegenstand der

Untersuchung von Herrn Dr. Gert Gilson. Da bislang weder eine umfassende Bestandsauswertung der Erkenntnisse über die Profit Split Methode, noch eine tiefergehende Analyse ihrer potenziellen Problemfelder aus der Praxis vorliegen, greift diese Untersuchung eine erkennbare Forschungslücke auf, deren Relevanz aus wirtschaftswissenschaftlicher Perspektive offenkundig ist.

Die Lektüre der von Herrn Dr. Gert Gilson durchgeführten Untersuchung ist damit nicht nur Personen aus dem Bereich der steuerberatenden Berufe, sondern gleichsam auch aus dem Bereich der Finanzverwaltung mit Nachdruck zu empfehlen. Überdies finden sich in der Untersuchung auch weitergehende Fragestellungen, mit denen sich die betriebswirtschaftliche wie auch steuerrechtliche Forschung künftig beschäftigen sollte.

Siegen, März 2024

Prof. Dr. Andreas Dutzi
Universität Siegen

Vorwort

Die vorliegende Arbeit wurde am 5. Juli 2023 der Wirtschaftswissenschaftlichen Fakultät der Universität Siegen als Dissertation vorgelegt. Das Promotionsverfahren wurde mit der Disputation am 22. Januar 2024 erfolgreich abgeschlossen. Der Rechtsstand der Dissertation ist Juli 2023.

Mein Dank gilt meinem Doktorvater, Prof. Dr. Andreas Dutzi, der mich als externen Doktoranden angenommen und betreut hat. Prof. Dr. Martin Thomsen danke ich für die kurzfristige Übernahme des Zweitgutachtens und Prof. Dr. Gerd Morgenthaler für die Übernahme des Vorsitzes der Promotionskommission. Darüber hinaus gilt mein Dank den zahlreichen Kolleg*innen, die mich in dieser Zeit mit Rücksichtnahme begleitet haben sowie allen Teilnehmer*innen des Experteninterviews.

Ein besonderer Dank gilt Dr. Franziska Ferdinand und David Busemann für ihre wertvolle Unterstützung in den letzten Jahren. Beide haben mich während des gesamten Entstehungsprozesses dieser Untersuchung begleitet und sowohl fachlich als auch menschlich sehr wertvolle Ratschläge geleistet.

Die Doppelbelastung einer externen Promotion wäre ohne mein großartiges soziales Umfeld nicht denkbar gewesen. Mein besonderer Dank gilt daher meinem Bruder Andreas und all meinen Freunden. Es sind zu viele Namen für dieses Vorwort. Ich danke von Herzen für all das Verständnis, die bedingungslose Unterstützung und den Verzicht auf gemeinsame Zeit. Das gilt ganz besonders für meine Eltern Sabine und Birger. Ohne euch würde diese Arbeit nicht existieren und deshalb widme ich sie euch.

München, Februar 2024 *Gert Gilson*

Inhaltsverzeichnis

Abbildungsverzeichnis

Tabellenverzeichnis

Abkürzungsverzeichnis

Abs.	Absatz
ACCR	The Accounting Review (Zeitschrift)
AO	Abgabenordnung
APA	Advance-pricing-agreement
Art.	Artikel
AStG	Außensteuergesetz
ATAD	Anti-Tax-Avoidance-Direction
BEPS	Base Erosion and Profit Shifting
BewG	Bewertungsgesetz
BFH	Bundesfinanzhof
BGBl.	Bundesgesetzblatt
BMF	Bundesministerium der Finanzen
BMWi	Bundesministerium für Wirtschaft und Energie
BR	Deutscher Bundesrat
BsGaV	Betriebsstättengewinnaufteilungsverodnung
BStBl.	Bundessteuerblatt
BT	Deutscher Bundestag
BVerfG	Bundesverfassungsgericht
BZSt	Bundeszentralamt für Steuern
bzw.	beziehungsweise
CAPM	Capital-asset-pricing-model
CbCR	Country-by-country-reporting
COM	Europäische Kommission
CPSM	Contribution-profit-split-method/ Beitragsorientierte PSM
d.h.	Das heißt
DB	Der Betrieb (Zeitschrift)/ deutsche Nationalbibliothek
DBA	Doppelbesteuerungsabkommen
DCF	Discounted-cash-flow
DEMPE	Development, Enhancement, Maintenance, Protection, Exploitation
DStR	Deutsches Steuerrecht (Zeitschrift)
EBIT	Earnings-before-interest-and-taxes
EBITDA	Earnings-before-interest-and-taxes-depreciation and amortization
EFG	Entscheidungen der Finanzgerichte (Zeitschrift)

EStG	Einkommensteuergesetz
et al.	Et alii, und andere
EU	Europäische Union
EuGH	Europäischer Gerichtshof
EUJTPF	EU-Joint-Transfer-Pricing-Forum
f.	Folgend(e)
FAR	Funktions- und Risikoanalyse
FDI	Foreign-Direct-Investment
ff.	fort folgend(e)
FG	Finanzgericht
FR	Finanzrundschau (Zeitschrift)
FV	Fremdvergleich
FVerlV	Funktionsverlagerungsverordnung
FVG	Fremdvergleichsgrundsatz
G20	Group-of-twenty
GAufzV	Gewinnabgrenzungsaufzeichnungs-Verodnung
GKKB	Gemeinsame Konsolidierte Körperschaftsteuer Bemessungsgrundlage
GPSM	Formulary-profit-split-method/ Global-Formelbasierte PSM
GuV	Gewinn- und Verlustrechnung
HGB	Handelsgesetzbuch
ICIJ	Internationales Konsortium Investigativer Journalisten
idR	In der Regel
IDW	Institut der Wirtschaftsprüfer in Deutschland e.V.
IFA	International Fiscal Association
IFRS	International Financial Reporting Standards
Insb.	Insbesondere
IRS	Internal Revenue Service (USA)
iSd	Im Sinne des
IStR	Internationales Steuerrecht (Zeitschrift)
IT	Informationstechnologie
ITPJ	International Transfer Pricing Journal (Zeitschrift)
iVm	In Verbindung mit
IWB	Internationales Steuer- und Wirtschaftsrecht (Zeitschrift)
JR	Juris
KG	Kodierungsgruppe
KStG	Körperschaftsteuergesetz
lit.	Buchstabe

MAP	Mutual-agreement-procedure/Verständigungsverfahren
MNE	Multinational Enterprises/Multinationale Unternehmensgruppe
MS	Metasynthese
NJW	Neue Juristische Wochenschrift (Zeitschrift)
Nr.	Nummer
OECD	Organisation of Economic Cooperation and Developement
OECD-MA	OECD Musterabkommen vom 21. November 2017
OECD-TPG	OECD Verrechnungspreisleitlinien für multinationale Unternehmen und Steuerverwaltungen von Januar 2022
OECD-TPG 2010	OECD Verrechnungspreisleitlinien für multinationale Unternehmen und Steuerverwaltungen von Juli 2010
OECD-TPG 2017	OECD Verrechnungspreisleitlinien für multinationale Unternehmen und Steuerverwaltungen von Juli 2017
OECD-TPG 1979	OECD Verrechnungspreisleitlinien für multinationale Unternehmen und Steuerverwaltungen von Mai 1979
OECD-TPG 1995	OECD Verrechnungspreisleitlinien für multinationale Unternehmen und Steuerverwaltungen von Juli 1995
PLI	Profit-level-indicator
PSM	Profit Split Methode/ Geschäftsvorfallbezogene Gewinnaufteilungsmethode
RBV	Ressource-based-view
RGPSM	Überarbeitete OECD-Leitlinien zur Anwendung der PSM vom 21. Juni 2018
Rn.	Randnummer
ROA	Return-on-asset
RPSM	Residual-profit-split-method/ Residualorientierte PSM
S.	Seite
SLR	Systematischer Literatur Review
SME	Small-and-medium-sized enterprises
sog.	Sogenannte
TEUR	Tausend Euro
TNMM	Transational-net-margin-method/ Geschäftsvorfallbezogene Nettomargenmethode
Tz.	Textziffer
u.a.	unter anderem
Ubg	Die Unternehmensbesteuerung (Zeitschrift)
UN	Vereinte Nationen

UN-Model	United nations model double taxation convention 2021
USA	Vereinigte Staaten von Amerika
US-GAAP	United States Generally Accepted Accounting Principles
v.a.	vor allem
VHB	Verband der Hochschullehrer für Betriebswirtschaft
Vol.	Volume (Band)
VP	Verrechnungspreis(e)
VWG 05	BMF Verwaltungsgrundsätze-Verfahren vom 12.04.2005
VWG 20	BMF Verwaltungsgrundsätze vom 03.12.2020
VWG 21	BMF Verwaltungsgrundsätze Verrechnungspreise vom 14.07.2021
VWG 23	BMF Verwaltungsgrundsätze Verrechnungspreise vom 06.06.2023
VWG 83	BMF Verwaltungsgrundsätze vom 23.02.1983
WPg	Die Wirtschaftsprüfung (Zeitschrift)
WTJ	World Tax Journal (Zeitschrift)
z.B.	zum Beispiel
ZEW	Zentrum für Europäische Wirtschaftsforschung
Zzgl.	Zuzüglich

1 Einleitung

1.1 Problemstellung und Zielsetzung der Untersuchung

Diese Untersuchung thematisiert das Fachgebiet der steuerlichen Verrechnungspreise. Das Forschungsobjekt ist die geschäftsvorfallbezogene Gewinnaufteilungsmethode beziehungsweise (bzw.) die Profit-Split-Methode (PSM) in Deutschland.[1]

Verrechnungspreise stehen in einem Spannungsfeld aus steuerlichen und politischen Interessen sowie multiplen betriebswirtschaftlichen Funktionen. Folglich existieren bei der Bestimmung von Verrechnungspreisen stets Interessengegensätze und inhärente Zielkonflikte.[2] Das gilt im besonderen Maße für Verrechnungspreise im steuerlichen Kontext, da Steuern und Verrechnungspreise faktisch in jeder Unternehmensgruppe existieren. Dieses Spannungsfeld erklärt die obskure Prominenz steuerlicher Verrechnungspreise in der öffentlichen Wahrnehmung. Sie werden medial häufig mit Steuerflucht, Steueroasen und Steuervermeidung kontextualisiert und regelmäßig auf Steuersparmodelle internationaler Konzerne reduziert.[3] Die Veröffentlichung diverser Steuerleaks bestärkten diese Perspektive, da hierdurch die steuerlichen Gestaltungspotenziale von Verrechnungspreise für eine breite Öffentlichkeit einsehbar wurden.[4] Das erklärt, weshalb Verrechnungspreise seit Jahren auf der Agenda investigativer Journalisten[5] stehen und – spätestens seit dem Jahr 2013 – auf sämtlichen Ebenen der internationalen Politik, wie der Organisation für wirtschaftliche Zusammenarbeit und Entwicklung (OECD), der Europäischen Union (EU), G20, G7/8 und den Vereinten Nationen (UN) als steuerliches

1 Der Rechtsstand ist Juli 2023.

2 Behrens/Feuerlohn (2018), S. 258 ff., S. 316 ff., Rieke (2015), S. 230 ff., Bauer/Langenmayr (2013), S. 326 ff.

3 Die Zeit (2013), Frankfurter Allgemeine Zeitung (2013), Handelsblatt (2016), Devereux/Vella (2014), S. 2, Heidecke/Schmidkte/Wilmanns (2017), S. Vff.

4 Reif (2021), S. 19, insb. die durch das Internationale Konsortium Investigativer Journalisten (ICIJ) veröffentlichten Steuerleaks, wie die Offshore Leak Datenbank im Jahr 2013, der Luxemburg Leaks im Jahr 2014, der Panama Paper im Jahr 2016, der Paradise Paper im Jahr 2017 und der Pandora Paper im Jahr 2021.

5 Um die Lesbarkeit zu verbessern, bezieht sich das in dieser Untersuchung gewählte generische Maskulinum zugleich auf die männliche, die weibliche und andere Geschlechteridentitäten. Für Zitation von mehr als zwei Autoren wird im Fließtext stets et alii (et al.) verwendet.

Gestaltungsinstrument proklamiert werden.[6] Primärziel dieser politischen Bemühungen war es, unerwünschte Gestaltungsspielräume zu reduzieren, was letztlich in weitgehende Reformen der Verrechnungsregelwerke und des internationalen Steuerrechts mündete. Prägend hierfür war die Zusammenarbeit von OECD und den G-20-Staaten im Rahmen des Base-Erosion-and-Profit-Shifting-Projektes (BEPS-Projekt).[7] Die politische Brisanz des Themas basiert auf einer ökonomischen Signifikanz, denn unternehmensinterne Leistungsbeziehungen sind ein globaler Wirtschaftsfaktor.[8] Die Forschung in diesem Bereich belegt, dass mit steueroptimierten Verrechnungspreisen unternehmerische Gewinne (partiell) in verschiedene Jurisdiktionen verlagert werden können (Profit-Shifting) oder steuerliche Bemessungsgrundlagen gezielt reduziert werden können (Base-Erosion).[9]

Diametral zur öffentlichen Wahrnehmung ist es wissenschaftlich nicht sachgerecht Verrechnungspreise auf den missbräuchlichen Anteil zu reduzieren. Verrechnungspreise sind mehr als ein steuerliches Gestaltungsinstrument multinationaler Unternehmensgruppen (MNE), sondern stellen vielmehr ein betriebswirtschaftliches Erfordernis dar.[10] Ihre Existenz als traditionell betriebswirtschaftliches Steuerungswerkzeug ist eine ökonomische Notwendigkeit, die durch eine langjährige wissenschaftliche Historie untermauert wird.[11] Sie fundiert unter anderem (u.a.) auf der Habilitationsschrift von Schmalenbach aus dem Jahr 1903 sowie seiner ausführlichen Stellungnahme über die Notwendigkeit konzerninterner Verrechnungspreise im Jahr 1908.[12] Darüber hinaus wurde das heutige Verständnis von Verrechnungspreisen insbesondere (insb.) durch den Transaktionskostenansatz von Coase und Williamson sowie den theoretischen Grundlagen der unternehmerischen Dezentralisationsstrategie von Cook und Dean im Jahr 1955 geprägt.[13] Ferner war die Existenz von Verrechnungspreisen ausschlaggebend für die Entwicklung von Grundprinzipien des internationalen Steuerrechts.[14]

---

6 Henn (2017), S. 15 ff.

7 OECD (2017).

8 Schwarz/Stein (2018), S. 32.

9 Sikka/Willmott (2010), S. 351–354, Rathke/Rezende/Wartin (2020), S. 151, Wier (2020), S. 3 ff.

10 Ditz/Eberenz/Bärsch/Kluge/Müller/Palmer/Schröder (2019), S. 1044.

11 Corlaciu (2013), S. 1182 ff., Ditz (2015), S. 118.

12 Schmalenbach (1908), S. 168, Ewert/Wagenhofer (2007), S. 1060.

13 Coase (1937), Williamson (1975), Williamson (1985), Corlaciu (2013), S. 1184.

14 Li (2002), S. 858, Fuss (2019), S. 1 ff.

Ungeachtet der wissenschaftlichen Historie von Verrechnungspreisen, verändert sich die wirtschaftliche Praxis schneller als das Recht. Diese Divergenz begründet die Notwendigkeit, Regelwerke stetig zu evaluieren. Das gilt auch für das internationale Steuerrecht und in diesem Kontext insb. für die Verrechnungspreisregulation. Ein wesentlicher Grundsatz dieser Regelwerke ist der Fremdvergleichsgrundsatz. Dieser stammt in den Grundzügen aus den 1920er Jahren – also weit vor Beginn der Globalisierung und der Kommerzialisierung des Internets – und wurde lange Zeit kaum weiterentwickelt, was seit seiner Begründung bis heute Gegenstand zahlreicher Debatten in Wissenschaft und Praxis ist.[15] Der Fremdvergleichsgrundsatz agiert als Interessenskorrektiv, indem er die Bestimmung von Verrechnungspreisen an das tatsächliche Verhalten fremder Dritter angleichen soll. In der praktischen Anwendung stößt dieses Prinzip jedoch regelmäßig an Grenzen, sofern ein Vergleich mit fremden Dritten nicht möglich ist. Das gewinnt gegenwärtig an Relevanz, da eine zunehmende Digitalisierung der Wirtschaft vermehrt einzigartige immaterielle Werttreiber mit individuellen ökonomischen Charakteristika[16] und global-dezentralisierte Geschäftsmodellen hervorbringt, bei welchen eine Abbildung durch einseitige Verrechnungspreismethoden fraglich erscheint und eine Vergleichbarkeit nicht immer gewährleistet ist.[17] In solchen Fällen kann der Fremdvergleichsgrundsatz mangels Referenzwert oder aufgrund von Limitationen einseitiger Verrechnungspreismethoden ins Leere laufen, wodurch erhebliche Unsicherheiten, Doppelbesteuerungsrisiken sowie Konfliktpotenziale zwischen Steuerpflichtigen und Finanzverwaltungen entstehen können.[18] Diese Herausforderungen bestärken Reformdebatten in Bezug auf den Fremdvergleichsgrundsatz.[19] Es fehlt derzeit an konsensfähigen und zugleich praxisfähigen Alternativen zum Fremdvergleichsgrundsatz. Mögliche Alternativen,

---

15 Ting/Gray (2019), S. 1664, Schön (2009), S. 67, Herzfeld (2017), S. 7–10, Devereux/Vella (2014), S. 4. Mit Rechtsstand Juli 2023 werden die Reformbestrebungen der OECD anhand von Pillar 1 und 2 bewusst vernachlässigt.

16 Greil/Schwarz/Stein (2018), S. 3, Li (2002), S. 835, Ballivet (2020), S. 128, Benshalom (2009), S. 670, Musselman (2020), S. 70 f., OECD-TPG, Tz. 2.180, Kroppen/Rasch (2022), OECD Chapter II, Tz. 2.143, Kapitel 2, Teil III, Rn. 581.

17 Greil/Fehling (2017), S. 760 f., Graetz/Doud (2012), S. 349 f. sowie S. 363 ff., Deloitte (2016), S. 4, COM (2017), S. 7, PWC/ZEW (2017), S. 13 ff., Sikka/Willmott (2010), S. 351–354.

18 Brauner (2008), S. 157, Musselman (2020), S. 79, Postler (2019), S. 107, Olbert/Spengel (2017), S. 40, Kadet (2015), S. 1185, Reif (2021), S. 122 f.

19 Borkowski (2002), S. 11–14, Brauner (2008), S. 156.

wie eine global-formelbasierte Aufteilung, zeigen Mängel in Hinblick auf ihre Kohärenz sowie einen fehlenden wissenschaftlichen und politischen Konsens.[20]

In der Debatte um Alternativen wird mitunter übersehen, dass das gegenwärtige Verrechnungspreisregelwerk bereits potenzielle Lösungen für eine solche Evaluation beinhaltet, welche den existierenden internationalen Konsens wahren und das grundlegende System des Fremdvergleichsgrundsatzes beibehalten. Ein potenzieller Lösungsansatz hierfür ist die PSM.[21] Konkret gewährleistet die PSM im Vergleich zu anderen Methoden mehr Flexibilität innerhalb des Fremdvergleichsgrundsatzes, indem sie eine Einzelfallbetrachtung gestattet, sofern kein vergleichbarer Sachverhalt bzw. keine Vergleichsdaten existieren.

Der PSM kam in Wissenschaft und Praxis lange Zeit nur eine geringe Relevanz zu.[22] Im internationalen Kontext wurde die PSM verhältnismäßig spät als gleichwertige Verrechnungspreismethode akzeptiert.[23] In Deutschland wurde die PSM erstmals im Jahr 2005 durch die deutsche Finanzverwaltung genannt.[24] Hinzu kommt, dass gegenwärtig keine nationale Regulation, faktisch keine Verwaltungsanweisungen, keine Rechtsprechung, kein spezifisches nationales Regelwerk oder Gesetz zur praktischen Anwendung der PSM existieren. Das macht die PSM faktisch zu einer Regulierungslücke des deutschen Steuerrechts.[25] Die Wissenschaft vermag es derzeit nicht die damit einhergehenden Unsicherheiten zu reduzieren. Denn international existieren nur wenige Erkenntnisse über die praktische Anwendung der PSM.[26] Umso mehr erstaunt es, dass im Jahr 2021 die gesetzliche Anerkennung der PSM als gleichwertige Verrechnungspreismethode in Deutschland erfolgte.[27] Für Steuerpflichtige, Berater und Finanzverwaltung führt diese Divergenz aus einer zunehmenden praktischen Relevanz der PSM und unklaren Anwendungsregeln erhebliche

20 Chand/Wagh (2014), S. 402, Fuss (2019), S. 393 ff., Reif (2021), S. 59, Devereux/Vella (2014), S. 19, Li (2002), S. 842, Greil (2017), S. 627, Gordon/Wilson (1986), S. 1357–1372, Schoueri (2015), S. 701.

21 Russo/Karnath (2019), S. 386, Stähli (2018), S. 280, PWC (2019), S. 53 f., Kobetsky (2019), S. 1087, Ballivet (2020), S. 126, S. 136, EUJTPF (2019), S. 8 und S. 15.

22 PWC (2019), S. 47, EUJTPF (2019), S. 4, S. 15.

23 Danon/Maisto/Chand/Cappelleri (2021), S. 25, 39 sowie Reif (2021), S. 63 ff.

24 BMF Verwaltungsgrundsätze-Verfahren vom 12.04.2005 (VWG 05), Tz. 3.4.10.3 lit. b, c, Oestreicher (2020), S. 245.

25 Reif (2021), S. 74.

26 Brähler (2014), S. 445, Vögele (2021), S. 588 f.

27 § 1 Abs. 3 Satz 5 AStG, Reif (2021), S. 106.

(Rechts-)Unsicherheiten bei der praktischen Anwendung der PSM.[28] Diese Unsicherheiten und die rudimentäre und heterogene wissenschaftliche Erforschung der PSM bergen erhebliche Konfliktpotenziale und Unsicherheit für die Praxis. Denn wenn unklar ist, wie eine gesetzlich verankerte Verrechnungspreismethode anzuwenden ist, kann ihre Lösungsfunktion in Frage gestellt werden. So ergibt sich neben Ziel- und Interessenskonflikten ein regulatives Spannungsfeld für die PSM mitsamt einer Forschungslücke. Bezüglich der praktischen Anwendung der PSM in Deutschland existieren bis dato keine wissenschaftlichen Erkenntnisse.

Die Zielsetzung dieser Untersuchung ist es den wissenschaftlichen Erkenntnisstand zur PSM zu erheben, zu dokumentieren, auszuwerten und um eine empirische Relevanzanalyse in Deutschland zu erweitern. Steuerliche Verrechnungspreise haben eine hohe wissenschaftliche, politische und ökonomische Relevanz. Ihre Interdisziplinarität und Multifunktionalität führen zu einer inhärenten Heterogenität des Fachgebiets und der entsprechenden wissenschaftlichen Beiträge. Letzteres erschwert eine wissenschaftliche Untersuchung und bekräftigt die Notwendigkeit, Homogenität für (zukünftige) wissenschaftliche Erkenntnisse zu schaffen.

Die vorliegende Untersuchung liefert eine grundlegende Analyse der praktischen Anwendung der PSM in Deutschland und die Schaffung homogenisierter wissenschaftlicher Erkenntnisse, auf deren Grundlage die praktische Anwendung der PSM, insb. in Deutschland, verbessert werden kann. Konkret werden existierende Unsicherheiten und Konflikte in Bezug auf die Anwendung der PSM, sowohl für Steuerpflichtige als auch die Finanzverwaltung untersucht, mit der Zielsetzung, Lösungsmöglichkeiten aufzuzeigen. Insb. soll erreicht werden, dass die Rechtssicherheit in der Anwendung der PSM auf Grundlage der im Rahmen dieser Untersuchung dargestellten Erkenntnisse verbessert werden kann, wodurch die Notwendigkeit aktueller praktischer Vorgehensweisen, z.B. in Form von Streitbeilegungsinstrumenten, bei denen eine entsprechende Rechtssicherheit faktisch erkauft werden muss, abgemildert werden könnten. Darüber hinaus soll die erarbeitete Transparenz als Orientierungspunkt für die zukünftige Erforschung und Regulation der PSM dienen. Die Erkenntnisse dieser Untersuchung können genutzt werden, um das existierende Recht an Entwicklungen in der wirtschaftlichen Praxis anzupassen und eine Regulierungslücke des deutschen Steuerrechtes zu schließen.

---

28 Schmalenbach Gesellschaft (2017), S. 40., Postler (2019), S. 107, Greil/Fehling (2017), S. 765, Mössner (2018), Rn. 4.296, PWC (2019), S. 47, EUJTPF (2019), S. 4, S. 15.

1.2 Methodik und Aufbau der Untersuchung

Die vorliegende Untersuchung nutzt eine iterative Kombination wissenschaftlicher Methoden, in Form von einer systematischen Literaturanalyse, einer Metasynthese und von Experteninterviews. Hierdurch wird der gegenwärtige Erkenntnisstand zur PSM erhoben, ausgewertet und um eine empirische Relevanzanalyse der PSM in Deutschland ergänzt. Dieses methodische Vorgehen ist insofern vorteilhaft, als dass die gewonnenen Erkenntnisse aus verschiedenen methodischen Perspektiven erfasst und ausgewertet werden, was dem interdisziplinären und multifunktionalen Charakter des Fachgebietes berücksichtigt.

Die politische und ökonomische Relevanz des Fachgebietes, insb. unter den dynamischen Einflüssen von Globalisierung und Digitalisierung, begründet eine stetige Evaluation der rechtlichen Rahmenbedingungen an die wirtschaftliche Praxis. Für die Weiterentwicklung dieser rechtlichen Grundlagen ist zunächst die Schaffung einer homogenen wissenschaftlichen Ausgangsbasis erforderlich, damit der derzeitige Erkenntnisstand zur PSM auf einer homogenen Grundlage analysiert und erweitert werden kann. Das erscheint notwendig, da der derzeitige wissenschaftliche Erkenntnisstand zur PSM heterogen ist, was insb. auf die Interdisziplinarität und Multifunktionalität des Fachgebietes zurückzuführen ist. Hinzu kommt, dass bisherige Forschungsarbeiten inhaltliche Inkonsistenzen in Bezug auf die Forschungsmethodik, die zugrundeliegende Forschungsdisziplin und der Abgrenzung des Forschungsobjektes PSM aufzeigen und derzeit signifikante Regulierungslücken in Verbindung mit einem Mangel an empirischen Erkenntnissen zur praktischen Anwendung der PSM existieren.

Methodischer Ausgangspunkt dieser Untersuchung ist eine ausführliche Darlegung und Strukturierung der fachlichen und rechtlichen Grundlagen der PSM. Bisherige wissenschaftliche Erkenntnisse zur PSM werden anschließend durch eine systematische Literaturanalyse erstmals erhoben, analysiert und in Form einer Metasynthese strukturiert und synthetisiert. Dabei kann die Existenz einer Forschungslücke zur PSM (in Deutschland) durch die systematische Literaturanalyse belegt und aufgezeigt werden, dass gegenwärtig kaum wissenschaftliche Grundlagen und Daten zur PSM in Deutschland vorliegen. Die fehlende Grundlagenforschung und Verfügbarkeit quantitativer Daten zur PSM begrenzt die Anwendungsqualität empirischer Forschungsmethoden. Infolgedessen wurden im Rahmen dieser Untersuchung qualitative Forschungsmethoden genutzt.

Konkret werden die bisherigen Praxiserfahrungen in Deutschland durch ein qualitatives Experteninterview mit Beratern und Vertretern der

Finanzverwaltung erhoben. Vorteilhaft an diesem Vorgehen ist, dass eine Überprüfung und Erweiterung des bisherigen Erkenntnisstandes möglich sind, ohne auf die Existenz von empirischen Daten angewiesen zu sein. Denn derzeit existieren weder eine homogene Ausgangsbasis noch eine öffentlich zugängliche Datengrundlage für empirische Forschungsarbeiten zur PSM in Deutschland. Die methodisch iterative Verknüpfung einer Literaturanalyse, Literatursynthese und von Experteninterviews ermöglicht sowohl eine deduktive Validierung des derzeitigen Erkenntnisstandes, als auch einen induktiven Erkenntnisgewinn, mit der Kernfrage nach Ursachen und Begründungen.

Darüber hinaus wird in Bezug auf die praktische Anwendung der PSM in Deutschland Transparenz geschaffen. Der derzeitige wissenschaftliche Erkenntnisstand zur praktischen Anwendung der PSM in Deutschland ist insoweit bisher nicht ausreichend, um die im Rahmen dieser Untersuchung verfolgte Zielsetzung einer Fortentwicklung der Praktikabilität der PSM zu ermöglichen.[29] Die praktische Anwendung der PSM ist derzeit eine Ermessensentscheidung, welche häufig unter Nutzung von Hilfsmitteln erfolgt, um möglichst intersubjektiv-konsensfähige Lösungen zu erarbeiten und Ergebnisse tendenziell zu objektivieren. Zudem belegen bisherige Erkenntnisse eine pluralistische Anwendungsheterogenität und fehlende Kohärenz in der derzeitigen praktischen Anwendung der PSM.[30] In dem deutschen Regelwerk ist die PSM bislang nur unzureichend geregelt, woraus sich umfangreiche (Rechts-) Unsicherheit bei der praktischen Anwendung dieser Methode ergeben. Konträr dazu nimmt die Praxisrelevanz der PSM nachweislich zu und im Fachschrifttum wird vermehrt eine Standardisierung der PSM insb. in Verbindung mit (iVm) immateriellen Werten und der Digitalökonomie gefordert.[31] Für eine derartige Weiterentwicklung oder Standardisierung bedarf es jedoch zunächst einer Kenntnis über die gegenwärtige praktische Anwendung der PSM.

Sowohl für die Wissenschaft als auch für die Praxis leistet die im Rahmen dieser Untersuchung durchgeführte Analyse der Anwendung und Anwendbarkeit der PSM einen Beitrag. Derzeit ist weitgehend intransparent, wie die PSM in der Praxis angewendet wird, welche Verbesserungspotenziale das derzeitige Regelwerk hat und welche wissenschaftlichen Erkenntnisse derzeit zur

29 PWC (2019), S. 47, EUJTPF (2019), S. 4, S. 15.

30 EUJTPF (2018), S. 4–8.

31 EUJTPF (2018), S. 2, 8 und 15, Russo/Karnath (2019), S. 386, Stähli (2018), S. 280, PWC (2019), S. 53 f., Kobetsky (2019), S. 1087, Ballivet (2020), S. 126, S. 136, Russo/Karnath (2019), S. 381.

PSM existieren. Darüber hinaus ist unklar, ob Konsenspotenziale innerhalb der praktischen Anwendung der PSM in Deutschland existieren und wie das derzeitige Regelwerk unter Berücksichtigung der wirtschaftlichen Praxis evaluiert werden könnte. Die Divergenz aus einer zunehmenden Praxisrelevanz, einem vergleichsweise geringen Erkenntnisstand iVm einem Mangel an praxisorientierter Regulation ist der Anlass für diese Untersuchung.

Die vorliegende Untersuchung besteht aus insgesamt fünf Kapiteln. Kapitel 2 zeigt die Relevanz von steuerlichen Verrechnungspreisen und erläutert Hintergründe sowie Grundlagen des Fachgebietes. Hierfür werden zunächst die Interdisziplinarität und die Multifunktionalität von Verrechnungspreisen erläutert. Anschließend werden der Fremdvergleichsgrundsatz, existierende Verrechnungspreismethoden, das nationale Regelwerk Deutschlands sowie Instrumente der Konfliktvermeidung dargelegt.

In Kapitel 3 folgen die Erhebung, Dokumentation und Auswertung des derzeitigen wissenschaftlichen Erkenntnisstandes zur PSM. Dabei wird der gegenwärtige wissenschaftliche Erkenntnisstand zunächst durch eine systematische Literaturrecherche und Literaturanalyse erhoben und dokumentiert. Anschließend werden die Erkenntnisse in Form einer Metasynthese inhaltlich strukturiert und ausgewertet. Diese Metasynthese beinhaltet eine wissenschaftliche Standortbestimmung, eine Darstellung der Regulationshistorie sowie des aktuellen Regelwerkes auf nationaler und internationaler Perspektive, eine Erläuterung und Würdigung der Auslegung von Anwendungsindizien, eine Darlegung von Ausprägungsformen sowie eine Abgrenzung zu formelbasierten Ansätzen, eine Erläuterung von Anwendungsherausforderungen und Sonderfällen bei der praktischen Anwendung, eine Ausarbeitung potenzieller konsensorientierter Hilfsmittel sowie eine Auswertung bisheriger empirischer Relevanzanalysen der PSM. Anschließend werden die Erkenntnisse der Metasynthese in prüfbare Thesen überführt.

In Kapitel 4 folgt eine Datenerhebung in Form von Experteninterviews. Zunächst werden die Vorgehensweise sowie die Auswertungs- und Analysemethodik dargestellt und begründet. Auf dieser Grundlage werden die Thesen der Metasynthese durch die erhobenen Daten anschließend ausgewertet und in Ergebnissynthesen überführt. Dabei wird der derzeitige wissenschaftliche Erkenntnisstand deduktiv validiert und induktiv erweitert. Zudem wird eine Schnittmengenanalyse durchgeführt, um etwaige Konsenspotentiale zu identifizieren. In Kapitel 5 folgen eine Ergebniszusammenfassung, die Darstellung von Forschungslimitationen sowie ein Ausblick dieser Untersuchung.

2 Grundlagen steuerlicher Verrechnungspreise

2.1 Definition von Verrechnungspreisen

Kapitel 2 beginnt mit einer Einführung in das Fachgebiet in Form von Begriffsdefinitionen (Kapitel 2.1) und einer Relevanz- und Umfeldanalyse (Kapitel 2.2) zu steuerlichen Verrechnungspreisen. Anschließend werden die Interdisziplinarität (Kapitel 2.3) und die Multifunktionalität (Kapitel 2.4) von steuerlichen Verrechnungspreisen erläutert. Es folgen Grundlagen zum Fremdvergleichsgrundsatz (Kapitel 2.5), verschiedener Verrechnungspreismethoden (Kapitel 2.6) sowie dem nationalen Regelwerk (Kapitel 2.7) und Verrechnungspreiskonflikten (Kapitel 2.8). Zunächst wird der Begriff steuerlicher Verrechnungspreise definiert.

Für diese Untersuchung wurden drei Definitionen für den Terminus VERRECHNUNGSPREISE (VP) ausgewählt. Ausgangspunkt ist die erste Definition von SCHMALENBACH aus dem Jahr 1908. Gefolgt von einer kumulativen Definition von TRANG, welche das internationale Fachschrifttum zwischen den Jahren 1955 bis 2018 repräsentiert. Abschließend folgt eine regulatorische Definition der derzeitigen OECD-Verrechnungspreisleitlinien für multinationale Unternehmen und Steuerverwaltungen vom 20. Januar 2022 (OECD-TPG).[32] Die nachfolgende Tabelle zeigt die Ergebnisse.

Tabelle 1: Definitionsübersicht zu Verrechnungspreisen

Quellen	Definition für Verrechnungspreise
SCHMALENBACH (1908)[33]	„eigenartige Preise, die sich aus der Bewertung innerbetrieblicher Leistungstransfers ergeben“
TRANG (2016) nach COOK (1955), DEAN (1955) und HIRSCHLEIFER (1956)[34]	„Basically, transfer price can be defined as the price that one segment of an organization sets to sell products or services to another segment of the same organization“

(wird auf nächster Seite fortgeführt)

32 OECD-TPG (2022).

33 Schmalenbach (1908), S. 167.

34 Trang (2016), S. 18, mit Definitionen von Cook (1955), Dean (1955), Hirschleifer (1956).

Tabelle 1: Fortsetzung

Quellen	Definition für Verrechnungspreise
OECD-TPG (2022)[35]	„Verrechnungspreise sind Preise, zu denen ein Unternehmen physische Waren oder immaterielle Wirtschaftsgüter an verbundene Unternehmen liefert bzw. Dienstleistungen für verbundene Unternehmen erbringt"

Tabelle 1 zeigt eine inhaltlich nahezu deckungsgleiche Schnittmenge der Definitionen. Das belegt, dass über die gesamte Forschungshistorie des Fachgebietes ein Konsens für die Definition von VP existiert. Auf Grundlage dieses Konsenses wird die Definition von VP im Rahmen dieser Untersuchung nicht erörtert. Denn in allen drei Definitionen ist die Quintessenz stets die Bewertung unternehmensinterner Leistungen.[36] Folglich ist der deutsche Wortlaut VERRECHNUNGSPREIS unglücklich gewählt, da er keine eindeutige grammatikalische Auslegung auf die Bewertung unternehmensinterner Leistungen gestattet.[37]

VP sind Wertansätze für Leistungsverflechtungen innerhalb von Unternehmen und Konzernen. Ein Spezifikum von (steuerlichen) VP ist, dass ein Interessensgegensatz im Unternehmensverbund eingeschränkt ist oder vollständig fehlt.[38] Denn unternehmensinterne Transaktionsparteien werden häufig von einer gesellschaftsrechtlich oder wirtschaftlich übergeordneten Einheit dominiert und sind, ungeachtet einer rechtlichen Selbstständigkeit, faktisch unselbstständig oder weisungsgebunden.[39] Das kann die regulative Wirkung der Marktmechanismen außer Kraft setzen.[40] Folglich entstehen VP nicht über den Mechanismus von Angebot und Nachfrage freier Märkte, sondern sind Subjekt einer zweckorientierten Bewertung durch unternehmensinterne Transaktionspartner.[41] Das ermöglicht (steuerliche) Gestaltungsspielräume.[42]

35 OECD-TPG, Einführung, Tz. 11.

36 Baldenius/Melumad/Reichelstein (2004), S. 591, Rieke (2015), S. 7, Reif (2021), S. 7.

37 Duden (2022): Denn eine Verrechnung kann in der deutschen Sprache auch als Gegenrechnung oder Aufrechnung verstanden werden. Das Präfix ver- iVm Substantiven bedeutet zunächst, dass eine Sache zu etwas gemacht wird, in einen bestimmten Zustand versetzt, in etwas umgesetzt oder mit etwas versehen wird.

38 Reif (2021), S. 17 f., Bernhardt (2014), S. 36.

39 Ditz et al. (2019), S. 1044.

40 Reif (2021), S. 18.

41 Schwarz/Stein (2019), S. 23, Wassermeyer (2015), Kapitel 34, Rn. 1.

42 Dies führt zu steuerlichen Implikationen, da Rechnungswesen und Steuerrecht unmittelbare Wechselwirkungen aufzeigen, insb. gemäß des Maßgeblichkeitsprinzip nach § 5 Abs. 1 EStG.

Demzufolge wird der fehlende Interessensgegensatz korrigiert, indem steuerlich eine Bewertung nach dem ökonomischen Tauschwert[43] bzw. dem juristischen gemeinen Wert[44] gefordert ist. Dieser fiktive Marktbezug dient als steuerlicher Referenzmaßstab, um die Gestaltungspotenziale von VP einzuschränken (Fremdvergleichsgrundsatz).[45]

2.2 Relevanz- und Umfeldanalyse

In diesem Kapitel werden die Relevanz und das Umfeld des Fachgebietes steuerlicher VP analysiert. Im Rahmen der Umfeldanalyse werden die Auswirkung der Globalisierung und der Digitalisierung auf steuerliche VP in der gebotenen Kürze analysiert.

Die OECD-TPG bestätigen diese Themenwahl mit den einführenden Worten: Seit der Annahme dieser Leitlinien im Jahr 1995 hat die Bedeutung multinationaler Unternehmen im Welthandel weiter stark zugenommen. Zurückzuführen ist dies auf das beschleunigte Tempo der Integration der nationalen Volkswirtschaften und des technischen Fortschritts, insb. im Bereich der Kommunikation.[46] Folglich beeinflussen Globalisierung und Digitalisierung, als makroökonomische Megatrends, Steuersysteme und somit auch VP.[47] Für die Globalisierung gilt konkret, dass die Regeln der Außenhandelstheorie nicht ausschließlich für Ökonomien, sondern explizit auch für international tätige Unternehmen und internationale Steuersysteme gelten.[48] Der zugrundeliegende Mechanismus der unternehmerischen Internationalisierung wird ökonomisch insb. mit der Wirkung von komparativen Vorteilen und Skaleneffekten nach Ricardo, Mill und Graham erklärt.[49] In der Folge ermöglicht die Spezialisierung im sogenannten (sog.) intraindustriellen oder intrasektoralen Handel Arbitrage-Effekte, welche die Nutzung von Kostenunterschieden

---

43 Marx (1872), S. 60 ff., ein Tauschwert (exchange value) ergibt sich durch die monetäre Bewertung in Abhängigkeit von Zeit und Markt. Ein Gebrauchswert (use value) hingegen berücksichtigt, subjektive Qualität und Bedürfnisse anstelle des direkten Marktbezugs.

44 Greil (2019), S. 7 in Bezug auf § 9 Abs. 2 BewG.

45 Ausführlicher in Kapitel 2.5.

46 OECD-TPG, Einführung, Tz. 1, Kommunikation als Informationstechnologie (IT).

47 Naisbitt (1982), Gupta (2018), S. 187.

48 Mayer/Gianmarco (2008), S. 135 ff., Markusen (1995), S. 170 f.

49 Ricardo (1817), Mill (1848), Graham (1923), S. 200 ff., Krugman/Obstfeld/Melitz (2019), S. 60.

zwischen verschiedenen Ländern und Standorten gestattet.[50] Dabei ist die Globalisierung kein statischer Prozess, sondern ein ökonomischer Zustand. Dementsprechend kann sie über eine langfristige Auswertung ökonomischer Zyklen in Form von Trendlinien erfasst werden. Laut Krugmann et al. ist das seit Jahren wachsende globale Außenhandelsvolumen charakteristisch für die Globalisierung.[51] Deshalb wird der Internationalisierungsgrad in dieser Untersuchung in Form der ausländischen Direktinvestitionen (FDI) gemessen.[52]

Abbildung 1 zeigt nachfolgend die globale FDI Statistik der Vereinten Nationen (UN) für die Jahre 1990 bis einschließlich 2020.

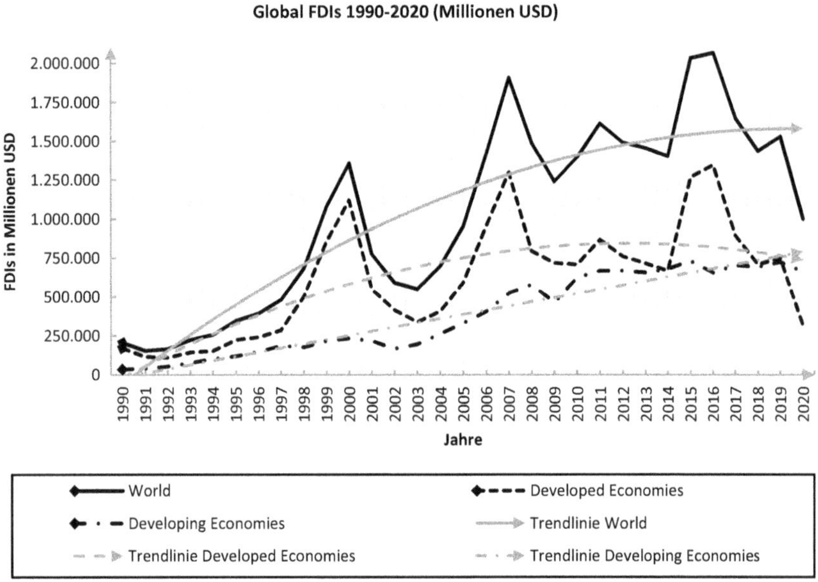

Abbildung 1: Globale FDI-Statistik der Vereinten Nationen[53]

50 Davis (1995), S. 2010 ff., Krugman et al. (2019), S. 277, Owens (1993), S. 24 ff., Pietschner (2001), S. 11 f.

51 Krugman et al. (2019), S. 44 ff.

52 Krugman et al. (2019), S. 265–268, Greil (2019), S. 3, Benshalom (2013), S. 429, ohne weitere Differenzierungen in horizontale bzw. vertikale FDIs, Outsourcing sowie In- und Outflows.

53 UN (2021), UNCTAD World Investment Report 2021, Annex Table 1: FDI inflows by region and economy 1990–2021.

Entscheidend für diese Untersuchung ist, dass sich die Trendlinien der gesamten globalen FDIs im betrachteten Zeitraum – trotz eines signifikanten Abschwungs im Jahr 2020 – insgesamt nahezu verfünffacht, innerhalb der Industriestaaten fast verdoppelt und innerhalb der Entwicklungsländer um den Faktor 19 erhöht haben.[54] Zwischen den Jahren 1990 bis 2019 zeigt sich eine Gesamtsteigerung von 747 Prozent der FDIs.[55] Im Mittel wuchs das Volumen der FDIs zwischen 1990 bis 2020 um 8,8 Prozent mit einem Medianwachstum von 9,7 Prozent.[56] Das belegt, trotz konjunktureller Volatilität, insgesamt eine steigende Trendlinie der FDIs und somit des Außenhandelsvolumens sowie letztlich auch der Globalisierung. Um die Globalisierung mehrdimensional zu erfassen, wird nachfolgend die absolute Verteilung international agierender Unternehmen betrachtet.[57] Beginnend mit kolonialen Bestrebungen in Europa, nahm die Anzahl der MNE erstmals im Zuge der Gründerzeit der industriellen Revolution des späten 19. Jahrhunderts merklich zu.[58] Aufgrund zweier Weltkriege stagnierte die Entwicklung bis zur Nachkriegszeit. Im Jahr 1970 gab es rund 2.000 Muttergesellschaften von MNE, im Jahr 2000 waren es rund 38.000 und im Jahr 2008 bereits über 82.000.[59] Nach Schätzungen der OECD existierten im Jahr 2014 über 230.000 MNE-Muttergesellschaften.[60] Im selbem Jahr entstammte ein Drittel der Weltwirtschaftsleistung aus MNE und im Jahr 2018 war etwa die Hälfte des weltweiten Export- sowie Importvolumens auf Aktivitäten von MNE zurückzuführen.[61] Aufgrund steigenden Trendlinien ist festzuhalten, dass die wirtschaftliche Globalisierung innerhalb der letzten dreißig Jahre signifikant zugenommen hat. Die Analysen der Anzahl an MNEs und FDIs zeigen, dass die Globalisierung zu einer signifikanten Zunahme global agierender Unternehmen und des Außenhandelsvolumens führt. Folglich

54 Berechnung als Faktor der Gesamtvolumina von 1990 und 2020: Steigerung World um 488 Prozent, Industriestaaten um 183 Prozent und BRIC-Staaten um 1912 Prozent.

55 In diesem Fall erfolgte die Berechnung bis einschließlich 2019.

56 Alle Beträge sind kaufmännisch gerundet.

57 OECD (2018a), S. 1–2, Corlaciu (2013), S. 1182. Ausgangsbasis hierfür ist die AMNE-Datenbank der OECD, welche die Tätigkeiten von MNEs innerhalb des OECD-Wirtschaftsraumes seit über 35 Jahren erfasst. Wesentlichkeitsgrenze ist eine Beteiligung von über 50 Prozent.

58 OECD (2018a), S. 2. Beispielhaft British East India Trading Company um das Jahr 1600.

59 OECD (2018a), S. 2.

60 OECD (2018a), S. 2.

61 OECD (2018a), S. 2.

belegt eine zunehmende Globalisierung ceteris paribus die Relevanz grenzüberschreitender VP.[62]

Der zweite Megatrend ist die Digitalisierung. Die Digitalisierung hat das Potenzial, die bereits genannten Auswirkungen der Globalisierung auf VP zu potenzieren.[63] Der Terminus DIGITAL beschreibt zunächst den Einsatz und die Nutzung von Informations- und Kommunikationstechnologie (IT). Ganz grundlegend ist eine Digitalisierung somit die Transformation von analogen in digitale Informationen.[64] Hinzu kommt die vermehrte Nutzung von IT-Infrastruktur und Technologien. Bereits im Jahr 2016 war nahezu ein Drittel des Wachstums der gesamten europäischen Industrieproduktion auf die Nutzung digitaler Technologien zurückzuführen.[65] Folglich ist der Begriff Digitalisierung auch zu einem Synonym für Zukunftsfähigkeit geworden.[66] Obgleich die Folgen der Digitalisierung mitunter kontrovers diskutiert werden, ist ihre ökonomische Relevanz unbestritten, denn die Digitalisierung der Weltwirtschaft hat Auswirkungen auf Unternehmen, unabhängig von deren Größe oder Branche.[67] Dabei kann die Digitalisierung nicht singulär erfasst werden, denn eine trennscharfe Differenzierung der Unternehmensaktivitäten in digital oder analog ist kaum möglich.[68] Möglich ist hingegen, dass die verstärkte Nutzung von IT den Umgang mit Informationen grundlegend verändert. Denn IT und insb. das Internet, ermöglichen den Transfer und die Erhebung mit skalierten Informationen zu Marginalkosten nahe Null.[69] Hinzu kommt, dass Prozesse wie die Automatisierung und die Vernetzung das Potenzial haben, die Wertschöpfungsprozesse disruptiv zu verändern und die maßgeblichen Werttreiber der Digitalisierung überwiegend immaterieller Natur sind.[70] Immaterielle Werttreiber sind lediglich juristisch verankert und können verhältnismäßig leicht den Standort und Besitzer wechseln.[71] Dieser technologische Fortschritt ermöglicht eine Divergenz aus Wertschöpfungsort und physischer Präsenz.[72]

62 Li (2002), S. 826.
63 Kobetsky (2019), S. 1081, Heidecke/Stein/Schwarz/Fiehler/Van der Ham/Freudenberg/Lappe/Pandeya-Koch/Prinz (2020), S. 2 ff.
64 Zinser/Gilson/Thiem (2018), S. 2317 ff.
65 BMWi (2016), S. 63, COM (2017), S. 4.
66 Heidecke et al. (2020), S. 146 f.
67 Olbert/Spengel (2019), S. 1, Zinser et al. (2018), S. 2317.
68 Zinser et al. (2018), S. 2317.
69 Becker/Englisch/Schanz (2019), S. 9.
70 Zinser et al. (2018), S. 2318 f.
71 Coenenberg/Haller/Schultze (2018), S. 183 f., Eisele/Knobloch (2011), S. 428.
72 Becker et al. (2019), S. 9.

Infolgedessen begünstigt die Digitalisierung die Entstehung dezentralisierter und vernetzter Geschäftsmodelle, durch eine erhöhte Mobilität und Flexibilität der Werttreiber.[73] Erste empirische Erhebungen indizieren, dass die Effekte der Digitalisierung eine tatsächliche und unmittelbare Auswirkung auf die steuerliche Praxis haben.[74]

Im Rahmen der Umfeldanalyse ist festzuhalten, dass die Megatrends der Globalisierung und der Digitalisierung VP unmittelbar beeinflussen. Durch die Steigerung des Außenhandelsvolumens und der Anzahl an MNE erhöht die Globalisierung die Relevanz grenzüberschreitender VP. Die Digitalisierung begünstigt die unternehmensinterne und dezentrale Leistungsverflechtung, insb. in Form von Wertschöpfungsnetzwerken.[75] Im Ergebnis bestätigen beide Megatrends die Relevanz von (grenzüberschreitenden) VP.

2.3 Interdisziplinarität

2.3.1 Betriebswirtschaftslehre

VP sind ein interdisziplinärer Forschungsbereich. Das beinhaltet insb. Fragestellungen aus den Fachgebieten Rechnungswesen, Unternehmensführung, Ökonomie und Steuerrecht. Nachfolgend wird in die drei Disziplinen Betriebswirtschaftslehre, Volkswirtschaftslehre und Recht differenziert, wobei die Grundlagen von VP in jeder Disziplin in der gebotenen Kürze erläutert werden.[76] Die nachfolgende Abbildung zeigt VP als interdisziplinäre Schnittmenge dieser Disziplinen.

73 Greil/Fehling (2017), S. 760 f., Zinser et al. (2018), S. 2318, Graetz/Doud (2012), S. 349 f. sowie S. 363 ff., Heidecke et al. (2020), S. 3–5.

74 Horvath/Flick Gocke Schaumburg (2015), S. 6, Abbildung Nr. 6, Deloitte (2016), S. 4, COM (2017), S. 7, PWC/ZEW (2017), S. 13 ff., Sikka/Willmott (2010), S. 351–354.

75 Vögele (2020), S. 357.

76 Corlaciu (2013), S. 1184, Choe/Hyde (2004), S. 1 ff.

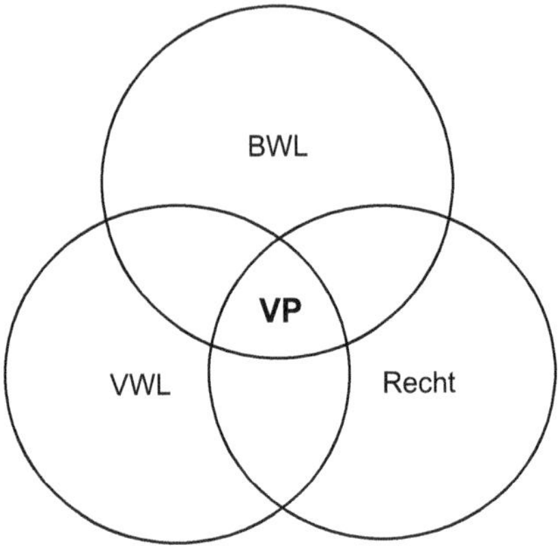

Abbildung 2: VP als interdisziplinäre Schnittmenge

Die Betriebswirtschaftslehre ist der wissenschaftliche Ausgangspunkt von VP. Die ersten wissenschaftlichen Erkenntnisse über VP stammen aus dem Jahr 1908 und gehen auf SCHMALENBACH zurück.[77] Im Jahr 1955 folgten weitere Grundlagen, durch die Theorien zur unternehmerischen Dezentralisationsstrategie von DEAN und COOK.[78] Ein Jahr später erkannte HIRSCHLEIFER – 48 Jahre nach SCHMALENBACH und unabhängig von diesem – ebenfalls das Dilemma der pretialen Lenkung.[79] Das Konzept der pretialen Lenkung beinhaltet laut SCHMALENBACH eine weitgehende Autarkie zwischen wirtschaftlich oder gesellschaftsrechtlich dominierter Dienststellen bzw. Gesellschaften, bei welcher die Oberleitung[80] nur besonders wesentliche Entscheidungen vorenthält.[81] Maßgebliches Instrument ist nach SCHMALENBACH ein Lenkpreis, mit der Zielsetzung: Die Maßnahmen eines Betriebes oder einer Dienststelle, insb. alle vorkommenden Wahlvorgänge, mit dem Ziel optimaler Wirtschaft zu beeinflussen.[82] Die Ergebnisse werden in Form von gesondert ermittelten Abteilungs-Erfolgsrechnungen gemessen.[83] Entscheidend ist hierbei die

77 Schmalenbach (1908), S. 168.
78 Corlaciu (2013), S. 1184.
79 Hirschleifer (1956), S. 172 f., Pretium ist lateinisch für Preis, Geld oder Wert.
80 Hier im Sinne der Unternehmensführung.
81 Schmalenbach (1908), S. 165. Hier im Sinne der Unternehmensführung.
82 Schmalenbach (1948), S. 9.
83 Schmalenbach (1908), S. 165.

Anreizwirkung, dezentrale Entscheidungen unternehmensübergreifend und mit der Intention wirtschaftlicher Optimierung zu treffen. Die Zielsetzung ist, den höchsten Grad der Wirtschaftlichkeit zu erreichen.[84] Der Lehrsatz der pretialen Lenkung lautet: sofern dezentrale Einheiten mit optimalen innerbetrieblichen VP agieren, optimieren sie gleichzeitig den Gesamterfolg des Unternehmens. Die pretiale Lenkung ist insofern ein Dilemma, als dass zwischen der Notwendigkeit von optimalen VP und der Kenntnis des betriebswirtschaftlichen Optimums ein Zirkulationsproblem existiert. Im Konzept der pretialen Lenkung sind VP folglich als Lenkpreise zu verstehen, die sich nicht durch Marktmechanismen bilden, sondern von Entscheidungsträgern zielorientiert festgesetzt werden.[85] Dabei sollen VP primär eine betriebswirtschaftliche Steuerung und Koordination ermöglichen.[86]

Darüber hinaus ist der RESSOURCE-BASED-VIEW (RBV) maßgeblich für betriebswirtschaftliche VP. Der RBV wurde im Jahr 1959 von PENROSE entwickelt, im Jahr 1991 entscheidend von BARNEY weiterentwickelt und insb. von CHAMBERLIN, SELZNICK, CHANDLER sowie SLOAN geprägt.[87] Der RBV fokussiert die betriebliche Allokation von (begrenzten) Ressourcen mit der Grundthese, dass der Unternehmenserfolg auf spezifische Ressourcen zurückzuführen ist. Im Kontext des RBV sind Unternehmen als BROAD-SET-OF-RESSOURCES anzusehen, wobei zumeist eine heterogene Ressourcenverteilung über verschiedene Einheiten vorliegt.[88] Laut BARNEY entstehen Wettbewerbsvorteile durch eine gezielte Akkumulierung von Ressourcen sowie der Kompetenz im Umgang mit diesen (EFFECTIVE-USE-OFRESSOURCES).[89] Der RBV erklärt Synergieeffekte dadurch, dass verbundene Organisationen durch gezielte Aggregation oder Partizipation von Kompetenzen und Ressourcen Wettbewerbsvorteile erzielen können.[90] Allerdings können interne Zielkonflikte und opportunistisches Verhalten zu einer ineffizienten Ressourcenallokation führen, welche im Widerspruch zur betriebswirtschaftlichen Optimierung steht. Folglich besteht die Notwendigkeit nach unternehmensinterner Koordination und Steuerung, um

---

84 Schmalenbach (1948), S. 14.

85 Behrens/Feuerlohn (2018), S. 251–252.

86 Behrens/Feuerlohn (2018), S. 251–252.

87 Penrose (1959), S. 24 f., Penrose (1960), S. 2 f., Barney (1991), S. 105 ff., Jakimovski (2011), S. 227, Chamberlin (1948), Selznick (1957), Chandler (1962), Sloan (1964).

88 Barney (1991), S. 105 f. Eignungskriterien sind: value, rarity, inimitability und nonsubstainability, Cecchini/Leitch/Strobel (2013), S. 34.

89 Barney (1991), S. 105, Cecchini et al. (2013), S. 34–35.

90 Barney (1991), S. 105 ff.

die Ressourcen, mit der Maxime optimaler Wirtschaftlichkeit, zu allokieren.[91] In diesem Sinne sind VP ein zentrales Koordinierungs- und Steuerungsinstrument, insb. für die innerbetriebliche Ressourcenallokation.[92] Abschließend ist festzuhalten, dass VP in der Betriebswirtschaftslehre ein Steuerungsinstrument zur Optimierung bzw. Erfüllung innerbetrieblicher Zielsetzungen sind.

2.3.2 Volkswirtschaftslehre

Laut Keuschnigg/Devereux und Cecchini spielt der Transaktionskostenansatz eine entscheidende Rolle für unser heutiges Verständnis von VP.[93] Ausgangspunkt war das Werk Nature-of-the-firm von Coase aus dem Jahr 1937.[94] Darin fragt Coase, weshalb bei Vorliegen eines effizienten und optimalen Preismechanismus durch den Markt – im neoklassisch-neoliberalen Sinne – überhaupt organisationsinterner Handel existiert.[95] Es folgte die Erkenntnis, dass die Koordination wirtschaftlichen Handels nicht allein auf den Preismechanismus des Marktes beruht. Als Erklärung dienen sog. Transaktionskosten in Form von Vertragskosten oder Informationskosten, welche bei einer optimalen Marktabwicklung opportun nicht vorliegen dürften. Dabei sind Markt und Unternehmung zwei Instrumente, die letztlich demselben Zweck dienen, der Koordination wirtschaftlicher Handlungen.[96] Dieser Ansatz wurde durch Williamson in den Jahren 1975 und 1985 weiterentwickelt.[97] Darin beschreibt er Transaktionskosten metaphorisch als ökonomisches Pendant zu physikalischer Reibung.[98] Dabei differenziert er grundsätzlich die unternehmensinterne und die unternehmensexterne Perspektive und bildete die Grundlage

91 Behrens/Feuerlohn (2018), S. 258.

92 Insb. bei wertvollen Ressourcen, welche aufgrund von Rarität oder fehlender Substituierbarkeit maßgeblich für ein Geschäftsmodells sind.

93 Keuschnigg/Devereux (2013), S. 438, Cecchini et al. (2013), S. 33, mit Verweis auf den existierenden wissenschaftlichen Dissens wird nachfolgend der Begriff Ansatz anstelle von Theorie gewählt.

94 Coase (1937), Coase (1960), der Transaktionskostenansatz ist trennscharf vom sog. Coase-Theorem zu trennen. Hierbei handelt es sich um einen mikroökonomischen Ansatz einer Pareto-Effizienten Ressourcenallokation durch die Internalisierung von Externalitäten, welche Transaktionskosten ceteris paribus ausdrücklich vernachlässigt.

95 Coase (1937).

96 Schramm (2005), S. 62.

97 Williamson (1975), Williamson (1985).

98 Williamson (1985), S. 21 f.

einer unternehmerischen Kernfrage, des MAKE-OR-BUY.[99] Ferner differenzierte er zwischen der grundsätzlichen Notwendigkeit nach interner oder externer Koordination sowie der Berücksichtigung der Einzelaktivitäten in Form von Motivation und Anreizen. Hierbei existieren Analogien zu VP. Das Kernstück seiner Arbeit ist die kritische Würdigung der Koordinationsfunktion von rechtlichen Verträgen, deren Notwendigkeit zumeist direkte Transaktionskosten mit sich bringt. Solche Transaktionskosten sind im wesentlichen Koordinationskosten, können jedoch auch in Form von opportunistischen Verhalten sowie relationaler und leistungsbezogener Risiken entstehen.[100] Hierfür differenziert er zeitlich, zwischen ex-ante Transaktionskosten, insb. in Form der Vertragsgestaltung und Informationsbeschaffung sowie ex-post Transaktionskosten, insb. in Form von Folge-, Nachverhandlungs- und Durchsetzungskosten.[101] Ähnliche Unterscheidungen existieren bis heute analog auch für VP.[102] Die differenzierte Betrachtung des Marktmechanismus und die Erweiterung des kostenorientierten Transaktionskostenansatzes um rechtliche und entscheidungstheoretische Faktoren sind grundlegend für das heutige Verständnis von VP.[103]

2.3.3 Recht

Die dritte Disziplin ist das Recht, insb. das Steuerrecht. Das juristische Regelwerk zu VP liegt überwiegend in der Sphäre des internationalen Steuerrechts.[104] Das ordnungspolitische Telos des Rechts ist primär die Minimierung von Konfliktpotenzialen durch die Gewährleistung von Rechtssicherheit. Die (Rechts-) Sicherheit ist grundsätzlich ein zentraler Faktor wirtschaftlicher Stabilität und unternehmerischen Handelns und kann als Standortvorteil wirken.[105] Eine zentrale Herausforderung ist dabei, Rechtssicherheit insb. dann zu gewährleisten, wenn konkrete Interessenskonflikte vorliegen. Für VP sind insb. zwei (rechtliche) Interessenskonflikte maßgeblich.[106] Zunächst existiert grundsätzlich ein Interessensgegensatz zwischen Fiskus und Steuerpflichtigen. Infolgedessen

99 Bauer/Langenmayr (2013), S. 327 f., Trang (2016), 19 ff.
100 Williamson (1985), Schramm (2005), S. 49 f. Mit self-interest-leverage, relational risks und performance risks.
101 Kroschwald (2011), S. 81 f.
102 Kapitel 2.5.3.
103 Cecchini et al. (2013), S. 33, Greil (2017), S. 625.
104 Dawid (2016), S. 5.
105 Bültmann-Hinz (2018), S. 55, Bernhardt (2014), S. 97 f.
106 Kapitel 2.4.2.

existieren bei einem grenzüberschreitenden steuerlichen VP mindestens drei divergente Interessen, da stets mindestens zwei Staaten und ein Steuerpflichtiger involviert sind. Jeder Staat agiert dabei in einer Doppelfunktion, als Fiskus und Gesetzgeber.[107] Folglich kann der Gesetzgeber das Recht nutzen, um fiskalische Interessen durchzusetzen. Konträr dazu hat er den Auftrag, einen rechtssicheren Rahmen zu schaffen und Konfliktpotenziale zu minimieren. Infolgedessen existiert ein systematischer Interessenkonflikt. Beispielhaft hierfür ist die fortwährende Kritik, dass das deutsche VP Regelwerk in Teilen nicht im Einklang mit Grundgesetz und Europarecht stehe.[108] Zudem existieren rechtliche Konflikte auf zwischenstaatlicher Ebene, sobald mehrere Fiski um Steuersubstrate konkurrieren.[109] In diesem Kontext sind VP ein Verteilungsvehikel für Steuersubstrate. Im internationalen Steuerrecht gibt es auf Grundlage des Souveränitätsprinzip drei Steuersysteme, in Form des Universalprinzip, des Ansässigkeitsprinzip und des Territorialprinzip.[110] Die Staaten erheben ihre Steueransprüche demnach entweder durch einen weltweiten Generalanspruch (Universalprinzip), auf Grundlage der Ansässigkeit des Steuerpflichtigen (Ansässigkeitsprinzip) oder abhängig vom Standort der Herkunftsquelle (Territorialprinzip).[111] In der Praxis führt diese Systemvielfalt dazu, dass global agierende Unternehmen häufig mit unterschiedlichen Steuersystemen konfrontiert sind. Zudem sind bei grenzüberschreitenden VP mindestens zwei nationale Steuerregime maßgeblich. Weltweit verfügt nahezu jedes Land über ein eigenes VP Regelwerk und administrative Prüfungskapazitäten.[112] Hinzu kommen intranationale Regelwerke der OECD-TPG sowie Teile des Völkerrechts, insb. der Doppelbesteuerungsabkommen (DBA).[113] In der Folge existierten weltweit diametrale und komplexe Regelwerke zu VP, welche in den letzten

107 Piltz (2015), S. 531, Hey (2018), S. 2953 f.

108 Kessler/Spengel (2020), Kessler/Spengel (2019), Kessler/Spengel (2018).

109 Dawid (2016), S. 2, unternehmensinterne VP können als Allokationsvehikel für das Besteuerungssubstrat von MNEs wirken.

110 Brähler (2014), S. 3, das Souveränitätsprinzip festig die Autonomie eines jeden Staates zur Festlegung der Steuergewalt innerhalb seines Hoheitsgebietes. Es verpflichtet zugleich die Gebietshoheiten anderer Staaten anzuerkennen und zu beachten.

111 OECD-TPG, Einleitung, Tz. 5, Brähler (2014), S. 5, das Universalprinzip wird in Deutschland auf Steuern vom Einkommen bzw. Vermögen und Nachlässen im Inland unbeschränkt steuerpflichtiger natürlicher und juristischer Personen angewendet (Welteinkommensprinzip).

112 Dawid (2016), S. 5.

113 Brähler (2014), S. 2, S. 7.

zehn Jahren einer hohen Änderungsdynamik unterlagen. All dies erschwert die Gewährleistung von Rechtssicherheit von VP. Interessens- und Konfliktpotenziale sind demnach systematisch kaum vermeidbar.[114] Ein idealtypischer Lösungsansatz hierfür wäre die Nutzung global-einheitlicher Regelungen. In der Praxis scheiterte dieser Ansatz bisher mehrfach durch fehlende regulative Kohärenz, insb. aufgrund fiskalischer Eigeninteressen.[115] Festzuhalten ist, dass ein VP aus steuerrechtlicher Perspektive idealtypisch Rechtssicherheit erhält, in der Regel (idR) jedoch inhärent-systematische Konfliktpotenziale in sich trägt.

2.4 Multifunktionalität

2.4.1 Funktionen von Verrechnungspreisen

Die Interdisziplinarität von VP impliziert eine Multifunktionalität. Aufgrund von interdisziplinären Zielsetzungen existieren analog dazu unterschiedliche Funktionen von VP. Die zentralen Funktionen von VP sind in Abbildung 3 dargestellt und werden nachfolgend erläutert.

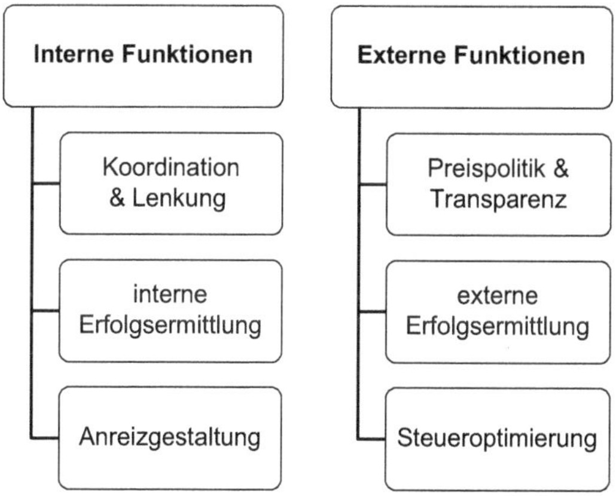

Abbildung 3: Interne und extern Funktionen von VP[116]

114 Kapitel 2.4.2 sowie 2.8.2.
115 Hines/Rice (1994), S. 150 f., Dharmapala/Hines (2009), S. 1059 f.
116 In Anlehnung an Behrens/Feuerlohn (2018), S. 261 und Thiele (2016), S. 38.

Die Fachliteratur unterscheidet grundsätzlich zwischen internen und externen Funktionen.[117] Interne Funktionen priorisieren die interne betriebswirtschaftliche Perspektive. Externe Funktionen berücksichtigen auch unternehmensfremde Perspektiven.

Die erste interne Funktion ist die unternehmensinterne Koordination und Lenkung. Die Zielsetzung ist die Optimierung (dezentraler) Entscheidungen. Da der Marktmechanismus unternehmensintern keine Wirkung entfaltet, besteht die Notwendigkeit Ressourcen gesondert zu koordinieren. Innerhalb der Koordinierungs- und Lenkungsfunktion werden interne Preise determiniert, mit dem Ziel eine optimale Allokation knapper Ressourcen für unternehmerische Teilbereiche zu gewährleisten.[118] Hierfür wird fiktiv ein unternehmensinterner Marktmechanismus geschaffen, mit dem Ziel eine effektive Koordinierung und Ergebnisoptimierung unternehmerischer Teilbereiche herbeizuführen.[119] Die dadurch bezweckte Optimierung der Teilergebnisse soll final zum Gesamtoptimum führen.[120] Theoretisches Fundament dieser Funktion ist der RBV und das Konzept der pretialen Lenkung.[121] Die zweite interne Funktion ist die interne Erfolgsermittlung. Für die Steuerung von Unternehmen ist eine verursachungsgerechte Erfolgsermittlung notwendig.[122] Die Notwendigkeit der internen Erfolgsermittlung sowie deren Ermittlungskomplexität korrelieren kausal mit dem Dezentralisationsgrad und der Organisationsstruktur.[123] Eine interne Erfolgsermittlung schafft unternehmensinterne Transparenz, kann das Gesamtergebnis aufgliedern und die Entscheidungsfindung unterstützen.[124] Sie dient als Informationsgrundlage für innerbetriebliche Abrechnungen[125], interne Planungen[126], Abweichungsanalysen[127] sowie als Ausgangspunkt

117 Vergleichbare Differenzierungen: Hirschleifer (1956), Cecchini et al. (2013), S. 35, Trang (2016), S. 18.

118 Schwarz/Stein (2018), S. 38, Rieke (2015), S. 12.

119 Behrens/Feuerlohn (2018), S. 264.

120 Thiele (2016), S. 38.

121 Kapitel 2.3.1.

122 Horvath/Flick Gocke Schaumburg (2015), S. 5–6.

123 Holmström/Tirole (1991), S. 202 f., Bernhardt et al. (2014), S. 105–107, z.B. in Form einer Matrixstruktur in Cost-Centern, Service-Centern, Profit-Centern oder Investment-Centern.

124 Horvath/Flick Gocke Schaumburg (2015), S. 6, Abb. 5.

125 Bewertungsfragen der Monetarisierung.

126 Informationen & Daten als Forecasts, Kostenkalkulation sowie Entscheidungsfindungen.

127 Beispielsweise in einer Soll-Ist-Analyse sowie Budgetplanungen.

interner Verhandlungen.[128] Primärziel einer verursachungsgerechten internen Erfolgsermittlung ist die Gewährleistung einer internen Informationsgrundlage, im Sinne der Selbstinformation eines Kaufmanns.[129] Eine verursachungsgerechte interne Erfolgsermittlung führt idR zu einem Zielkonflikt mit Lenkungs- und Koordinationsfunktionen.[130] Die dritte interne Funktion ist die unternehmensinterne Anreizgestaltung und Motivationsfunktion. Anreizfunktionen können das Verhalten innerhalb dezentraler Einheiten beeinflussen.[131] Beispielsweise kann ein erfolgsabhängiges Vergütungssystem den Anreiz schaffen, die eigenen Ergebnisse zu maximieren.[132] Dabei können konstruktive Anreize zur Gesamtzielsetzung beitragen oder als Fehlanreize zu suboptimalen Ergebnissen führen.[133] Stehen die Eigeninteressen dezentraler Einheiten ambivalent zueinander, so fungieren interne VP als Verhandlungsdesiderat für Zielkonflikte und es kann ein sog. HOLD-UP-PROBLEM[134] entstehen.[135] Letzteres gefährdet eine optimale Koordination und Lenkung von Ressourcen und kann eine verursachungsgerechte Erfolgsermittlung unterbinden.[136] Die Anreiz- und Motivationsfunktion von internen VP spielt in der betriebswirtschaftlichen Praxis ein maßgebliche Rolle.[137]

Die erste externe Funktion ist die Transparenz und Preispolitik. In regulierten Branchen können VP als Argumentationsgrundlage gegenüber Wettbewerbs- und Aufsichtsbehörden fungieren.[138] Gleiches gilt, zum Beispiel (z.B.) bei fehlender Marktanbindung, sofern für einen Preisfindungsprozess oder eine Bewertung eine erhöhte Transparenz gefordert ist.[139] Der VP dient hierbei

128 Kapitel 2.6.1.

129 Coenenberg et al. (2018), S. 10.

130 Schwarz/Stein (2018), S. 38.

131 Holmström/Tirole (1991), S. 203.

132 Schwarz/Stein (2018), S. 38.

133 Holmström/Tirole (1991), S. 228, Bernhardt (2014), S. 106.

134 Williamson (1985), Cecchini et al. (2013), S. 40, z.B. in Form von Verhandlungsmacht oder Zurückhaltung begrenzter Ressourcen.

135 Behrens/Feuerlohn (2018), S. 316.

136 Behrens/Feuerlohn (2018), S. 321.

137 Horvarth/FGS (2015), S. 6.

138 Externe Preisrechtfertigung regulierter Branchen, wie z.B. Entgeltregulierung für Kommunalabgaberecht (KAG), der Energiewirtschaft (EnWG), der Telekommunikationsbranche (TKG) oder der Finanzaufsicht (v.a. Basel II, Solvency II), Rieke (2015), S. 12 f.

139 VP können einen signifikanten Einfluss und Informationsgehalt für Due-Diligence-Analysen und Compliance-Management-Systeme und mit sich bringen.

als Informationsgrundlage für Informationen, welche für externe Adressaten sonst nicht einsehbar sind.[140] Die zweite externe Funktion ist die externe Erfolgsermittlung. Sie steht im engen Zusammenhang mit der dritten externen Funktion, der Steueroptimierung.[141] Beide sind im Rechnungswesen begründet und dienen grundsätzlich der Erfüllung handelsrechtlicher und steuerrechtlicher Pflichten. Das beinhaltet insb. Buchführungspflichten[142], Jahresabschlüsse (§ 242 Abs. 3 HGB und § 5 PublG) und Konzernabschlüsse (§§ 290 HGB iVm § 315e HGB, § 13 PublG) sowie gesonderter Prüfungspflichten (§§ 316 bis 324a HGB und §§ 6,14 PublG) und Offenlegungspflichten (§§ 325 bis 329 HGB sowie §§ 9 und 15 PublG), um Informationen für Öffentlichkeit und Kapitalmarkt bereitzustellen.[143] Auf Ebene eines Konzernabschlusses spielen VP eine untergeordnete Rolle, denn sie werden innerhalb eines Konsolidierungskreises nahezu vollständig ergebnis- und zahlungsunwirksam konsolidiert.[144] Konkret werden sie im Rahmen der Kapital-, Schulden- und insb. der Zwischenerfolgskonsolidierung buchhalterisch eliminiert.[145] Etwas anderes gilt für den Einzelabschluss. Hierbei können VP als Informationsträger für eine verursachungsgerechte Anwendung des Anschaffungskostenprinzips und bei Bewertungsfragen von Bilanzposten unterstützen.[146] Zudem können VP erfolgswirksam in der Gewinn- und Verlustrechnung gebucht sowie zahlungswirksam in der Kapitalflussrechnung erfasst werden (§ 275 HGB sowie DRS 21). Letztlich können VP bilanzielle Kennzahlen (un-)mittelbar beeinflussen, da sie eine Einflussnahme auf die Ergebnis-, Bewertungs- und Liquiditätssteuerung sowie Finanzierungsgestaltung ermöglichen.[147] In dieser Funktion sind VP ein

140 Thiele (2016), S. 38.

141 Baldenius et al. (2004), S. 951 f.

142 Insb. nach der Generalnorm § 238 Abs. 1 HGB.

143 Coenenberg et al. (2018), S. 1017–1022, mit Verweis auf §§ 5 bis 19 PublG.

144 Coenenberg et al. (2018), S. 639. Inhaltliche Analogie des Weltabschlussprinzip nach HGB, IRFS und US-GAAP.

145 Coenenberg et al. (2018), S. 681 ff. Insb. die Zwischenerfolgskonsolidierung (S. 753 ff.) sowie die Konsolidierung der Innenumsatzerlöse (S. 769 ff.), §§ 300 bis 310 HGB.

146 Insb. bei Bilanzierung und Bewertung von Halbfertigprodukten (§§ 266 Abs. 2 lit. b) Nr. I 2. und 3. HGB), selbst geschaffenen immateriellen Vermögenswerten (§§ 266 Abs. 2 lit. a) Nr. I 1. und 2. HGB), oder der Ermittlung des Inventars (§ 240 HGB).

147 Rieke (2015), S. 7 ff. und S. 258 ff., Bauer/Langenmayr (2013), S. 333, z.B. die erwartete Rendite(-aussichten), Bonität bzw. Rating, Management-Incentives. Eine Eliminierung konzerninterner Posten erfolgt lediglich auf Konzernebene.

bilanzpolitisches Instrument. Das gestattet steuerliche Gestaltungspotenziale, denn das handelsrechtliche Ergebnis ist die Ausgangsbasis der derivativen steuerlichen Gewinnermittlung.[148] Dabei ist die Auswirkung von VP auf die externen Erfolgsermittlung intransparent und für Externe nicht einsehbar. In veröffentlichten Abschlüssen kann demnach nicht nachvollzogen werden, in welchem Umfang VP für Bilanzpolitik, Steueroptimierung oder zur Einhaltung gesetzlicher Pflichten genutzt wurden.

2.4.2 Steuerliche Prägung

Aufgrund von Interdisziplinarität und Multifunktionalität ist es kaum möglich, Zielkonflikte und Fehlanreize von VP vollständig zu vermeiden.[149] Wissenschaft und Praxis bieten Ansätze, um diese zu reduzieren. Beispielsweise entwickelten Choe/Hyde ein theoretisches Konzept, wonach der optimale VP ein gewichtetes Mittel aus Marginalkosten und steuerlichen Befolgungskosten ist.[150] Eine praktische Alternative ist die Nutzung mehrerer VP für denselben Sachverhalt. Hierfür wird zwischen Ein-Kreis-Systemen und Mehrkreissystemen unterschieden.[151] Bei Letzterem werden unterschiedliche Buchungskreise genutzt. So können informationsbasierte Kostenrechnung und gläubigerschützendes Rechnungswesen getrennt werden, was Zielkonflikte und Fehlanreize reduzieren kann.[152] Nachteilig an einem Mehrkreissystem ist der damit einhergehende Mehraufwand.[153] Im Regelfall existiert lediglich ein VP und folglich wirken VP in der Praxis mehrheitlich mit hybrider Funktionalität.[154] Hierfür ist eine funktionsübergreifende Priorisierung der Zielsetzungen notwendig. Diese Priorisierung wird nachfolgend Prägung genannt und folgt den Analysen von Trang und Cecchini et al.[155] In dieser Untersuchung ist die Prägung eines VP das Ergebnis, aus dem zugrundeliegenden disziplinären Blickwinkel und der daraus folgenden Funktionalität.[156] Im Schrifttum überwiegt die

148 Coenenberg et al. (2018), S. 38 und S. 997: Das Maßgeblichkeitprinzip nach § 5 Abs. 1 EStG und die derivative Buchführungspflicht des § 140 AO.
149 Behrens/Feuerlohn (2018), S. 274, Rieke (2015), S. 230 ff.
150 Choe/Hyde (2004), S. 3 ff., S. 9.
151 Rieke (2015), S. 25.
152 Rieke (2015), S. 279 f., Ewert/Wagenhofer (2007), S. 1039–1041.
153 Rieke (2015), S. 26.
154 Horvath/Flick Gocke Schaumburg (2015), S. 5, Behrens/Feuerlohn (2018), S. 278, Reif (2021), S. 9 ff.
155 Trang (2016), S. 1 ff., Cecchini et al. (2013), S. 1 ff.
156 Trang (2016), S. 18.

Unterscheidung zwischen einer steuerlichen und einer steuerungsorientierten Prägung.[157] Beide werden nachfolgend abgegrenzt.

Bei einer steuerungsorientierten Prägung steht die Betriebswirtschaft, in Form der internen Funktionen aus Abbildung 3, im Mittelpunkt.[158] Die Quintessenz der Steuerung liegt in der Optimierung von internen Strukturen und Ressourcen und ist den Ressorts Strategie und Controlling zuzuordnen.[159] Ein prominentes Beispiel der Steuerungsprägung ist das HIRSCHLEIFER-MODELL.[160] Auch hier ist der Kerngedanke die Koordination und optimale Ressourcenallokation, z.B. anhand fiktiv herbeigeführter Marktmechanismen.[161] Zudem spielen Faktoren wie der Dezentralisierungsgrad, strategische Autonomie, Abhängigkeitsgrad, Entscheidungsspielraum und Anreizsetzung für unternehmerische Teileinheiten eine Rolle.[162] Ferner können steuerungsorientierte VP als Wirtschaftlichkeitskontrolle dezentraler Einheiten fungieren, als Leistungsindikator für dezentrale Planung und Kontrolle wirken sowie als innerbetrieblicher Informationsträger und Informationsgrundlage für unternehmerische Entscheidungen.[163]

Bei einer steuerlichen Prägung ist das Recht die dominierende Disziplin. Hierbei stehen die Funktionen der externen Erfolgsermittlung und die Steueroptimierung im Mittelpunkt.[164] Für Letzteres existiert laut BAUER/LANGENMAYR eine Bandbreite von der Einhaltung der steuerrechtlichen Pflichten, bis hin zur Nutzung von VP als (legales) Steuergestaltungsinstrument.[165] In dieser Untersuchung gelten VP als steuerlich geprägt, sofern sie mit der steuerlichen Einkünfteermittlung verknüpft sind.[166] Hierfür ist entscheidend, dass steuerlich geprägte VP die Verrechnungspreispraxis dominieren.[167] In der deutschen

---

157 Reif (2021), S. 9 ff., Rieke (2015), S. V, beispielhaft für nationale Literatur Schilling (2019) sowie international Trang (2016), S. 21 ff.

158 Beispielhafte Vertreter u.a. Cook (1955), Dean (1955), Hirschleifer (1956), Horst (1971), Altshuler (1998).

159 Alles/Datar (1998), S. 452, S. 459.

160 Hirschleifer (1956), S. 172 f.

161 Behrens/Feuerlohn (2018), S. 258–259.

162 Cecchini et al. (2013), S. 32, S. 39, Trang (2016), S. 19 f., Coenenberg et al. (2018), S. 624 f.

163 Cecchini et al. (2013), S. 39, Behrens/Feuerlohn (2018), S. 253, Eisele/Knobloch (2011), S. 832 ff.

164 Ditz et al. (2019), S. 11, Abb. 1, Behrens/Feuerlohn (2018), S. 325.

165 Bauer/Langenmayr (2013), S. 326 ff.

166 Reif (2021), S. 9.

167 Ditz et al. (2019), S. 12, Abb. 2, Cecchini et al. (2013), S. 33, Keuschnigg/Devereux (2013), S. 432 f., Behrens/Feuerlohn (2018), S. 325.

Verrechnungspreispraxis überwiegt die Zielsetzung, steuerliche Risiken zu minimieren und Rechtssicherheit zu erlangen.[168] Demzufolge und aufgrund der Tatsache, dass diese Untersuchung einen steuerlichen Forschungsschwerpunkt[169] hat, wird nachfolgend stets von einer steuerlichen Prägung von VP ausgegangen.[170]

2.5 Fremdvergleichsgrundsatz (FVG)

2.5.1 Definition und Kodifizierung des FVG

Dieses Kapitel widmet sich dem Fremdvergleichsgrundsatz (FVG). Zunächst wird der FVG definiert. Anschließend werden verschiedene Anwendungsformen des Fremdvergleichs dargelegt und dessen Allokationsheuristik erläutert. Das beinhaltet die Wertschöpfungsorientierung, Funktions- und Risikoanalysen und den Klassifizierungsdualismus.

Der FVG – auf Englisch Arm's Length Principle – ist das Dogma der steuerlichen VP. Er dominiert die globale Verrechnungspreispraxis und ist internationaler Standard der steuerlichen Einkunftsabgrenzung.[171] Sein Primärziel ist die Einschränkung steuerlicher Gestaltungsspielräume durch eine Korrektivfunktion anhand fiktiver Marktkräfte, sofern es an einem unabhängigen Interessensgegensatz fehlt.[172] Der grammatikalische Wortlaut des FVG ist präzise. Der Begriff Fremd betont die grundsätzliche Ausrichtung an fremden Dritten, spezifisch an fremden und unabhängigen Marktteilnehmern.[173] Folglich erfordert ein Fremdvergleich (FV), dass die Vergleichswerte grundsätzlich von unabhängigen Dritten stammen.[174] Der Vergleich ist grammatikalischer und inhaltlicher Mittelpunkt des FVG, indem er fremdübliche Marktinformationen mit dem vorliegenden Sachverhalt abgleicht.[175] Ein solcher FV ist sachgerecht, wenn eine hinreichende Vergleichbarkeit gewährleistet ist.[176]

168 Dawid (2016), S. VI, Horvath/Flick Gocke Schaumburg (2015), S. 6, Abb. 6, Ditz et al. (2019), S. 12, Abb. 2. Eine mögliche Erklärung hierfür bietet das Maßgeblichkeitprinzip nach § 5 EStG, da ein nicht steuerlicher VP steuerliche Risiken auslösen kann.

169 Das Untersuchungsobjekt ist eine steuerliche Verrechnungspreismethode.

170 Reif (2021), S. 10.

171 OECD-TPG, Tz. 1.1, Göx/Schiller (2006), S. 48.

172 OECD-TPG, Tz. 1.2–1.3.

173 Wassermeyer/Baumhoff/Ditz (2022), Tz. 3.1.

174 Wassermeyer et al. (2022), Tz. 3.2 f.

175 OECD TPG, Tz. 1.33 sowie Tz. 3.1.

176 OECD-TPG, Tz. 1.36 ff.

Diese Vergleichbarkeit erfolgt im Rahmen einer qualitativen Würdigung.[177] Abschließend betont der Terminus GRUNDSATZ einen universellen Anspruch. Die Maxime des FVG lautet folglich: Handle so, wie ein unabhängiger Dritter unter vergleichbaren Rahmenbedingungen handeln würde.

Die regulativen Ursprünge des FVG liegen – wie bei zahlreichen Grundlagen des internationalen Steuerrechts – in den 1920er Jahren.[178] Maßgeblich hierfür waren insb. die Erkenntnisse von THOMAS S. ADAMS und MITCHEL CARROLL im sog. CARROLL-REPORT.[179] Dieser untersuchte die damaligen Steuersysteme aus 27 Ländern und erkannte insb. drei Heuristiken für die grenzüberschreitende Allokation steuerlicher Ergebnisse: erstens eine eigenständige Ergebnisermittlung für jede Teileinheit, zweitens die Nutzung empirischer Vergleichsdaten und drittens eine formelbasierte Aufteilung.[180] Der Bericht lehnte die formelbasierten Ansätze ab und präferierte eine eigenständige steuerliche Ergebnisermittlung.[181] CARROLLS Empfehlungen wurden beachtet und zeitnah juristisch verankert.[182] In den 1930er Jahren wurde der FVG erstmals in DBAs implementiert und in den USA im Jahr 1935 erstmals gesetzlich verankert.[183] Auf globaler Ebene war der FVG zunächst unverbindlich und erhielt erst ab den 1960er Jahren sukzessive Aufmerksamkeit aus Wissenschaft und Praxis.[184] Im Jahr 1968 wurde die Gesetzesgrundlage des FVG in den USA evaluiert und erstmals ausführlicher kodifiziert.[185] Darauf aufbauend beschäftigte sich im Jahr 1977 der OECD Ausschuss für Steuerfragen erstmals mit VP.[186] Die OECD positionierte sich, spätestens mit der Veröffentlichung der ersten OECD-TPG

177 OECD-TPG, Tz. 1.6 sowie Kapitel III.

178 Devereux/Vella (2014), S. 4 f.

179 Li (2002), S. 858, Fuss (2019), S. 1 ff., Adams und Carroll agierten im Auftrag der Vereinten Nationen.

180 Li (2002), S. 858, Fuss (2019), S. 47–61, der Carroll-Report dient zudem als eine Grundlage für das Besteuerungsprinzip von Betriebsstätten.

181 Li (2002), S. 859, Fuss (2019), S. 55–60.

182 Li (2002), S. 859.

183 Avi-Yonah (2007), S. 310 ff., Baistrocchi (2006), S. 944, Brauner (2008), S. 96.

184 Avi-Yonah (2010), S. 3, Li (2002), S. 859, Institut der Wirtschaftsprüfer in Deutschland (IDW) (2019), S. 11 f., Baistrocchi (2006), S. 945.

185 Brauner (2008), S. 96, S. 123. Ausgehend vom Case Law wurde im DUPONT-FALL der Standard erstmalig juristisch aufgearbeitet. Auf wesentliches Hinwirken von Stanley Surrey wurde dieser anschließend auch im IRC 482 kodifiziert.

186 Avi-Yonah (2010), S. 4.

am 1. Mai 1979 (OECD-TPG 1979), als Befürworter des FVG.[187] Seitdem wurde die Auslegung des FVG vielfach evaluiert und etablierte sich als internationaler Konsens.[188] Gegenwärtig sind die Anwendungsempfehlungen der OECD zum FVG in Kapitel I der OECD-TPG ausführlich erläutert.[189] Bemerkenswert ist, dass CARROLLS Empfehlung eigenständigen Ergebnisermittlung im Wesentlichen dem bis heute genutzten SEPARATE-ENTITY-APPROACH der OECD-TPG entspricht, wonach jede unternehmerische Teileinheit im Rahmen eines FV (fiktiv) als ein selbstständiges Unternehmen mit eigenständiger Ergebnisermittlung behandelt wird.[190] Als normative Grundlage des FVG dient derzeit Artikel 9 Absatz 1 des OECD-Musterabkommens (OECD-MA).[191] Artikel 9 Absatz 1 OECD-MA kodifiziert den FVG wie folgt: Wenn [...] die beiden [verbundenen] Unternehmen in ihren kaufmännischen oder finanziellen Beziehungen an vereinbarte oder auferlegte Bedingungen gebunden sind, die von denen abweichen, die unabhängige Unternehmen miteinander vereinbaren würden, so dürfen die Gewinne, die eines der Unternehmen ohne diese Bedingungen erzielt hätte, wegen dieser Bedingungen aber nicht erzielt hat, den Gewinnen dieses Unternehmens zugerechnet und entsprechend besteuert werden.[192]

2.5.2 Anwendungsformen des Fremdvergleichs

Das praktische Kernstück des FVG ist der FV.[193] Ein FV kann in unterschiedlichen Anwendungsformen erfolgen. Tabelle 2 zeigt ausgewählte Anwendungsformen.

---

187 IDW (2019), S. 11, Rz. 2, OECD-TPG, Einführung Tz. 13, Tz. 15 sowie Veröffentlichung des OECD Ausschuss für Steuerfragen vom 27. Juni 1995 und des Rates der OECD vom 13. Juli 1995.

188 Li (2002), S. 860, OECD-TPG Vorwort. Seit 1979 gab es fünf Ergänzungen und acht signifikante inhaltliche Änderungen der Leitlinien. Letztere erfolgten insb. im Rahmen des BEPS-Projektes.

189 OECD-TPG vom 20. Januar 2022.

190 OECD-TPG, Tz. 1.6, Tz. 1.10.

191 OECD-MA: Model Tax Convention on Income and on Capital: Considered Version of 21th November 2017, Reif (2021), S. 40. Faktische Übernahme im UN-Model: UN (2013), S. 1 f., Artikel 9 der UN Model Double Taxation Convention between Developed and Developing Countries (UN-Model).

192 Schreiber/Nientimp (2022), S. 35, S. 741 f.

193 Wassermeyer et al. (2022), Tz. 3.1.

Tabelle 2: Anwendungsformen des FV

Würdigung	
FV dem Grunde nach	Formelle Würdigung
FV der Höhe nach	Quantitative Würdigung
Datengrundlage	
Tatsächlicher FV	Faktenbasierte Ermittlung
Hypothetischer FV	Fiktive Ermittlung
Informationsbezug	
Interner FV	Informationen mit fremden Dritten
Externer FV	Informationen von fremden Dritten

Bei der praktischen Anwendung eines FV erfolgt eine Würdigung dem Grunde und der Höhe nach.[194] Ein FV dem Grunde nach – auch formeller FV – ist vorgelagert und wirkt formell.[195] Konkret heißt das vor einem quantitativen Vergleich ist zu prüfen, ob die formellen Voraussetzungen einer Verrechenbarkeit vorliegen.[196] Diese formellen Voraussetzungen sind beispielsweise nicht erfüllt, wenn lediglich eine gesellschaftsrechtliche Veranlassung vorliegt (sog. Gesellschafteraufwand).[197] Das gilt national durch das Veranlassungsprinzip[198] und international durch den Vorteilstest der OECD-TPG.[199] Ein Spezifikum am formellen FV ist, dass seine Prüfung qualitativ-indizienbezogen und nicht quantitativ erfolgt. In Deutschland entwickelten das Bundesministerium der Finanzen (BMF)[200] und die ständige BFH-Rechtsprechung vergleichbare

194 OECD-TPG, Einleitung Tz. 17.

195 BFH vom 17. Oktober 2001, I R 97/00, BStBl. II 2004, S. 171.

196 Ausführlich hierzu COM (2011), Zusammenfassung der Arbeit des EUJTPF von April 2009 bis Juni 2010, Anhang 2, S. 23–27.

197 BMF Verwaltungsgrundsätze Verrechnungspreise vom 6. Juni 2023 (VWG 23) Tz. 3.69, OECD-TPG, Tz. 7.9 f. Richtet sich primär an Leistungen die ein Anteilseigner/Gesellschafter nur aufgrund seiner Beteiligung durchführt (z.B. gesellschaftsrechtliche Pflichten, Konzernkonsolidierung).

198 § 4 Abs. 4 EStG, Betriebsausgabenabzugsfähigkeit durch objektive betriebliche Veranlassung sowie subjektiven betrieblichen Nutzen nach BFH vom 17. Juni 1999, BStBl. 1999 II, S. 600.

199 OECD-TPG, Tz. 7.6 ff., sog. Benefit-Test: Als Vorteil gelten z.B. wirtschaftlicher Vorteil oder Kostenersparnis.

200 VWG 23, Abschnitt G.2.

Indizien, wie insb. Üblichkeit[201], Ernsthaftigkeit[202], Nachvollziehbarkeit[203] und Angemessenheit[204]. Darüber hinaus wurde der formelle FV mit einer Sperrwirkung gegenüber DBA eingeschränkt.[205]

Im FV der Höhe nach erfolgt eine ergebnisorientierte, quantitative Verifizierung, vergleichbar mit einem Soll-Ist-Abgleich. Hierfür wird der Ist-Zustand einzelner VP bzw. der erzielten Margen mit der Soll-Größe hinreichend vergleichbarer Referenzwerte von fremden Dritten gewürdigt.[206]

Ein weiteres Abgrenzungsmerkmal ist die Datengrundlage. Bei einem tatsächlichen FV existiert eine Datengrundlage und es kann auf empirische Vergleichswerte zurückgegriffen werden.[207] Sofern das nicht möglich ist, wird der hypothetische FV angewendet, z.B. wenn eine entsprechende Datengrundlage nicht (frei) verfügbar ist oder die Vergleichbarkeit fehlt. Hierbei soll ein fremdvergleichskonformes Ergebnis erzielt werden, indem der FV simultan hergeleitet wird.[208] Im deutschen Steuerrecht wurde hierfür der fiktive Verhaltensmaßstab eines ORDENTLICHEN UND GEWISSENHAFTEN GESCHÄFTSLEITERS entwickelt.[209]

Abschließend wird zwischen dem internen FV und dem externen FV differenziert.[210] Maßgeblich hierfür sind die Informationsherkunft und der Konsultationsgrad des Steuerpflichtigen. Ein FV gilt als extern, sofern die Datengrundlage lediglich Informationen von fremden Dritten beinhaltet und der Steuerpflichtige nicht involviert ist. Ein interner FV ist möglich, wenn bei einem Steuerpflichtigen vergleichbare Sachverhalte sowohl unternehmensintern als auch gegenüber fremden Dritten existieren. In einem solchen Fall dürfen die internen Informationen gegenüber fremden Dritten als Referenzmaßstab

---

201 BFH vom 16. Dezember 1992, I R 2/92, BStBl. II 1993, S. 455, BFH vom 17. Februar 1993, I R 3/92, BStBl. II, 1993, S. 457.

202 BFH vom 6. Dezember 1995, I R 88/94, BStBl. II 1996, S. 383.

203 BFH vom 17. Mai 1995, I R 147/93, BStBl. II 1996, S. 204.

204 BFH vom 10. Juli 1996, I R 108–109, BStBl. II 1997, S. 230.

205 Reif (2021), S. 30, BFH vom 17. Dezember 2014, I R 23/13, BStBl. II 2016, S. 261.

206 Schwarz/Stein (2018), S. 39, OECD-TPG, Tz. 3.9.

207 Schaumburg/Hendricks (2017), Tz. 21.182.

208 Wassermeyer et al. (2022), Tz. 3.134 f.

209 Dieses Rechtsinstitut wurde erstmals zwischen 1965 bis 1973 durch die ständige BFH-Rechtsprechung entwickelt. BFH-Urteile vom 16. März 1967, BStBl. 1967 II, S. 626, vom 10. Mai 1967 BStBl. 1967 III, S. 498 sowie vom 10. Januar 1973 BStBl. 1973 II, S. 322.

210 OECD-TPG, Tz. 3.24–3.34.

für interne Sachverhalte genutzt werden. Innerhalb der EU-Staaten wird ein interner FV gegenüber dem externen FV grundsätzlich präferiert.[211]

2.5.3 Zeitpunkt des Fremdvergleichs

Gemäß OECD-TPG ist auch der Zeitpunkt der Bepreisung maßgeblich für einen FV.[212] Grundsätzlich existieren hierfür zwei unterschiedliche Ansätze. Ein VP kann entweder ex-ante vor Abschluss eines Geschäftsvorfalls erfolgen (PRICE-SETTING-APPROACH) oder ex-post nachgelagert validiert werden (OUTCOME-TESTING-APPROACH).[213] Dieser Dualismus berücksichtigt die Existenz unterschiedlicher steuerlicher Veranlagungssysteme, wobei beide Optionen international weitgehend akzeptiert sind.[214]

Der PRICE-SETTING-APPROACH ist stichtagsbezogen. Dieser Stichtag liegt vor oder unmittelbar zeitgleich zum Zeitpunkt des Geschäftsvorfalls. Vorteilhaft daran ist, dass ein vorgelagerter FV bereits während der Preisbestimmung beachtet wird und die Beweisvorsorge fördern kann. Nachteilig daran ist, dass die Berechnung idR auf Planzahlen basiert und somit Unsicherheiten zukünftiger Entwicklungen birgt (HINDSIGHT).[215] SCHWARZ ET AL. belegen, dass solche HINDSIGHT-Effekte einen statistisch signifikanten Einfluss auf die Ergebnisse von Datenbankstudien haben.[216] In einer volatilen Konjunktur oder Rezession birgt das mitunter Risiken.[217] In der Praxis werden deshalb häufig vertragliche Preisanpassungsklauseln genutzt.[218] Dem liegt der Gedanke zu Grunde, dass fremde Dritte in Verträgen mit hoher Unsicherheit ebenfalls ein Recht auf Nachverhandlung integrieren.[219] Die deutsche

---

211 OECD-TPG, Tz. 3.27, Tz. 3.28. Das gilt einvernehmlich in allen EU-Staaten, Europäische Kommission (COM) (2016), S. 12.

212 Vögele/Borstell/Bernhardt (2020), Kapitel B, Rz. 134.

213 Cecchini et al. (2013), S. 44, Schwarz/Stein (2018), S. 83, S. 93.

214 COM/EUJTPF (2014), S. 3, OECD-TPG, Tz. 3.71, Andresen/Hartmann (2021), S. 18–20.

215 OECD-TPG, Tz. 1.106.

216 Schwarz/Stein/Flanderova/Hoffmann (2017), S. 639 ff.

217 Ditz/Quilitzsch (2020), S. 979, Scholz (2009), S. 2 ff.

218 COM/EUJTPF (2014), S. 2 ff., COM/EUJTPF (2014), S. 3–5, analog hierzu § 7 FVerlV. Eine solche Klausel kann z.B. Nachzahlungen auslösen, sofern der neu ermittelte VP von dem ursprünglichen VP signifikant, außerhalb des Einigungsbereiches, abweicht.

219 COM/EUJTPF (2014), S. 3.

Finanzverwaltung präferiert den PRICE-SETTING-APPROACH, zum Zeitpunkt des Vertragsabschlusses.[220]

Der OUTCOME-TESTING-APPROACH ist nicht rein stichtagsbezogen, sondern nutzt eine nachgelagerte Perspektive, mit Preisanpassungen.[221] Diese Anpassungen können z.B. monatlich, quartalsweise oder zum Jahresende erfolgen.[222] Grundsätzlich gilt je höher die Anpassungsfrequenz, umso aussagekräftiger ist der FV.[223] Vorteilhaft daran ist, dass ein nachgelagerter FV einen Abgleich mit den tatsächlichen Ist-Zahlen bzw. eine effiziente Aussteuerung von Routinefunktionen auf eine fremdübliche Renditekennziffer ermöglicht.[224] Dadurch lassen sich die Nachteile des PRICE-SETTING-APPROACH egalisieren. Nachteilig am OUTCOME-TESTING-APPROACH ist hingegen, dass eine Aussteuerung Gestaltungspotenziale fördern kann und die Anpassungsrechnungen, bei geringer Anpassungsfrequenz, mitunter selbst ein risikobehaftetes Prüfungsobjekt werden können.[225]

2.5.4 Vergleichbarkeit und Datenverfügbarkeit

Das Dilemma der Vergleichbarkeit von finanziellen Informationen ist kein Spezifikum des FVG.[226] Grundsätzlich gilt im FVG die theoretische Zielsetzung, Fremdvergleichsdaten mit höchstmöglicher Vergleichbarkeit zu präferieren.[227] Praktisch erfolgt die Ergebnisfindung jedoch überwiegend durch eine Bandbreitenbetrachtung von Datenbankstudien.[228] Die Kriterien der Vergleichbarkeit sind weder national noch international abschließend und trennscharf reguliert.[229] Die OECD-TPG beinhalten umfangreiche Empfehlungen für die Vergleichbarkeitsanalyse, allerdings bleiben diese unverbindlich.[230] Faktisch

---

220 VWG 23 Tz. 3.38, BFH vom 9. März 1983, I R 182/78, BStBl II S. 744, § 1 Abs. 3 Satz 4 AStG.
221 Vögele et al. (2020), Kapitel V, Rz. 228.
222 Vögele et al. (2020), Kapitel V, Rz. 229, Abb. 23.
223 Nientimp/Braun/Flanderova (2019), S. 34 f.
224 Schwarz/Stein (2018), S. 93, S. 218, Smith (2002), S. 178.
225 Schwarz/Stein (2018), S. 219, insb. zollrechtliche Risiken (EuGH vom 20. Dezember 2017, C-529/16, IStR 2021, S. 103).
226 Coenenberg et al. (2018), S. 1153 ff., insb. die Vergleichbarkeit des Aussagegehaltes von Jahres- und Konzernabschlüssen im internationalen Kontext verschiedener Rechnungslegungsstandards.
227 OECD-TPG, Tz. 3.56.
228 OECD-TPG, Tz. 3.55–3.59. Ähnlich Wassermeyer et al. (2022), Tz. 3.133.
229 Wassermeyer et al. (2022), Tz. 3.8 ff., VWG 23 Kapitel III, Abschnitt C.
230 OECD-TPG, Kapitel III, Abschnitt A1–A7.

erfordert die Beurteilung der Vergleichbarkeit somit eine qualitative Bewertung des Einzelfalls. Für die vorliegende Untersuchung ist eine Vergleichsbarkeitsanalyse häufig redundant, da für eine PSM idR keine Vergleichsdaten existieren.[231]

Das wirft die Frage auf, inwieweit Vergleichsdaten überhaupt existieren. Drüen et al. zeigen empirisch, dass in Deutschland mehrheitlich keine internen Fremdvergleichsdaten vorliegen und die Daten überwiegend von Datenbanken oder von externen Beratern erworben werden müssen.[232] Darüber hinaus veranlasste die Europäische Kommission (COM) Studien zur Überprüfung der Datenverfügbarkeit in Europa.[233] Im Jahr 2004 wurde belegt, dass die Datenverfügbarkeit in Europa auf Länderebene nicht ausreichte und deshalb aggregierte Pan-Europäische Studien notwendig waren.[234] Vorteilhaft an europaweiten Studien ist, dass diese eine statistisch hinreichende Homogenität ohne signifikante Abweichungen auf Einzelländerebene gewährleisten können.[235] Weitere Studien der COM erfassten 28 EU-Staaten und untersuchten das Zahlenwerk innerhalb der Zeiträume von 2008 bis 2010 sowie von 2011 bis 2014.[236] Deren Ergebnis zeigt, dass auf Ebene der einzelnen EU-Staaten nach wie vor keine ausreichende Datengrundlage existiert und die Finanzdaten überwiegend nicht öffentlich zugänglich sind.[237] Die Datenverfügbarkeit korreliert kausal mit der Bevölkerungsanzahl, weshalb innerhalb der EU eine asymmetrische Informationsverteilung vorliegt.[238] Etwa zwei Drittel der EU-Staaten haben weniger als 10.000 Unternehmensrohdaten zur Verfügung.[239] Lediglich

231 Die PSM kommt insb. dann zur Anwendung, wenn keine Vergleichsdaten existieren.

232 Im Durchschnitt sind lediglich in etwa 43 Prozent der Fälle geeignete Informationen unternehmensintern verfügbar, Drüen/Gosch/Lüdicke/Schnitger (2017), S. 134. Im Durchschnitt sind lediglich in etwa 23 Prozent der Fälle konkrete Vergleichsunternehmen vorhanden, Drüen et al. (2017), S. 135 sowie ähnlich COM (2016), S. 16.

233 COM (2016), EUJTPF (2016), insb. durch Diskussionen im Rahmen des BEPS-Projektes.

234 Dawid/Hülshorst/Meenan (2004), S. 43 ff., die Studie umfasste 17 europäische Staaten.

235 Dawid et al. (2004), S. 43 ff., Dawid/Hülshorst (2021), S. 120.

236 COM (2016), S. 11, S. 14.

237 COM (2016), S. 14–16.

238 COM (2016), S. 12–14.

239 COM (2016), S. 14. Lediglich acht Staaten liegen darüber. Als Vergleichsmaßstab existieren in der Amadeus Datenbank etwa 3,6 Millionen Rohdaten (Stand Mai 2020).

fünf EU-Staaten – und somit etwa 18 Prozent der Mitgliedsstaaten – verfügen über eine solide Informationsbasis innerhalb der Bandbreite von 20.000 bis 65.000 Unternehmensrohdaten.[240] Im Jahr 2021 wurde dieses Ergebnis erneut bestätigt.[241] Die Datenverfügbarkeit der Jahre 2013 bis 2017 zeigt, dass sich die Anzahl der EU-Länder seit dem Jahr 2001 fast verdoppelt hat und die Anzahl an Unternehmensdaten in Datenbanken um den Faktor 30 gestiegen ist.[242] Insgesamt hat die Quantität und Qualität der Daten signifikant zugenommen.[243] Allerdings bestätige die Studie erneut, dass auf Einzelländerebene keine hinreichende Anzahl an Daten existiert.[244] Zugleich indizieren Dawid/Hülshorst Europa als einen ausreichend homogenen Markt für Verrechnungspreisstudien.[245] Ungeachtet dessen zeigen Trede/Ullmann, dass selbst bei einer hinreichenden Datenverfügbarkeit mathematisch-statistische Hürden bei Datenauswertung für VP existieren.[246] Diese Erkenntnisse belegen, warum die Datenverfügbarkeit ein wesentlicher Kritikpunkt des FVG ist.

2.5.5 Allokationsheuristik des FVG

2.5.5.1 Wertschöpfungsorientierung

Historisch-teleologisch ist das originäre Ziel des FVG nicht die Allokation von Ergebnissen, sondern die Ermittlung steuerlicher Einkünfte.[247] Deshalb wird in dieser Untersuchung nachfolgend die Allokationsheuristik des FVG erläutert. Diese beinhaltet drei Schritte: Zunächst erfolgt eine wertschöpfungsorientierte Sachverhaltsanalyse, welche im zweiten Schritt in einer Funktions- und Risikoanalyse mündet. Auf Grundlage dieser folgt im dritten Schritt anschließend eine Klassifizierung von Ergebnispotenzialen.

---

240 COM (2016), S. 14.

241 Dawid/Hülshorst (2021), S. 119–151.

242 Dawid/Hülshorst (2021), S. 127.

243 Dawid/Hülshorst (2021), S. 121–123. Auch das Preisniveau hat sich in Europa innerhalb der letzten Jahrzehnte angeglichen, so dass keine statistisch hinreichende Grundlage für eine Differenzierung zwischen West- und Osteuropa vorliegt.

244 Dawid/Hülshorst (2021), S. 139. Lediglich 22 von 32 Ländern hatten eine hinreichende Anzahl. Zudem zeigen die statistischen Tests in 60 % keine hinreichende Datengrundlage.

245 Dawid/Hülshorst (2021), S. 122.

246 Trede/Ullmann (2016), S. 482, Tabelle 1, S. 518, Ditz (2015), S. 117 ff.

247 Schoueri (2015), S. 703.

Die grundsätzliche Zielsetzung der Wertschöpfungsorientierung des FVG ist eine verursachungsgerechte Aufteilung der Steuersubstrate auf Grundlage der betrieblichen Wertschöpfung.[248] Dadurch sollen die Ergebnisse im Einklang mit dem Ursprung ihrer ökonomischen Aktivität stehen.[249] Diese Grundprämisse, wonach Wertschöpfung und steuerliche Einkünfte lokal weitestgehend übereinstimmen sollen, ist durchaus umstritten.[250] Unabhängig davon bekräftigt die OECD die Wertschöpfungsorientierung im FVG stetig, insb. mit Abschluss des BEPS-Projektes im Jahr 2015.[251]

Ungeachtet seiner steuerlichen Maßgeblichkeit ist der Wertschöpfungsbegriff jedoch weder national noch international legal definiert.[252] Beispielhaft hierfür ist die Auslegung des Begriffes Wert, denn allein zur ökonomischen Werttheorie existiert eine über zweitausendjährige Forschungshistorie mit einem Pluralismus an Theorien.[253] Dieser Auslegungsspielraum birgt Konfliktrisiken.[254] Laut Roeder/Nientimp nutzt die OECD den Wertschöpfungsbegriff im FVG ohne einen ökonomischen Erkenntnisgewinn zu verfolgen und retuschiert dadurch die politischen Prozesse der Verteilung.[255] Die Wertschöpfungsorientierung dient als Allokationsnarrativ, um Besteuerungsrechte im Einklang mit einer marktüblichen Aufteilung zu bringen und dadurch den FVG zu festigen.[256] Das hierfür genutzte Verständnis von Wertschöpfung ist insb. durch Porter geprägt und beinhaltet eine primär holistische Analyse von wertschöpfenden Aktivitäten, in Form von Prozessen und Werttreibern.[257] Becker/Englisch sehen in der Wertschöpfungsorientierung ein Konsensprinzip, welches den FVG operationalisiert und ihn, konträr zur zugrundeliegenden komplexen und heterogenen internationalen Rechtslage, vereinfacht.[258]

---

248 Greil (2017), S. 624, Danon et al. (2021), S. 296, Becker/Englisch (2019), S. 167.

249 Greil (2017), S. 624.

250 Greil (2019), S. 5, Ulrich/Baltzer (2019), S. 569, Roeder/Nientimp (2021), S. 367 ff.

251 OECD (2017), BEPS Projekt Abschlussbericht Punkt 8–10 vom 5. Oktober 2015, insb. S. 15 ff., S. 73 ff., S. 167 ff.

252 Das deutsche Steuerrecht sieht keine Legaldefinition vor, ebenso wie die OECD-TPG. Ähnlich Greil (2019), S. 6, Becker/Englisch (2019), S. 164.

253 Roeder/Nientimp (2021), S. 367–370, Becker/Englisch (2019), S. 164.

254 Hergert/Morris (1989), S.175 ff., Roeder/Nientimp (2021), S. 367. Ursprünglich stammt der Wertschöpfung aus der Volks- und Betriebswirtschaftslehre.

255 Roeder/Nientimp (2021), S. 370, S. 384.

256 Roeder/Nientimp (2021), S. 367.

257 Porter (1986), Porter (1990), Ulrich/Baltzer (2019), S. 31, S. 105, Roeder/Nientimp (2021), S. 367–371.

258 Becker/Englisch (2019), S. 167 ff.

Nach COENENBERG ET AL. ist die Wertschöpfung ein Maßstab der Leistungskraft eines Unternehmens mit einer Erklärungsfunktion, bestehend aus einer Entstehungsperspektive und einer Verteilungsperspektive.[259] Folglich kann eine Wertschöpfungsanalyse nicht allein aus finanziellen Informationen abgeleitet werden.[260] Gemäß den OECD-TPG erfolgt die Wertschöpfungsanalyse deshalb vor allem (v.a.) funktional, das heißt (d.h.) durch Hilfestellung einer Zuordnung von Funktionen, Risiken und wesentlichen immateriellen und materiellen Vermögenswerten ausgelegt, der sog. Funktions- und Risikoanalyse (FAR).[261]

2.5.5.2 Funktions- und Risikoanalyse (FAR)

In einer FAR werden die Funktionen, die genutzten Vermögenswerte und die übernommenen Risiken jedes Geschäftsvorfalles analysiert. Dabei sind vertragliche Grundlagen lediglich der Ausgangspunkt für die Ermittlung tatsächlicher Verhältnisse (SUBSTANCE-OVER-FORM).[262] Im FVG ist die FAR insofern entscheidend, da sie ein Bestandteil der Vergleichbarkeitsanalyse ist und richtungsweisend für die Vergleichbarkeit, die Methodenwahl und die Angemessenheitsprüfung eines VP ist.[263] Nachfolgend werden die einzelnen Elemente der FAR vertieft.

Zielsetzung der Funktionsanalyse ist die Identifikation und Erfassung funktionaler Wertschöpfung, in Form eines tatsächlichen und aktiven wirtschaftlichen Gehalts von Tätigkeiten.[264] Die OECD-TPG definiert eine Funktionsanalyse wie folgt: Diese Funktionsanalyse zielt darauf ab, die von den am Geschäftsvorfall beteiligten Unternehmen wahrgenommenen wirtschaftlich signifikanten Tätigkeiten und Aufgaben, genutzten oder bereitgestellten Vermögenswerte und übernommene Risiken zu identifizieren.[265] Eine Funktion umfasst somit insb. die Tätigkeiten und Verantwortlichkeit aller für die Leistungserstellung notwendigen Schritte.[266] Analog zur Funktionsanalyse wird

---

259 Coenenberg et al. (2018), S. 1215, 1206, 1132, 1206. Erklärungsfunktion ist die Untersuchung des Zustandekommens der erzielten Erfolge sowie eine Analyse der Ursachen und Entwicklungen.

260 Hergert/Morris (1989), S. 186, Coenenberg et al. (2018), S. 1207 f. (HGB), S. 1210 f. (IFRS und US-GAAP), S. 1213 f.

261 OECD-TPG, Tz. 1.51 ff.

262 OECD-TPG, Tz. 1.140, Ditz in Danon et al. (2021), S. 50 f.

263 VWG 23, Tz. 3.19 lit. b) sowie § 1 Abs. 3 Satz 2 AStG.

264 OECD-TPG, Tz. 1.51–52.

265 OECD-TPG, Tz. 1.51.

266 Vögele et al. (2020), Rn. 170.

eine Analyse der betroffenen materiellen sowie immateriellen Vermögenswerte gefordert.[267] Hierfür sind die wesentlichen Vermögenswerte zu analysieren, sofern sie (un-)mittelbare Auswirkungen auf einen Geschäftsvorfall haben.[268] Der Analyseumfang ist einzelfallbezogen und abhängig von der Komplexität des Sachverhaltes.[269]

Zielsetzung einer Risikoanalyse ist die Identifikation von Risiken und die Zuordnung der Risikoübernahme.[270] Im Verrechnungspreiskontext sind Risiken insb. als Ergebnisunsicherheiten definiert.[271] Demgemäß ist eine Risikoübernahme als die Inkaufnahme der positiven (Chancen) und negativen (Risiken) Konsequenzen auszulegen.[272] Auch im FVG wird ein positiver Korrelationskoeffizient von Risikoübernahme und erwartetem Ertrag unterstellt, vergleichbar mit der Mechanik des Capital-Asset-Pricing-Model (CAPM).[273] Demnach berechtigt eine Risikoübernahme zu einer Vergütung durch eine Risikoprämie.[274] Das äußert sich beispielsweise darin, dass die Kapitalvergütung im FVG ohne entsprechende Funktionalität und Risikobelastung auf eine risikofreie Vergütung reduziert ist.[275] Infolgedessen hat die Risikoübernahme auch eine ökonomisch unmittelbare Wirkung auf die Aufteilung von Ergebnissen.[276] Diese Auffassung wurde sukzessiv evaluiert. In der Regulationshistorie der OECD-TPG zeigt sich, von 1979 bis 2022, eine stetige Konkretisierung im Umgang mit Risiken.[277] Lange Zeit wurden Risiken in den OECD-TPG lediglich durch vereinfachte Stereotype erfasst.[278] Als im Rahmen des BEPS-Projektes 2015 eine fehlerhafte Risikoallokation als ein Treiber von BEPS identifiziert wurde, wurde die Regulation mit den OECD-TPG aus

---

267 Reif (2021), S. 88 f., § 1 Abs. 3c Satz 2 AStG, VWG 23, Tz. 3.47–3.52.

268 VWG 23, Tz. 3.47–3.52 sowie § 1 Abs. 3c Satz 1 AStG.

269 Vögele et al. (2020), Rn. 173.

270 Gonnet (2016), S. 35.

271 OECD-TPG, Tz. 1.57, Tz. 1.71, Roeder/Nientimp (2021), S. 376 f.

272 OECD-TPG, Tz. 1.60.

273 OECD-TPG, Tz. 1.56, Danon et al. (2021), S. 47, ursprüngliches CAPM nach Markowitz, Sharpe, Lintner, Mossin.

274 Roeder/Nientimp (2021), S. 378.

275 Gonnet (2016), S. 36.

276 OECD-TPG, Tz. 1.58 vergleichbar mit einer Risikorendite.

277 Roeder/Nientimp (2021), S. 378 ff.

278 Danon et al. (2021), S. 51, Roeder/Nientimp (2021), S. 379, Gonnet (2016), S. 35, in den OECD-TPG 2010 wurde erstmals ein direkter Zusammenhang von Preis und Risikoübernahme festgehalten.

dem Jahr 2017 (OECD-TPG 2017) überarbeitet.[279] Im Ergebnis ist eine Risikozuordnung fremdüblich, sofern das entsprechende Risiko kontrolliert und finanziert werden kann (RISIKO-KONTROLL-ANSATZ).[280] Hierfür werden die Risiken in sechs Schritten analysiert, welche insb. die Informationsgewinnung, die Risikointerpretation und die Bepreisung umfassen.[281] Entscheidend für eine Risikozuordnung sind die sog. RISKO-MANAGEMENT-FUNKTIONEN, welche eine aktive Entscheidungsfindung in Bezug auf die Risiken erfordern sowie die Fähigkeit auf Risiken zu reagieren.[282] Laut OECD-TPG gilt das als erfüllt, sofern die Personalfunktionen für ein aktives Risikomanagement mitsamt Entscheidungsfähigkeit, Risikoprävention und Reaktionsmöglichkeit gewährleistet sind und darüber hinaus ausreichend finanzielle Kapazitäten für eine etwaige Risikoübernahme vorliegen.[283] Sofern mehrere Parteien ein Risiko gemeinsam tragen, erfolgt die Allokation anhand der am stärksten ausgeprägten Kontrollfunktion bzw. der finanziellen Potenz.[284] In der Praxis ist die konkrete Auslegung und Ausführung dieser Indizien jedoch weitgehend unklar.[285] Abschließend ist die Risikoanalyse maßgeblich für VP, da sie ein wesentlicher Bestandteil der Vergleichbarkeitsanalyse ist und mit der Risikoübernahme ein (un-)mittelbarer Ergebnisanspruch begründet werden kann.[286]

In der Praxis erfolgen FAR-Analysen häufig mit Hilfe von Scoring-Modellen.[287] Im Einzelfall können einzelne Segmente, Funktionen und Wertschöpfungsbeiträge auch jeweils segmentiert analysiert werden.[288] Vereinfacht gilt, je funktionsintensiver und v.a. risikointensiver, desto höher ist das im FVG angemessene Ergebnispotenzial.[289]

---

279 Danon et al. (2021), S. 47, Gonnet (2016), S. 35.

280 OECD-TPG, Tz. 1.38, dieser Grundsatz wurde in den OECD TPG 2010 erarbeitet und final in den TPG 2017 eingefügt, Danon et al. (2021), S. 48.

281 Danon et al. (2021), S. 48 f.

282 OECD-TPG, Tz.1.65, OECD (2015), Tz. 1.65.

283 OECD-TPG, Kapitel I, Abschnitt D.1.2.1.5, Tz. 1.65, Tz. 1.67.

284 OECD-TPG, Tz. 1.94, Danon et al. (2021), S. 50.

285 Eigelshoven/Mank (2021), S. 181 ff.

286 OECD-TPG, Tz. 1.06.

287 Schwarz/Stein, S. 104–213.

288 Vögele et al. (2020), Kapitel V, Rz. 27–28.

289 Corlaciu (2013), S. 1185.

2.5.5.3 Klassifizierungsdualismus des Ergebnispotenzials

Das Ergebnis der wertschöpfungsorientierten Sachverhaltsanalyse der FAR mündet in einen vereinfachten Klassifizierungsdualismus für Ergebnispotenziale. Entscheidend ist, dass durch diesen Klassifizierungsdualismus in zwei Kategorien unterschieden wird: vereinfachte Sachverhalte, welche sich idR effizient durch einen FV prüfen lassen und komplexe Sachverhalte bei welchen ein FV nicht pragmatisch möglich ist. Im FVG wird bevorzugt der einfachste Sachverhalt klassifiziert und verifiziert. Diametral dazu wird die Prüfung komplexer Sachverhalte gezielt vermieden.[290] Hierbei nutzt die Allokationsheuristik des FVG systematisch Vereinfachungen, wobei die Klassifizierung eine fremdübliche Ergebniszuordnung im Kontext des FVG fixiert.[291] Das ermöglicht einen pragmatischen Abgleich des tatsächlichen Ergebnisses mit dem zugeordneten Ergebnispotenzial. Dieses Prozedere gilt für Gewinne und Verluste.[292] Um eine pragmatische Umsetzbarkeit zu gewährleisten, hat sich hierfür ein Dualismus aus Routineklassifizierung und Strategieträgerklassifizierung etabliert.[293] Die beiden Klassifizierungsformen werden nachfolgend erläutert.

Die erste Klassifizierungsform ist die Entrepreneurklassifizierung oder Strategieträgerklassifizierung. Diese trägt das substanzielle unternehmerische Risiko, leistet einen essenziellen Wertschöpfungsbeitrag und/oder besitzt die wesentlichen (immateriellen) Werttreiber.[294] Infolgedessen wird ihr das wesentliche Ergebnispotenzial zugeordnet, was sich konkret in einem Primäranspruch auf Residualgewinne äußert.[295] Im Umkehrschluss aber auch in Bezug auf die Übernahme des Verlustrisikos und der damit einhergehenden potenziellen Übernahme finaler Verluste. Insgesamt trägt ein Entrepreneur somit das Residualergebnis. Prototyp der Entrepreneurklassifizierung ist beispielsweise ein Stammhaus. In der Wirtschaftspraxis ist eine trennscharfe Entrepreneurklassifizierung nicht immer möglich, weshalb in der Praxis idR eine Negativabgrenzung genutzt wird.[296] Das bedeutet, ein Entrepreneur liegt v.a. dann vor, wenn eine Routineklassifizierung nicht sachgerecht erscheint.

---

290 Kobetsky (2019), S. 1094, Heidecke et al. (2020), S. 30 f.
291 Vögele et al. (2020) Kapitel V, Rz. 26.
292 OECD-TPG, Abschnitt D.1, insb. Tz. 9.40.
293 Fuss (2019), S. 466, Wassermeyer et al. (2022), Rz. 4.61.
294 VWG 23, Anlage 2.
295 Bernhardt (2014), S. 100–102.
296 Heidecke et al. (2020), S. 30–32, Vögele (2021), S. 551.

Die Routineklassifizierung ist die zweite Klassifizierungsform. Ihr wesentliches Merkmal ist das Vorliegen eines Vergütungsanspruches, anstelle eines Residualgewinnanspruches.[297] Das resultiert zum einen aus einer geringen Risikoübernahme.[298] Zum anderen bestehen die Wertschöpfungsbeiträge hierbei idR aus repetitiven und leicht substituierbaren Tätigkeiten, mit einer geringeren Wertschöpfungstiefe.[299] Der Vergütungsanspruch äußert sich praktisch in der Kostenerstattung zuzüglich (zzgl.) eines angemessenen und fremdüblichen Gewinnaufschlags. Je nach Wertschöpfungstiefe und Risikoübernahme, kann die Höhe der Routinevergütung signifikant differenzieren, gemeinsam ist jedoch stets der fehlende Residualergebnisanspruch.[300] Mangels Risikoübernahme erscheinen Verlustsituationen bei Routinegesellschaften lediglich in Ausnahmefällen fremdüblich.[301] Idealtypisch sollen Routineunternehmen deshalb innerhalb eines angemessenen Zeitraums geringe, aber stabile Totalgewinne ausweisen, mit der Mindestanforderung einer Kostendeckung.[302] In der Praxis treten bestimmte Funktions- und Risikoprofile wiederholt auf.[303] Daher haben sich Profilcluster für typische Routineklassifikationen etabliert.[304] Analog zur Klassifizierungssystematik gibt es, z.B. im deutschen Regelwerk, insb. für Vertriebs- und Produktionsfunktionen, drei relevante Untergruppen. Abgrenzungsmerkmal ist eine abnehmende Wertschöpfungstiefe, mit der Folge eines entsprechend abnehmenden Vergütungsanspruches. Für Produktionsprofile unterscheiden sich der Eigenproduzent vom Auftragsfertiger und zuletzt vom Lohnfertiger, in absteigender Reihenfolge.[305] Analog gibt es für Vertriebsprofile eine weitgehend autarke Vertriebsgesellschaft (Distributor), einen LIMITED-RISK-DISTRIBUTOR sowie abschließend einen Handelsvertreter.[306]

---

297 VWG 23, Anlage 2, Bernhardt (2014), S. 95.
298 VWG 23, Anlage 2, Bernhardt (2014), S. 102.
299 OECD (2018a), S. 4 f.
300 Schwarz/Stein (2018), S. 95–213.
301 VWG 23, Tz. 3.1 ff.
302 VWG 23, Tz. 3.33 f.
303 Greil (2019), S. 11.
304 Corlaciu (2013), S. 1185–1187.
305 Dawid et al. (2016), S. 141, Tabelle 4.8.
306 Dawid et al. (2016), S. 142, Tabelle 4.9.

2.6 Verrechnungspreismethoden

2.6.1 Betriebswirtschaftliche Verrechnungspreismethoden

In diesem Kapitel werden Verrechnungspreismethoden dargelegt. Analog zur Prägung von VP, wird zwischen betriebswirtschaftlichen und steuerlichen Methoden unterschieden. Gemeinhin wird zwischen drei Arten von betriebswirtschaftlichen Methoden unterschieden: marktorientierte Methoden, kostenorientierte Methoden und verhandlungsorientierte Methoden.[307] Maßgeblich sind hierbei insb. betriebswirtschaftliche Fragestellungen, wie durchsetzbare Marktpreise, Produktsubstitute und interne Kostenstrukturen.[308]

Die Perspektive marktorientierter Methoden ist unternehmensextern. Die Preisfindung erfolgt retrograd vom Marktpreis ausgehend. Wesentlicher Vorteil der marktorientierten Methode ist ein hoher Grad an Objektivierbarkeit und Nachvollziehbarkeit.[309] Infolgedessen ist dieses Vorgehen international weitgehend akzeptiert und zeigt Analogien zum FVG.[310] In der Anwendungspraxis dienen die Informationen des Marktes als Ausgangspunkt, wobei idR ein Zielpreis identifiziert wird.[311] Ein Nachteil der Methodik ist, dass eine hinreichende Vergleichbarkeit mit einem Zielpreis häufig nur eingeschränkt vorliegt.[312] Die Methodik kann nachfrageorientiert erfolgen, indem z.B. die Zahlungsbereitschaft eines Kunden als Zielpreis fungiert.[313] Alternativ ist ein angebotsorientiertes Vorgehen möglich, bei welchem die Marktpreise von Substituten und Wettbewerbern als Zielpreis gesetzt werden.[314] Marktorientierte Methoden werden deshalb häufig auf preissensiblen Märkten oder in Branchen mit regulierten Preismechanismen angewendet.

Die Perspektive kostenorientierter Methoden ist unternehmensintern.[315] Die Preisfindung erfolgt progressiv durch Informationen aus vorhandenen Kostenstrukturen.[316] Grundprämisse der kostenorientierten Methode ist, dass zwischen Kostenstruktur und Produktpreis ein Kausalzusammenhang existiert.[317]

307 Behrens/Feuerlohn (2018), S. 273, Abbildung D2.7.
308 Schwarz/Stein (2018), S. 84.
309 Rieke (2015), S. 34, Baldenius/Reichelstein (2006), S. 20.
310 Baldenius/Reichelstein (2006), S. 2.
311 Behrens/Feuerlohn (2018), S. 279.
312 Behrens/Feuerlohn (2018), S. 278.
313 Schwarz/Stein (2018), S. 84.
314 Schwarz/Stein (2018), S. 84.
315 Baldenius et al. (2004), S. 594–596.
316 Alles/Datar (1998), S. 453, S. 459, Schwarz/Stein (2018), S. 84.
317 Rieke (2015), S. 35.

Vorteile sind die Informationsverfügbarkeit und eine vergleichsweise geringe Komplexität. Allerdings stellt sich regelmäßig die Frage nach der am besten geeigneten Kostenbasis.[318] Grundsätzlich sind alle betriebswirtschaftlichen Kostenarten anwendbar, jedoch kann eine Kostenbasis, insb. aufgrund von Kostenrechnungssystemen, international abweichen.[319] Entscheidend ist die jeweilige Zielsetzung, denn ähnlich wie VP können Kostenarten verschiedene Funktionen erfüllen.[320] Wissenschaftlich gilt die Präferenz von Grenzkosten als theoretisch fundiert.[321] Jedoch sind diese Grenzkosten in der Praxis kaum verfügbar und es gibt global keine trennscharfe Grenzkostendefinition.[322] Ist-Kosten hingegen sind leicht verfügbar und ermöglichen die präzise Wiedergabe der Kostenstrukturen, allerdings zu Lasten der Ergebnisermittlung, weshalb in der Anwendungspraxis häufig Plankosten bevorzugt werden.[323] Um eine verursachungsgerechte Erfolgsermittlung zu gewährleisten werden VP idR auf einer Vollkostenbasis ermittelt.[324] Plankosten auf Vollkostenbasis sind insofern besonders geeignet für VP, als dass diese eine Urteilsbildung innerhalb einer Bandbreitenbetrachtung ermöglichen.[325] Diese Analogie zum FVG verschafft der kostenorientierten Methode eine hohe praktische Relevanz. Laut Göx/Schiller präferiert die Mehrzahl der normativ-betriebswirtschaftlichen Forschungsansätze kostenorientierte Methoden.[326]

Verhandlungsorientierte Methoden konzentrieren sich auf Interessen. Ausgangspunkt ist eine wesentliche Grundlage der Ökonomie: die Verhandlungssituation.[327] Die Preisfindung erfolgt anhand von bi- bzw. multilateralen Verhandlungen.[328] Eine weitgehende Entscheidungsautonomie hat für

318 Behrens/Feuerlohn (2018), S. 283 f.

319 Rieke (2015), S. 36–39. Insb. Istkosten, Plankosten, Grenzkosten, Opportunitätskosten, Teilkosten und Vollkosten. Hines/Rice (1994), S. 164, Ewert/Wagenhofer (2007), S. 1042–1049.

320 Kapitel 2.4.

321 Hirshleifer (1956), S. 172, Götz/Schiller (2007), S. 59.

322 Ewert/Wagenhofer (2007), S. 1042–1049, Behrens/Feuerlohn (2018), S. 284, u.a. in Bezug auf das Dilemma der pretialen Lenkung.

323 Rieke (2015), S. 47, Behrens/Feuerlohn (2018), S. 283–285.

324 Behrens/Feuerlohn (2018), S. 301, eine reine Fixkostenbetrachtung verzerrt die Koordinations- und Erfolgsermittlungsfunktion.

325 Rieke (2015), S. 46 f.

326 Göx/Schiller (2007), S. 59.

327 Tellge (2020), S. 166.

328 Behrens/Feuerlohn (2018), S. 316.

Partizipierende idR eine motivationsfördernde Wirkung.[329] Zudem gibt es eine Vielzahl von wissenschaftlich fundierten Verhandlungskonzepten für eine theoretisch fundierte Preisbildung.[330] Allerdings sind die Determinanten einer Verhandlungssituation idR mehrdimensional.[331] So spielen u.a. Faktoren wie die Rahmenbedingungen, Risikoeinstellung, Verhandlungsgeschick und Verhandlungsmacht eine maßgebliche Rolle.[332] Zudem können z.B. subjektives Fairnessempfinden oder die Verhandlungsdauer ein scheinbar objektives Verhandlungsergebnis signifikant verzerren.[333] Auch unternehmensintern sind unabhängige Verhandlungen selten uneingeschränkt möglich.[334] Zudem gibt es Belege dafür, dass die konzerninterne Verhandlung überwiegend auf internen Informationen, wie z.B. Kostenstrukturen oder Rechnungswesen, fußt und nicht primär durch einen Marktpreis beeinflusst wird.[335] Eine marktsimulierende Verhandlungssituation kann idR weder gewährleistet noch ausreichend dokumentiert werden. Entsprechendes gilt hierbei auch für die nachweisliche Einhaltung des FVG. Deshalb wird diese Methode steuerlich und international kaum akzeptiert.[336] Hinzu kommt, dass verhandlungsorientierte VP meist hohe Verhandlungskosten verursachen.[337] Ferner gelten marktorientierte und kostenorientierte Methoden im Fachschrifttum als theoretisch und wissenschaftlich fundierter.[338] Dementsprechend spielen die verhandlungsorientierten Methoden in der Praxis eine untergeordnete Rolle.[339]

2.6.2 Steuerliche Verrechnungspreismethoden

Gemäß dem FVG verwenden Steuerverwaltungen steuerliche Methoden für die Anerkennung und Verprobung von VP.[340] Aus steuerlicher Perspektive ist die

---

329 Behrens/Feuerlohn (2018), S. 316.

330 Tellge (2020), S. 17–22., insb. Konzepte von Nash, Kalai-Smorodinsky oder Robinstein.

331 Tellge (2020), S. 73 f.

332 Behrens/Feuerlohn (2018), S. 321, Tellge (2020), S. 73–90.

333 Luft/Libby (1997), S. 218, Tellge (2020), S. 95–105.

334 Rieke (2015), S. 42.

335 Luft/Libby (1997), S. 219.

336 Cecchini et al. (2013), S. 37.

337 Luft/Libby (1997), S. 218.

338 Baldenius/Reichelstein (2006), S. 20.

339 Rieke (2015), S. 43.

340 Cecchini et al. (2013), S. 37, da andere Methoden steuerlich idR nicht anerkannt werden.

gewählte Methode und die steuerliche Verprobungsmethode deshalb idealtypisch deckungsgleich. Infolgedessen dominieren die steuerlichen Methoden die internationale Verrechnungspreispraxis.[341] Die Mehrzahl der praxisrelevanten steuerlichen Methoden wird in Kapitel II der OECD-TPG ausführlich dargelegt.[342] Dabei wird zwischen sog. Standardmethoden – auch klassische Methoden genannt – und geschäftsvorfallbezogenen Gewinnmethoden unterschieden.[343] Die Bezeichnung Standardmethode geht historisch darauf zurück, dass diese bereits in den ersten Regulationsentwürfen des FVG vorlagen.[344] Die Auswahl der Methode ist ein wesentlicher Bestandteil des formellen FV. Das Credo der Methodenlehre des FVG ist die Auswahl der im Einzelfall am besten geeigneten Methode (Best-Method-Approach).[345] Im Kontext des FVG gilt eine Methode als am besten geeignet, wenn sie die Identifizierung und Nutzung der verlässlichsten Vergleichswerte gewährleistet.[346] Standardmethoden gewährleisten idR eine hohe Vergleichbarkeit und gestatten meist die Nutzung eines tatsächlichen FV.[347] Im Sinne der Vergleichbarkeit sind Standardmethoden deshalb theoretisch zu präferieren.[348] Fehlt es an hinreichenden Referenztransaktionen für einen FV oder reicht eine einseitige Betrachtung nicht aus, so sind die Gewinnmethoden anzuwenden.[349] Hierbei werden entweder ergebnisorientiert Margen- bzw. Gewinnaufteilungen betrachtet, oder der FV erfolgt hypothetisch durch eine zweiseitige Würdigung der Sachverhalte.[350] Die Anwendung von mehr als einer Methode ist grundsätzlich gestattet.[351] Das ist in der Praxis notwendig, wenn aufgrund von fehlenden Daten ein FV der Höhe nach nur mit Hilfe einer abweichenden VP-Methode möglich ist.[352] Nachfolgend werden die gängigsten steuerlichen Methoden erläutert.

---

341 Am Beispiel Deutschland: Horvath/Flick Gocke Schaumburg (2015), S. 5.
342 OECD-TPG, Kapitel II.
343 OECD-TPG, Tz. 2.1.
344 Avi-Yonah (2010), S. 4.
345 OECD-TPG, Tz. 2.2. und § 1 AStG.
346 OECD-TPG, Tz. 3.2.
347 OECD-TPG, Tz. 2.3.
348 OECD-TPG, Tz. 2.3.
349 OECD-TPG, Tz. 2.4, Reif (2021), S. 54 f.
350 OECD-TPG, Tz. 2.62–2.63.
351 OECD-TPG, Tz. 2.12.
352 BFH vom 6. April 2005, I R 22/4, BStBl. II 2007, S. 658.

2.6.2.1 Preisvergleichsmethode

Die Preisvergleichsmethode, auch als Comparable-Uncontrolled-Price-Method bezeichnet, ist eine Standardmethode. Hierbei wird ein tatsächlicher FV genutzt. Ausgangspunkt ist der Vergleich mit einem Fremdgeschäftsvorfall.[353] Wesentlicher Vergleichsindikator der Methode ist der Preis. Die Funktionsweise der Methode wird gemeinhin als idealtypisches Verfahren des FVG betrachtet, da es die Umsetzung des FV in seiner Reinform ermöglicht.[354] Der Preisvergleich kann durch einen internen oder externen FV erfolgen und eignet sich für nahezu jede unternehmerische Funktion und Klassifizierung. In den VP-Regelwerken der EU-Staaten ist der interne Preisvergleich die theoretisch präferierte VP-Methode.[355] Sind die Vergleichbarkeitsvoraussetzungen erfüllt, so stellt die Preisvergleichsmethode gemeinhin die verlässlichste Methode für die Anwendung des FVG dar.[356] In der Anwendungspraxis zeigt sich jedoch, dass eine hinreichende Datengrundlage für die Preisvergleichsmethode selten vorliegt.[357] Die Preisvergleichsmethode findet in der Praxis häufig bei Lizenzen, Patenten sowie für Dienstleistungen und Rohstoffen Anwendung, da diese Geschäftsvorfälle eine hohe Vergleichbarkeit gewährleisten.[358]

2.6.2.2 Wiederverkaufspreismethode

Die Wiederverkaufspreismethode, auch als Resale-Price-Method bezeichnet, ist eine marktorientierte Standardmethode. Ausgangspunkt ist der Marktpreis in Form eines Wiederverkaufspreises an einen fremden Dritten.[359] Dieser Wiederverkaufspreis wird retrograd um eine hypothetische Bruttomarge reduziert.[360] Der Residualbetrag nach Abzug der jeweiligen Bruttomarge stellt den internen VP dar. Die Wiederverkaufsmarge bzw. die konzerninterne Handelsspanne fungiert als fiktives Gewinnelement und somit als Vergütung für den Wiederverkäufer. Die Preisermittlung ist über mehrere Wertschöpfungsschritte

---

353 OECD-TPG, Tz. 2.14.

354 Schwarz/Stein (2018), S. 86.

355 COM (2016), S. 11.

356 OECD-TPG, Tz. 2.15.

357 Wassermeyer (2007), S. 536 f., OECD-TPG, Tz. 2.16–2.17, Flick/Wassermeyer/Baumhoff/Schönfeld (2022), § 1 Abs. 3 AStG, Rz. 669, Reif (2021), S. 49 f.

358 Kimpel/Oestereicher (2017), S. 133, Horvarth & Partners/FGS (2015), S. 8 Abb. 11, OECD-TPG, Tz. 2.18 ff., Tz. 2.23.

359 OECD-TPG, Tz. 2.27.

360 OECD-TPG, Tz. 2.27, Schwarz/Stein (2018), S. 86.

hinweg möglich. Vergleichsindikator ist idR die umsatzbezogene Bruttomarge bzw. die Rohgewinnmarge.[361] Primäre Zielsetzung der Wiederverkaufspreismethode ist die Erfassung von Vertriebsfunktionen.[362] Spezifische Kosten- und Produktionsfaktoren werden deshalb vernachlässigt.[363] Die besagten Handelsspannen können durch Anwendung des internen oder des externen FV abgeleitet werden.[364] Die Vorteile der Wiederverkaufspreismethode liegen insb. in der unmittelbaren Marktorientierung und einem vergleichbar geringen Komplexitätsgrad.[365] Nachteilig sind die geringe Datenverfügbarkeit von Rohgewinnmargen sowie die methodisch weitgehende Reduktion auf Vertriebstätigkeiten.[366] Für eine Vergleichbarkeit ist sicherzustellen, dass bei einem Bruttomargenabgleich dieselbe Kostenart bzw. Kostenbasis vorliegt.[367] Die Wiederverkaufspreismethode stößt in der Anwendungspraxis insofern häufig an ihre Grenzen, als dass Exklusivrechte sowie marketingwirksame Marken und Namen die Absatzpreise von Produkten beeinflussen können.[368] Dadurch kann der Erklärungsgehalt von Rohgewinnmargen verzerrt und die Vergleichbarkeit kaum gewährleistet werden.[369] Elemente der Wiederverkaufspreismethode werden häufig mit vorliegenden Kostenstrukturen kombiniert, um ein besseres Verständnis zu ermöglichen.[370] In der Praxis wird die Wiederverkaufspreismethode insb. für die interne Bepreisung von Endprodukten, Handelswaren oder Ersatzteilen angewendet.[371]

2.6.2.3 Kostenaufschlagsmethode

Die Kostenaufschlagsmethode, auch als COST-PLUS-METHOD bezeichnet, ist eine kostenorientierte Standardmethode. Ausgangspunkt ist die interne Kostenbasis des Leistungserbringers.[372] Diese Kostenbasis wird um einen

---

361 Schwarz/Stein (2018), S. 86.
362 OECD-TPG, Tz. 2.30, Tz. 2.27, Tz. 2.42 ff.
363 Horvarth/FGS (2015), S. 6, OECD-TPG, Tz. 2.32.
364 OECD-TPG, Tz. 2.28.
365 Schwarz/Stein (2018), S. 86.
366 Schwarz/Stein (2018), S. 86.
367 OECD-TPG, Tz. 2.41.
368 BFH vom 21. Januar 2016, I R 22/14, BStBl. II 2017, S. 336, BMF-Schreiben vom 7. April 2017, IV B 5 – S 1341/16/10003, S. 3 ff.
369 OECD-TPG, Tz. 2.35, Tz. 2.40.
370 Dawid (2016), S. 178.
371 Kimpel/Oestereicher (2017), S. 133, Horvath/Flick Gocke Schaumburg (2015), S. 8 Abb. 11.
372 OECD-TPG, Tz. 2.45.

hypothetischen Kostenaufschlag (Mark-up) erhöht. Das Ergebnis aus Kostenbasis und Mark-up stellt den VP dar. Das Mark-up fungiert als fiktives Gewinnelement und somit als Vergütung für den Leistungserbringer. Zugleich dient es als Vergleichsindikator der Kostenaufschlagsmethode iVm der entstehenden Bruttomarge.[373] Eine sukzessive und progressive Preisgestaltung über mehrere Wertschöpfungsschritte hinweg ist möglich. Die primäre Zielsetzung der Kostenaufschlagsmethode ist die Erfassung von internen Halbfabrikaten und Dienstleistungen, bei welchen ein konkreter Marktbezug nicht gegeben ist.[374] Anstelle des Marktes stehen hierbei spezifische Kosten- und Produktionsfaktoren im Vordergrund. Das Mark-up kann durch Anwendung des internen oder des externen FV ermittelt werden.[375] Vorteile der Kostenaufschlagsmethode sind insb. ein vergleichbar geringer Komplexitätsgrad und eine hohe Verfügbarkeit interner Daten.[376] Nachteilig sind praktische Schwierigkeiten bei der Ermittlung der Kostenbasis.[377] Analog zu den betriebswirtschaftlich-kostenorientierten Methoden ist hier eine trennscharfe Abgrenzung verschiedener Kostenarten und Berechnungsmethoden notwendig.[378] Praktisch äußert sich dies in der idealtypischen Anwendung von Plankosten auf Vollkostenbasis oder vereinfacht in einem Aufschlag auf die Ist-Kosten. Die Kostenaufschlagsmethode wird vielfach und in nahezu allen Leistungsbereichen eingesetzt.[379] Dies gilt insb. für Vorprodukte, Dienstleistungen, Handelswaren, Fertigprodukte, Markenrechte und insb. für risikoarme Dienstleistungen.[380]

2.6.2.4 Geschäftsvorfallbezogene Nettomargenmethode (TNMM)

Die geschäftsvorfallbezogene Nettomargenmethode oder Transactional-Net-Margin-Method (TNMM) ist eine geschäftsvorfallbezogene Gewinnmethode.[381] Hierbei wird ein tatsächlicher FV genutzt. Ausgangspunkt ist der Nettogewinn eines Geschäftsvorfalls.[382] Als Vergleichsindikator der Methode

373 Schwarz/Stein (2018), S. 86.
374 OECD-TPG, Tz. 2.45, Tz. 2.59 ff.
375 OECD-TPG, Tz. 2.46.
376 OECD-TPG, Tz. 2.47, Schwarz/Stein (2018), S. 86.
377 OECD-TPG, Tz. 2.49–2.50.
378 OECD-TPG, Tz. 2.53–2.54.
379 Horvath/Flick Gocke Schaumburg (2015), S. 8.
380 Kimpel/Oestereicher (2017), S. 133, Horvath/Flick Gocke Schaumburg (2015), S. 8 Abb. 11.
381 OECD-TPG, Tz. 2.4, Tz. 2.64.
382 OECD-TPG, Tz. 2.64.

dient ein Nettogewinnindikator, meist in Form einer Nettomarge.[383] Hierfür wird der Gewinn in Relation zu einer geeigneten Bezugsgröße gesetzt und mit vergleichbaren Kennzahlen abgeglichen, sog. PROFIT-LEVEL-INDICATOR (PLI).[384] Anstelle von Markt oder Kosten fokussiert sie eine Renditekennziffer. Die Auswahl des geeigneten PLI bestimmt sich nach den Umständen des Einzelfalles.[385] Primäre Zielsetzung der TNMM ist die Gewährleistung einer pragmatischen Anwendung des FV, insb. wenn eine quantitative Angemessenheitsanalyse aufgrund von Datenmangel mit anderen Methoden nicht umsetzbar ist. Die TNMM eignet sich v.a. für den Abgleich von Routinefunktionen, da diese eine hohe Vergleichbarkeit aufzeigen.[386] Wesentlicher Vorteil der TNMM ist, dass sie eine hohe Datenverfügbarkeit und eine hohe Nachvollziehbarkeit vereint.[387] Da Routinetätigkeiten häufig gruppiert gewürdigt werden, ist es im Rahmen der TNMM üblich auf aggregierte Jahresabschlussdaten zurückzugreifen. Damit bietet die TNMM einen pragmatischen Lösungsansatz, wenn konkrete Vergleichbarkeitsdaten fehlen.[388] Allerdings muss hierfür eine sachgerechte Reduktion auf einen Finanzindikator möglich sein.[389] Beispielsweise eignen sich umsatzbasierte Renditekennziffern insb. für Vertriebsaktivitäten der Wiederverkaufspreismethode und kostenbasierte Formen insb. für kostenorientierte Methoden wie der Kostenaufschlagsmethode.[390] Zudem muss die Datengrundlage einheitlich sein und statistisch entsprechend robust.[391] Konkret sollten Zähler und Nenner des Nettogewinnindikators idealtypisch weitgehend frei von Sonderfaktoren sein.[392] Praktisch ist der Vergleichbarkeitsgehalt von Nettogewinnspannen jedoch häufig durch Bilanzpolitik verzerrt.[393] Gleiches gilt für Kostenstrukturen, denn auch diese sind nicht pauschal vergleichbar.[394] Darüber hinaus existieren in der Praxis eine Vielzahl an verzerrenden

383 Schwarz/Stein (2018), S. 87.
384 OECD-TPG, Tz. 2.64.
385 OECD-TPG, Tz. 2.82, Tz. 2.92 f., Reif (2021), S. 55. Hierbei sind die Indikatoren der Eignung einer VP-Methode maßgeblich.
386 OECD-TPG, Tz. 2.65–2.68.
387 Dawid (2016), S. 7.
388 OECD-TPG, Tz. 2.80.
389 OECD-TPG, Tz. 2.69.
390 OECD-TPG, Tz. 2.96–2.98.
391 COM (2016), S. 16, OECD-TPG, Tz. 2.81.
392 OECD-TPG, Tz. 2.82–2.93.
393 OECD-TPG, Tz. 2.70.
394 OECD-TPG, Tz. 2.76.

Sonderfaktoren.[395] Beispielsweise können ein unterschiedlicher Produktmix, abweichende Bewertungsmethoden sowie FAR-Profile den Aussagegehalt einer PLI signifikant verzerren.[396] Der Hauptkritikpunkt an der TNMM ist die zeitliche Differenz zwischen Sachverhaltswürdigung and Angemessenheitsprüfung. Faktisch wird lediglich das Ergebnis betrachtet, nicht aber die Preisgestaltung von einzelnen VP. Das Fehlen einzelfallbezogener Analysen birgt in der Praxis zollrechtliche und steuerrechtliche Folgefragen.[397] Grundsätzlich ist die Datenverfügbarkeit für eine Anwendung der TNMM innerhalb der OECD-Staaten wesentlich höher als bei anderen Methoden.[398] Deshalb wird die TNMM In der Anwendungspraxis vielfach und v.a. für Routinefunktionen eingesetzt.[399] Dies erfolgt idR in Kombination mit den Standardmethoden Kostenaufschlagsmethode und Wiederverkaufspreismethode, wobei die TNMM primär die Forderung der Angemessenheitsprüfung erfüllt.[400]

2.6.2.5 Geschäftsvorfallbezogene Gewinnaufteilungsmethode (PSM)

Die geschäftsvorfallbezogene Gewinnaufteilungsmethode, Transactional-Profit-Split-Method (PSM), ist eine geschäftsvorfallbezogene Gewinnmethode.[401] Der Terminus Gewinn ist unglücklich gewählt, da er auch Verluste umfasst.[402] Deshalb wird nachfolgend stets die Bezeichnung Ergebnis verwendet. Ein Spezifikum der PSM ist, dass sie einen ganzheitlichen und holistischen Ansatz nutzt, indem sie die Interessen und Perspektiven aller Partizipierenden berücksichtigt.[403] Dadurch ist die PSM die einzige zweiseitige Methode – d.h. sie ist unabhängig von Fremdvergleichsdaten und teilt das Ergebnis auf, ohne einzelne VP abzubilden.[404] Maßgeblich hierfür ist die zugrundeliegende Aufteilungsmechanik.[405] Konkret wird zunächst das aufzuteilende Ergebnis des

---

395 OECD-TPG, Tz. 2.77–2.91. Wie z.B. Finanzierungsstrukturen, Wechselkursschwankungen, einheitliche Rechnungslegung, Anlaufkosten.

396 OECD-TPG, Tz. 2.75, Nientimp et al. (2019), S. 34–37.

397 Nientimp et al. (2019), S. 38–41, im deutschen Zollrecht ist ein konkreter Preis gefordert.

398 COM (2016), S. 16.

399 Kimpel/Oestereicher (2017), S. 133, Vögele (2020), S. 357, Reif (2021), S. 57.

400 Horvath/Flick Gocke Schaumburg (2015), S. 8.

401 OECD-TPG, Tz. 2.4, Tz. 2.64.

402 OECD-TPG, Tz. 2.130–137.

403 Vögele (2020), S. 359, OECD-TPG, Tz. 2.119, Fuss (2019), S. 340.

404 Kroppen/Dawid/Schmidkte (2012), S. 268 f., Schön (2010), S. 248.

405 OECD-TPG, Tz. 2.114, Wassermeyer et al. (2022), Rn. 5.123 ff.

Geschäftsvorfalls ermittelt und anschließend idealtypisch im Einklang mit dem FVG aufgeteilt.[406] Der eigentliche FV basiert somit auf einer hypothetischen Ergebnisaufteilung, anstelle von tatsächlichen Fremdvergleichswerten. Primäre Zielsetzung der PSM ist es für jene Geschäftsvorfälle einen pragmatischen Lösungsansatz zu schaffen, bei welchen der FVG an seine Grenzen stößt.[407] Das ist insb. gegeben, sofern wertvolle, einzigartige oder hochintegrierte Wertbeiträge geleistet werden, für welche es kaum zuverlässige Vergleichswerte gibt.[408] Wesentlicher Vorteil der PSM ist, dass sie eine methodisch flexible Lösung für hoch integrierte oder vernetzte Tätigkeiten anbietet, da sie eine mehrseitige Betrachtung gestattet.[409] Das gilt v.a. für Geschäftsmodelle und Wertschöpfungsformen mit einem hohen Anteil an immateriellen Werttreibern oder einer mehrfachen Entrepreneurklassifizierung.[410] Da der FVG derzeit systematisch kein Prüfungskonzept für Entrepreneurtätigkeiten vorsieht galt die PSM, aufgrund ihrer vergleichsweise hohen Komplexität und mangels objektiver Überprüfbarkeit, lange Zeit als unerwünschte VP-Methode.[411] Abschließend soll die PSM eine transparente Sachverhaltswürdigung gewährleisten und idealtypisch zu einer verursachungsgerechten Aufteilung führen, welche nach wirtschaftlich vernünftigen Gesichtspunkten der Aufteilung von fremden Dritten nahekommt.[412] Eine ausführlichere Erläuterung der PSM folgt im Rahmen von Kapitel 3.6.

2.6.2.6 Sonstige Methoden

Die bisher aufgezählten steuerlichen Methoden sind nicht abschließend.[413] Ob eine Methode steuerlich anerkannt wird, hängt primär von der Gewährleistung des FVG ab.[414] Auch wenn die Nutzung von Faustregeln grundsätzlich abgelehnt wird, gibt es in einigen Ländern solche unilateralen Spezifika.[415] In Brasilien

---

406 OECD-TPG, Tz. 2.114.
407 Kapitel 3.6.3.
408 OECD-TPG, Tz. 2.4.
409 OECD-TPG, Tz. 2.115–2.120.
410 Kimpel/Oestereicher (2017), S. 133.
411 Fuss (2019), S. 340, OECD-TPG, Tz. 2.115–Tz. 2.120.
412 OECD-TPG, Tz. 2.146.
413 OECD-TPG, Tz. 2.9.
414 OECD-TPG, Tz. 2.9.
415 OECD-TPG, Tz. 2.10, Rocha/IFA (2017), S. 227, die sog. sechste Methode: Überwiegender Anwendungsbereich in Lateinamerikanischen Staaten Argentinien, Bolivien, Brasilien, Peru, Uruguay sowie Indien.

werden beispielsweise fixe Profitmargen für bestimmte Industriezweige akzeptiert (FIXED-MARGIN-METHOD).[416] Auch innerhalb der OECD-Staaten gibt es pragmatische Ansätze: so sind beispielsweise in den USA unspezifizierte Methoden offiziell legitimiert, sofern ein angemessenes Ergebnis erzielt wird.[417]

In Deutschland wird den Methodenempfehlungen der OECD-TPG überwiegend gefolgt.[418] Eine Ausnahme hiervon ist die deutsche, unilaterale Auslegung des hypothetischen FV, als eine Art Ultima Ratio des deutschen Steuerrechts.[419] Grundlage hierfür ist die Denkfigur des ORDENTLICHEN UND GEWISSENHAFTEN GESCHÄFTSLEITERS im Sinne des (iSd) § 1 Abs. 3 Satz 7 AStG.[420] Diese Preisermittlung erfolgt durch die Simulierung eines Preisverhandlungsprozesses, unter Hilfestellung eines fiktiven Mindestpreises (Grenzpreis Verkäufer) und eines fiktiven Höchstpreises (Grenzpreis Käufer).[421] Hierfür werden idR etablierte Bewertungsmethoden genutzt.[422] Die Bandbreite zwischen den ermittelten Grenzpreisen dient als Einigungsbereich, wobei vereinfacht der Mittelwert verwendet werden kann (§ 1 Abs. 3 Satz 6 AStG). Ein weiterer methodischer Sonderweg ist der sog. Vorteilsausgleich. Hierfür dürfen VP unter bestimmten Voraussetzungen als fiktives Tauschgeschäft saldiert werden.[423] Das ist möglich, sofern der Sachverhalt, dem Grunde und der Höhe nach, gegenseitig ebenwürdige Transaktionen erfasst.[424]

2.7 Nationales Verrechnungspreisregelwerk

2.7.1 Das Verrechnungspreisregelwerk in Deutschland

In diesem Kapitel werden die deutsche VP-Regulation und deren Auslegung erläutert. Hierfür werden verfahrensrechtliche Grundlagen der AO, außensteuerliche Grundlagen des AStG, einschlägige Verwaltungsanweisungen und Rechtsverordnungen sowie die Rechtsprechung erläutert. Das Kapitel schafft

---

416 Schoueri (2015), S. 706–708, diese finden unabhängig von der Kostenstruktur des Steuerpflichtigen Anwendung und sollen durch eine pauschale Vereinfachung Rechtssicherheit schaffen, vergleichbar mit einer SAFE-HARBOUR-REGELUNG.

417 Vögele et al. (2020), Kapitel Y, Rz. 77.

418 Kapitel 2.7.1, VWG 23 Kapitel II.

419 Flick et al. (2022), § 1 Abs. 3 Satz 5 AStG, Rz. 1012.

420 VWG 23, Tz. 3.12 f., Wassermeyer et al. (2022), Rn. 3.155.

421 Schwarz/Stein (2018), S. 89.

422 VGW 23, Tz. 3.13, z.B. Ertragswertmethoden und Discounted-cash-flow-Methoden.

423 VWG 23, Kapitel III Abschnitt C.3.

424 VWG 23, Tz. 3.25–3.28.

einen Überblick zum nationalen VP-Regelwerk und zeigt, dass das deutsche Steuerrecht eine komplexe und mitunter überregulierte VP-Regulation enthält. Anschließend werden rechtliche Wege der Konfliktvermeidung und der Streitbeilegung für VP dargelegt.

Das inhärente Konfliktrisiko von VP basiert insb. auf systematischen Regulationsdivergenzen durch unilaterale Sonderregelungen. Laut HEY entstehen diese Sonderregelungen idR als strategische Reaktion auf den Steuerwettbewerb, denn fiskalische Interessen werden in der nationalen Steuergesetzgebung berücksichtigt.[425] Das gilt auch für die nationale VP-Regulation. RATHKE ET AL. zeigen, in einer Literaturanalyse, dass die VP-Regelwerke seit dem Jahr 2001 global signifikant erweitert wurden.[426] Ferner zeigen empirische Untersuchungen, dass Regulationsumfang und Befolgungskosten durch die BEPS-Maßnahmen in Deutschland signifikant erhöht wurden.[427] Zudem belegen RATHKE ET AL., dass Staaten abweichende Regulationspräferenzen innerhalb der nationalen VP-Regulation haben.[428] Demnach gibt es weltweit signifikante Unterschiede hinsichtlich der Streitbeilegungsinstrumente, der unilateralen Sonderwege und somit des Konfliktpotenzials von VP.[429] Deshalb besteht für diese Untersuchung die Notwendigkeit, die nationale Regulation Deutschlands zu erläutern. In der deutschen VP-Regulation sieht HEY eine Mischung aus Anreiz- und Abwehrmechanismen, mit einem Schwerpunkt auf den Bemessungsgrundlagenschutz deutscher Steuersubstrate.[430] Die gesetzlichen Grundlagen für grenzüberschreitende VP liegen überwiegend in der Sphäre des internationalen Steuerrechts. Dazu gehören das Recht der DBA, Teile des Völkerrechts sowie das nationale Außensteuerrecht. Zudem sind die nationalen Gesetze im Anwendungsbereich der Abgabenordnung (AO) nach § 1 Abs. 1 AO anzuwenden. Folglich sind die AO selbst, sowie insb. das Einkommensteuergesetz (EStG), das Körperschaftsteuergesetz (KStG) sowie völkerrechtliche Verträge iSd § 2 Abs. 1 AO maßgeblich.[431]

425 Hey (2018), S. 2957.
426 Rathke et al. (2020), S. 152 f. Es wurden 14 Studien aus den Jahren 1998 bis 2020 analysiert.
427 Sinz/Kahle (2019).
428 Rathke et al. (2020), S. 163 ff.
429 Rathke et al. (2020), S. 163 ff.
430 Hey (2018), S. 2951–2953.
431 Hierbei sind insb. Aspekte des Zollrechts, der Umsatzsteuer, der Rechnungslegung sowie ertragsteuerliche Implikationen (z.B. der §§ 4h, 4j EStG) sowie gewerbesteuerliche Implikationen ausgeschlossen.

2.7.2 Verfahrensrechtliche Grundlagen (AO)

Gesetzliche Grundlage des steuerlichen Verfahrensrechts in Deutschland ist die AO. Neben Begriffsdefinitionen und Verfahrensvorschriften fordert die AO durch § 90 AO iVm § 88 AO die Mitwirkung von Steuerpflichtigen ein.[432] Maßgeblich für VP sind die erweiterten Mitwirkungspflichten für grenzüberschreitende Sachverhalte iSd § 90 Abs. 2 AO. Diese erweiterten Mitwirkungspflichten haben die primäre Zielsetzung Transparenz zu schaffen.[433] Spezifischer fordert § 90 Abs. 3 AO eine Dokumentationsverpflichtung für grenzüberschreitende VP.[434] Hierbei sind Sachverhalt und Angemessenheit der steuerlichen VP zu belegen, was konkret die wirtschaftlichen und rechtlichen Grundlagen sowie Informationen zum Zeitpunkt der Preisbestimmung betrifft (§ 90 Abs. 3 Satz 2 AO). Die Aufzeichnungsverpflichtung folgt einem dreistufigen Dokumentationsansatz und ist größenabhängig unterschiedlich umfangreich. Das betrifft das Country-by-Country-Reporting (CbCR), das Masterfile sowie das Localfile. Ein CbCR ist gemäß § 138a AO erforderlich, sofern die konsolidierten Umsatzerlöse eines inländischen Konzernes mindestens 750 Millionen Euro betragen (§ 138a Abs. 1 Satz 1 Nr. 2 AO). Das CbCR enthält bilanzielle Kennzahlen und soll einen Überblick über die Verteilung der Geschäftstätigkeit innerhalb von Steuerhoheitsgebieten geben (§ 138a Abs. 2 Satz 1 Nr. 1 AO). Ein Masterfile soll nach § 90 Abs. 3 Satz 3 AO einen deskriptiven Überblick über die Art der weltweiten Geschäftstätigkeit bieten.[435] Es ist anzufertigen, sofern die Umsätze einer multinationalen Unternehmensgruppe[436] mehr als 100 Millionen Euro betragen.[437] Ein Localfile soll idealtypisch eine einzelfallbezogene Sachverhalts- sowie eine Angemessenheitsdokumentation enthalten.[438] Die Sachverhaltsdokumentation beinhaltet jeweils Art, Umfang sowie wirtschaftliche und rechtliche Rahmenbedingungen der Geschäftsvorfälle.[439] In der Angemessenheitsdokumentation erfolgt anschließend eine Überprüfung der Höhe

---

432 Ungeachtet von § 1 Abs. 1 Satz 2 AStG: Bei Steuerpflichtigen handelt es sich nachfolgend stets um Kapitalgesellschaften.

433 Schwarz/Stein (2018), S. 222.

434 Das „Armani-Urteil" des BFH vom 17. Oktober 2001, I R 103/00, BStBl. II 2004, S. 171.

435 Schwarz/Stein (2018), S. 226–227.

436 Definition von MNEs nach § 90 Abs. 3 Satz 4 AO.

437 Erstellungspflicht nach § 90 Abs. 3 Satz 3 AO. Der Umsatzbegriff richtet sich nach § 277 Abs. 1 HGB, BMF Verwaltungsgrundsätze vom 03.12.2020 (VWG 20), Tz. 55.

438 IDW (2019), S. 40 Rz. 95.

439 VWG 20, Tz. 1.3.2.1., iSd formellen FV.

nach.[440] Art, Inhalt und Umfang der zu erstellenden Aufzeichnungen werden gemäß § 90 Abs. 5 AO anhand einer Rechtsverordnung durch das BMF spezifiziert. Das geschah bereits mehrfach und mit zunehmendem Anforderungsprofil durch die Gewinnabgrenzungsaufzeichnungs-Verordnungen (GAufzV) aus den Jahren 2003, 2013 und 2017.[441] Insgesamt ist festzuhalten, dass die geforderte Beweisvorsorge[442] durch die ausführlichen Mitwirkungspflichten des Steuerpflichtigen faktisch zu einer Beweislastumkehr zu Lasten des Steuerpflichtigen führen kann.[443]

Werden die Mitwirkungspflichten des § 90 Abs. 3 AO nicht hinreichend erfüllt, kann die Finanzverwaltung Rechtsfolgen einleiten. Das gilt insb., wenn das geforderte ernsthafte Bemühen eines Steuerpflichtigen iSd § 2 Abs. 1 Satz 3 GAufzV nicht ersichtlich erscheint. Infolgedessen können Verrechnungspreisdokumentationen als mangelhaft oder Aufzeichnungen als im Wesentlichen unverwertbar eingestuft werden.[444] Etwaige Mängel sind, analog zur ordnungsgemäßen Buchführung, anhand der Gebote der Vollständigkeit und Richtigkeit zu messen.[445] Die Rechtsfolge einer wesentlichen Unverwertbarkeit ist, dass die Aufzeichnungen als nicht erstellt gelten und damit wie eine Nichtvorlage zu behandeln sind.[446] Der Begriff im Wesentlichen ist dabei nicht quantitativ, sondern im Rahmen einer qualitativen Gesamtschau auszulegen.[447] Eine Unverwertbarkeit existiert, sofern es nicht möglich ist objektive Schlussfolgerungen über die Einhaltung des FVG zu ziehen.[448] Hierfür ist insb. als Indiz maßgeblich, ob ausreichend Informationen aus der Wissens- und Tätigkeitsphäre des Steuerpflichtigen mit der Finanzverwaltung geteilt wurden (Sphärentheorie).[449] All dies ist insofern beachtlich, da die Tatbestandsmerkmale weder konkret

440 VWG 20, Tz. 1.3.2.2., IDW (2019), S. 41 Rz. 95.

441 BMF-Schreiben vom 12. Juli 2017, BGBl. I S. 2367. Die aktuelle GAufzV ist die zweite Überarbeitung der Rechtsverordnung. Vorhergehend waren die GAufzV vom 26. Juni 2013 (BStBl. I 2013, S. 1809) sowie die GAufzV vom 13. November 2003 (BStBl. I 2003, S. 2296).

442 VWG 20, Rz. 10.

443 § 6 Abs. 2 Satz 1 GAufzV, § 1 Abs. 1 Satz 1 GAufzV, § 1 Abs. 3 GAufzV iVm mit der steuerrechtlichen Beweislastverpflichtung iSd Untersuchungsgrundsatzes nach § 88 AO.

444 VWG 20, Rn. 82, IDW (2019), S. 32 Rz. 65.

445 VWG 20, Rn. 82, IDW (2019), S. 32 Rz. 65.

446 IDW (2019), S. 32 Rz. 64.

447 VWG 20, Rn. 82, IDW (2019), S. 32 Rz. 64.

448 VWG 20, Rn. 82, IDW (2019), S. 32 Rz. 64.

449 VWG 20, Rn. 67, Neuling/Wilmanns/Busch/Scheibe (2020), S. 149.

definiert, noch an juristisch objektive Kriterien geknüpft sind. Einschränkungen hierfür gibt es lediglich im Rahmen der Verhältnismäßigkeit des Einzelfalles – was ebenfalls weitgehend unklar bleibt.[450] Diese fehlende Trennschärfe geht zu Lasten der Steuerpflichtigen und der Rechtssicherheit, denn letztlich obliegt es der Finanzverwaltung, ob sie diesen qualitativen Auslegungsspielraum nutzt.

Sind die Mitwirkungspflichten nicht erfüllt, so gestattet die AO Rechtsfolgen mit Sanktionscharakter.[451] Hierfür wird die Finanzverwaltung zu einer Schätzung iSd § 162 Abs. 1 AO ermächtigt. Nach § 162 Abs. 3 Satz 1 AO iVm § 162 Abs. 4 AO kann die widerlegbare Vermutung aufgestellt werden, dass die tatsächlichen inländischen Einkünfte höher sind, als die deklarierten Einkünfte. Dasselbe gilt, wenn Anhaltspunkte und Zweifel einer abweichenden Auslegung des FVG vom Steuerpflichtigen nicht hinreichend widerlegt werden können (§ 162 Abs. 3 Satz 3 AO, insb. iVm Verpflichtungen des § 90 Abs. 2 AO und § 93 Abs. 1 AO). Das ist grundsätzlich riskant für Steuerpflichtige, da eine Schätzung ausdrücklich zu Lasten des Steuerpflichtigen ausgeschöpft werden darf (§ 162 Abs. 3 Satz 2 AO). Bei VP birgt dies signifikante Risiken, denn durch die Bandbreitenbetrachtung wird der Schätzungsspielraum der Finanzverwaltung erneut systematisch erhöht.[452] Ferner sind formelle Erstellungspflichten und Vorlagefristen für die Dokumentationen einzuhalten.[453] So fordern § 90 Abs. 4 AO iVm § 3 GAufzV eine zeitnahe Erstellung der Aufzeichnungen für Betriebsprüfungen von jeweils 30 Tagen.[454] Hinzu kommen Vorlageverpflichtungen gemäß § 97 AO. Theoretisch kann bereits eine Nichteinhaltung der besagten Fristen zu einer Schätzungsbefugnis nach § 162 Abs. 1 AO führen (§ 162 Abs. 3 Satz 1 AO). Legt ein Steuerpflichtiger unverwertbare oder keine

---

450 IDW (2019), S. 32 Rz. 64.

451 Ab 2025 gelten weitere Mitwirkungspflichten mit Sanktionscharakter, welche im Rahmen des Gesetzes zur DAC 7-Umsetzung und zur Modernisierung des Steuerverfahrensrechts vom 16. Dezember 2022 (BGBl. I 2022, S. 270 ff.) eingeführt wurden. Diese sind nicht Gegenstand der vorliegenden Untersuchung, da der Rechtsstand dieser Untersuchung auf Januar 2023 datiert ist.

452 Zinser et al. (2018), S. 2323, dadurch ist idR mit Mehrergebnissen zu rechnen.

453 Vorlagepflichten nach § 90 Abs. 3 Satz 6 iVm § 97 AO, Vorlagefristen § 90 Abs. 3 Satz 7 bis 9 AO. Schwarz/Stein (2018), S. 228–231.

454 IDW (2019), S. 27 Rz. 47 f. Sonderfälle sind außergewöhnliche Geschäftsvorfälle iSd § 3 Abs. 2 GAufzV. Ab 2025 erfolgte eine Verkürzung auf jeweils 30 Tage durch das Gesetz zur DAC 7- Umsetzung und zur Modernisierung des Steuerverfahrensrechts (BGBl. I 2022, S. 270 ff.).

Aufzeichnungen vor, so sind Zuschläge von mindestens TEUR 5 und höchsten zehn Prozent des Mehrergebnisses festzusetzen (§ 162 Abs. 4 Satz 1, Satz 2 AO). Insgesamt kann der Zuschlag bei verspäteter Vorlage bis zu EUR 1 Million betragen.[455] Zusammenfassend fordert die AO weitreichende Mitwirkungspflichten von Steuerpflichtigen ein und gestattet der deutschen Finanzverwaltung erhebliche Ermessensspielräume im Umgang mit sanktionierenden Rechtsfolgen, ohne die hierfür maßgeblichen Begrifflichkeiten vollständig und hinreichend rechtssicher zu definieren.

2.7.3 Außensteuerliche Grundlagen (AStG)

Das deutsche AStG existiert seit dem Jahr 1972 und soll die Besteuerung von Auslandsbeziehungen sowie die steuerliche Gleichmäßigkeit bei Auslandsinvestitionen gewährleisten.[456] Die zentrale Norm in der nationalen VP-Regulation ist § 1 AStG.[457] Dieser Paragraf wurde seit seiner Begründung mehrfach überarbeitet.[458] Die letzten Reformen stammen aus dem Jahr 2020, im Rahmen des ATAD-UmsG,[459] aus dem Jahr 2021 im Rahmen des AbzStEntModG[460] und aus dem Jahr 2022, im Rahmen des DAC-7-UmsG.[461] Grundsätzlich sind in § 1 AStG sowohl die in § 90 Abs. 3 AO genannten Begrifflichkeiten definiert, als auch weiterführende Vorschriften zu spezifischen Sachverhalten kodifiziert. Gegenstand der Vorschrift ist die Berichtigung von Einkünften bei internationalen Verflechtungen, sofern der FVG nicht oder unzureichend eingehalten wird. Es handelt sich um eine Einkünftekorrekturvorschrift.[462] Konkret ist

455 § 162 Abs. 4 Satz 3 bis 6 AO, mindestens EUR 100 pro Tag.

456 Gesetz über die Besteuerung von Auslandsbeziehungen (AStG) vom 8. September 1972, BStBl. I S. 933, Vögele et al. (2020), Kapitel A, Rn. 162 ff.

457 Die verdeckte Gewinnausschüttung nach § 8 Abs. 3 Satz 2 KStG, die verdeckte Einlage nach § 8 Abs. 3 Satz 3 KStG sowie Entnahmen und Einlagen nach § 4 Abs. 1 Satz 1 EStG wurden hier bewusst vernachlässigt.

458 Vögele et al. (2020), Kapitel A, Rn. 162 ff.

459 Gesetz zur Umsetzung der Anti-Steuervermeidungsrichtlinie (ATAD-Umsetzungsgesetz – ATADUmsG) vom 25. Juni 2021 (BGBl. 2021 I S. 2035).

460 Gesetz zur DAC 7-Umsetzung und zur Modernisierung des Steuerverfahrensrechts vom 16. Dezember 2022 (BGBl. I 2022, S. 270 ff.).

461 Gesetz zur Modernisierung der Entlastung von Abzugsteuern und der Bescheinigung von Kapitalertragsteuer (AbzStEntModG) vom 2. Juni 2021 (BGBl. 2021 I S. 1259).

462 Vögele et al. (2020), Kapitel A, Rn. 160. Nach § 1 Abs. 1 Satz 1 AStG ist die Vorschrift unbeschadet anderer Vorschriften anzuwenden. Ebenfalls möglich sind Korrekturen für verdeckte Einlagen (§ 8 Abs. 3 Satz 3 KStG), Einlagen (§ 4 Abs. 1

eine Korrektur nach § 1 AStG möglich, wenn Einkünfte eines Steuerpflichtigen aus einer Geschäftsbeziehung zum Ausland mit ihm nahestehenden Personen, gemindert werden und die vereinbarten VP nicht dem FVG entsprechen (§ 1 Abs. 1 Satz 1 AStG). Infolgedessen liegen die maßgeblichen Tatbestandsvoraussetzungen in den Termini Geschäftsbeziehung, der nahestehenden Person und der Abweichung vom FVG. Diese Merkmale werden nachfolgend in der gebotenen Kürze erläutert.

Der Begriff Geschäftsbeziehungen ist in § 1 Abs. 4 Satz 1 AStG definiert. Demnach sind Geschäftsbeziehungen einzelne oder mehrere zusammenhängende wirtschaftliche Vorfälle (Geschäftsvorfälle) zwischen einem Steuerpflichtigen und einer ihm nahestehenden Person (§ 1 Abs. 4 Satz 1 Nr. 1 AStG). Ein Geschäftsvorfall liegt vor, wenn er einer Einkunftsart zugeordnet werden kann und es sich nicht um eine gesellschaftsvertragliche Vereinbarung handelt (§ 1 Abs. 4 Satz 1 Nr. 1 AStG). Ein schuldrechtlicher Anknüpfungspunkt ist fakultativ, d.h. es reicht bereits die widerlegbare Vermutung, dass fremde Dritte eine Rechtsposition geltend machen würden (§ 1 Abs. 4 Satz 2 AStG). Das Nahestehen ist in § 1 Abs. 2 AStG definiert. Demnach ist eine Person dem Steuerpflichtigen nahestehend, wenn eine (un-)mittelbar wesentliche Beteiligung, d.h. mindestens 25 Prozent der Anteile oder ein Anspruch auf mindestens ein Viertel des Gewinns oder Liquiditätserlöses existiert.[463] Gleiches gilt, wenn ein beherrschender Einfluss vorliegt, begründeter Einfluss ausgeübt werden kann oder eine Interessenidentität besteht.[464]

Die Abweichung vom FVG ist das umfangreichste Tatbestandsmerkmal. Zunächst wird in § 1 Abs. 1 Satz 3 AStG unterstellt, dass für die Anwendung des FVG alle wesentlichen Umstände von Geschäftsbeziehungen bekannt sind und die Partizipierenden nach den Grundsätzen des OOG handeln (§ 1 Abs. 1 Satz 3 AStG). Die Praxisorientierung dieser Prämisse ist jedoch fraglich.[465] Ungeachtet dessen definiert § 1 Abs. 3 Satz 1 AStG einen dem FVG entsprechenden VP als Fremdvergleichspreis. Hierfür sind die tatsächlichen Verhältnisse der Geschäftsbeziehungen iSd § 1 Abs. 1 Satz 1 AStG festzustellen und zugrunde zu legen (§ 1 Abs. 3 Satz 1 AStG). Ferner wird auch im AStG eine wertschöpfungsorientierte FAR gefordert (§ 1 Abs. 3 Satz 2 AStG). Diese beiden Merkmale

---

Satz 8 EStG) und Entnahmen (§ 4 Abs. 1 Satz 2 EStG), Vögele et al. (2020), Kapitel A, Rn. 358 ff.

463 § 1 Abs. 2 Nr. 1 AStG. Die 25 Prozent sind ein deutscher Sonderweg und grenzüberschreitend nicht immer konsensfähig.

464 Reif (2021), S. 13, § 1 Abs. 2 Nr. 2,3,4 AStG.

465 IDW (2019), S. 19, Rz. 21.

bilden den Maßstab für die Vergleichbarkeitsanalyse von Geschäftsvorfällen.[466] Nach § 1 Abs. 3 Satz 4 AStG sind grundsätzlich die Verhältnisse zum Zeitpunkt der Vereinbarung des Geschäftsvorfalls maßgeblich.[467] Methodisch ist nach § 1 Abs. 3 Satz 5 AStG die am besten geeignete Verrechnungspreismethode anzuwenden. Dementsprechend richtet sich die Methodenlehre nach den Empfehlungen der OECD-TPG.[468] Die Vornahme von Anpassungsrechnungen ist nach § 1 Abs. 3 Satz 6 AStG zwingend, sofern diese die maßgebliche Vergleichbarkeit erhöhen. Können keine Vergleichswerte identifiziert werden, so ist nach § 1 Abs. 3 Satz 7 AStG der hypothetische FV anzuwenden, unter Nutzung etablierter Bewertungsmethoden.[469]

In § 1 Abs. 3a AStG behandelt das Gesetz die Bandbreitenproblematik im FVG. Grundsätzlich wird akzeptiert, dass der FV regelmäßig zu einer Bandbreite an Werten führt, wobei diese Bandbreiten zunächst nach dem Maßstab der Vergleichbarkeit einzuengen sind (§ 1 Abs. 3a Satz 1 AStG). Fehlen geeignete Selektionskriterien, fordert § 1 Abs. 3a Satz 2 AStG pauschal die Nichtberücksichtigung des kleinsten Viertels (erstes Quartil) sowie des größten Viertels (viertes Quartil) der Werte. Diese pauschale Einschränkung auf die Interquartilsbandbreiten ist umstritten.[470] Zudem kann sie eine internationale Konsensfindung behindern, denn Trede/Ullmann belegen, dass solche Einschränkungen signifikante praktische Auswirkungen für VP-Bandreiten haben und die Ergebnisse mitunter verzerrt werden.[471] Dessen ungeachtet fordert das Gesetz in § 1 Abs. 3a Satz 3 AStG eine pauschale Anwendung des Medians, sofern die vom Steuerpflichtigen ermittelten Werte außerhalb einer Interquartilsbandbreite liegen. Beim Sonderfall des hypothetischen FV liegt der gesetzliche Einigungsbereich stets zwischen dem fiktiven Mindestpreis und dem fiktiven Höchstpreis (§ 1 Abs. 3a Satz 4 AStG). Hierbei fordert das Gesetz pauschal die Anwendung des Mittelwertes (§ 1 Abs. 3a Satz 5 AStG).

---

466 § 1 Abs. 3 Satz 3 AStG, gemeint sind hier § 1 Abs. 3 Satz 1, 2 AStG.

467 § 1 Abs, 3 Satz 4 AStG, BFH vom 9. März 1983, I R 182/78, BStBl. II 1993, S. 744, VWG 23, Tz. 3.38. Dies zeigt eine Tendenz zum Price-setting-approach.

468 VWG 23, Tz. 2.1, Tz. 3.9., Tz. 3.38.

469 VWG 23, Tz. 3.13, das BMF nennt beispielsweise Ertragswertmethoden oder DCF-Methoden.

470 Es existieren Widersprüche zur BFH-Rechtsprechung, z.B. BFH vom 17.10.2001, I R 103/00, BStBl. II 2004 S. 171.

471 Trede/Ullmann (2016), S. 518. Zudem handelt es sich um einen unilateralen Ansatz, denn die statistischen Kennzahlen und Methoden weichen je nach Jurisdiktion voneinander ab, Trede/Ullmann (2016), S. 482 Tabelle 1.

Abweichungen von den Pauschallösungen des Medians bzw. Mittelwert sind gestattet, sofern der Steuerpflichtige entsprechende Nachweise erbringen kann (§ 1 Abs. 3a Satz 3, 6 AStG). In der Folge führt § 1 Abs. 3a AStG zu einer Beweislastumkehr zu Lasten des Steuerpflichtigen.

Die Regelungen des § 1 Abs. 3b AStG enthalten Funktionsverlagerungen und werden deshalb in dieser Untersuchung nicht vertieft. Relevanter ist hingegen § 1 Abs. 3c AStG. Dieser enthält Sonderregelungen für die Übertragung oder Überlassung zur Nutzung immaterieller Werte.[472] Diese immateriellen Werte werden als Vermögenswerte in § 1 Abs. 3c Nr. 1 bis 3 AStG definiert. Sie liegen vor, wenn es weder materielle Wirtschaftsgüter noch finanzielle Beteiligungen sind – ohne einzeln übertragbar sein zu müssen –

Gegenstand eines Geschäftsvorfalls sein können und einer Person eine tatsächliche oder rechtliche Position vermitteln können (§ 1 Abs. 3c Nr. 1 bis 3 AStG). Nach dem Wortlaut ist die Eigentumszuordnung für immaterielle Werte anhand des DEMPE-Ansatzes zu ermitteln.[473] Eine solche DEMPE-Analyse umfasst den funktionalen Lebenszyklus immaterieller Werte. Sie analysiert insb. die Entwicklung, Verbesserung, Erhaltung und den Schutz iVm dem RISIKO-KONTROLL-ANSATZ und einer Negativabgrenzung von Finanzierungsfunktionen.[474] Weitere außensteuerliche Themenbereiche, wie insb. die Preisanpassungsklausel des § 1a AStG und die Regelungen zu Betriebsstätten nach § 1 Abs. 1 bis Abs. 4 AStG werden hier ausdrücklich nicht vertieft.[475] Insgesamt ist festzuhalten, dass § 1 AStG die zentrale steuerrechtliche Norm für das nationale VP-Regelwerk ist. Die Norm ist umfangreich und enthält unilaterale Lösungsansätze.[476] Folglich existieren systematische Konfliktrisiken in Bezug auf grenzüberschreite Sachverhalte im derzeitigen § 1 AStG.[477]

---

472 Ein immaterieller Wert ist hier ein Vermögenswert nach den Voraussetzungen des § 1 Abs. 3c Nr. 1 bis 3 AStG. Die Begriffsauslegung erfolgte analog zu Vögele (2021), S. 84.

473 § 1 Abs. 3c Satz 3 AStG. Das Akronym stammt aus den englischen Wörtern: Development, Enchancement, Maintenance, Protection and Exploitation.

474 Schwarz/Stein (2018), S. 112 sowie Negativabgrenzung nach § 1 Abs. 3c Satz 4 AStG.

475 Es handelt sich um ein eigenes Regelwerk, welches nicht Untersuchungsgegenstand der vorliegenden Untersuchung ist.

476 Reif (2021), S. 16, da die Korrekturnorm des AStG über die Regelungen der DBA hinausgeht.

477 Kapitel 2.8.2.

2.7.4 Verwaltungsanweisungen und Rechtsverordnungen

AO und AStG ermächtigen das BMF, mit Zustimmung des Bundesrates, Rechtsverordnungen hinsichtlich § 90 Abs. 3 AO und § 1 AStG zu erlassen (§ 90 Abs. 4 AO iVm § 1 Abs. 6 AStG). Zudem kann das BMF Verwaltungsanweisungen für VP in Form von BMF-Schreiben verabschieden.[478] Nachfolgend werden Umfang und Dynamik der Auslegung durch die Finanzverwaltung erläutert.

Bis zum Jahr 2021 gab es allein auf Bundesebene über 39 Rechtsverordnungen und BMF-Schreiben mit unmittelbarem Bezug zu VP.[479] Darüber hinaus gibt es noch weitere Schreiben mit mittelbarer Folgewirkung auf steuerliche VP.[480] Nach einer vereinfachten Schätzung umfasst der Gesamtumfang dieser über 39 Schriftstücke mehr als 700 Seiten.[481] Hinzu kommt, dass die Finanzverwaltung seit dem Jahr 2021 auf die vollständigen OECD-TPG verweist, wodurch sich diese Seitenanzahl erneut mindestens verdoppelt hat.[482] In der Folge zeigt sich ein Gesamtumfang der Auslegung deutscher Verwaltungsanweisungen für VP von über 1.700 Seiten.[483] Dabei sind die Gesetzesgrundlagen und die Rechtsprechung ausdrücklich noch nicht enthalten. Anhang 1 dokumentiert alle derzeit geltenden Rechtsverordnungen für VP. Die BMF-Schreiben für VP sind in Anhang 2 aufgelistet.[484] Abbildung 4 zeigt die Auslegungsdynamik durch die Finanzverwaltung im Zeitraum der Jahre 1983 bis 2021.

478 Diese binden lediglich die Finanzverwaltung, nicht jedoch Steuerpflichtige.

479 Der Zeitpunkt dieser Analyse ist Januar 2023. Auf die Einbeziehung föderaler Verfahrensanweisungen sowie von Schreiben länderbezogener Finanzdirektionen wurde verzichtet.

480 Insb. in Bezug auf Ertragsteuern und Zoll, dies ist jedoch nicht der Untersuchungsgegenstand der vorliegenden Untersuchung.

481 Vereinfacht Schreiber/Niemtimp (2019), S. 1025–1701, Schreiber/Niemtimp (2022), S. 1153–1672. Hier ist nur ein Teil der besagten Schreiben in reduziertem Format abgedruckt. Die Schreiben aus 2020 und 2021 sind nicht inbegriffen.

482 VWG 23, Anlage 1, aktuell haben die OECD-TPG 658 Seiten (OECD-TPG 22).

483 Die Erfassung orientierte sich an Schreiber/Niemtimp (2022).

484 Die Erfassung orientierte sich an Schreiber/Niemtimp (2022).

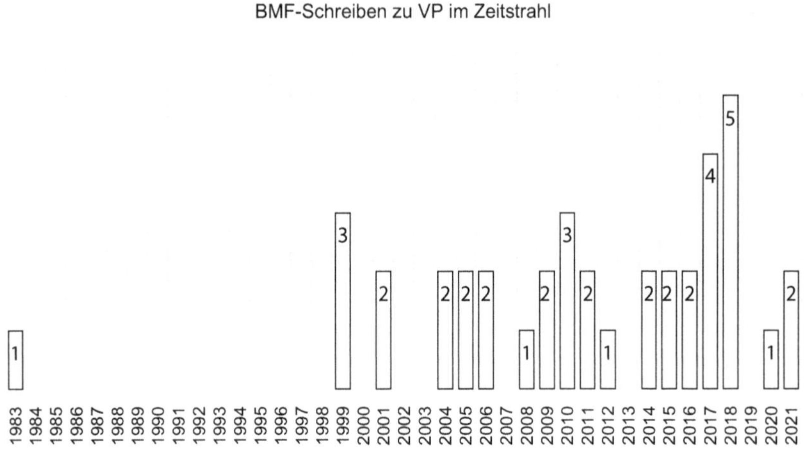

Abbildung 4: BMF-Schreiben zu VP in den Jahren 1983 bis 2021

Das erste von 39 BMF-Schreiben stammt aus dem Jahr 1983. Erst 16 Jahre danach folgten drei weitere Verwaltungsanweisungen im Jahr 1999. Ab dem Jahr 2004 nahm die Anzahl der BMF-Schreiben signifikant und stetig zu. Zwischen den Jahren 2004 bis 2021 folgten in 18 Jahren insgesamt 33 weitere Schreiben. Das ergibt im Mittel knapp zwei Schreiben pro Jahr.[485] Allein in den Jahren 2017 und 2018 wurden neun Schreiben veröffentlicht. Im Gesamtzeitraum der Jahre 1983 bis Ende 2022 ergibt sich somit im Mittel ein Schreiben pro Jahr.[486] In den Jahren 2020 und 2021 wurden die VP-Grundlagen der Finanzverwaltung grundsätzlich überarbeitet und inhaltlich gebündelt.[487] Dabei wurden vorherige Verwaltungsanweisungen teilweise vollständig und teilweise anteilig überschrieben.[488]

Abschließend ist festzuhalten: Umfang und Dynamik der deutschen Verwaltungsanweisungen für VP sind hoch. Das erstaunt insofern, als dass diese nur die deutsche Finanzverwaltung binden und somit lediglich eine von mindestens drei Interessensgruppen innerhalb von grenzüberschreitenden VP unilateral

485 Exakt sind es 1,83.

486 Diese Darstellung fokussiert die Regulationsdynamik nicht die Gültigkeit der Schreiben.

487 Dezember 2020 bis einschließlich August 2021. VWG 20, VWG 21, BMF-Schreiben vom 27. August 2021.

488 VWG 20, Tz. 3.1, VWG 21 Kapitel VI.

reguliert.[489] Das deutsche VP-Regelwerk wirkt somit lediglich unilateral. Hierbei ist unklar, ob die umfangreiche und dynamische Auslegung der deutschen Finanzverwaltung die Rechtssicherheit von VP tatsächlich erhöht oder durch eine potenzielle Überregulierung systematisch unilaterale Konfliktpotenziale bestärkt. Die Wissenschaft liefert Indizien dafür, dass eine verschärfte VP-Regulation das Ausmaß von steuerlichen Gestaltungen reduzieren kann.[490] Für die vorliegende Untersuchung sind drei Erkenntnisse wesentlich: Zum Ersten belegt die hohe Auslegungsdynamik unstrittig die gegenwärtige Relevanz von VP. Zum Zweiten belegt die Anzahl der Verwaltungsanweisungen und Rechtsverordnungen die regulatorische Komplexität des Fachbereiches. Zum dritten wird die PSM, ungeachtet des gesamten Regulationsumfanges, in keinem Schreiben ausführlich behandelt.[491] Diese fehlende nationale Auslegung der PSM wird im Schrifttum kritisiert.[492]

2.7.5 Rechtsprechung

Neben der Verwaltungsauslegung ist die Rechtsprechung ein Fundament des deutschen VP-Regelwerkes.[493] Analog zu der zunehmenden Regulationsdynamik häuften sich in den letzten Jahren in Deutschland die nationalen Rechtstreitigkeiten in Bezug auf VP.[494] Eine unklare Rechtslage ist ein potenzieller Risikofaktor für VP. Beispielhaft hierfür wird auf die nationale Rechtsprechungshistorie von konzerninternen Finanzierungsbeziehungen in Deutschland verwiesen, welche eine mitunter divergente Auslegung und inkonsistente Rechtsprechung im Bereich der VP belegt. So gab es – in einer vereinfachten Betrachtung – im Zeitraum der Jahre 2016 bis 2021 mindestens sieben praxisrelevante Urteile zu Finanzierungsbeziehungen in allen nationalen Instanzen, insb. Urteile des FG-Münster[495], des

489 Ausländische Fiski sind nicht betroffen. Gleiches gilt grundsätzlich für Steuerpflichtige.

490 Rathke et al. (2020), S. 152 ff.

491 Kapitel 2.7.4.

492 Reif (2021), S. 74.

493 Das beinhaltet den steuerrechtlichen Verfahrensweg mit den Instanzen der Finanzgerichte (FG), des Bundesfinanzhofes (BFH), des Bundesverfassungsgerichts (BVerfG) und dem Gerichtshof der Europäischen Union (EuGH).

494 Kimpel/Oesterreichen (2017), S. 156 f., zur empirischen Untersuchung des Finanzrechtsweges. Demnach lag die Klagequote generell bei etwa 10 %. Dabei ist insb. zu beachten, dass der Rechtsweg idR keine Lösung für fehlende Fremdvergleichspreise bietet.

495 FG-Münster vom 7. Dezember 2016, 13 K 4037/13 K F, DB 2017, S. 3026.

FG-Köln[496], jeweils zwei Urteile des EuGH[497] und BFH[498] sowie ein Urteil des BVerfG.[499] Eine solche Dynamik ist für die Planungssicherheit langfristiger konzerninterner Finanzierungsbeziehungen in Deutschland nicht förderlich. Zudem existieren zahlreiche nationale Urteile zu VP.[500] Beides ist insofern relevant, als es die Problematik der VP-Regulation für die Praxis aufzeigt. Denn wenn bereits auf nationaler Ebene kein Konsens existiert, erscheint auch die Rechtssicherheit für grenzüberschreitende Sachverhalte fraglich.

Erschwerend kommt hinzu, dass bei grenzüberschreitenden Sachverhalten mindestens die Regulation und Rechtsprechung von zwei Jurisdiktionen relevant sind. Demnach existieren für VP kaum multilateral anwendbare Grundsatzurteile. Geeignet hierfür erscheinen in Europa lediglich die Urteile des EuGH, da hier durch eine supranationale Instanz mit europaweiter Wirkung entschieden wird. Bisher entschied der EuGH insb. drei Fälle zum FVG. Das SGI-Urteil[501], das Hornbach-Urteil[502] und den Fall Impresa Pizzarotti.[503] In allen drei Fällen wird vom EuGH anerkannt, dass nationale VP-Normen gegen die Niederlassungsfreiheit in der EU verstoßen.[504] Allerdings sieht der EuGH auch einen objektiven Rechtfertigungsgrund für die Existenz der Normen, durch den Schutz nationaler Steueraufkommen.[505] Heidecke/Müller sehen in diesen Urteilen die Tendenz, den FVG auch zukünftig einzelfallbezogen auszulegen und im Rahmen dieser Auslegung auch nicht fremdübliche Sachverhalte zu akzeptieren, sofern es hinreichend (betriebs-)wirtschaftliche Gründe hierfür gibt.[506] Bedauerlicherweise hat der EuGH letzteres bisher nicht konkretisiert.[507] Abschließend ist festzuhalten, dass der EuGH eine dogmatische Auslegung des FVG grundsätzlich ablehnt und den Einigungsspielraum

---

496 FG-Köln vom 29. Juni 2017, 10 K 771/16, EFG 2017, S. 1812.

497 EuGH-Urteil vom 31. Mai 2018, C-382/16, IStR 2018, S. 461, EuGH-Urteil vom 8. Oktober 2020, C-558/19, IWB 18/2006, S. 1065.

498 BFH-Urteil vom 27. Februar 2019, I R 73/16, BStBl. II 2019, S. 394, BFH-Urteil vom 19. Juni 2019, I R 32/17, BB 2020, S. 226.

499 BVerfG vom 4. März 2021, 2 BvR 1161/19, NJW-RR 2021, S. 617 welches zur Aufhebung des BFH-Urteils vom 27. Februar 2019, I R 73/16 führte.

500 Schreiber/Nientimp (2022), S. 1753–2061.

501 EuGH-Urteil vom 12. September 2006, C-196/04, NWB NAAC-09456.

502 EuGH-Urteil vom 31. Mai 2018, C-382/16, IStR 2018, S. 461.

503 EuGH-Urteil vom 8. Oktober 2020, C-558/19, IWB 18/2006, S. 1065.

504 Heidecke/Müller (2021), S. 474.

505 Heidecke/Müller (2021), S. 474 f.

506 Heidecke/Müller (2021), S. 474 ff.

507 Heidecke/Müller (2021), S. 475.

innerhalb des FVG im Einzelfall präferiert. Für grenzüberschreitende VP-Fälle außerhalb der EU existiert jedoch kein Gericht zur rechtlichen Überprüfung und Auslegung der VP-Regelwerke.[508] Grundsätzlich sollte die nationale Rechtsprechung Kontinuität und Rechtssicherheit gewährleisten. Manche Jurisdiktionen gewährleisten diesbezüglich mehr Rechtssicherheit. Beispielsweise hat der Internal Revenue Service (IRS) in den Vereinigten Staaten, laut Avi-Yonah, jeden bedeutenden VP-Rechtsstreit zwischen den Jahren 1980 bis 1995 verloren, was eine klare Auslegungstendenz schafft.[509] Theoretisch könnte die Rechtsprechung die Auslegung pragmatischer Lösungen, z.B. von Safe-Harbour-Regelungen, juristisch legitimieren.

Entscheidend für diese Untersuchung ist, dass innerhalb der EU-Länder auf unilateraler Ebene nur vereinzelt Rechtsprechung zur PSM und keine intranationalen Urteile existieren.[510] In Deutschland existieren derzeit keine Urteile mit unmittelbarem Bezug auf die PSM.[511] Letztlich können die Konfliktrisiken von VP nicht hinreichend durch nationale oder internationale Rechtsprechung reduziert werden. Das liegt v.a. daran, dass die Rechtsprechung im grenzüberschreitenden Fall systematisch nur eingeschränkt wirkt. Ferner muss ein Sachverhalt auf eine juristische Frage reduziert werden können, um den Weg der Rechtsprechung nutzen zu können. Das mag in der Praxis nicht immer gelingen. Abschließend gilt, dass es innerhalb der weltweiten VP-Regulation – und somit auch für die PSM – bisher an einer einheitlichen und grenzüberschreitend gültigen Rechtsprechung für konkrete VP-Sachverhalte fehlt.[512]

2.8 Konfliktvermeidung steuerlicher Verrechnungspreise

2.8.1 Streitvermeidungs- und Streitbeilegungsinstrumente

Im Mittelpunkt dieses Kapitels steht die Konfliktvermeidung bei VP. Das beinhaltet die Darlegung verschiedener Streitvermeidungs- und Streitbeilegungsinstrumente. Abschließend werden inhärente Risiken von VP analysiert.

In der Fachliteratur zeigt sich ein Konsens, dass der Bedarf an einer effektiven Doppelbesteuerungsbeseitigung in den Industrieländern innerhalb der

508 Reif (2021), S. 152.
509 Avi-Yonah (2010), S. 4.
510 Danon et al. (2021), Teil V, S. 173–255. Leidglich in Italien existieren Urteile.
511 Reif (2021), S. 115, insb. zum Rangfolgeverhältnis der PSM.
512 Reif (2021), S. 152.

letzten Jahre signifikant gestiegen ist.[513] Hierfür existieren verschiedene uni-, bi- und multilaterale Streitvermeidungs- und Streitbeilegungsinstrumente. Diese werden nachfolgend in der gebotenen Kürze dargelegt.

Abbildung 5: Streitvermeidungs- und Streitbeilegungsinstrumente

Für das erste Streitvermeidungsinstrument existiert kein verfahrensrechtliches Prozedere, vielmehr werden Konfliktrisiken durch geduldete Vereinfachungen reduziert. Durch diese sog. SAFE-HARBOUR-REGELUNGEN wird der FVG für bestimmte Sachverhalte vereinfacht.[514] Dadurch wird der Verwaltungs- und Befolgungsaufwand reduziert und Sicherheit gewährleistet.[515] Allerdings besteht hierbei das Risiko des Gestaltungsmissbrauches und die OECD fordert konträr eine dogmatische Einzelfallbetrachtung.[516] Die OECD-TPG geben keine konkreten Handlungsempfehlungen zu SAFE-HARBOUR-REGELUNGEN.[517] Der Regulationshistorie ist jedoch zu entnehmen, dass die OECD-TPG tendenziell eine kritische Einstellung gegenüber diesem Ansatz haben.[518] Aus praktischer Sicht sind SAFE-HARBOUR-REGELUNGEN zu begrüßen und in einigen Ländern üblich.[519] Neben branchenspezifischen Regelungen ist v.a. ein geringer Kostenaufschlag für risikoarme Routinedienstleistungen weit verbreitet.[520]

---

513 Neuling et al. (2020), S. 485, Schaumburg/Hendricks (2018), S. 515, Rz. 8.3, Kimpel/Oestereicher (2017), S. 168.

514 OECD-TPG, Kapitel IV, Abschnitt E.

515 OECD TPG, Tz. 4.95, Tz. 4.106–4.109, OECD TPG, Tz. 4.108 f.

516 Sikka/Willmott (2010), S. 351–354, OECD TPG, Tz. 4.128 f., OECD TPG, Tz. 4.132.

517 OECD TPG, Tz. 4.133.

518 OECD TPG, Tz. 4.96.

519 Rocha/IFA (2017), S. 204, z.B. in Australien, Brasilien, Indien, Österreich, Neuseeland, Polen, Portugal, Mexiko und den USA.

520 Drüen et al. (2017), S. 313–315, Tabelle 2.5, Tabelle 2.6.

Die nachfolgenden unilateralen Verfahrensinstrumente basieren auf nationalen Gesetzen oder Rechtsprechung. Im deutschen Steuerrecht gibt es insb. drei Rechtsinstitute für eine rein nationale und somit unilaterale Verrechnungspreisverständigung zwischen Fiskus und Steuerpflichtigen. Erstere ist die verbindliche Auskunft iSd § 89 Abs. 2 AO.[521] Diese ist kostenintensiv und auf Rechtsfragen beschränkt.[522] Hinzu kommt, dass eine verbindliche Auskunft lediglich für nicht realisierte Sachverhalte gewährt wird.[523] Infolgedessen ist die Bedeutung der verbindlichen Auskunft für die Verrechnungspreispraxis derzeit gering.[524] Das zweite Rechtsmittel ist die verbindliche Zusage iSd §§ 204 bis 207 AO. Diese ist erst im Anschluss an eine erfolgte Außenprüfung (§ 194 AO) möglich.[525] Dabei wird die zukünftige Behandlung eines bereits geprüften Sachverhaltes verbindlich fixiert.[526] Zudem existiert das dritte Rechtsinstitut in Form der tatsächlichen Verständigung.[527] Eine tatsächliche Verständigung bezieht sich auf abgeschlossene Sachverhalte und ist ausschließlich für die Sachverhaltsermittlung zulässig.[528] Sie beantwortet keine rechtlichen Fragestellungen. Ziel der tatsächlichen Verständigung ist, die Effizienz des Besteuerungsverfahrens in Fällen mit hohen Würdigungsspielraum zu wahren.[529] Tatsächliche Verständigungen sind in der Verrechnungspreispraxis nicht unüblich.[530] Dennoch werden unilaterale Verfahren in der Verrechnungspreispraxis nur in Ausnahmefällen gewährt.[531] Hintergrund ist, dass unilaterale Zusagen die Flexibilität der Finanzverwaltung bei grenzüberschreitenden Konflikten einschränken und das Risiko einer Doppelbesteuerung nicht beseitigen.[532]

Ein Verständigungsverfahren, auch MUTUAL-AGREEMENT-PROCEDURE (MAP), ermöglicht Rechtsschutz für bilaterale Doppelbesteuerungskonflikte zweier Staaten. Das Ziel eines MAP liegt in der Auflösung abkommenswidriger

---

521 Drüen et al. (2017), S. 16 f.

522 Neuling et al. (2020), S. 37–40, Drüen et al. (2017), S. 16–17.

523 § 89 Abs. 2 Satz 1 AO. Folglich steht die Angemessenheitswürdigung aus, Neuling et al. (2020), S. 37 f.

524 Neuling et al. (2020), S. 36, S. 239.

525 Drüen et al. (2017), S. 21 ff.

526 Neuling et al. (2020), S. 242 ff.

527 Neuling et al. (2020), S. 237–242.

528 Neuling et al. (2020), S. 239.

529 Neuling et al. (2020), S. 239–240.

530 Neuling et al. (2020), S. 240.

531 AEAO zu § 204 AO, Nr. 5.

532 Neuling et al. (2020), S. 35 ff., S. 242 f.

Doppelbesteuerungen.[533] Hierbei treten die beteiligten Staaten in direkte Verhandlungen über den konkreten Sachverhalt ein und suchen einvernehmliche Lösungen, um die Doppelbesteuerung abkommenskonform zu beseitigen.[534] Rechtsgrundlage eines MAP ist eine Verständigungsklausel, im jeweiligen DBA.[535] Als Ausgangsbasis und Mindeststandard des Verfahrens dient Art. 25 des OECD-MA.[536] Voraussetzung ist, dass ein MAP innerhalb einer Frist (idR 3 Jahre) nach Bekanntgabe des letzten Steuerbescheids, welcher eine Doppelbesteuerung auslöst, beantragt wird.[537] Abschließend können MAPs Würdigungskonflikte reduzieren und normative Konflikte beseitigen.[538] Enthält ein DBA keine Schiedsklausel, so hat ein MAP keinen Einigungszwang und kann theoretisch scheitern.[539] In der Praxis kommt dies jedoch nur selten vor.[540]

Eine Sonderform des Verständigungsverfahrens ist das Vorabverständigungsverfahren oder auch ADVANCE-PRICING-AGREEMENT (APA) iSd § 89a AO. APAs sind grundsätzlich zukunftsgerichtet, sie ermöglichen eine Vorverlagerung der VP-Prüfung um idR drei bis fünf Jahre.[541] Darüber hinaus können sie durch einen sog. ROLE-BACK unter bestimmten Voraussetzungen rückwirkend wirken.[542] Zielsetzung ist idR eine multilaterale und gemeinsame Sachverhaltswürdigung zwischen Steuerpflichtigen und den jeweiligen Finanzverwaltungen.[543] Es gilt eine Kooperationsmaxime, d.h. es ist eine umfassende Mitwirkung des Steuerpflichtigen notwendig.[544] Ein APA ist antragsgebunden, die Zulassung liegt im Ermessen des Bundeszentralamt für Steuern (BZSt) (§ 89a Abs. 1 AO). Ein APA kostet für wesentliche VP-Sachverhalte idR eine Grundgebühr von TEUR 30 sowie eine potenzielle Verlängerungsgebühr von TEUR 15 (§ 89a Abs. 7 AO). Entscheidende Antragsvoraussetzung ist, dass der Steuerpflichtige ein berechtigtes Interesse bzw. das Risiko einer etwaigen

---

533 Strotkemper (2017), S. 80.
534 Neuling et al. (2020), S. 292.
535 Neuling et al. (2020), S. 293.
536 Sinz/Kahle (2019), S. 154.
537 Neuling et al. (2020), S. 294.
538 Art. 25 Abs. 1 OECD-MA, Strotkemper (2017), S. 68 ff.
539 Übersicht für Deutschland in BMF vom 27. August 2021, Anlage zu Rn. 110.
540 Neuling et al. (2020), S. 296 f.
541 Neuling et al. (2020), S. 16, S. 24.
542 Drüen et al. (2017), S. 36 ff., das gilt für steuerliche offene Veranlagungszeiträume.
543 Drüen et al. (2017), S. 127. Die Nutzung unilateraler APAs deutscher Unternehmen im Ausland steigt seit Jahren signifikant an.
544 Neuling et al. (2020), S. 19.

Doppelbesteuerung nachweisen kann.[545] Ferner wird ein Steuerpflichtiger durch ein APA verpflichtet, nachfolgend umfassende Gültigkeitsbedingungen (Critical Assumptions) des Sachverhaltes zu gewährleiten, was im Wesentlichen darauf abzielt, den Sachverhalt ab Antragsbeginn unverändert beizubehalten.[546] Finale Rechtsfolge ist die Bindungswirkung aufseiten der Finanzverwaltungen. Das APA enthält keine Schiedsklauseln, d.h. es gibt keinen Einigungszwang. Allerdings wurde in Deutschland bisher durchschnittlich in über drei Viertel aller Verfahren eine einvernehmliche Lösung erzielt.[547] Grundsätzlich nachteilig an Verständigungsverfahren sind die hohen Kosten und die lange Verfahrensdauer.[548] Laut OECD beträgt die durchschnittliche Verfahrensdauer eines MAP etwa 33 Monate.[549] Eine zeitnahe Reduzierung dieser Verfahrensdauer ist, aufgrund der Personalsituation der Behörden und der signifikanten Fallzunahme, unwahrscheinlich.[550] Hinzu kommt, dass Deutschland derzeit weltweit zahlreiche Verfahren führt.[551] Stand 2021 waren in Deutschland über 1.200 Verfahren anhängig und auch weltweit ist die Tendenz steigend.[552] Laut Sinz/Kahle werden Verständigungsverfahren in der Praxis als nicht effektiv kritisiert, insb. aufgrund einer fehlenden Einigungspflicht, unzureichender Mitwirkungsrechte sowie fehlender Verfahrenstransparenz.[553] Letzteres beruht darauf, dass die Staaten, aufgrund eines jährlichen/halbjährlichen Verhandlungsturnus, idR mehrere Sachverhalte zeitgleich verhandeln.[554] Diese Blockverhandlung ist intransparent und wird deshalb kritisiert. Denn nach Becker/Reimer sowie Schaumburg/Hendricks kann nicht ausgeschlossen werden, dass Einigungen dem Prinzip des Quid-pro-Quo folgen oder durch politische Interessen beeinflusst sind.[555] Zudem bestehen

545 Becker in Drüen et al. (2017), S. 28 ff., § 89a Abs. 1 Satz 2 Nr. 1 , 2 AO.
546 Drüen et al. (2017), S. 26, S. 29 ff.
547 Drüen et al. (2017), S. 168 f., OECD Mutual Agreement Procedure Statistics 2018, Statistics Germany, S. 3. In Deutschland waren es im Jahr 2018 etwa 80 Prozent.
548 Li (2002), S. 842.
549 OECD (2022) Mutual Agreement Procedure Statistics 2020.
550 Strotkemper (2017), S. 128, Neuling et al. (2020), S. 34 f.
551 OECD (2022) Mutual Agreement Procedure Statistics 2021, Strotkemper (2017), S. 122 ff.
552 OECD (2022) Mutual Agreement Procedure Statistics 2021, All Cases Inventory – Breackdown per Reporting Jurisdiction – Germany.
553 Sinz/Kahle (2019), S. 151 f.
554 Drüen et al. (2017), S. 73.
555 Drüen et al. (2017), S. 73, Schaumburg/Hendricks (2018), S. 525, das Bemühen der Delegationen zur Einzelfallbetrachtung sei demnach nicht immer ersichtlich.

zwei weitere Streitbeilegungsinstrumente innerhalb der EU. Soweit im DBA vorgesehen, kann ein Schiedsverfahren aus einem Verständigungsverfahren folgen und Einigungszwang erwirken.[556] Ferner gelten innerhalb der EU die Regelungen des Art. 6 der EU-Schiedskonvention.[557] Unter der Voraussetzung, dass lediglich die Gewinnaufteilung von verbundenen Unternehmen bzw. Betriebsstätten thematisiert wird, kann ein Verfahren nach der EU-Schiedskonvention zwischen den EU-Mitgliedstaaten erfolgen.[558] Darüber hinaus gibt es in Deutschland seit 1. Juli 2019 einen Verfahrensweg gemäß der EU-Streitbeilegungsrichtlinie.[559] Auch dieses Verfahren ist ausschließlich zur Streitbeilegung zwischen EU-Mitgliedstaaten anwendbar.[560] Darüber hinaus gibt es Instrumente im Rahmen zwischenstaatlicher Kooperation, insb. koordinierter Außenprüfungen (Joint-Audits). Sie ermöglichen insb. eine zwischenstaatliche Sachverhaltsfeststellung und Sachverhaltswürdigung durch die beteiligten Finanzverwaltungen sowie eine zeitnahe Lösungsfindung.[561] Allerdings existieren hierbei noch verfahrensrechtliche Unklarheiten, da diese Verfahrenswege vergleichsweise neu sind.[562] Dennoch bietet der bi- bzw. multilaterale Charakter von Joint-Audits Potenziale für eine effizientere Konfliktbeseitigung.[563]

2.8.2 Systematisch inhärente Risiken

VP sind inhärent risikobehaftet. Die systematischen Konfliktrisiken beruhen auf Interdisziplinarität und Interessenspluralismus.[564] Beispielhaft hierfür werden nachfolgend vier typische Konflikttypen für VP dargelegt. Ziel- bzw. Anreizkonflikte sind ein unternehmensinternes Konfliktrisiko, sie entstehen durch interdisziplinär abweichende Zielsetzungen und Prägungen von VP.[565] Zudem existieren normative Konflikte.[566] Sie entstehen durch Widersprüche

556 BMF-Schreiben vom 27. August 2021, Tz. 110. Übersicht für Deutschland in Anlage 1.
557 Neuling et al. (2020), S. 302 ff., BMF-Schreiben vom 27. August 2021, Tz. 1.
558 BMF-Schreiben vom 27. August 2021, Tz. 26, Neuling et al. (2020), S. 302 ff.
559 BMF-Schreiben vom 27. August 2021, Tz. 1, BMF-Schreiben vom 25. Juni 2019. Zur EU-DBA-SBG.
560 BMF-Schreiben vom 27. August 2021, Tz. 27, Neuling et al. (2020), S. 307–311.
561 Neuling et al. (2020), S. 20, S. 342.
562 Drüen et al. (2017), S. 50 ff., Neuling et al. (2020), S. 485 ff., Neuling et al. (2020), S. 326 f.
563 Drüen et al. (2017), S. 59, Neuling et al. (2020), S. 339–342, insb. in Bezug auf ICAP.
564 Reif (2021), S. 21.
565 Kapitel 2.3 und 2.4.
566 Strotkemper (2017), S. 450 ff.

der (nationalen) Regelwerke oder durch Auslegungskonflikte der internationaler Regulation.[567] Ein prominentes Beispiel hierfür sind sog. TREATY-OVERRIDES, wenn nationales Recht und Völkerrecht sich widersprechen.[568] Darüber hinaus sind Würdigungskonflikte ein signifikantes Konfliktpotenzial für VP. Denn für eine intersubjektive Sachverhaltswürdigung ist Ambiguitätstoleranz notwendig. Dabei gilt grundsätzlich, je komplexer ein Sachverhalt ist, desto mehr Potenzial für Würdigungskonflikte existiert. Würdigungskonflikte entstehen insb., wenn Ermessensspielräume innerhalb eines Sachverhaltes divergent interpretiert werden.[569] Der abschließende Konflikttyp sind fiskalische Konflikte. Aus rein fiskalischer Perspektive allokieren VP Steuersubstrate.[570] Folglich existiert ein Kausalzusammenhang zwischen dem Eigeninteresse der Fiski und dem fiskalischem Konfliktpotenzial von VP. Die fiskalische Interessenslage ist in Tabelle 3 abgebildet.

Tabelle 3: Fiskalische Interessensmatrix

Fiskalische Interessenslage	im Inland	im Ausland
Erträge	Tendenziell zu niedrig	Tendenziell zu hoch
Aufwendungen	Tendenziell zu hoch	Tendenziell zu niedrig

Demnach existieren fiskalische Konfliktpotenziale insb. wenn Erträge im Inland zu niedrig bzw. im Ausland zu hoch sind. Für Aufwendungen gilt dies, sofern diese im Inland zu hoch und im Ausland zu niedrig sind. Im Umkehrschluss sinkt das Konfliktpotenzial vice versa. Die zugrundeliegende Interessensmatrix beeinflusst jede VP Jurisdiktion. Abschließend besteht für Steuerpflichtige bei normativen Würdigungskonflikten das Risiko einer Doppelbesteuerung.

Insgesamt ist festzuhalten: Theoretisch können Steuerpflichtige Rechts- und Planungssicherheit für ihre VP erlangen, faktisch müssen sie diese allerdings erkaufen. Praktisch äußert sich das durch einen rechtlichen Vorbehalt, einer hohen Zeitintensität und durch finanziellen Mehraufwand. Ferner setzen

567 Strotkemper (2017), S. 80 ff.

568 Hierbei wird ein nationaler und somit unilateraler Sonderweg im direkten Widerspruch zu bi- oder multilateralen Verträgen iSd § 2 AO eingeschlagen. Häufig liegt die Zielsetzung in der Sicherung von nationalen Steuersubstraten.

569 Strotkemper (2017), S. 104 ff.

570 Reif (2021), S. 10 f.

weitgehend intransparente Streitbelegungsmechanismen einen Anreiz, VP-Sachverhalte als fiskalisches Verhandlungsobjekt zu nutzen.[571] Das befördert systematische Konfliktpotenziale. Für die vorliegende Untersuchung ist die Erkenntnis entscheidend, dass die Streitbeilegungsinstrumente in ihrer Gesamtheit derzeit nicht geeignet erscheinen, die Konfliktpotenziale von VP effektiv und praxisorientiert für die Mehrheit der Steuerpflichtigen einzuschränken.[572] Laut STROTKEMPER liege das v.a. an einer fehlenden (politischen) Kohärenz.[573] Durch die zugrundeliegende Systematik kann das immanente Konfliktrisiko von VP nur mit erheblichem Mehraufwand beseitig werden. Infolgedessen ist Rechtssicherheit für VP kosten- und zeitintensiv. Dieser Mehraufwand wird weitgehend auf die Steuerpflichtigen abgewälzt, wobei nicht jeder Steuerpflichtige gewillt oder befähigt ist, den damit verbundenen Mehraufwand zu tragen. In der Konsequenz tragen VP somit idR ein systematisch inhärentes Konfliktrisiko.

571 Stand Januar 2023: Lediglich Kanada und Japan berichten öffentlich und transparent über Verständigungsverfahren.
572 Schaumburg/Hendricks (2018), S. 514, Rz. 8.1 ff.
573 Strotkemper (2017), S. 966.

3 Systematische Literaturanalyse und Metasynthese

3.1 Vorgehensweise und Begründung des SLR

In Kapitel 3 wird der gegenwärtige wissenschaftliche Erkenntnisstand zur PSM durch eine systematische Literaturrecherche und Literaturanalyse (SYSTEMATIC-LITERATURE-REVIEW (SLR)) aggregiert.[574] Ein SLR ist das methodische Vorgehen, um die relevanten wissenschaftlichen Erkenntnisse zur PSM systematisch zusammenzutragen, zu dokumentieren und zu analysieren. Grundsätzlich existieren zwei Methoden an Literaturrecherchen.[575] Zum Ersten ein weitverbreiteter narrativer Ansatz.[576] Hierbei erfolgt die Literaturrecherche auf Grundlage der Expertise des Autors und idR ohne Dokumentation.[577] Der Hauptkritikpunkt des narrativen Ansatzes ist das potenzielles Selektionsbias, basierend auf der subjektiven und intransparenten Literaturauswahl des Forschenden.[578] Ein solcher Ansatz erscheint bei bisher wenig erforschten Fragestellungen, wie in dieser Untersuchung, nicht sachgerecht.[579]

Zum Zweiten existiert ein SLR, mit der Zielsetzung den derzeitigen Erkenntnisstand durch eine objektive Suchsystematik zu erfassen und durch eine Dokumentation Transparenz zu gewährleisten.[580] Diese Dokumentation ist entscheidend, denn sie macht den SLR objektiv reproduzierbar und ermöglicht eine faktenbasierte Überprüfbarkeit.[581] Ferner wird der identifizierte Erkenntnisstand durch eine abschließende Analyse im SLR selbst weiterentwickelt und kann die Relevanz eigener Forschungsfragen objektiv bestätigen.[582] Laut TRANFIELD ET AL. ist die Zielsetzung eines SLR: [...] to enable the researcher both to map and asses the existing intellectual territory, and to specify a research

574 Webster/Watson (2002), S. 13, Tranfield/Denyer/Smart (2003), S. 207.
575 vom Brocke/Simons/Reimer/Niehaves/Plattfaut/Cleven (2015), S. 208, Hiebl (2021), S. 2 f.
576 vom Brocke et al. (2015), S. 207.
577 vom Brocke et al. (2015), S. 207.
578 Tranfield et al. (2003), S. 207–208.
579 vom Brocke et al. (2015), S. 208.
580 Tranfield et al. (2003), S. 214, Figure 2, Hiebl (2021), S. 1.
581 Tranfield et al. (2003), S. 208–209.
582 Tranfield et al. (2003), S. 207 f., Webster/Watson (2002), S. 13, vom Brocke/Simons/Niehaves/Reimer/Plattfaut/Cleven (2009), S. 4.

question developed from the existing body of knowledge further.[583] Für diese Untersuchung bedeutet das konkret: Durch einen SLR wird der gegenwärtig verfügbare Wissensstand nachvollziehbar erhoben sowie integriert und schafft dadurch eine wissenschaftlich fundierte Basis. Nach TRANFIELD ET AL. existiert kein standardisiertes Vorgehen für einen SLR, allerdings existiert im Fachschrifttum ein Konsens über generelle Anforderungen.[584] Deshalb berücksichtigt diese Untersuchung die methodischen Empfehlungen mehrerer Autoren, mit dem Ziel, die Stärken verschiedener Empfehlungen miteinander zu verbinden.[585] Dieser SLR orientiert sich grundlegend an den Methodenempfehlungen von TRANFIELD ET AL., welche einen theoretischen Schwerpunkt haben.[586] Darüber hinaus orientiert sich die praktische Konzeptionalisierung und Dokumentation des SLR an Empfehlungen von: VOM BROCKE ET AL. (2009) sowie VOM BROCKE ET AL. (2015)[587], wobei diese beiden Werke jeweils auf Konzepten von WEBSTER/WATSON und COOPER basieren.[588]

Nachfolgend wird die methodische Eignung eines SLR für die vorliegende Forschungsfrage begründet.[589] Nach TRANFIELD ET AL. gibt es drei sachgerechte Gründe für einen SLR, zum Ersten die Replikation einer bestehenden Erkenntnis, zum weiten die Weiterentwicklung einer bestehenden Erkenntnis oder drittens, die Erarbeitung einer neuen Erkenntnis auf Grundlage einer Forschungslücke.[590] Auch nach WEBSTER/WATSON gibt es grundsätzlich zwei vergleichbare Begründungen für einen SLR.[591] Demnach ist ein SLR sachgerecht, wenn bereits ein akkumulierter Wissensschatz existiert, welcher analysiert und synthetisiert werden muss oder neue Fragestellungen erarbeitet werden, welche von der Analyse theoretischer Grundlagen unmittelbar profitieren.[592] Im Rahmen dieser Untersuchung sind insb. die Voraussetzungen von WEBSTER/WATSON erfüllt, da durch das iterativ-explorative Forschungsdesign alle Methoden

583 Tranfield et al. (2003), S. 208.
584 Tranfield et al. (2003), S. 214, vom Brocke et al. (2015), S. 209 f.
585 Hierfür ist entscheidend, dass sich alle Autoren inhaltlich nicht signifikant widersprechen.
586 Tranfield et al. (2003).
587 vom Brocke et al. (2009), vom Brocke et al. (2015).
588 Webster/Watson (2002), Cooper (1988). Nach Fertigstellung des SLR wurde die angewandte Methodik auf Grundlage von Hiebl (2021) verplausibilisiert.
589 Tranfield et al. (2003), S. 214.
590 Tranfield et al. (2003), S. 212.
591 Webster/Watson (2002), S. 14.
592 Webster/Watson (2002), S. 14.

interdependent aufeinander aufbauen. Der methodische Vorteil eines SLR liegt hierbei insb. darin, dass neue Theorien, Narrative und Interpretationen identifiziert werden können, wobei eine generalistische Perspektive ermöglicht wird.[593] Zudem ist dieser SLR insoweit begründet, da bis dato kein veröffentlichter wissenschaftlicher SLR mit konkretem Bezug auf die PSM existiert.[594]

Ausgehend von einem positivistischen Wissenschaftsverständnis sind quantitative Evidenzen mit einem Untersuchungsschwerpunkt von Ursache und Wirkung zu präferieren.[595] Ob eine positivistische Evidenzorientierung, d.h. idealtypisch mit einer quantitativen Methodenhomogenität innerhalb eines SLR sachgerecht möglich ist, ist abhängig vom existierenden Wissensfundament.[596] Denn die Weiterentwicklung einer Forschungsfrage setzt grundsätzlich dessen Existenz voraus. Mangelt es grundlegend an einer Erkenntnisdichte, so ist eine rein evidenzorientierte Selektion nicht zielführend.[597] Typische Indizien hierfür sind insb. eine divergente Forschungslandschaft, ein geringer Konsens der Forschungsfragen und eine Vielzahl an potenziellen Einflussfaktoren.[598] Das gilt auch für die vorliegende Untersuchung.[599] Auf Grundlage dieser Empfehlungen wird dieser SLR breit gefächert und es werden ausdrücklich auch (rein) qualitative Erkenntnisse berücksichtigt.[600] Vorteilhaft an einer Berücksichtigung qualitativer Ergebnisse ist, dass diese eine verbesserte Analytik und Generalisierung ermöglichen, was der explorativen Forschungsfrage dieser Untersuchung entgegenkommt.[601] Dieser SLR dient somit auch zukünftigen Forschungsansätzen, da der aktuelle Forschungsstand zur PSM aggregiert und nachvollziehbar erhoben wird. Infolgedessen dient dieser SLR sowohl der dokumentierten Erhebung des derzeitigen Wissenstands, als auch als methodisch-iteratives Fundament für nachfolgende Schritte.[602]

---

593 Tranfield et al. (2003), S. 218.
594 Keine Spezifizierung auf die Forschungsfrage, sondern Schwerpunkt auf PSM.
595 Tranfield et al. (2003), S. 214.
596 Tranfield et al. (2003), S. 212.
597 Tranfield et al. (2003), S. 212–213.
598 Tranfield et al. (2003), S. 213.
599 Kapitel 3.4, der Anteil quantitativer Studien zur PSM ist nachweislich gering.
600 vom Brocke et al. (2015), S. 208.
601 Tranfield et al. (2003), S. 217.
602 Tranfield et al. (2003), S. 219.

3.2 Suchkonzept des SLR

Ausgangsbasis eines SLR ist die Entwicklung eines Suchkonzeptes.[603] Im Suchkonzept wird die Systematik der Literaturrecherche praktisch konzeptualisiert. Konkret wird die Methodik von Such- und Selektionsschritten sowie deren Dokumentationsstrategie erarbeitet und protokolliert, um durch Transparenz methodische Objektivität zu gewährleisten.[604] Das zugrundeliegende Suchkonzept wird nachfolgend erläutert.

Ein Suchkonzept soll vor der Durchführung des SLR erarbeitet werden und die Methodik des gesamten SLR protokollieren.[605] Laut vom Brocke et al. müssen im Suchkonzept alle Entscheidungen begründet werden, um die Konzeptionalisierung der Suche nachvollziehbar und reproduzierbar zu machen.[606] Methodisch verweisen vom Brocke et al. dabei auf das Konzept von Webster/Watson.[607] Demnach ist die Qualität einer wissenschaftlichen Literaturanalyse am Grad der Systematisierung und Dokumentation zu messen.[608] Auch bei Tranfield et al. und vom Brocke et al. gilt eine vollständige Dokumentation als essenziell.[609] Infolgedessen ist die Zielsetzung des SLR, eine Konzeptionalisierung zu erarbeiten, welche eine methodische Stringenz sowie eine größtmögliche Transparenz gewährleistet.[610] Hierfür wird das Suchkonzept durch tabellarische Darstellungen iVm der Nutzung von Akronymen für jedes Prozesselement dokumentiert. Dadurch ist jedes Prozesselement trennscharf und transparent zuordbar. Der Aufbau des Suchkonzeptes orientiert sich primär an Empfehlungen von vom Brocke et al. und dem Rahmenkonzept von Cooper.[611] Die einzelnen Schritte werden nachfolgend durchgeführt und erläutert. Maßgeblich ist ein sequenzieller Prozessablauf mit sukzessiven Selektionsschritten, welcher bewusst um iterative und explorative Elemente erweitert wurde.[612] Diese Flexibilität ist notwendig, da ein SLR häufig unerwartete

---

603 Tranfield et al. (2003), S. 214.
604 Tranfield et al. (2003), S. 214–215.
605 vom Brocke et al. (2015), S. 218, vom Brocke et al. (2009), S. 5, Tranfield et al. (2003), S. 215.
606 vom Brocke et al. (2015), S. 213–217.
607 vom Brocke et al. (2009), S. 11.
608 Webster/Watson (2002), S. 15.
609 Tranfield et al. (2003), S. 217, vom Brocke et al. (2009), S. 1 ff.
610 Tranfield et al. (2003), S. 220.
611 vom Brocke et al. (2009), S. 9, Cooper (1988), S. 109 ff., dargestellt in vom Brocke et al. (2009), S. 9, Figure 3.
612 vom Brocke et al. (2015), S. 208.

Ergebnisse birgt und deshalb ein rein statischer Prozessablauf idR nicht sachgerecht ist.[613] Idealtypisch wurde ein grundlegendes Verständnis des Forschungsbereiches vor Entwicklung des Suchkonzeptes erworben und dokumentiert, um die Selektionsqualität zu verbessern.[614] Dies wird durch Kapitel 2 gewährleistet.

Zu Beginn werden Suchobjekt und Ort der Suche fixiert. Das Suchobjekt ist der Untersuchungsgegenstand dieser Untersuchung. Der Ort der Suche wird durch eine Auswahl relevanter Disziplinen und potenziell relevanter Quellen fixiert.[615] In Kapitel 2.3 und Kapitel 2.4 wurden die Disziplinen Betriebswirtschaft und Steuerrecht als maßgeblich für diese Untersuchung identifiziert. Infolgedessen ist für diesen SLR ein generalistischer Suchansatz in den Disziplinen Betriebswirtschaftslehre und Recht maßgeblich. Nachfolgend wird in Bezug auf potenziell relevante Quellen zwischen potenziell relevanten Quellen (Veröffentlichung) und für diese Untersuchung konkret relevanten Quellen (Beitrag) unterschieden. Nach TRANFIELD ET AL. sollten in Bezug auf potenziell relevante Veröffentlichungen Kriterien erarbeitet werden, um eine bestmögliche Qualität der Informationsherkunft zu gewährleisten.[616] Gemäß WEBSTER/WATSON ist die Quintessenz dieses Schrittes die Abfrage in wissenschaftlichen Datenbanken.[617] Dabei gilt die Nutzung von Schlüsselwörtern (Keyword Research) iVm einer Rückwärts- und Vorwärts-Suche als BEST-PRACTICE.[618] Hierfür wurde die Empfehlung eines zweistufigen Suchprozesses von TRANFIELD ET AL. befolgt.[619] Tabelle 4 zeigt das genutzte Prozedere, die angewandten Suchmethoden sowie deren Abkürzungen.

Tabelle 4: Primärquellen, Sekundärquellen und Methodik des SLR

Quelle	**Abkürzung**	**Methodik**	**Abkürzung**
Primärquellen (Erster Suchdurchlauf)		**Methodik für Primärquellen**	
Datenbanken	**I**	Keyword Research	**A**
Journals	**II**	Manueller Research	**B**
Monografien	**III**	Manueller Research	**B**

(wird auf nächster Seite fortgeführt)

613 vom Brocke et al. (2015), S. 210 f.
614 vom Brocke et al. (2015), S. 212 f., vom Brocke et al. (2009), S. 10.
615 Tranfield et al. (2003), S. 214.
616 Tranfield et al. (2003), S. 215.
617 vom Brocke et al. (2009), S. 4, Webster/Watson (2002).
618 vom Brocke et al. (2009), S. 4, Webster/Watson (2002).
619 Tranfield et al. (2003), S. 215.

Tabelle 4: Fortsetzung

Quelle	Abkürzung	Methodik	Abkürzung
Sekundärquelle (Zweiter Suchdurchlauf)		**Methodik für Sekundärquellen**	
Snowballing	**IV**	Vorwärts/Rückwärts-Suche	**C**

Das Suchkonzept umfasst drei Primärquellen (**I-III**) und eine Sekundärquelle (**IV**). Der Suchprozess erfolgte in zwei Durchläufen, wobei zuerst die Primärquellen und anschließend die Sekundärquelle genutzt wurden.[620] Bei der Primärquelle **I** handelt es sich um Datenbanken, in welchen methodisch der systematische Keyword Research **A** durchgeführt wurde. Primärquelle **II** sind relevante Fachzeitschriften, welche nicht in den Datenbanken **I** enthalten sind.[621] Hierfür erfolgte die Suche manuell (Manueller Research) **B**, da der Keyword Research technisch nicht abbildbar war.[622] Die dritte Primärquelle **III** enthält Monografien, welche nicht in **I** und **II** enthalten sind. Auch hier erfolgte die Suche durch **B**.[623] Die Nutzung der Quellen **II** und **III** erschien notwendig, da sich im Rahmen eines Probelaufes zeigte, dass die Datenbanken **I** allein nicht zu einer den wissenschaftlichen Ansprüchen genügenden Anzahl an Suchergebnissen führte.[624]

Die Sekundärquelle **IV** besteht aus den identifizierten Beiträgen des ersten Suchdurchlaufs. Sie bildet die Grundlage des zweiten Suchdurchlaufs. Denn hier wurde die Methode der Vorwärts/Rückwärts-Suche **C** nach Webster/Watson genutzt.[625] Dadurch sollen Veröffentlichungen identifiziert werden, welche im Keyword-Research nicht gefunden wurden.[626] Nach Webster/Watson werden bei der Vorwärts-Suche Quellen gesucht, in welchen die bereits identifizierten Beiträge zitiert werden.[627] Die Rückwärts-Suche analysiert hingegen die Literaturverzeichnisse der identifizierten Beiträge in Bezug auf weitere Veröffentlichungen.[628] Die Kombination aus dem Keyword Research **A** und

620 Nach Empfehlung von Tranfield et al. (2003), S. 215.

621 Webster/Watson (2002), S. 16, Hiebl (2021), S. 2, S. 6.

622 Calabrò/Vecchiarini/Gast/Campopiano/De Massis/Kraus (2019), S. 31, Hiebl (2021), S. 18, ein manueller Research ist eine Standardmethode für einen SLR.

623 Ein reiner Keyword Research ist technisch nicht abbildbar.

624 Die Erkenntnis zeigte sich nach einem Probedurchlauf.

625 Webster/Watson (2002), S. 16, vom Brocke et al. (2009), S. 11.

626 vom Brocke et al. (2015), S. 215, Hiebl (2021), S. 6.

627 Webster/Watson (2002), S. 16.

628 Webster/Watson (2002), S. 16.

der Vorwärts/Rückwärts-Suche **C** wird von vom Brocke et al. ausdrücklich als methodisches Best-Practice für einen SLR empfohlen.[629] Abschließend ist **A** methodisch sequenziell geprägt, wohingegen der **B** und **C** ein iterativ-exploratives Vorgehen ermöglichen, um den SLR mit der notwendigen Flexibilität durchzuführen.[630]

In einem SLR sollten Quellenherkunft und Selektionsprozess transparent sein.[631] Insb. bei qualitativen Selektionskriterien muss nachvollziehbar sein, wie die Quellen selektiert wurden.[632] Infolgedessen werden die Selektionskriterien nachfolgend gemäß den Methodenempfehlungen von vom Brocke et al. dokumentiert und begründet.[633] Hierfür werden grundsätzlich zwei Selektionstypen unterschieden. Das beinhaltet formelle Mindestanforderungen **1** und eine qualitative Selektion **2**. Die nachfolgende Tabelle zeigt beide Selektionstypen, deren Unterkategorien, die Selektionsziele und deren Abkürzungen.

Tabelle 5: Selektionstypen, Selektionskriterien und Selektionsziele des SLR

Abkürzung	**Selektionstypen**	**Verwendet in**
1	Mindestanforderung	Primär- und Sekundärquellen I-IV
2	Qualitative Selektion	Primär- und Sekundärquellen I-IV
Abkürzung	**Selektionskriterien**	**Selektionsziel**
1a	Quellenherkunft	Wissenschaftliche Prägung
1b	Sprache und Mindestumfang	Wissenschaftliche Prägung
2a	Disziplin	Korrekte Zielgruppe
2b	Forschungsfrage	PSM als Untersuchungsobjekt

Der Selektionstyp **1** enthält die formellen Selektionskriterien, **1a** und **1b**. Das Selektionsziel ist die Gewährleistung, dass es sich um wissenschaftliche Veröffentlichungen handelt. Hierfür wurde mit zwei Abgrenzungsformen gearbeitet.

629 vom Brocke et al. (2015), S. 214–215, Hiebl (2021), S. 18 f.

630 vom Brocke et al. (2015), S. 208 f., S. 214, Figure 1, Hiebl (2021), S. 12–18, die Methodik des SLR ist demnach ein kombinierter Ansatz aus Datenbanksuche und Journalsuche.

631 vom Brocke et al. (2009), S. 4.

632 Tranfield et al. (2003), S. 216.

633 Tranfield et al. (2003), S. 215, vom Brocke et al. (2015), S. 206.

In der Positivabgrenzung bedeutet dies, dass eine Veröffentlichung hierfür konkrete formelle Anforderungen erfüllen muss. In der Negativabgrenzung wird eine Veröffentlichung selektiert, sofern sie diese formellen Anforderungen nicht erfüllt und kein Indiz für eine wissenschaftlich fundierte Herkunft der Quelle vorliegt. Selektionsindizien für **1** sind die Quellenherkunft, die Sprache, ein Mindestumfang sowie die Existenz einer Forschungsfrage. Selektionskriterium **1a** enthält die Selektion über die Quellenherkunft. Ein geeignetes Qualitätsindiz ist, laut vom Brocke et al. sowie Tranfield et al. die Einordnung einer Quelle mit Hilfe eines wissenschaftlichen Rankings.[634] D.h. die Veröffentlichungen sollten aus wissenschaftlichen oder praxisrelevanten Quellen der betriebswirtschaftlichen Steuerlehre und des Rechnungswesens stammen. Als Orientierungshilfe hierfür diente das VHB-Jourqual3-Rating des Verbandes der Hochschullehrer für Betriebswirtschaft (VHB).[635] Doch laut vom Brocke et al. reicht eine Rankinganalyse methodisch nicht für eine sachgerechte Selektion.[636] Deshalb erfolgte beim Selektionskriterium **1b** die Selektion anhand der Sprache und eines Mindestumfanges der Veröffentlichungen. Dabei wurden die Sprachen Deutsch oder Englisch als Anforderung festgelegt.[637] Der Mindestumfang einer Veröffentlichung gilt als erfüllt, sofern mindestens fünf Textseiten vorliegen und eine konkrete Forschungsfrage bearbeitet wird.[638] Dadurch sollen werbewirksame Kurzbeiträge und Stellungnahmen selektiert werden, da diese idR keinen wissenschaftlichen Mehrwert für diese Untersuchung bieten.[639] Der Selektionstyp **1** wurde sowohl in den Primärquellen **I-III**, als auch in den Sekundärquellen **IV** durchgeführt.

Zweiter Selektionstyp ist die qualitative Selektion **2**. Sie enthält ebenfalls zwei Selektionskriterien, mit **2a** und **2b**. Das Selektionsziel ist die Gewährleistung eines inhaltlichen Mehrwertes für diese Untersuchung.[640] Da dieses

---

634 Tranfield et al. (2003), S. 216, vom Brocke et al. (2009), S. 4–6.

635 VHB (2020a), zur Ratingmethodik VHB (2020b).

636 vom Brocke et al. (2015), S. 218.

637 vom Brocke et al. (2015), S. 218, zur Eignung der sprachlichen Selektion.

638 Im Rahmen einer stichprobenartigen Durchsicht deutscher Fachzeitschriften zeigte sich, dass vergleichbare Kurzbeiträge idR einen Umfang von weniger als fünf Seiten haben. Die Analyse erfolgt in den Zeitschriften DB, IStR, DStR und FR.

639 Aufgrund des berufsrechtlichen Werbeverbotes für steuerberatende Berufe in Deutschland werden kurze Zeitschriftenbeiträge als Marketinginstrument von Beratern genutzt. Dabei steht ein wissenschaftlicher Erkenntnisgewinn nicht immer im Mittelpunkt.

640 Dieser Mehrwert wird als wissenschaftlich fundierter Erkenntnisgewinn definiert.

Selektionsziel methodisch einen hohen qualitativen Anteil hat, wurden die Empfehlungen von Tranfield et al., Webster/Watson und vom Brocke et al. befolgt.[641] Zudem wird die zugrundeliegende qualitative Methodik der Selektionstypen im nachfolgenden Kapitel vertieft. Nach den Empfehlungen der Autoren sind eine Zielgruppenanalyse sowie die Analyse des Untersuchungsobjektes der jeweiligen Forschungsfrage sinnvoll. Konkret erfolgt die Selektion bei **2a** auf Grundlage der disziplinären Prägung und Zielgruppe einer Veröffentlichung. D.h. eine Veröffentlichung wird selektiert, sofern sie nicht den festgelegten Disziplinen Rechnungswesen und betriebswirtschaftlicher Steuerlehre des VHB-Jourqual3-Rating zugeordnet werden kann. Die Selektion **2b** erfolgt, sofern eine Veröffentlichung hinsichtlich der Forschungsfrage oder des Untersuchungsobjektes keinen hinreichenden Bezug zur PSM aufzeigt.[642] Der Selektionstyp **2** wurde sowohl in den Primärquellen **I-III**, als auch in den Sekundärquellen **IV** durchgeführt.

Nach der Darstellung von Untersuchungsobjekt, Quellenherkunft und Selektionsprozessen sollte ein SLR-Suchkonzept auch die systematische Erfassung und Analyse der Ergebnisse erläutern. Das Resultat der Suche ist eine finale Kategorisierung der Beiträge, in zwei Stufen **α** und **β**. Tabelle 6 zeigt die zwei Einordungskategorien.

Tabelle 6: Finale Einordnungskategorien des SLR

Finale Einordnung	Bedeutung
α	Final und unmittelbar relevant für PSM
β	Unterstützend für Analyse in Kapitel 3.6.8

Finale Beiträge sind unmittelbar relevant und werden mit **α** gekennzeichnet. Beiträge, welche lediglich einen unterstützenden Beitrag leisten gelten als mittelbar relevant und werden mit **β** gekennzeichnet. Hierfür ist eine trennscharfe Differenzierung notwendig. Ein **β**-Beitrag liegt vor, sofern ein Beitrag nicht direkt die Relevanz der PSM untersucht oder aus einer anderen Disziplin stammt. Die Kategorie **β** existiert vorrangig für die nachfolgende

641 Tranfield et al. (2003), S. 216, Webster/Watson (2002), S. 18, Brocke et al. (2015), S. 218, insb. für Abgrenzungskriterien.

642 Webster/Watson (2002), S. 18.

Konsensorientierung in Kapitel 3.6.8.[643] Deshalb werden die Beiträge **β** nicht in die Ergebnisanalyse des SLR einbezogen.[644]

Die abschließende methodische Herausforderung für ein Suchkonzept ist die Beendigung des SLR.[645] Nach vom Brocke et al. gilt ein SLR als beendet, sobald ein Sättigungsgrad identifizierter Beiträge derart verdichtet ist, dass der Informationsgehalt neuer Quellen signifikant abnimmt.[646] Allerdings ist dies kaum objektiv nachweisbar und dokumentierbar. Der Suchprozess für diesen SLR wurde erst abgeschlossen, als auch nach wiederholter Nutzung der Vorwärtssuche **C** kein weiterer finaler Beitrag mehr identifiziert werden konnte. Dem ging der erste Suchdurchlauf sowie eine vollständige Rückwärtssuche voraus, welche in allen finalen Beiträgen erfolgte. Infolgedessen wurde dieser SLR erst nach der bestmöglichen Erschöpfung aller vorhandenen Suchmethoden und Quellen beendet. Dieses Vorgehen wurde gewählt, um einen hohen Abdeckungsgrad zu gewährleisten. Anschließend wurden die Ergebnisse analysiert. Dieses Suchkonzept enthält eine detaillierte Auswertung des SLR, in Form einer prozessbasierten Dokumentation jedes Suchschrittes und jeder Quelle. Ferner erfolgen eine Zeitstrahlanalyse, eine Inhaltsanalyse, eine Lokalisierung der Beitragsherkunft sowie eine Methodenanalyse.

3.3 Umsetzung des SLR

Nach Darlegung des Suchkonzeptes und der Dokumentationslogik vertieft und begründet dieser Abschnitt die konkrete Umsetzung. Das beinhaltet die Such- und Selektionsmethodik sowie den praktischen Durchführungsprozess. Letzterer umfasst insb. die zugrundeliegende Suchmethodik des Keyword Research **A**, des manuellen Research **B** und der Vorwärts/Rückwärts-Suche **C** sowie die zugrundeliegende qualitative Methodik der Selektionsschritte **1** und **2**. In Verbindung damit wird die Auswahl der genutzten Datenbanken dargestellt und erläutert.

Für den Keyword Research **A** sind insb. zwei Punkte wesentlich: die Auswahl der Schlüsselwörter und die verwendeten Datenbanken.[647] Für die

643 Denn das erfordert einen interdisziplinären und fachübergreifenderen Ansatz.

644 Ihre Darstellung erfolgt der Vollständigkeit halber, um vollständige Transparenz des SLR zu gewährleisten.

645 vom Brocke et al. (2015), S. 211.

646 Dem ging der erste Durchlauf sowie die Rückwärtssuche voraus, welche ebenfalls in allen finalen Beiträgen erfolgte.

647 Tranfield et al. (2003), S. 215.

Auswahl der Schlüsselwörter ist es maßgeblich, eindeutige Begriffe zu verwenden, ohne die Suchabfrage zu verzerren oder einzuschränken. Hierfür wurden die methodischen Empfehlungen aus der Fachliteratur berücksichtigt. Laut TRANFIELD ET AL. ist die Fragestellung maßgeblich für die Auswahl der Schlüsselwörter.[648] Außerdem empfehlen VOM BROCKE ET AL. das Fachgebiet sowie die Forschungsfrage für die Auswahl der Schlüsselwörter zu nutzen.[649] Darüber hinaus fordern VOM BROCKE ET AL. die Schlüsselwörter zu dokumentieren und zu begründen.[650] Diese Methodenempfehlungen werden nachfolgend umgesetzt. Die Auswahl der Schlüsselwörter ist in der nachfolgenden Tabelle dargestellt und wird anschließend begründet.

Tabelle 7: Schlüsselwörter des SLR

Kategorie	Herkunft und Begründung	Schlüsselwörter
D1	Fachgebiet	Verrechnungspreise Fremdvergleichsgrundsatz
D2	Forschungsfrage/ Untersuchungsgegenstand	Profit Split Methode Gewinnaufteilungsmethode
E1	Fachgebiet	transfer pricing arm's length principle
E2	Forschungsfrage/ Untersuchungsgegenstand	profit split method

Grundsätzlich sind die Schlüsselwörter in zwei sprachliche Kategorien unterteilt: Kategorie **D** steht für Deutsch und Kategorie **E** für Englisch. Als Konsequenz der Empfehlungen wurde das Fachgebiet als ein Schlüsselwort fixiert. Somit ist das Fachgebiet für jede Sprache als Schlüsselwort (**D1** und **E1**) festgelegt. Auf Deutsch **D1** enthält dies die Bergriffe VERRECHNUNGSPREISE und FREMDVERGLEICHSGRUNDSATZ. Der Begriff FVG wurde beigefügt, da er häufig iVm VP fällt und dadurch eine alleinige Fixierung auf VP vermieden wird. Ziel herbei war die Erweiterung des Suchspektrums. Dasselbe gilt analog für die Nutzung der englischen Schlüsselwörter **E1** TRANSFER PRICING und ARM'S LENGTH PRINCIPLE.[651]

648 Tranfield et al. (2003), S. 214, Hiebl (2021), S. 4.
649 vom Brocke et al. (2015), S. 217.
650 vom Brocke et al. (2009), S. 11.
651 Wörtliche Übersetzung der deutschen Begriffe.

In Bezug auf die Forschungsfrage wurde nicht der vollständige Titel der Untersuchung verwendet, um eine potenzielle Verzerrung zu vermeiden. Um diesen Anspruch gerecht zu werden, wurde die Forschungsfrage im SLR auf den Untersuchungsgegenstand reduziert.[652] Der Untersuchungsgegenstand besagt eindeutig und werteneutral was gesucht wird. Dabei fragt er sämtliche Veröffentlichungen ab, ohne vorab zu kontextualisieren und schafft damit die bestmögliche generalistische Grundgesamtheit. Infolgedessen wurde der Untersuchungsgegenstand dieser Untersuchung als Schlüsselwort festgelegt (**D2** und **E2**). Das enthält die deutschen Termini **D2** PROFIT SPLIT METHODE und GEWINNAUFTEILUNGSMETHODE sowie den englischen Begriff **E2** PROFIT SPLIT METHOD.[653] Auch hier lag die Intension in der Abfrage eines breiten Suchspektrums. Durch die Nutzung von Fachgebiet und Untersuchungsobjekt wurden wenige Schlüsselwörter verwendet. Die Zielsetzung dieser Auswahl ist die Erfassung einer umfangreichen Grundgesamtheit an Veröffentlichungen. Dieses Vorgehen steht im Einklang mit dem explorativen Forschungsdesign dieser Untersuchung.

Im nächsten Schritt müssen die Schlüsselwörter in boolesche Suchparameter umgewandelt werden, da die Mehrzahl der Datenbanken eine boolesche Suchsystematik nutzt. Alle Suchparameter wurden im Singular und als Substantiv verwendet. Sprachliche Besonderheiten aus Grammatik und Orthografie wurden entsprechend angepasst.[654] Insgesamt wurden vier boolesche Modifikationen genutzt: Anführungszeichen, eine TRUNKIERUNG/WILDCARD sowie die Operatoren AND und OR. Die Nutzung der Anführungszeichen präzisiert die Suche auf den darin enthaltenen Terminus. Eine Trunkierung oder Wildcard ermöglicht hingegen die Erweiterung eines Schlüsselwortes durch einen Asterisk (*). Der Operator AND wird genutzt, um Suchkriterien miteinander zu verbinden, wodurch die Suche idR eingeschränkt wird. Im Gegensatz dazu erweitert der Operator OR die Suche, da er weitere Suchbegriffe gestattet ohne

---

652 In diesem Fall wurde eine Kontextualisierung durch die Eingabe der gesamten Forschungsfrage befürchtet.

653 Gewinnaufteilungsmethode ist die offizielle Übersetzung für die Profit Split Method in den OECD-TPG, Tz. 2.114 ff. Auf die Bezeichnung transaktionsbezogene Profit Split Methode wurde verzichtet. Der konkrete Bezug auf die transaktionsorientierte PSM wird nachfolgend im Rahmen der qualitativen Selektion **2b** berücksichtigt. Die Intension lag in der Erweiterung des Suchspektrums auf eine breite Gesamtmenge.

654 Insb. der Groß- und Kleinschreibung sowie die Nutzung des Genetiv.

diese einzugrenzen. Die nachfolgende Tabelle zeigt die verwendeten booleschen Suchparameter.

Tabelle 8: Boolesche Suchparameter des Keyword Research

Suchkategorie	**Suchparameter Keyword Research A**
D	„Profit Split*“ OR „Gewinnaufteilungsmethode“ AND „Verrechnungspreise* “OR „Fremdvergleichsgrundsatz“
E	„profit split*” AND “transfer pricing*” OR “arm’s length principle”

Insgesamt wurden alle Schlüsselwörter in Anführungszeichen gesetzt, um die Suche zu präzisieren. Zuerst wurde das Schlüsselwort des Untersuchungsgegenstandes (**D2** und **E2**) auf den Kernteil PROFT SPLIT fixiert und bilingual in beiden Suchkategorien verwendet. Anschließend wurde der Terminus METHODE/METHOD durch eine Trunkierung ersetzt, um die Suche nicht einzuschränken. Das erschien sinnvoll, da insb. der Begriff PROFIT ohne eine Präzisierung zu fachfremden Ergebnissen führt und der Begriff PROFIT SPLIT in vorab gesichteten Veröffentlichungen mehrfach ohne den Anhang METHODE/METHOD oder als Komposition verwendet wurde.[655] Der Suchterminus GEWINNAUFTEILUNGSMETHODE wurde in Suchkategorie **D** mit dem Operator OR eingefügt, um die Suche nicht einzuschränken, sondern zu erweitern.[656] Dieser Terminus ist iVm seinem Operator der einzige strukturelle Unterschied der Suchkategorien **D** und **E**.[657] Die Suchtermini VERRECHNUNGSPREISE* in Suchkategorie **D** und TRANSFER PRICING* in Suchkategorie **E** wurden mit dem Operator AND eingesetzt. Dadurch wird die inhaltliche Verbindung zu VP berücksichtigt. Ein eingrenzender Operator ist sinnvoll, sofern er lediglich auf das gesamte Fachgebiet der VP verweist und nicht unbegründet einschränkt.[658] Um die Eingrenzung weitestgehend zu dezimieren, wurden Trunkierungen für die Termini VERRECHNUNGSPREISE* in Suchkategorie **D** und TRANSFER PRICING* in Suchkategorie **E** genutzt, denn auch hier wurden vorab Kompositionen

655 Diese Erkenntnis bestärkte sich erneut im Rahmen eines Probedurchlaufes des Suchprozesses für den SLR.

656 Die Termini PSM und Gewinnaufteilungsmethode sind inhaltsgleich. Beide unterscheiden sich lediglich sprachlich.

657 Begründung hierfür ist die Existenz der deutschen Übersetzung.

658 vom Brocke et al. (2015), S. 215.

dieser Suchtermini erkannt.[659] Die Suchtermini FREMDVERGLEICHSGRUNDSATZ in Suchkategorie **D** sowie ARM'S LENGTH PRINCIPLE in Suchkategorie **E** wurden mit dem Operator OR eingesetzt. Die Intension hierfür liegt in der Schaffung eines explorativen Elementes innerhalb des SLR. Denn durch den Operator wird die Suche nicht eingeschränkt, sondern erweitert. Dadurch wird eine alleinige Fixierung auf VP verhindert und das Suchspektrum um den FVG erweitert. Das erscheint sinnvoll, da der FVG das übergeordnete Dogma für VP ist. Dadurch soll eine generalistische Grundgesamtheit für diesen SLR erfasst werden.

Die boolesche Suche basiert auf mathematischer Logik. Dabei können Klammern genutzt werden, um eine Priorisierung oder Suchreihenfolge zu übermitteln. Klammern wurden in diesem SLR ausdrücklich nicht genutzt. Das hat insb. drei Gründe: Wie im Suchkonzept erarbeitet, ist nach WEBSTER/WATSON und TRANFIELD ET AL., die methodische Stringenz ein wesentliches Qualitätsmerkmal eines SLR.[660] Ein Ziel dieser Suche ist die objektive und methodisch einheitliche Ermittlung einer Grundgesamtheit an Veröffentlichungen. Hierfür ist entscheidend, dass jede Datenbank Spezifika beinhaltet. Da nicht alle Datenbanken die boolesche Priorisierungsfunktion unterstützen und eine partielle Anwendung methodische Inkonsistenz verursacht, wurde eine einheitliche Anwendung präferiert.[661] Zudem zeigte sich in einem Probedurchlauf, dass die Nutzung von Klammern die Ergebnisse nicht zwingend verbessert und in drei Datenbanken keine Auswirkung hatte.[662] Darüber hinaus erfordert eine Suchpriorisierung stets eine Wertung. Eine solche Priorisierung erscheint methodisch sinnvoll, um Ergebnisse zu präzisieren, nicht jedoch um eine objektive Grundgesamt zu erhalten. Ziel dieses SLR ist Letzteres, ohne dabei potenzielle Ergebnisse vorab durch eine Priorisierung zu verzerren. Infolgedessen wurde für diesen SLR eine stringente und einheitliche Nutzung der booleschen Suchparameter präferiert. Dieses Vorgehen steht grundsätzlich im Einklang mit den

---

659 Diese Erkenntnis bestärkte sich im Rahmen eines Probedurchlaufes des Suchprozesses für den SLR.

660 Tranfield et al. (2003), S. 220.

661 Bei BS und WS war in der erweiterten Suchmaske keine Klammerfunktion vorgesehen. Bei JR und DB wurde diese boolesche Funktion nicht unterstützt.

662 Bei SD, IBFD und SSRN ergab sich kein Unterschied durch die Nutzung von Klammern. Der Vergleich basiert auf folgender Suchpriorisierung: **D**: ((„Profit Split*" OR „Gewinnaufteilungsmethode") AND „Verrechnungspreise*") OR „Fremdvergleichsgrundsatz" und **E**: ("profit split*" AND "transfer pricing*") OR "arm's length principle".

Empfehlungen von vom Brocke et al., wonach es das Ziel der Suchoperatoren ist, den Gesamtumfang und die Qualität der Abfrage zu verbessern.[663]

Nach vom Brocke et al. ist die Fixierung des Rechercheumfanges eine der Grundherausforderungen eines SLR.[664] Deshalb folgt in einem Keyword Research auf die Festlegung der booleschen Eingabeparameter die Begründung der Auswahl an Datenbanken. Hierfür waren die Qualitätsmerkmale einer wissenschaftlichen Anerkennung der Datenbanken und der Abdeckung relevanter Disziplinen maßgeblich. Für Letzteres mussten die Datenbanken die relevanten Disziplinen Wirtschaftswissenschaften und Rechtswissenschaften enthalten. Dies wurde anhand des Datenbanken Infosystems DBIS der Universität Regensburg abgefragt.[665] Die wissenschaftliche Eignung wurde aus mehreren Faktoren abgeleitet. Zum einen eignen sich Datenbanken, welche die (führenden) Zeitschriften aus den fachlichen Disziplinen enthalten.[666] Infolgedessen wurde die Suche schwerpunktmäßig auf Zeitschriftenbeiträge ausgerichtet, da sich die Qualitätsmerkmale **2** und die formellen Selektionskriterien **1** hierfür eignen.[667] Anderweitige Quellentypen wurden nachfolgend separat analysiert.[668] Darüber hinaus sind die Erkenntnisse aus Kapitel 2 nützlich für eine Einordnung von Datenbanken. Im Rahmen dieser Lernkurve wurden bisher genutzte Quellen hinsichtlich potenzieller Datenbanken analysiert. Dabei wurden Datenbanken identifiziert, welche zahlreiche Beiträge zu VP enthalten oder inhaltlich auf das Fachgebiet VP spezialisiert sind.[669] Grundsätzlich wird die Nutzung zahlreicher Datenbanken empfohlen.[670] Das ist methodisch sinnvoll, da dadurch die Wahrscheinlichkeit reduziert wird, dass (nicht einsehbare Spezifika) von Datenbanken – wie z.B. deren Suchalgorithmus – die Ergebnisse signifikant verzerren. Für eine wissenschaftliche Eignung mussten die Datenbanken zudem Veröffentlichungen enthalten, welche die formellen Selektionskriterien **1a** und **1b** grundsätzlich erfüllen können.[671] Analog zu den Suchkategorien **D** und **E** wurden englische und deutsche Datenbanken

663 vom Brocke et al. (2015), S. 215.
664 vom Brocke et al. (2009), S. 8.
665 DBIS (2022) enthält ausführliche Informationen zu jeder Datenbank. Hier wurde insb. die zugrundeliegende Disziplin von den relevanten Zeitschriften analysiert.
666 vom Brocke et al. (2009), S. 11, VHB (2020a), VHB (2020b).
667 Tabelle 5.
668 Monografien wurden insb. in Quellentyp III manuell gesucht.
669 Spezifisch ist insb. IBFD.
670 vom Brocke et al. (2015), S. 210.
671 Überprüfung erfolgte im Rahmen eines Probedurchlaufes.

verwendet. Das hat zwei Gründe: Zum Ersten zeigte sich nach einem Probedurchlauf, dass eine Reduktion auf englische Datenbanken die Anzahl der Veröffentlichungen signifikant reduziert.[672] Zum Zweiten bezieht sich die Forschungsfrage dieser Untersuchung ausdrücklich auf den Standort Deutschland und somit auch auf deutschsprachige Beiträge. Als praktische Orientierungshilfe für die Dokumentation dienten die tabellarischen Darstellungen von Calabrò et al. und Webster/Watson.[673] Tabelle 9 dokumentiert die verwendeten Datenbanken **I** nummerisch sowie deren Sprache, die angewandte Suchkategorie, deren Akronyme und die zugrundeliegende Suchmethodik.

Tabelle 9: Datenbanken des SLR

#	Englische Datenbanken	Kategorie	Akronym	Methodik	Quellenart
1	Business Source Complete (Ebsco)	**E**	**BS**	**A**	**I**
2	Web of Science	**E**	**WS**	**A**	**I**
3	JSTOR	**E**	**JS**	**A**	**I**
4	SSRN	**E**[674]	**SR**	**A**	**I**
5	Science Direct	**E**[675]	**SD**	**A**	**I**
6	Springer Link	**E**[676]	**SL**	**A**	**I**
7	IBFD	**E**[677]	**IB**	**A**	**I**
#	**Deutsche Datenbanken**	**Kategorie**	**Akronym**	**Methodik**	
8	Juris	**D**[678]	**JR**	**A**	**I, III**
9	Owlit	**D**	**OW**	**B**	**II**
10	Beck Online	**D**	**BO**	**B**	**II**

672 Kapitel 3.2 und 3.3.

673 Calabrò et al. (2019), S. 319, Webster/Watson (2002).

674 Für SR wurden abweichend die Suchparameter PROFIT SPLIT* AND TRANSFER PRICING* verwendet, da die Suchkategorie E zu lediglich fünf Treffern führte. So konnten 22 weitere Veröffentlichungen in den SLR integriert werden.

675 SD gestattet keine Trunkierung/Wildcard in der Suche. Dementsprechend wurde diese gestrichen.

676 Aus Gründen der methodischen Stringenz beschränkte sich die Suche auf die Kategorie Artikel.

677 Aus Gründen der methodischen Stringenz beschränkte sich die Suche auf die Kategorie Journals and Articles.

678 Die Datenbank JR wandelte die Suchkategorie D automatisch in nachfolgenden Suchparameter um: PROFIT SPLIT*, VERRECHNUNGSPREISE* [FREMDVERGLEICHSGRUNDSATZ ODER GEWINNAUFTEILUNGSMETHODE].

Tabelle 9: Fortsetzung

#	Englische Datenbanken	Kategorie	Akronym	Methodik	Quellenart
11	Wiso	**D**	**WI**	**A**	**I, III**
12	Deutsche Nationalbibliothek	**D**[679]	**DB**	**A**	**III**

Um eine hohe Abdeckung zu gewährleisten, wurden insgesamt zwölf Datenbanken genutzt. Sieben Datenbanken nutzten Englisch (58 %) als Sprache und fünf Deutsch (42 %). Die Datenbanken #1 bis #7 dienen der Abdeckung internationaler Veröffentlichungen in englischer Sprache, weshalb hier die Keywords der Suchkategorie **E** aus Tabelle 8 genutzt wurden. Die Datenbanken #8 bis #12 dienen der Abdeckung der deutschen Veröffentlichungen, weshalb hier die Suchkategorie **D** aus Tabelle 8 genutzt wurde. Der Keyword Research **A** konnte bei der Mehrzahl der Datenbanken, konkret bei zehn Datenbanken (83 %), angewendet werden und nutzte hierfür stets die Quellenart **I**. Das umfasste alle englischsprachigen Datenbanken. In den deutschsprachigen Datenbanken war **A** nicht konsistent durchführbar. Infolgedessen wurden hierfür die Quellenarten **II** und **III** stärker berücksichtigt. Methodische Spezifika der Suche sind als Fußnote an der jeweiligen Suchkategorie vermerkt.[680]

Für die Datenbanken Owlit (**OW**), Beck Online (**BO**) ist keine Suchkategorie dokumentiert. Hintergrund ist, dass beide Datenbanken die Nutzung boolescher Suchoperatoren nicht unterstützen und dadurch ein methodisch einwandfreier Keyword Research **A** technisch nicht möglich ist. Stattdessen wurde für diese Datenbanken der manuelle Research **B** genutzt. Das betrifft die Quellenart **II** aus Tabelle 4, da diese beiden Datenbanken deutschsprachige Zeitschriften enthalten, welche nicht in den anderen Datenbanken existieren. Dabei wurden die relevanten Zeitschriften vorab anhand eines VHB-Rankings identifiziert und anschließend manuell analysiert.[681] Insgesamt

679 Die Suche ergibt bei vollständiger Eingabe der Suchkategorie D keine Ergebnisse. Deshalb wurde der Suchterminus Verrechnungspreise* genutzt. Dadurch wurde ein breites Ergebnis angestrebt und durch die Trunkierung um etwa 100 Veröffentlichungen erweitert.

680 Diese beruhen insb. auf der unterschiedlichen technischen Umsetzung des Suchprozesses jeder Datenbank.

681 Die Journals FR, Ubg, DB, IStR, DStR und WpG wurden manuell bis einschließlich 2010 durchsucht. Entscheidend war hierfür ein Mindestranking zwischen A bis D, um eine hohe Abdeckung an Veröffentlichungen zu gewährleisten.

umfasste der manuelle Research **B** die Durchsicht von sechs deutschen Zeitschriften. Hierfür wurden alle Ausgaben/Hefte, bis einschließlich des Jahres 2010, manuell vollständig eingesehen und analysiert. Beim manuellen Research **B** erfolgten die Selektionsschritte **1a**, **1b** und **2a** unmittelbar bei der manuellen Einsicht. Abgesehen von dieser Besonderheit wurden die identifizierten Veröffentlichungen aus dem manuellen Research methodisch identisch selektiert und dokumentiert. Neben den Datenbanken **I** und den Journal Research **II**, wurden auch gezielt Monografien **III** gesucht. Das geschah ergänzend durch die Auswahl der Datenbanken der DEUTSCHEN NATIONALBIBLIOTHEK (**DB**) und JURIS (**JR**), da beide überwiegend deutschsprachige Monografien und Kommentare enthalten.[682] Darüber hinaus wurden Monografien auf den Homepages von dreizehn Fachverlagen[683] sowie in GOOGLE SCHOLAR[684] gesucht. Im zweiten Suchdurchlauf des SLR wurde die Vorwärts/Rückwärts-Suche **C** in allen bis dahin identifizieren Veröffentlichungen aus Quellenart **I**, **II** und **III** durchgeführt.[685] Die Rückwärts-Suche erfolgte in den Literaturverzeichnissen der finalen Beiträge **α**. Die Vorwärtssuche erfolgte unter Verwendung von GOOGLE SCHOLAR, wobei die in **α** identifizierten Autoren gesucht wurden. Bei der Vorwärts/Rückwärts-Suche erfolgte lediglich Selektionsschritt **2b**, denn **2a** erübrigte sich insofern, als dass **C** nur in den finalen Beiträgen aus **A** und **B** durchgeführt wurde.[686]

Die Selektionsschritte **1** und **2** sind methodisch inhärent qualitativ. Für einen solchen qualitativen Selektionsmechanismus gibt es – nach VOM BROCKE ET AL. – in einem SLR derzeit keinen methodischen Konsens.[687] Deshalb wurden für diesen SLR die Methodenempfehlungen von HIEBL sowie die Qualitätsdefinition qualitativer Methoden von MAYRING und HELFFERICH als Hilfestellung genutzt.[688] Demnach untersucht eine qualitative Selektion v.a. latente Sinnstrukturen.[689] Ziel ist es, den Forschungsauftrag inhaltlich zu verstehen,

682 Insb. DB enthält ausschließlich deutschsprachige Monografien und keine einzelnen Fachzeitschriftenbeiträge.
683 Das umfasst die Verlage: C.H. Beck, Vahlen, Schäffer Poeschel, Wiley, Haufe, NWB, C.F. Müller, Handelsblatt-Fachmedien, IDW, Erich Fleischer Verlag, Dr. Otto Schmidt, Wolters Kluwer und Boorberg.
684 https://scholar.google.de/ und https://scholar.google.com/.
685 Hiebl (2021), S. 18 ff.
686 Bei einer erneuten qualitativen Selektion würden die Schritte zirkulieren.
687 vom Brocke et al. (2015), S. 211.
688 Hiebl (2021), S. 4 ff.
689 Helfferich (2011), S. 21 f., analog zur Methodik der möglichst objektiven Hermeneutik.

sofern dieser nicht unmittelbar messbar ist.[690] Grundsätzlich stellt sich hier die Frage, ob eine Veröffentlichung einen potenziellen Mehrwert für diese Untersuchung bieten kann.[691] Entscheidend ist hierfür, ob die Ergebnisse von Veröffentlichungen eine Schnittmenge mit der Forschungsfrage dieser Untersuchung ermöglichen.[692] Das erfolgt zunächst durch die Abfrage der Disziplin in Schritt **2a** und anschließend durch eine Kontextanalyse und Inhaltsanalyse der latente Sinnstrukturen in **2b**. Laut vom Brocke et al. hat die Qualität einer Inhaltsanalyse idR einen abnehmenden Grenznutzen, was auch für diesen SLR gilt.[693] Die Mindestanforderung war hierfür die Durchsicht von Abstract sowie Ergebnis (Summary/Conclusion), was die Methodenempfehlung von vom Brocke et al. übertrifft.[694] Ungeachtet dessen galt für diesen SLR die Prämisse: Im Zweifel erfolgt die Inhaltsanalyse durch eine Volltextanalyse. Um die Qualität des SLR zu festigen, wurde nachfolgend die Mehrzahl der Veröffentlichungen vollständig gelesen und inhaltlich analysiert. Sobald eine Veröffentlichung als potenzieller Beitrag identifiziert wurde, wurden die Erkenntnisse dieser Veröffentlichung in Bezug auf bereits vorliegende Erkenntnisse dieser Untersuchung kontextualisiert. Entscheidend ist, ob eine Veröffentlichung einen signifikanten Erkenntnismehrwert für die spezifische Fragestellung dieser Untersuchung bietet. Dies erfolgte für potenzielle Beiträge ausschließlich durch eine Volltextanalyse und mündet anschließend in eine Kategorisierung der finalen Stufen **(α, β)**. Abschließend muss belegt werden, dass die qualitative Selektion im Einklang mit wissenschaftlichen Ansprüchen steht, d.h. sie muss methodisch konsistent und insoweit objektivierbar sein, damit sie einer Überprüfung durch Reproduktion standhält. Dies wird durch die Schaffung von Transparenz in Form einer Systematisierung der qualitativen Selektion und insb. für Informationsherkunft und Selektionskriterium in Form einer detaillierten Dokumentation gewährleistet.

Nach Erarbeitung und Erläuterung der methodischen Begründung des Suchkonzeptes folgt die Durchführung des SLR. Hierbei wurde, gemäß Tranfield et al. und vom Brocke et al., berücksichtigt, dass ein SLR a priori

690 Helfferich (2011), S. 21 f., hier ist z.B. keine Messbarkeit durch eine quantitative Methodenauswahl möglich.

691 Brocke et al. (2015), S. 211.

692 Hiebl (2021), S. 7, S. 19–21, Helfferich (2011), S. 24, S. 26, dieser Schritt wird auch als Screening bezeichnet.

693 vom Brocke et al. (2015), S. 217.

694 vom Brocke et al. (2015), S. 211.

Flexibilität gewährleisten sollte.[695] Das bedeutet: für diesen SLR wurde das theoretisch entwickelte Suchkonzept zunächst als Richtlinie für einen Probedurchlauf verwendet. Laut Tranfield et al. müssen Änderungen im Suchprozess ausdrücklich erwähnt und erläutert werden.[696] Dadurch erreichte Lernkurven wurden in den finalen Ablaufprozess berücksichtigt und in vorhergehenden Kapiteln stets transparent vermerkt.[697] So wurden beispielsweise die Datenbanken #7 (IBFD), #9 (Owlit) und #10 (Beck Online) integriert, da sich im Probelauf lediglich ein signifikant geringer Anteil finaler Beiträge abzeichnete. Die Reihenfolge des Durchführungsprozesses orientiert sich methodisch stringent am Suchkonzept. Das geschah im Rahmen eines konzeptionellen Vorgehens. Dabei enthält jeder Prozessschritt mindestens ein Element des Suchkonzeptes. Nach Empfehlung von Webster/Watson wurde dieses Vorgehen tabellarisch dokumentiert.[698] Tabelle 10 zeigt den Durchführungsprozess.

Tabelle 10: Durchführungsprozess des SLR

Prozess-schritte	Beschreibung	Methodik	Quellenart
	Erster Durchlauf		**Primärquellen**
Schritt 1	Durchführung des Keyword Research **A**	**A**	**I**
Schritt 2	Formelle Selektion für Veröffentlichungen aus **A**	**1a, 1b**	**I**
Schritt 3	Qualitative Selektion für Veröffentlichungen aus **A**	**2a, 2b**	**I**
Schritt 4	Durchführung des Manuellen Research **B**	**B**	**II und III**
Schritt 5	Qualitative Selektion für Veröffentlichungen aus **B**	**2b**	**II und III**
	Zweiter Durchlauf		**Sekundärquellen**
Schritt 6	Vorwärts/Rückwärts-Suche in Beiträgen **A** und **B**	**C**	**I bis IV**

Die Durchführung erfolgte in zwei Suchdurchläufen mit insgesamt sechs Prozessschritten. Der erste Suchdurchlauf umfasst die Prozessschritte eins bis

695 vom Brocke et al. (2015), S. 210, Tranfield et al. (2003), S. 215.
696 Tranfield et al. (2003), S. 215.
697 vom Brocke et al. (2015), S. 215.
698 Webster/Watson (2002), S. 17 ff.

fünf. In Prozessschritt eins wurde der Keyword Research **A** in der Primärquelle der Datenbanken **I** durchgeführt. In Prozessschritt zwei wurden die dabei identifizierten Veröffentlichungen methodisch durch **1a** und **1b** formell selektiert. In Prozessschritt drei folgte die qualitative Selektion durch die Selektionsmethodik **2a** und **2b**. In Prozessschritt vier wurde der manuelle Research **B** in den Primärquellen Journals **II** und Monografien **III** durchgeführt. Die dabei identifizierten Veröffentlichungen wurden in Prozessschritt fünf durch die Methodik **2b** selektiert.[699] Der zweite Durchlauf umfasst den Prozessschritt sechs und umfasst auch Sekundärquellen. In Prozessschritt sechs wurde die Vorwärts/Rückwärts-Suche in Beiträgen aus **A** und **B** durchgeführt. Das beinhaltet die Ergebnisse der Primärquellen **I** bis **III**. Abschließend wurden in Prozessschritt sechs die finalen Beiträge aus **C** – aus der Sekundärquelle IV – sequenziell selbst durch **C** durchsucht. Dieser SLR wurde im Dezember 2020 durchgeführt.[700]

3.4 Deskriptive Auswertung des SLR

Die Auswertung finalisiert diesen SLR.[701] In diesem Kapitel werden die finalen Beiträge strukturell und inhaltlich untersucht.[702] Die strukturelle Analyse enthält die Auswertung einer Gesamtanalyse, von Quellenherkunft, Erfolgsquote der Suchmethoden, Sprachkategorien sowie einer Zeitstrahlanalyse der Beiträge. Die inhaltliche Analyse enthält die Auswertung des Erscheinungsortes, der angewandten Forschungsmethoden, der zugrundeliegenden Disziplin und des Forschungsstromes sowie der konkreten Forschungsobjekte der Beiträge. Die Auswertung beginnt mit der Analyse des Durchführungsprozesses aus Tabelle 10. Die nachfolgende Tabelle zeigt die Daten der einzelnen Prozessschritte.

699 Die Selektionsschritte 1a, 1b und 2a werden methodisch bereits durch B gewährleistet. Siehe vorherige Kapitel.

700 Finaler Stichtag ist somit der 31. Dezember 2020. Rückwärtsgewandt wurde dieser SLR nicht eingeschränkt. Die Mehrzahl der Datenbanken berücksichtigt Veröffentlichungen bis in die 1930er Jahre zurück.

701 vom Brocke et al. (2015), S. 2014, S. 218, als Orientierungshilfe für die Dokumentation diente Calabrò et al. (2019), S. 319, Cooper (1988), S. 109 ff.

702 Aus Gründen der Praktikabilität sind in diesem Kapitel lediglich die maßgeblichen Daten abgebildet. Die gesamten Berechnungen sind dokumentiert, in Anlehnung an die Empfehlung von vom Brocke et al. (2009), S. 6, Figure 1, S. 7, Figure 2.

Tabelle 11: Prozessanalyse des SLR[703]

Quelle	Veröffentlichungen aus Schritt 1	Selektionen in Schritt 2 und 3	Veröffentlichungen aus Schritt 4	Selektionen in Schritt 5 und 6	Beiträge	
					α	β
BS	426	406	-	-	3	17
WS	43	38	-	-	-	5
JS	126	114	-	-	2	10
SR	27	22	-	-	5	-
SD	141	139	-	-	-	2
SL	511	505	-	-	1	5
IB	1.897	1.879	-	-	10	8
JR	187	183	-	-	1	3
OW	-	-	3.036	3.024	1	11
BO	-	-	1.805	1.797	2	6
WI	36	30	-	-	4	2
DB	542	525	-	-	2	15
C	-	-	73	23	20	30
Σ	**3.936**	**3.841**	**4.914**	**4.844**	**51**	**114**
Σ	**8.850**				**165**	

Dieser Absatz enthält die Gesamtanalyse der Ergebnisse aus Tabelle 11. Insgesamt umfasste dieser SLR 8.850 Veröffentlichungen. Im ersten Schritt des Keyword Research **A** wurden 3.936 Veröffentlichungen identifiziert (44,5 %), wovon im zweiten und dritten Schritt 3.841 selektiert wurden. Folglich ist die Selektionsquote für **A** insgesamt 97,6 %. Im vierten Schritt wurden 4.914 Veröffentlichungen anhand des manuellen Research **B** identifiziert (55,5 %), wovon anschließend 4.844 selektiert wurden. Folglich ist die Selektionsquote für **B** insgesamt 98,6 %. Entscheidend für diese Untersuchung sind die Beiträge in **α** und **β**. Insgesamt wurden hierfür 840 potenzielle Beiträge identifiziert, was einem Gesamtanteil von 9,49 % entspricht. 165 (19,64 %) dieser 840 potenziellen Beiträge wurden als finale Beiträge eingeordnet.[704] Insgesamt liegt die vorläufige Erfolgsquote der Suche, d.h. der Anteil der finalen Beiträgen **α** und **β** an allen Veröffentlichungen, bei 1,86 %. Der Gesamtanteil an finalen Beiträgen **α** ist 0,58 %. Der Gesamtanteil an unterstützenden Beiträgen **β** ist 1,29 %. Die nachfolgende Abbildung zeigt die absoluten Ergebnisse der Beiträge.

703 Darstellungsform in Anlehnung an Webster/Watson (2002), S. 17, Calabrò et al. (2019), S. 319.

704 Im Umkehrschluss lag die Selektionsquote bei den potenziellen Beiträgen bei 80,36 %.

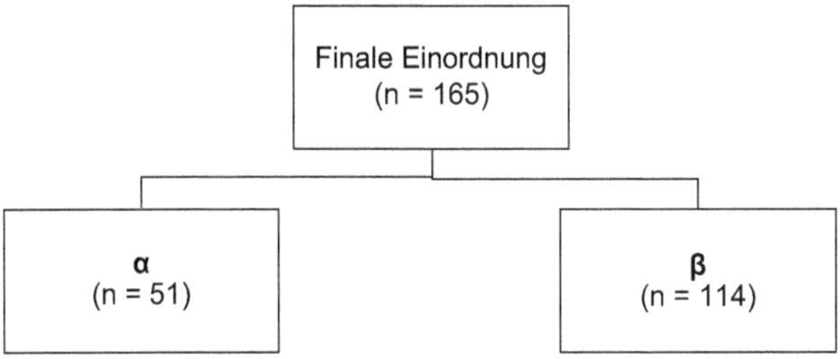

Abbildung 6: Finale Einordnung des SLR

Insgesamt wurden 165 relevante Beiträge identifiziert. 51 dieser Beiträge (31 %) erhielten die finale Einordnung **α**. 114 dieser Beiträge (69 %) erhielten die Einordnung **β**. Nachfolgend werden die Beiträge **α** analysiert.[705] In diesem Absatz werden die Quellenherkunft, die zugrundeliegende Suchmethodik und deren Erfolgsquote für die Beiträge **α** jeweils absolut und relativ analysiert. Die Quellenarten **I** und **IV** führten jeweils zu 20 Beiträgen (39 %). Die Quellenart **II** beinhaltet 11 finale Beiträge **α** (22 %). Die Mehrzahl der Beiträge **α** wurde mit 21 Beiträgen (41 %) durch die Suchmethode **B** identifiziert. Gefolgt von **C** mit 20 Beiträgen (39 %) und **A** mit zehn Beiträgen (20 %).[706] Im Mittel steuerte jede Datenbank drei Beiträge (5,07 %) bei, mit einem Median von zwei (3,92 %). Den größten absoluten Beitragsanteil hat **IB** mit zehn Beiträgen (19,61 %), gefolgt von **SR** mit fünf Beiträgen (9,8 %) und **WI** mit vier Beiträgen (7,84 %). Zwei Datenbanken zeigen keine Beiträge, und insgesamt zehn der zwölf Datenbanken weniger als fünf Beiträge. Neben der absoluten Verteilung ist die Erfolgsquote der Quellenart, hier berechnet als Quotient aus **α** Beiträgen und der Summe an Veröffentlichungen, maßgeblich. Die Gesamterfolgsquote der Suche für **α** liegt bei 0,58 %. Im Mittel ergab sich eine Erfolgsquote aller Quellen von 4,7 %, allerdings mit einem Median von 0,53 %. Dementsprechend ist die Beitragsverteilung asymmetrisch. Die höchste Sucheffizienz hatte die Vorwärts/Rückwärts-Suche **C** mit 27,4 %, gefolgt von den Datenbanken **SR** mit 18,52 % und **WI** mit 11,11 %. Demgegenüber hatten neun, der insgesamt zwölf Datenbanken, eine Erfolgsquote von unter 1 %.[707]

705 Da die Beiträge β lediglich für Kapitel 3.6.8 genutzt werden.

706 Bei β Beiträgen lagen die Anteile zu 73,7 % bei Methodik A und B und zu 26,3 % bei der Vorwärts/Rückwärts-Suche C.

707 Hier als Quotient aus α und der Anzahl der Veröffentlichungen in Prozessschritt 1. Dabei zeigen die Datenbanken: BS (0,7 %), WS (0 %), SD (0 %), SL (0,2 %), IB (0,53 %), JR (0,53 %), OW (0,03 %), BO (0,11 %) und DB (0,37 %).

In diesem Absatz wird die sprachliche Verteilung analysiert. Insgesamt stammen 3.171 (35,8 %) der Veröffentlichungen aus der Kategorie **E** und 5.606 (63,3 %) aus **D**.[708] Ein vergleichbares Verhältnis zeigt sich bei der sprachlichen Verteilung der Selektionen. In Kategorie **E** erfolgten 3.103 (35,7 %) Selektionen und in Kategorie **D** 5.559 (64 %).[709] Folglich ergibt sich eine Selektionsquote von 97,86 % in Kategorie **E** und 99,16 % in Kategorie **D**. Innerhalb der Beiträge **α** sind 42 Beiträge (82,35 %) der Kategorie **E** und neun Beiträge (17,65 %) der Kategorie **D** zuzuordnen. Im Mittel zeigt die Kategorie **E** eine leicht höhere Erfolgsquote sowie einen höheren relativen und absoluten Beitragsanteil als **D**.[710]

In diesem Absatz wird der Zeitverlauf der Beiträge analysiert.[711] Hierfür werden die Beitragsanzahl und die zeitliche Entstehung dargestellt und durch Trendlinien analysiert. Zuerst sollte eine Zeitreihenanalyse den Gesamtzeitraum betrachten.[712] Infolgedessen wurde der Zeitverlauf der gesamten potenziellen Beiträge im Zeitfenster der Jahre 1900 bis 2020 erhoben.[713] An dieser generalistischen Betrachtung ist vorteilhaft, dass die Perspektive nicht durch ein reduziertes Zeitfenster oder Selektionsverzerrungen eingeschränkt wird. Das Zeitreihendiagramm der Jahre 1900 bis einschließlich 2020 ist in Anhang 5 abgebildet. Es zeigt, dass der erste potenzielle Beitrag aus dem Jahr 1961 stammt. Zwischen den Jahren 1900 bis 1960 existieren keine potenziellen Beiträge. Infolgedessen wurde die Zeitreihenanalyse auf die Jahre 1960 bis 2020 eingeschränkt.[714] Abbildung 7 zeigt die Ergebnisse für diesen Zeitraum.

---

708 Die 73 Veröffentlichungen aus C sind keiner sprachlichen Kategorie zugeordnet.

709 Die Differenz zu 100 % erklärt sich durch die Selektionen in der Vorwärts-Rückwärtssuche C.

710 Die mittlere Erfolgsquote von E ist 3,08 % und von D 2,43 %. Der mittlere relative Beitragsanteil von E ist 5,88 % und von D 3,92 %. Die mittlere absolute Beitragsanzahl bei E ist drei und bei D zwei.

711 Tranfield et al. (2003), S. 218, Hiebl (2021), S. 10 ff.

712 Dieser SLR berücksichtigte Veröffentlichungen bis in das Jahr 1900.

713 Hier handelt es sich um 840 potenziell relevante Beiträge, vergleiche obige Ausführungen zum Vorgehen.

714 Zudem zeigt die statistische Auswertung des Gesamtzeitraumes wenig Informationenund eine stark asymmetrische Verteilung.

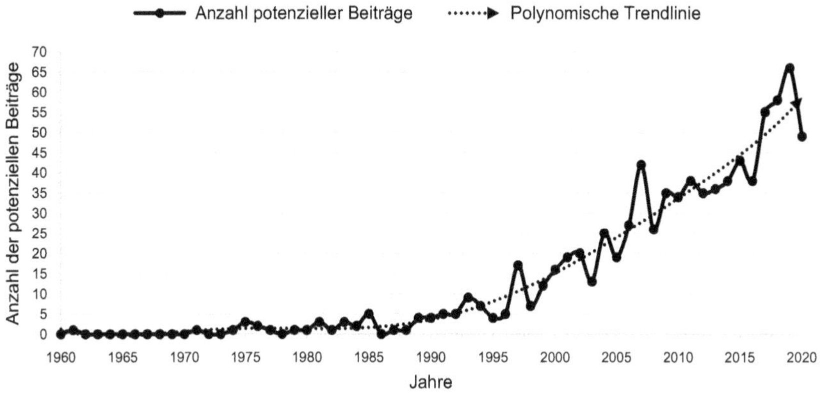

Abbildung 7: Potenzielle Beiträge pro Jahr in den Jahren 1960 bis 2020

Innerhalb der letzten 60 Jahre entstanden im Mittel etwa 14 potenzielle Beiträge pro Jahr, mit einem Median von vier.[715] Die höchsten Werte liegen in den Jahren 2019 (66 potenzielle Beiträge), 2017 (55 potenzielle Beiträge) und 2018 (58 potenzielle Beiträge). Die Trendlinie in Abbildung 7 bewegt sich zwischen den Jahren 1960 bis 1990 konstant unterhalb von fünf Beiträgen. Ab den 1990er Jahren nimmt die Anzahl der potenziellen Beiträge und somit auch die Trendlinie signifikant zu.[716] Im Mittel zeigen sich bis zum Jahr 1960 0,38 potenzielle Beiträge.[717] Im Zeitraum der Jahre 1990 bis 2020 sind es im Mittel 26 potenzielle Beiträge. Im Zeitraum der Jahre 2000 bis 2020 sind es im Mittel etwa 35 potenzielle Beiträge.[718] Im nächsten Schritt erfolgt die Analyse hinsichtlich der Beiträge **α**. Der erste Beiträge **α** stammt aus dem Jahr 2000. Die Analyse der Jahre 2000 bis 2020 ist im nachfolgenden Diagramm dargestellt.

---

715 Exaktes Mittel sind 13,74. Die Abweichung zum Median belegt eine asymmetrische Verteilung.

716 Eine Plausibilitätsprüfung erfolgte durch Google Ngram in Anhang 3 und Anhang 4.

717 Ausgangspunkt ist das Jahr 1900.

718 Exakt sind es 34,86.

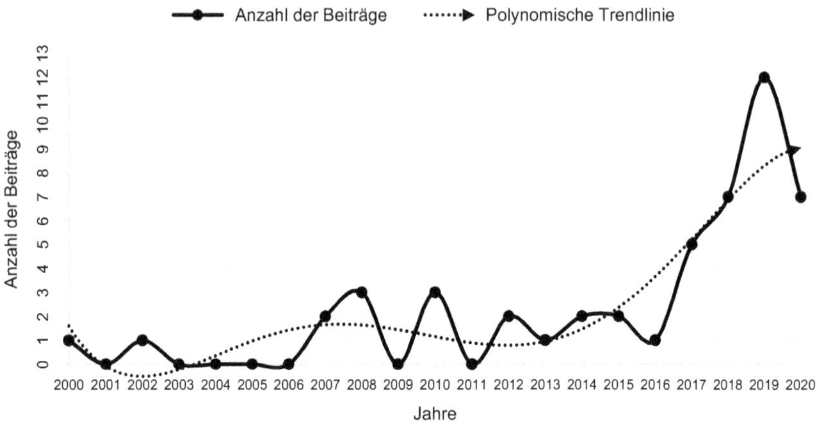

Abbildung 8: Beiträge α pro Jahr im Zeitraum der Jahre 2000 bis 2020

In diesem SLR folgt auf die strukturelle Analyse die inhaltliche Analyse der Beiträge **α**.[719] Um den Erkenntnisstand transparent zu analysieren, eignet sich eine inhaltliche Kategorisierung der Beiträge.[720] Nachfolgend werden die Beiträge **α** jeweils hinsichtlich des Erscheinungsortes, der angewandten Forschungsmethoden, der zugrundeliegende Disziplin und des Forschungsstromes sowie des Forschungsobjektes kategorisiert. Die inhaltliche Kategorisierung ist jeweils mit einem Verweis auf vorhergehende Kapitel begründet, um methodischer Stringenz zu gewährleisten. Nach TRANFIELD ET AL. eignet sich die Analyse des Beitragsortes für einen SLR.[721] Hierzu wurde der Anteil der Beiträge **α** jeweils nach Region und Nation berechnet. Abbildung 9 präsentiert den Anteil der Beiträge nach Regionen.[722] Die Mehrzahl der Beiträge 34 (67 %) stammt aus Europa, gefolgt von der Anglosphäre mit 14 Beiträgen (27 %). Aus Südamerika stammen zwei Beiträge (4 %) und aus Asien ein Beitrag (2 %).

719 Dabei ist ausdrücklich keine methodisch qualitative Inhaltsanalyse gemeint, sondern die inhaltliche Auswertung der Beiträge **α**.

720 Tranfield et al. (2003), S. 219.

721 Tranfield et al. (2003), S. 219.

722 Hierfür wurde die Welt in fünf Regionen untergliedert. Die Regionen wurden anhand der Kontinente Europa, Asien und Südamerika aufgeteilt. Die Kategorie Anglosphäre separiert Nationen mit anglo-amerikanischen Rechtssystem. Das umfasst hier die USA, UK, Kanada und Australien.

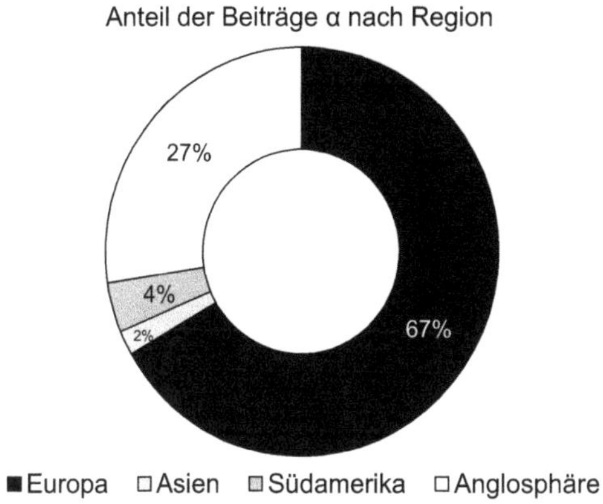

Abbildung 9: Anteil der Beiträge α nach Region

In Abbildung 10 ist der Anteil der Beiträge **α** nach Nationen sortiert. Die Mehrzahl der Beiträge 23 (45 %) stammt aus Deutschland, gefolgt von den USA mit zehn Beiträgen (20 %) und der Schweiz mit sieben Beiträgen (14 %). Aus den Nationen Italien, Frankreich und dem Vereinigten Königreich stammen jeweils zwei Beiträge (4 %). Aus den Nationen Israel, Kanada, Australien Mexiko und Brasilien stammt jeweils ein Beitrag (2 %).

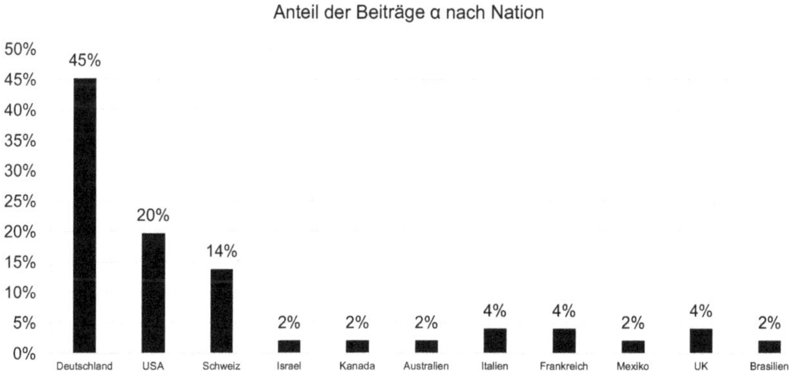

Abbildung 10: Anteil der Beiträge α nach Nation

Mit Verweis auf Kapitel 2.3 wurden die Disziplin und Forschungsmethodik mitsamt des zugrundeliegenden Forschungsstromes der Beiträge **α** analysiert.[723] Abbildung 11 zeigt den Anteil der Beiträge **α**, sortiert nach Methodik und Forschungsstrom.[724] Der überwiegende Anteil von 47 Beiträgen (92 %) nutzt qualitative Methoden und kann dem analytischen Forschungsstrom zugeordnet werden.[725] Demgegenüber existieren vier Beiträge (8 %) mit quantitativer Methodik, welche dem mathematisch-ökonomischen Forschungsstrom zugeordnet werden können. Ein ähnliches Bild zeigt sich bei der Zuordnung der Disziplinen. Der Beitragsanteil des mathematisch-ökonomischen Forschungsstromes besteht aus drei Beiträgen (6 %) aus der Volkswirtschaftslehre und einem Beitrag (2 %) aus der Betriebswirtschaft. Die 47 Beiträge (92 %) aus den analytischem Forschungsstrom sind vollständig der Disziplin Recht zuzuordnen.[726]

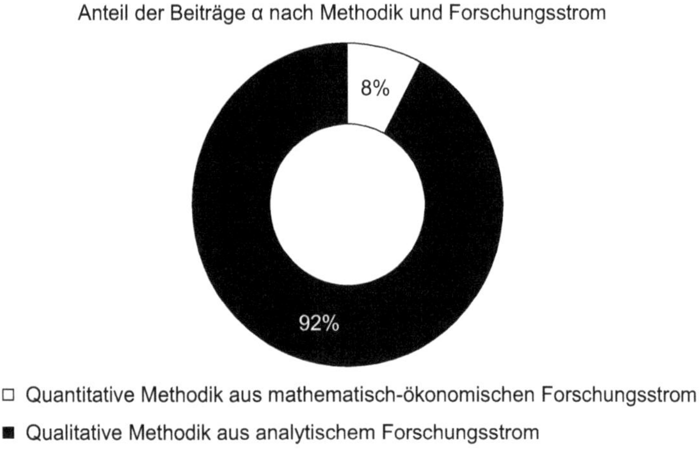

Abbildung 11: Anteil der Beiträge α nach Methodik und Forschungsstrom

Anschließend wurde der inhaltliche Fokus der Beiträge **α** untersucht. Maßgeblich hierfür sind die Forschungsfrage und das konkrete Forschungsobjekt

723 Hiebl (2021), S. 20.

724 Die Kategorisierung der Forschungsströme und Methoden basiert auf den Erkenntnissen aus Kapitel 3.6.1.

725 Ausführlicher in Kapitel 3.6.1.

726 Die Kategorisierung der Disziplinen basiert auf den Erkenntnissen aus Kapitel 2.3.

eines Beitrages. Hierfür wurden die Beiträge **α** in vier Kategorien unterteil und analysiert. Die Kategorien orientieren sich an den Ausprägungsformen der PSM.[727] Abbildung 12 zeigt die Ergebnisse.

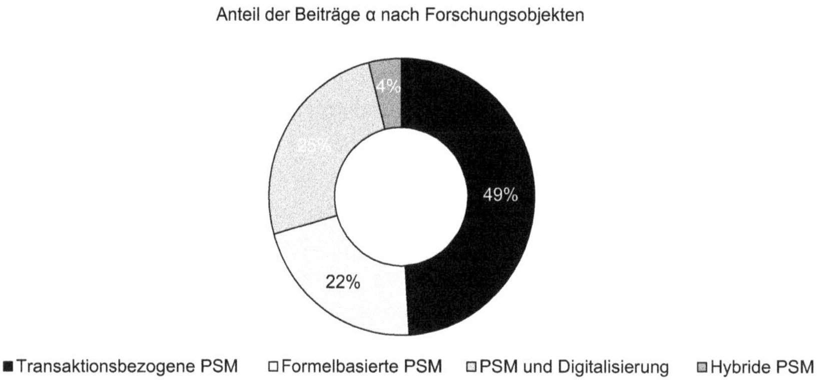

Abbildung 12: Anteil der Beiträge α nach Forschungsobjekten

Mit 25 Beiträgen untersucht etwa die Hälfte der Beiträge (49 %) inhaltlich die geschäftsvorfallbezogene PSM. Elf Beiträge (22 %) widmen sich der formelbasierten PSM.[728] Mit 13 Beiträgen untersucht rund ein Viertel der Beiträge (25 %) die PSM hinsichtlich der Digitalisierung. Zwei Beiträge (4 %) untersuchen eine hybride PSM, indem sie Elemente der drei vorherigen Kategorien verbinden.

3.5 Ergebnisse des SLR

Auf die Darstellung der Auswertung folgen die daraus abgeleiteten Erkenntnisse dieses SLR. Dieser SLR beinhaltet zahlreiche Veröffentlichungen und gewährleistet dadurch eine umfassende Abdeckung des Schrifttums. Dabei zeigt sich jeweils eine nahezu identische relative Selektionsquote für die Erhebungsmethoden **A** und **B** sowie für die Sprachkategorien **D** und **E**. Infolgedessen sind für Sprache und Erhebungsmethodik keine Selektionsverzerrungen

727 Die Kategorien orientieren sich an den Ausprägungsformen der PSM in Kapitel 3.6.5.

728 Kapitel 3.6.5.3.

anzunehmen. Die Erfolgsquote dieses SLR für finale Beiträge ist mit 0,58 % gering, mit einer asymmetrischen Verteilung.[729] Es kann festgehalten werden, dass zahlreiche Veröffentlichungen zu VP existieren, allerdings signifikant wenige Beiträge einen thematischen Schwerpunkt auf die PSM legen. Diametral zu einer Mehrzahl an deutschsprachigen Veröffentlichungen, nutzen über 80 % der finalen Beiträge Englisch als Sprache. Die Sprachkategorie **E** hat einen höheren relativen und absoluten Beitragsanteil als **D** und somit eine höhere Sucheffizienz. Die höchste Sucheffizienz und anteilig häufigste Quelle zeigt die Vorwärts-Rückwärtssuche **C**.[730] Das indiziert eine inhaltliche Verknüpfung der finalen Beiträge.[731] Im Vergleich dazu war der Keyword Research **A** weniger erfolgreich.[732] Zudem ist die Beitragsdichte innerhalb der Datenbanken asymmetrisch verteilt. Beides dokumentiert, dass in diesem SLR eine Vielzahl von Veröffentlichungen aus Datenbanken nicht kongruent zu einer effizienten Erfolgsquote oder einem hohen relativen Beitragsanteil führt. Insgesamt bestätigt die geringe Sucheffizienz, dass trotz der Vielzahl an Veröffentlichungen zu VP der Anteil an finalen Beiträgen zu PSM, mit unter einem Prozentpunkt, signifikant gering ist.

Die Ergebnisse des SLR zeigen, dass die Mehrzahl der Beiträge aus Europa und der Anglosphäre stammen. Auf nationaler Ebene hat Deutschland den größten Gesamtanteil, gefolgt von den USA und der Schweiz. Nahezu alle Beiträge stammen aus den Disziplinen Betriebswirtschaftslehre und Recht.

Dieser SLR belegt, dass die PSM aus wissenschaftlicher Sicht innerhalb der letzten 60 Jahre signifikant an Relevanz gewonnen hat. Ferner belegt ein Anstieg der Trendlinie seit dem Jahr 2000 die zunehmende Relevanz der PSM. Seit dem Jahr 2016 wurden signifikant mehr Beiträge zur PSM publiziert. Das zeigt, dass das Forschungsgebiet PSM, trotz der langen Forschungshistorie zu VP, verhältnismäßig neu ist. Diese Erkenntnis kann durch die Regulationshistorie erklärt werden, welche die PSM erst verhältnismäßig spät als gleichwertige VP-Methode akzeptierte.[733] Ferner bestätigt dieser SLR, dass die PSM (wissenschaftlich) bisher eine vergleichsweise untergeordnete Rolle gespielt hat, wobei

729 0,58 %. Erfolgsquote von 4,7 % für alle Quellen mit einem Median von 0,53.

730 Mit 27,4 %. Allerdings ist hierzu anzumerken, dass eine Vorwärts/Rückwärts-Suche die Schritte A und B vorhergehend benötigt.

731 Da der Beitragsanteil und die Erfolgsquote der Vorwärts/Rückwärts-Suche signifikant höher ist, als bei anderen Methoden des SLR.

732 80 % der Datenbanken zeigen weniger als fünf finale Beiträge und 75 % der Datenbanken eine Sucheffizienz von unter 1 %.

733 Ausführlicher in Kapitel 3.6.3.

innerhalb der letzten 20 Jahre eine stetig zunehmende wissenschaftliche Relevanz der PSM bestätigt wird.

Die finalen Beiträge nutzen überwiegend analytisch-qualitative Forschungsmethoden. Dieser SLR zeigt lediglich einen geringen Anteil an Beiträgen aus dem mathematisch-quantitativen Forschungsstrom mit Bezug auf die PSM. Das dokumentiert, dass die analytisch-qualitative Forschung zur PSM aktuell STATE-OF-THE-ART ist und die mathematisch-quantitative Forschung in Bezug auf die PSM derzeit unterrepräsentiert ist.

Ferner belegt dieser SLR eine Heterogenität, in Form von inhaltlichen Divergenzen in Bezug auf den Untersuchungsgegenstand PSM. Insb. innerhalb der analytisch-qualitativen Forschungsmethoden wird die PSM für verschiedene Forschungszwecke divergent untersucht und interpretiert. Folglich ist eine inhaltliche Gleichsetzung aller finalen Beiträge in Bezug auf die PSM nicht sachgerecht, denn es existiert derzeit kein Konsens zur dominierenden Ausprägungsform der PSM und keine trennscharfe Begriffsabgrenzung des Untersuchungsobjektes PSM. Lediglich die Hälfte der Beiträge untersucht die geschäftsvorfallbezogene PSM der OECD-Regulation, welche für diese Untersuchung relevant ist. Darüber hinaus sind inhaltliche Forschungsschwerpunkte der formelbasierten PSM und der Verbindung aus PSM und Digitalisierung erkennbar. Im Ergebnis belegt dieser SLR eine hohe inhaltliche Heterogenität der finalen Beiträge, in Bezug auf die PSM und begründet damit die Notwendigkeit einer grundlegenden Strukturierung und Synthetisierung, um eine homogene Basis zu schaffen.

Abschließend wird in diesem SLR bestätigt, dass bisher kein wissenschaftlicher SLR zur PSM in Deutschland existiert und diese Untersuchung Pionierarbeit leistet. Zudem wird belegt, dass im Fachgebiet zu VP eine große Anzahl und Vielfalt an Beiträgen existiert, davon aber nur wenige Beiträge konkret zur transaktionsbezogenen PSM Stellung nehmen. Innerhalb dieser wenigen Beiträge zeigt sich eine heterogene Forschungslandschaft mit inhaltlichen Inkonsistenzen. Somit ist festzuhalten, dass der derzeitige wissenschaftliche Erkenntnisstand zur PSM gering, inhaltlich heterogen und unstrukturiert ist.

Infolgedessen begründet dieser SLR die Notwendigkeit die bisherige, heterogene Erkenntnisdichte grundlegend zu strukturieren, zu synthetisieren und induktiv zu erforschen, um die Interdisziplinarität und Multifunktionalität von VP hinreichend zu berücksichtigen und eine homogene Forschungsbasis zu schaffen. Darüber hinaus gehen nur wenige Beiträge über die regulatorischen Grundlagen der PSM hinaus und schaffen konkrete praxisfähige wissenschaftliche Erkenntnisse zur PSM. Das gilt verstärkt im normativ geprägten deutschsprachigen Schrifttum. Damit festigt dieser SLR das explorative und praxisorientierte Forschungsdesign dieser Untersuchung, da für beides derzeit kaum Erkenntnisse existieren. In Summe belegen die Erkenntnisse dieses SLR die Existenz einer Forschungslücke hinsichtlich der PSM und die Relevanz der Forschungsfrage dieser Untersuchung.

3.6 Metasynthese der Erkenntnisse des SLR

3.6.1 Forschungsströme und Standortbestimmung

Die Erkenntnisse des SLR bieten die methodische Ausgangsbasis für den nachfolgenden interdependent-iterativen Forschungsansatz. Hierfür wird der derzeitige Erkenntnisstand zur PSM zusammengeführt. Zunächst wird der eigene Forschungsansatz innerhalb der wissenschaftlichen Landschaft lokalisiert und eingeordnet (Kapitel 3.6.1). Ferner werden die Begründung, das Vorgehen in Form einer Metasynthese (Kapitel 3.6.2) sowie die Regulationshistorie und das Regelwerk der PSM (Kapitel 3.6.3), die Auslegung der Anwendungsindizien (Kapitel 3.6.4), Ausprägungsformen der PSM (Kapitel 3.6.5) und Herausforderungen der PSM synthetisiert und erläutert (Kapitel 3.6.6). Anschließend werden Herausforderungen der PSM in Sonderfällen identifiziert und zusammengefasst (Kapitel 3.6.7). In Kapitel 3.6.8 wird eine Konsensorientierung als möglicher Lösungsansatz erarbeitet und potenziell konsensfördernde Narrative identifiziert. Kapitel 3.6 mündet in einer Darstellung der gegenwärtigen empirischen Belege zur Relevanz der PSM (Kapitel 3.6.9) sowie in einer Thesenformulierung der Ergebnisse der Metasynthese (Kapitel 3.6.10).

Im Rahmen des SLR wurden zwei Metastudien zur VP-Forschung identifiziert. Auf dieser Grundlage wird der Forschungsansatz dieser Untersuchung lokalisiert. Abdel-Khalik/Lusk und Göx/Schiller unterscheiden drei Forschungsströme zu VP.[734] Abbildung 13 zeigt die Unterscheidung in ökonomische, mathematische und analytische Ansätze.

734 Abdel-Khalik/Lusk (1974), S. 8 ff., Göx/Schiller (2006) 2 ff.

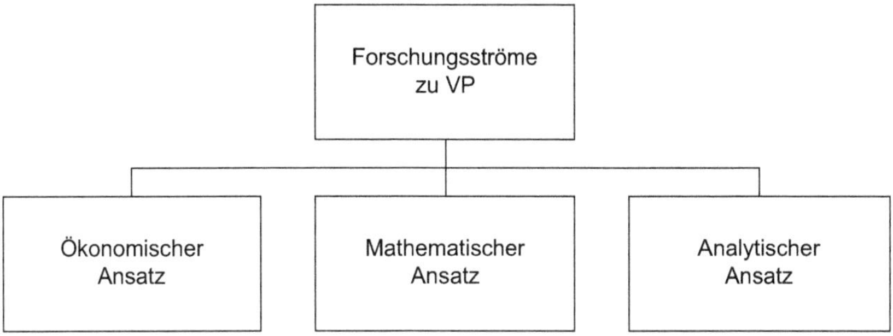

Abbildung 13: Forschungsströme zu VP[735]

Im ökonomischen Ansatz werden überwiegend mikroökonomische Preismodelle genutzt.[736] Die Zielsetzung ist eine effiziente Ressourcenallokation, vergleichbar mit der Koordinationsfunktion von VP.[737] Das Standardmodell hierfür ist das HIRSCHLEIFER-MODELL.[738] Es modelliert ein Preisoptimum unter der Prämisse eines perfekten fiktiven und unternehmensinternen Marktmechanismus.[739] Hierbei führen die Marginalkosten theoretisch zu einer Profitmaximierung.[740] Der ökonomische Ansatz wird insb. aufgrund seiner praxisfernen Prämissen kritisiert.[741] Der mathematische Ansatz egalisiert diese Kritik durch eine mehrdimensionale Perspektive.[742] Dabei werden insb. Zielkonflikte, Opportunismus, die Dezentralisierung und Informationsasymmetrien, die PRINZIPAL-AGENT-THEORIE sowie spieltheoretische Perspektiven integriert.[743] Ein Standardmodell hierfür ist das EDLIN-REICHELSTEIN-MODELL.[744] Zudem

735 Abdel-Khalik/Lusk (1974), S. 8 ff.

736 Göx/Schiller (2006), S. 3.

737 Göx/Schiller (2006), S. 3 f.

738 Abdel-Khalik/Lusk (1974), S. 9, Göx/Schiller (2006), S. 7–8.

739 Abdel-Khalik/Lusk (1974), S. 13, Göx/Schiller (2006), S. 7 f.

740 Göx/Schiller (2006), S. 7, S. 50.

741 Abdel-Khalik/Lusk (1974), S. 13–15, Göx/Schiller (2006), S. 14, S. 57, Ewert/Wagenhofer (2007), S. 1060. Denn das Modell erklärt weder die Methodenvielfalt von VP, die unternehmerische Dezentralisierung noch das Hold-Up-Problem.

742 Abdel-Khalik/Lusk (1974), S. 15.

743 Göx/Schiller (2006), S. 4, S. 15–39, Abdel-Khalik/Lusk (1974), S. 15.

744 Göx/Schiller (2006), S. 25, hierbei wurden insb. das institutionelle Design, Vertragsgestaltungen, Governance untersucht, um opportunistisches Verhalten zu reduzieren.

wurden VP als strategisches Instrument mit Koordinationsfunktion untersucht und durch interne Preisstrategien erklärt.[745] Ferner zeigt sich eine steuerliche Dominanz bei grenzüberschreitenden Preisgestaltungen und es wurde ein Zielkonflikt zwischen internen Preisoptimum und dem FVG belegt.[746] Im mathematischen Ansatz gelten kostenbasierte Preisverhandlungen deshalb als idealer Lösungsansatz.[747] Beide Ansätze belegen einen TRADE-OFF zwischen Preisoptimum und Anreizfunktionen von VP.[748] Ferner eint beide die Kritik, dass sie auf praxisfremden Prämissen basieren.[749] Analytische Ansätze sind der dritte Forschungsstrom. Ziel dieses Ansatzes ist die Suche nach Erklärungen für den praktischen Methodenpluralismus von VP.[750] Der analytische Ansatz analysiert die Nutzung verschiedener VP-Methoden und bietet dabei einen direkten Praxisbezug.[751] Dieser Ansatz vertritt die Prämisse, dass VP insb. aufgrund von Anreizen und Interessen festgesetzt werden, anstelle ökonomischer Optimierung.[752] Die drei Forschungsströme zeigen unterschiedliche Zielsetzungen und Forschungsmethoden. Ökonomische und mathematische Ansätze präferieren quantitative Modellierungen, um den ökonomischen Nutzen von VP zu vergleichen.[753] Nachteilig an diesen Ansätzen ist, dass sie die pluralistische Praxis nicht erklären, denn sie untersuchen überwiegend eindimensional Optimierungsfragen. In der internationalen Forschungslandschaft zu VP überwiegen quantitative Optimierungsfragen.[754] Das gilt auch für die betriebswirtschaftliche Forschung im deutschsprachigen Raum.[755] Faktoren wie die betriebliche Organisation, Governance, Interessen und Anreize spielen dabei eine untergeordnete Rolle, was den praxisorientierten Erklärungsgehalt

745 Alles/Datar (1998), S. 451 ff., Göx/Schiller (2006), S. 40–48, S. 57 Horst (1971), S. 1059 ff., Göx/Schiller (2006), S. 40 ff. Als ideal gilt hierbei eine Organisationstruktur mit Profit Center auf Vollkostenbasis.

746 Göx/Schiller (2006), S. 48–58, insb. durch Abweichungsanalysen.

747 Göx/Schiller (2006), S. 39.

748 Göx/Schiller (2006), S. 36.

749 Abdel-Khalik/Lusk (1974), S. 20, Göx/Schiller (2006), S. 29, indem Faktoren wie vollständige Informationstransparenz oder die Vernachlässigung von Opportunismus unterstellt werden.

750 Göx/Schiller (2006), S. 3.

751 Abdel-Khalik/Lusk (1974), S. 20 ff., Göx/Schiller (2006), S. 3.

752 Abdel-Khalik/Lusk (1974), S. 22.

753 Göx/Schiller (2006), S. 59.

754 Göx/Schiller (2006), S. 3 f.

755 Ewert/Wagenhofer (2007), S. 1060, S. 1063. Sehen einen Schwerpunkt auf normativ-quantitative Methoden.

reduziert.[756] EWERT/WAGENHOFER und GÖX/SCHILLER attestieren den ökonomischen und mathematischen Ansätzen das Dilemma eines Quantitative-Bias innerhalb der VP-Forschung, da – ungeachtet der zahlreichen quantitativen Forschungsergebnisse – der eine optimale VP praktisch nicht existiert.[757] Analog zum Dilemma der pretialen Lenkung bietet die Suche nach der Preisoptimierung keinen praxisorientierten Erklärungsgehalt. Der analytische Ansatz egalisiert dieses Defizit, indem er gezielt Erklärungen für den praktischen Methodenpluralismus sucht. Vertreter der quantitativen VP-Forschung bestätigen die Notwendigkeit eines besseren analytischen Verständnisses, um den Methodenpluralismus von VP zu erklären.[758]

Insgesamt ist festzuhalten: Die Fachliteratur fordert analytische Forschungsansätze mit Praxisbezug und Erklärungsgehalt.[759] Die Zielsetzung des analytischen Ansatzes ist prädestiniert für die Forschungsfrage der vorliegenden Untersuchung. Die vorliegende Untersuchung steht im Einklang mit der Forderung der Fachliteratur nach mehr Praxisbezug und Erklärungsgehalt und reiht sich deshalb methodisch konsistent in den analytischen Forschungsansatz ein.

3.6.2 Begründung und Methodik der Metasynthese

Auf einen SLR folgt idealtypisch die Zusammenfassung des Wissens.[760] Darüber hinaus nutzt diese Untersuchung eine Synthesemethodik, indem existierendes Wissen kombiniert und dadurch homogenisiert wird.[761] Ein solches Vorgehen eignet sich für die holistische Forschungsfrage dieser Untersuchung, da in diesem Forschungsgebiet nachweislich kaum Ergebnisakkumulierung existiert.[762] Zudem ermöglicht dieses Vorgehen einen synthetisch-transzendenten Erkenntnisgewinn.[763] Hierfür wird eine Metasynthese (MS) genutzt. Hintergrund ist, dass die fachliche Interdisziplinarität und Multifunktionalität von

---

756 Abdel-Khalik/Lusk (1974), S. 23, Göx/Schiller (2006), S. 58.

757 Ewert/Wagenhofer (2007), S. 1063, Göx/Schiller (2006), S. 2.

758 Göx/Schiller (2006), S. 3, S. 58.

759 Göx/Schiller (2006), S. 59.

760 Hiebl (2021), S. 3, Tranfield et al. (2003), S. 220, Webster/Watson (2002), S. 19, vom Brocke et al. (2015), S. 208.

761 Webster/Watson (2002), S. 14, vom Brocke et al. (2009), S. 3, vom Brocke et al. (2015), S. 208 f.

762 vom Brocke et al. (2015), S. 213, Webster/Watson (2002), Sandelowski/Docherty/Emden (1997), S. 365 f.

763 Walsh/Downe (2004), S. 209.

VP eine inhärente Ergebnisheterogenität zur Folge hat, welche eine homogene Ergebnisverdichtung bisher erschwerte.[764] In diesem Fall müssen heterogene Ergebnisse holistisch zusammengeführt werden, wofür sich eine MS besser eignet, als eine Meta-Studie.[765] Denn eine MS ermöglicht die Schaffung einer homogenen Grundlage und dadurch zugleich einen transzendenten Erkenntnisgewinn.[766] Ein Ziel ist, isoliertes Wissen zusammenzuführen und aus dieser akkumulierten Basis transzendent neue Erkenntnisse zu gewinnen.[767] Eine MS kann quantitative und qualitative Methoden vereinen.[768] Infolgedessen ist die Akkumulierung von Wissen durch eine MS methodisch geeignet, um eine interpretative und generalisierbare Grundlage, transzendente Erkenntnisse und die Identifikation von Forschungslücken zu ermöglichen.[769] Durch diese MS werden isolierte Erkenntnisfragmente in ein generalisierbares Ergebnis überführt und somit in ein positivistisches Wissenschaftsverständnis transformiert.[770] Eine MS ist methodisch nicht standardisierbar. Ihre wissenschaftliche Qualität wird durch Transparenz und Systematik beurteilt.[771] Potenzielle Selektionsverzerrungen werden durch eine transparente Methodik, die Dokumentation der Vorkenntnisse und der Wissenserhebung im Rahmen des SLR antizipiert.[772] Die methodische Transparenz einer MS wird durch die nachfolgend dargestellte Vorgehensweise gewährleistet. Diese MS orientiert sich an Methodenempfehlungen von HOON, SANDELOWSKI ET AL., FINFGELD-CONNETT und WALSH/DOWNE.[773] Maßgeblich ist insb. die Orientierung an der positivistischen Systematik von HOON und WALSH/DOWNE.[774] Infolgedessen wird für diese MS ein heterogen-interpretativer Ansatz genutzt.[775] Laut HOON

764 Tranfield et al. (2003), S. 212–214, Sandelowski et al. (1997), S. 366.

765 Tranfield et al. (2003), S. 217, das liegt insb. an der fehlenden statistischen Überprüfbarkeit.

766 Finfgeld-Connett (2009), S. 250.

767 Finfgeld-Connett (2009), S. 247.

768 Tranfield et al. (2003), S. 218, Hoon (2013), S. 522, S. 543.

769 Sandelowski et al. (1997), S. 365 f., Finfgeld-Connett (2009), S. 248.

770 Hoon (2013), S. 522 f., Walsh/Downe (2004), S. 205.

771 Hoon (2013), S. 543 f.

772 Walsh/Downe (2004), S. 210, Hoon (2013), S. 544, Sandelowski et al. (1997), S. 368 f., S. 369.

773 Hoon (2013), Sandelowski et al. (1997), Finfgeld-Connett (2009), Walsh/Downe (2004).

774 Hoon (2013), S. 523 ff., S. 528 ff.

775 Laut Sandelowski et al. (1997), S. 367 ff., Walsh/Downe (2004), S. 207, gibt es unterschiedliche Ausprägungsformen von MS, z.B. homogen-integrative MS,

beinhaltet das Vorgehen grundsätzlich eine Aggregation, Interpretation und Übersetzung verschiedener Perspektiven und Erkenntnisse. Somit liegt jeder Synthese eine methodische Hermeneutik zugrunde.[776] Für die Aggregation erfolgt dies zunächst deduktiv-positivistisch, d.h. methodisch homogene Ergebnisse werden zusammengetragen und anschließend konstruktivistisch interpretiert, d.h. mitsamt einer Kontextualisierung und Interpretationsleistung.[777] Im interpretativen Element dieser MS wird aus einer holistischen Perspektive induktiv-positivistisch nach neuen Erklärungen gesucht.[778] Dabei werden die Erkenntnisse anschließend in existierende Wissenseinheiten überführt. Das berücksichtigt die Ambiguitätstoleranz eines konstruktivistischen Ergebnispluralismus, um systematisch Raum für neue Erkenntnisse zu gewährleisten.[779] Entscheidend ist laut Hoon, dass die neuen Erkenntnisse am Ende abstrakt transferierbar sind, damit sie getestet und falsifiziert werden können.[780] Dies erfolgt im Rahmen von Kapitel 4.

Nachfolgend wird das existierende Wissen zuerst identifiziert, zusammengeführt, konzeptualisiert und anschließend für explorativ-induktive Forschungsansätze genutzt.[781] Die Literaturrecherche und Volltextanalyse erfolgten nachweislich im SLR.[782] Darauf folgt die Analyseebene.[783] In einer MS ist eine singuläre Selektion anhand von Faktoren wie Forschungsmethodik und Qualität fraglich.[784] Stattdessen sollte eine MS möglichst holistisch erfolgen, weshalb die Forschungsfrage als Selektionskriterium genutzt wurde.[785] Konkret ist maßgeblich, ob die Forschungsfrage das Untersuchungsobjekt der PSM unmittelbar erfasst.[786] Dies geschieht durch eine Volltextanalyse und eine

---

heterogen-integrative MS, transformative MS und holistisch-quantitative MS. Letztere ist für diese Untersuchung ungeeignet, da sie eine methodische Vergleichbarkeit als Anwendungsvoraussetzung hat, welche es für die PSM nicht gibt, Sandelowski et al. (1997), S. 369.

776 Hoon (2013), S. 524 f., S. 526.

777 Hoon (2013), S. 524, S. 543 f. und Sandelowski et al. (1997), S. 366–370.

778 Hoon (2013), S. 524 ff., S. 525, Table 1.

779 Hoon (2013), S. 525–526, Table 1, Walsh/Downe (2004), S. 209.

780 Finfgeld-Connett (2009), S. 251.

781 Sandelowski et al. (1997), S. 366, Hoon (2013), S. 527, Finfgeld-Connett (2009), S. 247 f., Walsh/Downe (2004), S. 209.

782 Hoon (2013), S. 528 ff., Table 2, Walsh/Downe (2004), S. 206–210.

783 Hoon (2013), S. 536, Table 5.

784 Walsh/Downe (2004), S. 206–207, Sandelowski et al. (1997), S. 366–368.

785 Walsh/Downe (2004), S. 206, Finfgeld-Connett (2009), S. 250.

786 Hoon (2013), S. 534 f., S. 536, Table 5.

Ergebnisdarstellung in Textform.[787] Nach den Empfehlungen von Hoon, werden die Inhalte anhand der Analyseebenen der Disziplin[788], der Ergebnisse[789] und der genutzten Narrative[790] strukturiert. Dadurch werden homogene und heterogene Methoden inhaltlich verbunden und unmittelbar synthetisiert.[791] Homogene Inhalte, wie beispielsweise die Regulation der PSM, werden komprimiert.[792] Für heterogene Inhalte werden Beziehungen, Widersprüche und Erklärungslücken als Grundlage für induktive Erkenntnisse kontextualisiert.[793]

Die Methodik der Synthese ist maßgeblich für die Generalisierung von Erkenntnissen.[794] Ein Generalisierungsgrad erfordert eine inhaltliche Homogenisierung von Erkenntnissen.[795] In quantitativen Forschungsansätzen erfolgt dies idR durch eine statistische Selektion.[796] Eine solche Selektion ist im Rahmen dieser Untersuchung nicht möglich, da eine heterogene Ergebnismenge vorliegt.[797] Ein Ziel dieser MS ist, die Strukturierung und die dadurch geschaffene Möglichkeit, grundlegende wissenschaftliche Erkenntnisse zur PSM zusammenzutragen.[798] Hierfür wird bestehendes Wissen komprimiert und für eine deduktiv-interpretative Synthese fixiert. Zudem wird neues Wissen induktiv erkannt sowie durch eine Übersetzungssynthese kontextualisiert und generalisiert. Dadurch beinhaltet diese MS eine Aggregation und Interpretation von existierenden Ergebnissen und ermöglicht neue Erkenntnisse.[799] Ein weiteres Ziel besteht in einer methodisch transparenten Integration existierender Ergebnisse in das eigene Forschungsobjekt.[800] Zudem stellt die transzendente Entstehung von neuem Wissen ebenfalls ein Ziel der MS dar, wobei SLR und MS zusammen geeignet sind, neues von existierendem Wissen zu

---

787 Walsh/Downe (2004), S. 208.
788 Kapitel 2.3.
789 Hoon (2013), S. 537, Table 5.
790 Hoon (2013), S. 536, Table 5.
791 Walsh/Downe (2004), S. 208.
792 Walsh/Downe (2004), S. 208.
793 Walsh/Downe (2004), S. 208, Finfgeld-Connett (2009), S. 251.
794 Walsh/Downe (2004), S. 209.
795 Finfgeld-Connett (2009), S. 248–249.
796 Vergleiche ökonomischer und mathematischer Forschungsansatz in Kapitel 3.6.1.
797 Finfgeld-Connett (2009), S. 248. Zudem existieren wenig quantitative Beiträge zur PSM.
798 Sandelowski et al. (1997), S. 370.
799 Finfgeld-Connett (2009), S. 247.
800 Sandelowski et al. (1997), S. 368.

unterscheiden.[801] Darüber hinaus ist diese MS das methodische Fundament für das Experteninterview. Nachfolgend werden die Ergebnisse der MS thematisch strukturiert und erläutert.

3.6.3 Regulationshistorie und Regelwerk der PSM

3.6.3.1 Regulationshistorie der PSM in den OECD-TPG

In diesem Kapitel wird das Regelwerk der PSM untersucht. Maßgeblich hierfür sind die Regelungen des deutschen Steuerrechts, die OECD-TPG und Empfehlungen des EU-JOINT-TRANSFER-PRICING-FORUM (EUJTPF).[802] Zu Beginn wird die Regulationshistorie der PSM in den OECD-TPG und im deutschen Steuerrecht dargestellt (Kapitel 3.6.3). Anschließend wird die Auslegung der aktuellen Anwendungsindizien in Kapitel 3.6.4 erläutert. Die Analyse des derzeitigen Regelwerkes wird mit einer eine Würdigung in Kapitel 3.6.4.6 beendet.

Historisch betrachtet ist die PSM eine Symbiose aus US-Steuerreformen und der Auslegung des FVG in den OECD-TPG.[803] Eine entscheidende Rolle dabei spielte das Ergebnis eines WHITE PAPER der IRS im Jahr 1988, auf die Frage: Wie soll der FVG angewendet werden, sofern keine Vergleichsdaten existieren?[804] Demnach basiert die PSM insb. auf der Erkenntnis, dass ein FV nicht immer gelingt.[805] Im Jahr 1992 wurde in einem US-Regulationsentwurf erstmals eine COMPARABLE-PROFITS-METHOD integriert.[806] Diese COMPARABLE-PROFITS-METHOD unterschied sich von den Standardmethoden und wurde aufgrund fehlender Konsistenz zum FVG abgelehnt.[807]

Anschließend verläuft die Regulationshistorie der PSM weitgehend analog zur Historie der OECD-TPG. In den ersten OECD-TPG, den OECD-TPG

---

801 Hoon (2013), S. 523, Sandelowski et al. (1997), S. 370, Walsh/Downe (2004), S. 209, Hoon (2013), S. 538. Konkret durch eine Teilung in deduktiv und induktiv.

802 Das UN-Regelwerk zur PSM wird vernachlässigt, da die OECD-TPG umfangreicher, detaillierter und praxisnäher sind, Danon et al. (2021), S. 148–161, S. 169. Zudem sind beide Regelwerke weitgehend deckungsgleich. Die einzigen Abweichungen sind, dass die UN das Fehlen von Vergleichsdaten als uneingeschränktes Anwendungsindiz der PSM zulässt und die Wertbeitragsanalyse gegenüber der Ermittlung von Aufteilungsfaktoren präferiert.

803 Li (2002), S. 862.

804 Avi-Yonah (2013), S. 1.

805 Hier ausdrücklich auf die geschäftsvorfallbezogene PSM bezogen.

806 Li (2002), S. 860.

807 Li (2002), S. 860.

1979, wurde die PSM nicht erwähnt.[808] Stattdessen existierte eine Methodenhierarchie zu Gunsten der Standardmethoden.[809] Diese Methodenhierarchie bot keine Lösung, sofern Vergleichbarkeitsdaten fehlten.[810] In einem solchen Fall wurde lediglich auf die potenzielle Notwendigkeit anderer, nachrangiger Methoden verwiesen.[811] Das belegt grundsätzliche Bedenken zur PSM in den OECD-TPG 1979.[812] Anfang der neunziger Jahre evaluierte die OECD ihre Sicht auf andere VP-Methoden. Auf ein Diskussionspapier der OECD zu gewinnorientierten VP-Methoden im Jahr 1994 folgten die OECD-TPG 1995.[813] Die Reformen in den OECD-TPG 1995 zeigen inhaltliche Analogien zur gleichzeitigen Entwicklung des SEC 482–6 IRC in den USA.[814] Infolgedessen erwähnten die OECD-TPG 1995 die PSM erstmals, als gewinnorientierte VP-Methode.[815] Zudem beinhalten die OECD-TPG 1995 erste Anwendungshinweise zur PSM, in Form der Vor- und Nachteile und der konkreten Ausgestaltung.[816] Allerdings wurde ihre Anwendung auf Ausnahmefälle reduziert, denn die PSM galt als METHOD-OF-LAST-RESORT.[817] Diese Einordnung hat das Verständnis der PSM nachhaltig geprägt.[818]

Ausgehend von den OECD-TPG 1995 wurde das Regelwerk für andere VP-Methoden in den Jahren 1995, 1996 und 1997 präzisiert und die Anwendungseignung der PSM für Fragestellungen des E-Commerce sowie des Finanzsektors bestätigt.[819] Am 27. Februar 2006, folgte ein weiteres öffentliches Diskussionspapier der OECD zur PSM, welches bis in das Jahr 2008 debattiert wurde.[820] In den Folgejahren zeigte sich in der Praxis eine zunehmende

---

808 Reif (2021), S. 62, Oestreicher (2020), S. 244.

809 Danon et al. (2021), S. 2.

810 Danon et al. (2021), S. 3, S. 38.

811 Danon et al. (2021), S. 2, Reif (2021), S. 62.

812 Reif (2021), S. 63.

813 Danon et al. (2021), S. 3, Chand/Wagh (2014), S. 402.

814 Oestreicher (2020), S. 244.

815 Reif (2021), S. 64 f., Benshalom (2009), S. 190 f., Fuss (2019), S. 341.

816 Reif (2021), S. 63 f.

817 OECD TPG 1995, Kapitel III, Abschnitt B, Tz. 3.2. Danon et al. (2021), S. 39, Reif (2021), S. 64 f. Einige Autoren vermuten hinter dieser Regelung politisches Kalkül der OECD, um den FVG zu stärken und die PSM trennscharf von einer potenziellen GPSM abzugrenzen: Fuss (2019), S. 400, Borkowski (2002), S. 14, denn zur selben Zeit existierte eine Reformdebatte hinsichtlich GPSM und des FVG.

818 Fuss (2019), S. 343, Danon et al. (2021), S. 4.

819 Borkowski (2002), S. 8, Benshalom (2009), S. 190, insb. im Global Trading.

820 Förster/Naumann (2006), S. 1129, es mündete im finalen Bericht vom 25. Januar 2008.

Dominanz gewinnorientierter VP-Methoden. Infolgedessen wurde die Methodenhierarchie in den OECD-TPG, aus dem Jahr 2010 (OECD-TPG 2010) abgeschafft und durch das Prinzip der am besten geeigneten Methode ersetzt.[821] Dadurch wurde der Anwendungsbereich der PSM erheblich erweitert.[822] Denn nun waren die Vor- und Nachteile der VP-Methode, die Informationsverfügbarkeit und die Vergleichbarkeit auf Grundlage von FAR-Analysen maßgeblich für die Methodenwahl.[823] Ferner nannten die OECD-TPG 2010 erstmals Hinweise zur Ergebnisermittlung, potenziellen Aufteilungsschlüsseln und konkreten Anwendungsindizien der PSM.[824] Folglich sind die OECD-TPG 2010 das Basisregelwerk der PSM, auf deren Grundlage die PSM nachfolgend weiterentwickelt wurde.[825]

Im Rahmen des BEPS-Aktionspunktes zehn erfolgte die bislang umfangreichste öffentliche Diskussion über die PSM. Zwischen den Jahren 2014 bis 2018 wurde das PSM-Regelwerk durch insgesamt fünf Veröffentlichungen mit über 150 öffentlichen Kommentierungen debattiert und evaluiert.[826] Im ersten Diskussionsentwurf vom 16. Dezember 2014 wurden Beispiele und Erfahrungen gesammelt mit dem Ziel, die Anwendungsindizien auf dieser Basis zu präzisieren.[827] Das gelang nicht, denn es konnten keine Reformvorschläge erarbeitet werden.[828] Diese Zurückhaltung fußte insb. auf der Sorge von Seiten der OECD, dass die verstärkte Nutzung der PSM eine Umgehung des FVG ermöglichen könnte.[829] Gleiches galt für den finalen Ergebnisbericht der BEPS-Aktionspunkte 8–10, vom 5. Oktober 2015, welcher lediglich die Absichtserklärung enthielt das Regelwerk der PSM zu evaluieren.[830] Diese Intention mündete in ein überarbeitetes Diskussionspapier, vom 4. Juli 2016.[831] Darin wurden die

---

821 Inbs. bei der TNMM, Danon et al. (2021), S. 40 f., Danon et al. (2021), S. 4, Reif (2021), S. 65.

822 Danon et al. (2021), S. 35, Reif (2021), S. 65.

823 OECD-TPG, Tz. 2.116–2.118.

824 Reif (2021), S. 65 f., Danon et al. (2021), S. 5.

825 Reif (2021), S. 66.

826 Danon et al. (2021), S. xxv, Zucchetti/Piva (2019), S. 96.

827 16. Dezember 2014 First Discussion Draft on the use of profit splits in the context of global value chains (Action 10 Discussion Draft 2014), Reif (2021), S. 67, Fuss (2019), S. 346, BEPS Action 10: Discussion Draft on the use of Profit Splits in the context of Global Value Chains, 2014.

828 Reif (2021), S. 67.

829 Reif (2021), S. 68.

830 Reif (2021), S. 68.

831 OECD (2016).

Vorschläge aus dem Jahr 2014 weitgehend übernommen und um konkrete Anwendungsindizien erweitert.[832] Die OECD bekundete erneut die Sorge, dass unklare Anwendungsindizien der PSM eine missbräuchliche Umgehung des FVG begünstigen könnten.[833] Als am 10. Juli 2017 die OECD-TPG 2017 veröffentlicht wurden, existierten noch keine überarbeiteten Richtlinien zur PSM.[834] Stattdessen folgte am 22. Juni 2017 ein weiteres Diskussionspapier zur PSM.[835] Darin wurden drei Hauptanwendungsindizien erarbeitet, um der Kritik potenziell missbräuchlicher Anwendungen der PSM vorzubeugen.[836] Am 21. Juni 2018, erschienen die final überarbeiteten Leitlinien zur Anwendung der PSM (RGPSM).[837] Diese ersetzen das vorherige Regelwerk vollständig und beinhalten im Wesentlichen die Ergebnisse der BEPS-Aktionspunkte 8–10 und des Diskussionspapieres 2017.[838] Ferner beinhalten sie insgesamt 16 Beispiele zur Anwendung der PSM.[839] Am 20. Januar 2022 wurden die OECD-TPG veröffentlicht.[840] Sie ersetzen die OECD-TPG 2017 und haben die RGPSM inhaltlich nahezu vollständig übernommen.[841]

Parallel zur OECD beschäftigte sich das EUJTPF mit der PSM. Im Zeitraum der Jahre 2015 bis 2019 wurden Anwendungsempfehlungen erarbeitet mit dem Ziel, eine einheitliche Anwendung der PSM innerhalb der EU zu erreichen.[842] Die mehrjährigen Bemühungen mündeten im Bericht zur Anwendung der Profit-Split-Methode in der EU aus März 2019.[843] Darin werden insb. die

832 Fuss (2019), S. 354, 356 ff., Reif (2021), S. 69. So wurde insb. eine Präferenz tatsächlicher Ergebnisse gegenüber erwarteten Ergebnissen fixiert und die Anwendungsindizien einer gemeinsamen Risikoübernahme sowie einzigartiger und werthaltiger Wertbeiträge erarbeitet.

833 Herzfeld (2017), S. 20, Reif (2021), S. 70 f., Fuss (2019), S. 348, S. 353.

834 Reif (2021), S. 71.

835 Public Discussion Draft BEPS Actions 10: Revised Guidance on Profit Splits, 2017.

836 Fuss (2019), S. 361, Reif (2021), S. 72, insb. die Ausführungen zu Synergieeffekten sowie einer Wertschöpfungsanalyse wurden entfernt. Kritiker bemängeln jedoch das Diskussionspapier 2017 fokussiere tatsächlich primär praktische Fragen und biete keine eindeutigen Anwendungsindizien.

837 OECD (2018b), Überarbeitete Leitlinien zur Anwendung der geschäftsvorfallbezogenen Gewinnaufteilungsmethode, Inclusive Framework on BEPS: Aktionspunkt 10, Juni 2018.

838 Danon et al. (2021), S. 69–70, S. 73, Reif (2021), S. 73, OECD (2018b), S. 11.

839 OECD-TPG, Annex II zu Kapitel II, OECD (2018b), S. 9.

840 OECD-TPG (2022).

841 OECD-TPG, Kapitel 2, Abschnitt C, Tz. 2.114–2.183.

842 EUJTPF (2019), S. 2 ff. und S. 4.

843 EUJTPF (2019).

Vor- und Nachteile der einzelnen Aufteilungsfaktoren dokumentiert.[844] Insgesamt resümiert das EUJPTF, dass eine Standardisierung der PSM erstrebenswert ist.[845] Auf die Präzisierung des aktuellen Regelwerkes im Jahr 2019 sollte die Erarbeitung potenzieller Vereinfachungen für die praktische Anwendung der PSM folgen.[846] Bis dato ist eine solche Präzisierung nicht erfolgt.

Abschließend ist festzuhalten: Die Regulationshistorie der PSM auf Ebene der OECD und des EUJTPF hat einen erheblichen Umfang. Umfang und Dauer der Diskussionen belegen eine zunehmende regulatorische Relevanz der PSM, insb. innerhalb der letzten zehn Jahre.[847] Ferner wird belegt, dass die Vereinbarkeit von PSM und FVG stets kontrovers diskutiert wurde.[848] Die Sorge um diese Vereinbarkeit erklärt die verhältnismäßig späte Akzeptanz der PSM als gleichwertige VP-Methode.

3.6.3.2 Regulationshistorie der PSM im deutschen Steuerrecht

Im deutschen Steuerrecht wird die PSM bis dato vernachlässigt.[849] Einzig die deutsche Finanzverwaltung äußerte sich im Rahmen von BMF-Schreiben vereinzelt zur PSM. Im Jahr 1983 wurde die Möglichkeit eines Gewinnvergleichs oder einer Gesamtergebnisaufteilung erwähnt, sofern die Standardmethoden wegen besonderer Umstände nicht zu sachgerechten Ergebnissen führen.[850] Im Jahr 2005 wurde die PSM von der Finanzverwaltung als spezifische VP-Methode benannt, allerdings subsidiär zu den Standardmethoden.[851] Konkret wurde auf die OECD-TPG 1995 verwiesen, mit der zwingenden Anwendungsvoraussetzung einer mehrfachen Entrepreneurklassifizierung.[852] Kraft Gesetzes gilt der Ansatz der am besten geeigneten Methode in Deutschland seit dem Jahr

844 EUJTPF (2019), Annex 2.

845 EUJTPF (2019), S. 3. Als potenzielle Vorteile hierfür nennt das EUJTPF reduzierte Befolgungskosten, vereinfachte Betriebsprüfungen und erhöhte Rechtssicherheit.

846 EUJTPF (2019), S. 4. Ob das EUJTPF diesbezüglich erneut tätig wird ist derzeit fraglich.

847 Greil (2017), S. 627.

848 Reif (2021), S. 61 f.

849 Oestreicher (2020), S. 243, Reif (2021), S. 74.

850 Oestreicher (2020), S. 243, BMF Verwaltungsgrundsätze vom 23.02.1983 (VWG 83), Tz. 2.4.5, Mössner (2018), Rn. 4.288 ff.

851 BMF Verwaltungsgrundsätze-Verfahren vom 12.04.2005 (VWG 05), Tz. 3.4.10.3 lit. b, c, Oestreicher (2020), S. 245.

852 Vögele (2020), S. 359, Mössner (2018), Rn. 4.289, VWG 05, Tz. 3.4.10.3 lit. c.

2021.[853] Abgesehen davon enthält die deutsche Regulation derzeit keine Ausführungen zu PSM.[854] Das BMF verweist lediglich auf die auf OECD-TPG und die Hinweise des EUJTPF.[855] Darüber hinaus nennt die GAufzV Gewinnaufteilungen als Vergleichsdaten, wobei sich ein direkter Bezug zur PSM nicht belegen lässt (§ 1 Abs. 3 Satz 2 GAufzV). Hinzu kommt, dass das deutsche Recht derzeit keine BFH Rechtsprechung zur Anwendung der PSM aufzeigt.[856] Das überrascht, da derartige Regulierungslücke im deutschen Steuerrecht selten sind.[857] Im Ergebnis bleibt die Auslegung von Gesetzgeber und Finanzverwaltung zur PSM weitgehend unklar, insb. da die RGPSM keine inhaltlich hinreichende Regulationsgrundlage bietet.[858] Abschließend sind die fehlende Rechtsprechung und die nicht vorhandene nationale Überarbeitung der Regelwerke in Bezug auf die PSM ein normatives Risiko des deutschen Steuerrechts.[859] Dieses Risiko kann sich in grenzüberschreitenden Fällen potenzieren.[860]

3.6.4 Anwendungsindizien der PSM

3.6.4.1 Auslegung der Anwendungsindizien

Auf die Erläuterung der Regulationshistorie folgt die Darstellung der gegenwärtigen Anwendungsindizien der PSM.[861] Hierfür werden die Regelungen der RGPSM mit den Auslegungen aus Fachbeiträgen des SLR synthetisiert.

Generell gelten für die PSM die allgemeinen Grundsätze des FVG, insb. der Ansatz der am besten geeigneten Methode.[862] Demnach ist eine Methode

---

853 § 1 Abs. 3 Satz 5 AStG, Reif (2021), S. 106.

854 Reif (2021), S. 96.

855 VWG 23, Tz. 3.9 lit. e).

856 Reif (2021), S. 115.

857 Schoueri (2015), S. 705. Es erscheint unglaubwürdig, wenn in Deutschland innerhalb eines verhältnismäßig komplexen Steuersystems, die Komplexität der PSM als Regulationshürde dargestellt wird.

858 Danon et al. (2021), S. xxvi, S. 5–6, S. 69 ff., Oestreicher (2020), S. 247 f., Zucchetti/Piva (2019), S. 100. Alle Beispiele im Anhang beziehen sich auf immaterielle Werte. Im Umkehrschluss entsteht die Frage ob die PSM generell auf immaterielle Werte reduziert wird.

859 Reif (2021), S. 74.

860 Borkowski (2002), S. 11–14, Brauner (2008), S. 156.

861 Ähnlich agierte Reif (2021), S. 67–70, da es keine dogmatisch oder juristisch-formellen Tatbestandsmerkmale gibt wird nachfolgend lediglich von Anwendungsindizien gesprochen.

862 Reif (2021), S. 97, Kobetsky (2019), S. 1088.

insb. dann geeignet, wenn die Vorteile der Methode gegenüber den Nachteilen überwiegen.[863] Vorteilhaft an der PSM ist, dass sie einen Lösungsansatz bietet, sofern der FVG an seine Grenzen stößt, insb. wenn keine Fremdvergleichsdaten existieren.[864] Ferner ist die PSM die einzige zweiseitige VP-Methode.[865] Einseitige VP-Methoden prüfen idR den einfachsten Sachverhalt (Routineklassifizierung) und allokieren das Residualergebnis zum Entrepreneur.[866] Die PSM bietet einen Lösungsansatz, welcher nicht unmittelbar auf Fremdvergleichsdaten basiert, falls diese einseitige Systematik an Grenzen stößt, da mehrere Perspektiven und Spezifika berücksichtig werden müssen.[867] Aus einer holistischen Perspektive kann die PSM komplexe Sachverhalte ohne Vergleichsdaten in eine Lösung – im Einklang mit dem FVG – überführen und dadurch eine willkürliche Ergebnisaufteilung verhindern.[868] Das ist vorteilhaft, da die PSM Kontinuität zum FVG anstrebt und zugleich eine Methodik gestattet, die konzeptionell außerhalb der Vergleichbarkeit liegt.[869]

Nachteilig an der PSM ist, dass ihre zweiseitige Perspektive einen Mehraufwand sowie Konfliktpotenziale für involvierte Parteien verursachen kann. Das beinhaltet insb. einen erhöhten Ermittlungs- und Dokumentationsaufwand, denn eine verursachungsgerechte Ergebnisermittlung und die Auswahl der Aufteilungsfaktoren sind faktisch subjektive Ermessensentscheidungen.[870] Die Beschaffung interner und qualitativ ausreichender Informationen ist eine praktische Herausforderung.[871] Ferner führt die Komplexität der PSM zu einem erhöhten fachlichen Anforderungsprofil und erhöht den Prüfungsaufwand aufseiten der

---

863 Reif (2021), S. 80 f.

864 Stähli (2018), S. 283, Kobetsky (2019), S. 1097.

865 OECD-TPG, Tz. 2.119.

866 Fuss (2019), S. 340, Reif (2021), S. 117 f.

867 OECD-TPG, Tz. 2.120, Kroppen/Rasch (2022), OECD Chapter II, Tz. 2.114 f., Kapitel 2, Teil III, Rn. 489, Mössner (2018), Rn. 4.294., Reif (2021), S. 46–56, S. 78, Kroppen et al. (2012), S. 269 f., Kobetsky (2019), S. 1086.

868 Kroppen et al. (2012), S. 269 f., Musselman (2020), S. 86, Milewska/de Mendoza (2010), S. 164, Kroppen/Rasch (2022), OECD Chapter II, Tz. 2.119, Kapitel 2, Teil III, Rn. 473 ff., Danon et al. (2021), S. 26, Stähli (2018), S. 283, OECD-TPG, Tz. 2.120–122, EUJTPF (2019), S. 13, Mössner (2018), Rn. 4.294.

869 Danon et al. (2021), S. 61, Schön (2009), S. 94 f.

870 Reif (2021), S. 79–81, im Vergleich zu den Standardmethoden. Milewska/de Mendoza (2010), S. 164, OECD-TPG, Tz. 2.123, Kroppen/Rasch (2022), OECD Chapter II, Tz. 2.120, Kapitel 2, Teil III, Rn. 491 ff.

871 Zucchetti/Piva (2019), S. 98, Borkowski (2002), S. 9.

Finanzverwaltungen.[872] Insgesamt beansprucht die PSM mehr Ressourcen der involvierten Parteien, weshalb sie als ineffizient kritisiert wird.[873] Die Komplexität und die uneinheitliche Anwendungspraxis der PSM korrelieren mit einem erhöhten Konfliktpotenzial, da das Ziel einer intersubjektiven Lösung stets risikobehaftet ist.[874] Infolgedessen kann die PSM zu unvorhersehbaren steuerlichen Ergebnissen führen.[875] Letzteres erhöht die Notwendigkeit zwischenstaatlicher Koordination.[876]

Im Ergebnis teilt die PSM das Ergebnis gemäß den Chancen und Risiken des Sachverhaltes auf, wobei eine FAR-Analyse als verbindlicher Ausgangspunkt dient.[877] Das ist kein Spezifikum, sondern entspricht den Grundsätzen des FVG. Spezifisch sind hingegen die Anwendungsindizien der PSM. Als Anwendungsindiz der PSM existieren derzeit drei Positivmerkmale und einige Negativabgrenzungen.[878] Die positiven Anwendungsmerkmale sind unabhängig voneinander.[879] Sie sind weder erschöpfend noch verbindlich und erfordern keine kumulative Erfüllung.[880] Vielmehr sind sie einzeln und mit Berücksichtigung der relativen Vor- und Nachteile des Einzelfalles zu bewerten.[881] Grundsätzlich gilt, dass die PSM angemessen sein kann, sofern mindestens eines der Positivindizien erfüllt wird.[882] Im Umkehrschluss bedeutet dies jedoch nicht, dass die PSM automatisch die am besten geeignete Methode ist, sobald eines der Anwendungsindizien erfüllt ist.[883] So bestehen beispielsweise signifikante Indizien für die Angemessenheit der PSM darin, dass fremde Dritte diese ebenfalls anwenden, oder einen ähnlichen Aufteilungsmechanismus nutzen und die notwendigen Informationen verfügbar sind.[884] Folglich sind die

---

872 Stähli (2018), S. 283 f., Musselman (2020), S. 67, anders als Steuerpflichtige, kann die Finanzverwaltung die hierfür notwendige Expertise nicht durch externe Berater einkaufen.

873 Musselman (2020), S. 66 f.

874 Casley/Horrocks (2000), S. 138, Reif (2021), S. 80, Kroppen/Rasch (2022), OECD Chapter II, Tz. 2.120, Kapitel 2, Teil III, Rn. 491.

875 Goppelsroeder (2020), S. 259.

876 Grinberg (2018), S. 33.

877 Reif (2021), S. 85, S. 95.

878 EUJTPF (2019), S. 5.

879 Danon et al. (2021), S. 8.

880 OECD-TPG, Tz. 2.145.

881 OECD-TPG, Tz. 2.126, Tz. 2.145.

882 Danon et al. (2021), S. 7, S. 73.

883 Danon et al. (2021), S. 300.

884 OECD-TPG, Tz. 2.146, Danon et al. (2021), S. 74.

Anwendungsindizien der PSM nicht dogmatisch, sondern erfordern eine einzelfallbezogene Auslegung. Diese Auslegung wird nachfolgend vertieft.

3.6.4.2 *Einzigartige und wertvolle Beiträge*

Das erste positive Anwendungsindiz ist die Existenz einzigartiger und wertvoller Wertbeiträge. Laut den OECD-TPG existiert ein einzigartiger und wertvoller Wertbeitrag, wenn dieser i) nicht mit von unabhängigen Unternehmen unter vergleichbaren Umständen geleisteten Beiträgen vergleichbar ist und ii) eine entscheidende Quelle tatsächlicher oder potenzieller wirtschaftlicher Vorteile darstellt.[885]

Die erste Eigenschaft ist die Einzigartigkeit. Ein Wertbeitrag gilt als einzigartig, wenn er nicht mit den Wertbeiträgen fremder Dritter vergleichbar ist und somit faktisch keine Vergleichbarkeitsdaten vorliegen (können).[886] Ein einzigartiger Wertbeitrag kann folglich nicht mit Vergleichsdaten verifiziert werden.[887] Im Umkehrschluss liegt die Einzigartigkeit nicht vor, wenn hinreichende Vergleichbarkeitsdaten existieren.[888] Die konkrete Auslegung der Vergleichbarkeit iVm der Einzigartigkeit ist im Schrifttum strittig. Laut Silberztein kann die Vergleichbarkeit beispielsweise nicht auf Profitabilität reduziert werden, da wirtschaftlicher Erfolg kein Spezifikum ist.[889] Demgegenüber weitet Chand die Auslegung aus, indem er bereits in lokalen Standortvorteilen einzigartige Wertbeiträge vermutet.[890] Die konkrete Auslegung der Einzigartigkeit bleibt weitgehend unklar.

Die zweite Eigenschaft ist die Werthaltigkeit. Gemäß Schrifttum liegt ein wertvoller Wertbeitrag vor, wenn dieser ein wichtiger Werttreiber mit ökonomischen Vorteilen ist und einen wesentlichen Anteil am (operativen) Geschäftserfolg hat.[891] Silberztein kritisiert die Auslegung der Werthaltigkeit als subjektiv und fordert, dass ein wesentlicher Wertbeitragsanteil stets essenziell und signifikant, statt lediglich wichtig, sein müsse.[892] Ferner ist für das

885 OECD-TPG, Tz. 2.130.

886 OECD-TPG, Tz. 2.130, Danon et al. (2021), S. 74, Kobetsky (2019), S. 1093, Vögele (2021), S. 554.

887 Danon et al. (2021), S. 75.

888 RGPSM, Tz. 2.143, Vögele (2021), S. 587.

889 Danon et al. (2021), S. 75 f.

890 Danon et al. (2021), S. 302, eine ähnliche Argumentation ist bei Synergieeffekten anwendbar. Das belegt eine hohe Auslegungsflexibilität.

891 Goppelsroeder (2020), S. 257 f., Vögele (2020), S. 245, Danon et al. (2021), S. 7.

892 Danon et al. (2021), S. 75.

EUJTPF ein tatsächliches Eintreten dieser ökonomischen Vorteile nicht maßgeblich, sondern die Eigenschaft als Hauptwerttreiber des Geschäftsvorfalls.[893] Eine solche Zuordnung erscheint insb. bei komplexen Geschäftsvorfällen kaum objektivierbar. Zusammenfassend kann ein Wertbeitrag demnach als einzigartig bezeichnet werden, wenn kein beitragsorientierter Vergleichswert existiert und wertvoll, wenn der Wertbeitrag eine Hauptquelle des tatsächlichen oder potenziellen wirtschaftlichen Nutzens des Geschäftsvorfalls darstellt.[894]

Die Begriffe Einzigartigkeit und Werthaltigkeit sind nicht abschließend definiert.[895] Zudem bleibt laut STÄHLI unklar, ob diese einzeln oder kumulativ maßgeblich sind.[896] Das EUJTPF spricht sich für die Notwendigkeit einer kumulativen Erfüllung aus.[897] Im Schrifttum und OECD-TPG hingegen wird die kumulative Erfüllung nicht ausdrücklich gefordert. Einigkeit besteht lediglich dahingehend, dass beide Eigenschaften kausal miteinander verknüpft sind.[898] Denn idR fehlen Vergleichswerte gerade aufgrund der Einzigartigkeit.[899] Im Zweifel ist, laut den OECD-TPG, die gemeinsame Risikokontrolle eines Wertbeitrages entscheidend.[900] Dabei bleibt unklar, ob eine Risikoübernahme oder Risikokontrollfunktion per se einen Wertbeitrag begründen kann, oder ob hierfür ein aktives Handeln notwendig ist.[901] Ferner ist fraglich, ob die alleinige Risikokontrolle einzigartige Wertbeiträge begründen kann.[902] Eine weiterführende Auslegung der OECD-TPG hierzu existiert nicht. Die OECD-TPG nennen als Wertbeiträge zunächst Funktionen und Vermögenswerte und erweitern diese anschließend um das Eigentum von immateriellen Werten.[903] Laut OECD-TPG eignet sich die PSM für die Übertragung von vollständig und teilentwickelten immateriellen Werten, insb. wenn die Wertermittlung komplex ist.[904] Die Wertbeiträge umfassen demnach alle Wertschöpfungsbereiche.[905]

893 EUJTPF (2019), S. 8.
894 Reif (2021), S. 97.
895 Stähli (2018), S. 283.
896 Stähli (2018), S. 283.
897 EUJTPF (2019), S. 8.
898 Reif (2021), S. 97, OECD-TPG, Tz. 2.130.
899 Goppelsroeder (2020), S. 258, OECD-TPG, Tz. 2.130.
900 OECD-TPG, Tz. 2.130, Kobetsky (2019), S. 1093.
901 Danon et al. (2021), S. 75.
902 Danon et al. (2021), S. 75.
903 OECD-TPG, Tz. 2.130–2.131. Unter Nutzung der Definition von immateriellen Werten nach den OECD-TPG, EUJTPF (2019), S. 7.
904 OECD-TPG, Tz. 2.132.
905 Danon et al. (2021), S. 75.

Darüber hinaus beinhalten die OECD-TPG Beispiele zur Auslegung einzigartiger und wertvoller Beiträge.[906] Die Beispiele eins und acht nennen die gemeinsame Entwicklung und Herstellung von Arzneimitteln in der Pharmaindustrie, mitsamt deren Patent- und Lizenzierung.[907] Im zweiten Beispiel wird die Herstellung von Tee, anhand von spezifischem Wissen und Expertise iVm einem markengestützten Vertrieb als einzigartiger und wertvoller Wertbeitrag genannt.[908] Drittes Beispiel ist die gemeinsame Entwicklung, Fertigung sowie ein markengestützter Vertrieb von elektronischen Geräten.[909] Beispiel fünf zeigt die gemeinsame Entwicklung und Verbesserung von IT-Lösungen als einzigartigen und wertvollen Wertbeitrag.[910] Beispiel 13 nennt die Existenz eines Markenwertes iVm mit vertriebsbezogenen immateriellen Werten in der Modebranche.[911] Die Beispiele vier und acht zeigen, dass einzigartige und wertvolle Beiträge nicht vorliegen, wenn Routinefunktionen ausgeführt werden, z.B. in Form eines Auftragsfertigers.[912] Die Beispiele zeigen, dass Patente und die Interdependenz und Kombination von spezifischen immateriellen Werten als wertvolle und einzigartige Beiträge angesehen werden können.[913] Abschließend gilt das Anwendungsindiz einzigartiger und wertvoller Beiträge als der eindeutigste Hinweis zu Eignung der PSM.[914] Dabei erscheint die Verknüpfung der Einzigartigkeit an die fehlende Vergleichbarkeit plausibel. Eine trennscharfe und präzise Auslegung der Werthaltigkeit existiert nicht.

3.6.4.3 Hohe Integration der Geschäftstätigkeit

Das zweite positive Anwendungsindiz ist die Existenz einer hohen Integration der Geschäftstätigkeit (nachfolgend hohe Integration). Durch dieses Anwendungsindiz soll berücksichtigt werden, dass gemeinsame und einzigartige Werttreiber, ein hoch integriertes, kommerzielles und finanzielles Wechselspiel der partizipierenden Parteien indizieren.[915]

---

906 OECD-TPG, Annex II zu Kapitel II.
907 OECD-TPG, Annex II zu Kapitel II, S. 467 f. Beispiel 1.
908 OECD-TPG, Annex II zu Kapitel II, S. 468 f. Beispiel 2.
909 OECD-TPG, Annex II zu Kapitel II, S. 469 f. Beispiel 3.
910 OECD-TPG, Annex II zu Kapitel II, S. 470 f. Beispiel 5.
911 OECD-TPG, Annex II zu Kapitel II, S. 480 f. Beispiel 13.
912 OECD-TPG, Annex II zu Kapitel II, S. 470 f. Beispiel 4 und S. 473 f. Beispiel 8.
913 OECD-TPG, Annex II zu Kapitel II, S. 473 ff. Beispiel 8 und Beispiel 9.
914 OECD-TPG, Tz. 2.126.
915 Goppelsroeder (2020), S. 258.

Im Schrifttum existiert Einigkeit, dass eine hohe Integration vorliegt, wenn einzelne Wertbeiträge nicht zuverlässig isoliert oder ermittelt werden können, insb. aufgrund einer sachlichen Verknüpfung, durch gemeinsame Nutzung oder durch Abhängigkeiten.[916] Laut EUJTPF ist entscheidend, ob eine singuläre Erfassung oder Bewertung möglich ist.[917] Konkreter, wenn eine hohe Integration verhindert, dass einzelne Wertbeiträge durch einseitige VP-Methoden erfasst werden können.[918] Gemäß OECD-TPG ist dies insb. gegeben, sofern eine trennscharfe FAR-Analyse nicht möglich ist.[919] In der Negativabgrenzung verneint eine verlässliche Erfassung oder Bewertung einzelner Wertbeiträge eine hohe Integration.[920] Ferner sind eine gemeinsame Nutzung, Leistung oder Zielsetzung deutliche Indizien für eine hohe Integration, insb. aufgrund der gemeinsame Risikoübernahme.[921] Das EUJTPF nennt hierfür beispielhaft eine gemeinsame (Projekt-)Führung, die Nutzung einer verflochtenen Organisationsstruktur oder die gemeinsame Entscheidungsfindung.[922] Gleiches gilt bei einem hohen Grad an gegenseitiger Abhängigkeit.[923] Beispiele hierfür sind langfristige Verträge mit signifikanten Wertbeiträgen oder spezifische Wertschöpfungsformen.[924] Letzteres gilt insb. bei superadditiven Wertschöpfungsprozessen, die auf synergetischen oder transzendenten Wechselwirkungen basieren, denn sie können – vergleichbar mit einem Kartenhaus – nur als Symbiose wirken.[925] Derart hohe Beitragsverflechtungen gelten als klares Indiz einer hohen Integration.[926]

Existieren solche Indizien nicht, so wirft die trennscharfe Erfassung der hohen Integration Fragen auf. Denn die OECD attestiert MNE grundsätzlich einen immanent hohen Grad an Integration.[927] Ferner existieren empirische

---

916 Kobetsky (2019), S. 1094, Vögele (2020), S. 245, Danon et al. (2021), S. 8.

917 EUJTPF (2019), Abschnitt 3.2.3.

918 EUJTPF (2019), S. 8.

919 OECD-TPG, Tz. 2.133.

920 Fuss (2019), S. 370 f., Danon et al. (2021), S. 8.

921 Reif (2021), S. 70, Danon et al. (2021), S. 81, z.B. in Form einer doppelten Entrepreneur-Klassifizierung. Denn eine hohe Integration impliziert idR eine gemeinsame Risikoübernahe und Risikokontrolle, OECD-TPG, Tz. 2.136.

922 EUJTPF (2019), S. 9, S. 11 f., z.B. durch eine Matrixstruktur.

923 OECD-TPG, Tz. 2.135.

924 OECD-TPG, Tz. 2.135.

925 Postler/Gilson (2021), S. 268 f., OECD-TPG, Tz. 2.133, Tz. 2.138, EUJTPF (2019), S. 10 f.

926 OECD-TPG, Tz. 2.138.

927 Goppelsroeder (2020), S. 258, Zucchetti/Piva (2019), S. 100.

Indizien dafür, dass es in den meisten Konzernen mehrere Entrepreneurklassifzierungen gibt.[928] Auch die OECD-TPG nennen ein marktübliches und normales Maß an Integration in MNE.[929] Infolgedessen muss die Integration iVm der PSM über das übliche Integrationsmaß hinaus gehen.[930] Dabei bleibt offen, wie dies trennscharf und nachvollziehbar abgegrenzt werden soll. Ferner ist die Wortwahl des Regelwerkes nicht einheitlich, denn es wird sowohl von INTER-DEPENT, als auch von INTER-RELATED gesprochen.[931] Eine Auslegung der unterschiedlichen Begrifflichkeiten existiert ebenfalls nicht. Die OECD-TPG beinhaltet Beispiele für eine hohe Integration. Konkret werden gemeinsames Eigentum an immateriellen Werten, eine hohe Interdependenz oder der weltweite Handel mit Finanzinstrumenten als Positivbeispiele genannt.[932] Ferner zeigt Beispiel sechs einen global agierenden Finanzdienstleister, bei welchem insb. die gemeinsame Risikoübernahme wesentlich ist.[933] In Beispiel sieben wird ein Logistikkonzern mit gemeinsamen immateriellen Werten und Interdependenzen, in Form von Synergie- und Skaleneffekten genannt.[934] Beispiel neun zeigt eine hohe Integration durch die Kombination von immateriellen Werten.[935] Beispiel zehn zeigt eine hohe Integration aufgrund einer hohen Risikoverflechtung.[936] Als Negativbeispiele wurden sich ergänzende aber getrennte Tätigkeiten genannt.[937]

Abschließend ist festzuhalten, dass das Anwendungsindiz der hohen Integration insb. dann vorliegt, wenn eine singuläre Erfassung nicht gewährleistet ist oder eine hohe Interdependenz existiert.[938] Dabei fehlt es jedoch auch hier an einer hinreichend trennscharfen Definition und Abgrenzung.[939]

928 Horvath/Flick Gocke Schaumburg (2015), S. 7, Abbildung 9.
929 OECD-TPG, Tz. 2.133.
930 Fuss (2019), S. 369, Reif (2021), S. 99, OECD-TPG, Tz. 2.133.
931 Zucchetti/Piva (2019), S. 100.
932 OECD-TPG, Tz. 2.134, Fuss (2019), S. 371.
933 OECD-TPG, Annex II zu Kapitel II, S. 471 f. Beispiel 6.
934 OECD-TPG, Annex II zu Kapitel II, S. 472 f. Beispiel 7.
935 Danon et al. (2021), S. 82.
936 OECD-TPG, Annex II zu Kapitel II, S. 474 f., Beispiel 10.
937 OECD-TPG, Tz. 2.133.
938 OECD-TPG, Tz. 2.134 f., Danon et al. (2021), S. 79 f.
939 Fuss (2019), S. 369, Stähli (2018), S. 283, S. 288.

3.6.4.4 Gemeinsame Risikoübernahme

Das dritte positive Anwendungsindiz ist die Existenz einer gemeinsamen Risikoübernahme. Hierbei werden zwei Fälle unterschieden: Es existieren bei einer gemeinsamen Übernahme wirtschaftlich signifikante Risiken oder bei einer getrennten Übernahme eng miteinander verbundene Risiken.[940] Der Grundsatz der Risikokontrolle gilt auch für die PSM.[941] Die OECD-TPG setzen die Übernahme der Risikokontrolle mit einem Ertragsanspruch gleich.[942] Somit gilt die Regel: Ohne Risikokontrollfunktion kein signifikanter Ergebnisanspruch. In den OECD-TPG wird die Risikoübernahme ausdrücklich auf Ergebnisabweichungen (Hindsights) fokussiert.[943] Das gilt entsprechend für die Anwendungsindizien der PSM.[944] Laut OECD-TPG ist die wirtschaftliche Signifikanz das entscheidende Kriterium eines Risikos.[945] Deshalb ist zunächst fraglich, wann ein Risiko wirtschaftlich signifikant ist. Maßgeblich hierfür sind die wirtschaftlichen Chancen und Risiken des Geschäftsvorfalls.[946] Infolgedessen sind, ähnlich wie im CAPM, Kausalität und Korrelation eines Risikos maßgeblich für das Ergebnis.[947] Laut OECD-TPG gilt ein Risiko als wirtschaftlich signifikant, sofern es die Allokation eines Ergebnisanteils des Geschäftsvorfalls rechtfertigt.[948]

Darüber hinaus ist fraglich, wann ein Risiko gemeinsam übernommen wird und wann es miteinander verbunden ist. Charakteristisch für ein gemeinsames Risiko sind inhärente Wechselbeziehungen oder Interkorrelationen, die nicht isoliert betrachtet und zugeordnet werden können.[949] Laut OECD-TPG gilt ein Risiko im Zweifel bereits als eng verbunden, wenn das Risiko zugeordnet werden kann, nicht jedoch dessen Risikofolgen.[950] Demnach existiert eine enge Risikoverbindung, wenn die Risikofolgen nicht verlässlich voneinander getrennt werden können.[951] Im Umkehrschluss gelten Risiken als separat

---

940 OECD-TPG, Tz. 2.139–2.140, Danon et al. (2021), S. 83 ff.
941 EUJTPF (2019), S. 12.
942 OECD TPG, Tz. 1.106.
943 OECD TPG, Tz. 1.106.
944 EUJTPF (2019), S. 12.
945 OECD-TPG, Tz. 2.141, Fuss (2019), S. 372.
946 Reif (2021), S. 101, OECD-TPG, Tz. 2.139–141, Annex II zu Kapitel II.
947 OECD-TPG, Tz. 2.141, Danon et al. (2021), S. 84.
948 OECD-TPG, Tz. 2.141.
949 Reif (2021), S. 101, OECD-TPG, Tz. 2.139–141, Annex II zu Kapitel II, EUJTPF (2019), S. 13, Goppelsroeder (2020), S. 258.
950 OECD-TPG, Tz. 2.140.
951 OECD-TPG, Tz. 2.140.

und nicht miteinander verbunden, wenn die Risiken und deren Folgen trennscharf und verursachungsgerecht isoliert werden können. Die OECD-TPG betonen dabei, dass die Risikokontrolle einzigartiger und wertvoller Beiträge grundsätzlich geteilt werden kann.[952] Ferner empfehlen die OECD-TPG die Nutzung des tatsächlichen Ergebnisses bei einer gemeinsamen Risikoübernahme, da diese Risiken direkt im tatsächlichen Ergebnis wirken.[953] Bei einer Risikokonzentration ist hingegen das erwartete Ergebnis zu empfehlen.[954] Die Beispiele der OECD-TPG betrachten die Risikoübernahme stets nach dem Risiko-Kontroll-Ansatz.[955] Beispiel fünf nennt ein gemeinsames Entwicklungsrisiko von IT-Tools.[956] Beispiel sechs nennt gemeinsame Einlagerisiken bei Investmentbanking.[957] Die Beispiele zehn und zwölf nennen die Herstellung von Schlüsselkomponenten als gemeinsame Risikoübernahme, insb. aufgrund hoher Integration und Abhängigkeiten.[958] Zudem wird auf die branchenübliche Gepflogenheit der Risikoaufteilung hingewiesen.[959]

Abschließend ist die gemeinsame Risikoübernahme als ein Anwendungsindiz sui generis zu verstehen.[960] Eine Verbindung mit anderen Anwendungsindizien erscheint plausibel, aber nicht zwingend notwendig.[961] Fraglich bleibt hingegen, wie Risiken ohne unmittelbare Ergebniswirkung zu behandeln sind.[962] Ferner ist unklar, wie eine sachgerechte Abgrenzung der Risiken im Vergleich zur im Konzern üblichen Risikostreuung erfolgen soll.[963] Klar ist hingegen: Allein die Trennung der Risikokontrolle, mit separierter Risikokontrollfunktion und finanzieller Fähigkeit zur Risikoübernahme, ist ausdrücklich kein Anwendungsindiz der PSM.[964]

952 OECD-TPG, Tz. 2.130.
953 OECD-TPG, Tz. 2.142.
954 OECD-TPG, Tz. 2.142.
955 OECD-TPG, Annex II zu Kapitel II, S. 485 f. Beispiel 15.
956 OECD-TPG, Annex II zu Kapitel II, S. 470 f. Beispiel 5.
957 OECD-TPG, Annex II zu Kapitel II, S. 471 f. Beispiel 6.
958 OECD-TPG, Annex II zu Kapitel II, S. 474 f. Beispiel 10 und S. 478 f., Beispiel 12.
959 OECD-TPG, Tz. 2.129.
960 Danon et al. (2021), S. 9.
961 EUJTPF (2019), S. 8.
962 Danon et al. (2021), S. 83 f.
963 Danon et al. (2021), S. 84 f.
964 OECD-TPG, Tz. 2.137.

3.6.4.5 Negativabgrenzungen

Offiziell ist die PSM keine Auffangmethode oder Notfallmethode mehr, d.h. ihre Angemessenheit sollte theoretisch positiv festgestellt werden.[965] Dennoch benennt das aktuelle Regelwerk einige Negativabgrenzungen, bei welchen die Eignung der PSM unwahrscheinlich ist. Die PSM sollte nicht angewendet werden, sofern eine der Parteien lediglich einfache Funktionen ausführt, keine einzigartigen und wertvollen Werteiträge leistet und/oder keine Risikokontrolle übernimmt.[966] Laut OECD-TPG gilt die PSM bereits dann als ungeeignet, wenn andere VP-Methoden geeignet sind oder die Zuordnung eines signifikanten Ergebnisanteils grundsätzlich nicht fremdüblich erscheint.[967] Beides ist insb. bei Routinefunktionen erfüllt. Folglich ist die PSM bei Routineklassifizierungen tendenziell ungeeignet. Darüber hinaus ist die Akzeptanz der PSM gefährdet, wenn sie nicht geschäftsvorfallbezogen erfolgt. Ferner präferiert der FVG dogmatisch einen direkten FV.[968] D.h. sobald nutzbare Fremdvergleichsdaten existieren, sinkt die Eignungswahrscheinlichkeit der PSM.[969] Denn die Existenz von Fremdvergleichsdaten ist ein deutliches Indiz für die Eignung einer anderen VP-Methode.[970] Allerdings ist das Fehlen von Fremdvergleichsdaten alleine ausdrücklich kein Anwendungsindiz für die PSM.[971] Selbst bei weniger komplexen Funktionen begründet das Fehlen von Fremdvergleichsdaten alleine keine Eignung.[972] Dieses Vorgehen ist inkonsistent, denn es nutzt einen doppelten Maßstab: Die PSM kann durch die Existenz von Fremdvergleichsdaten verhindert werden, darf allerdings nicht allein mit dem Fehlen von Fremdvergleichsdaten begründet werden. Dabei bleibt weitgehend unklar, wann Fremdvergleichsdaten hierfür qualitativ nutzbar sind.[973]

Zusammenfassend ist die PSM tendenziell ungeeignet, wenn die Positivindizien nicht erfüllt sind, eine Partei lediglich einfache Funktionen beiträgt, der Geschäftsvorfallbezug fehlt, eine andere VP-Methode geeignet ist oder

965 Reif (2021), S. 103.
966 Danon et al. (2021), S. 9.
967 OECD-TPG, Tz. 2.126, Tz. 2.143.
968 Kapitel 2.5.2.
969 EUJTPF (2019), S. 3, OECD-TPG, Tz. 2.143, Goppelsroeder (2020), S. 258.
970 OECD-TPG, Tz. 2.143, Oestreicher (2020), S. 246.
971 OECD-TPG, Tz. 2.143 f., Kobetsky (2019), S. 1092, es ist bestenfalls als Hilfestellung zur Angemessenheitsprüfung geeignet.
972 OECD-TPG, Tz. 2.128.
973 Danon et al. (2021), S. 9.

nutzbare Fremdvergleichsdaten existieren.[974] Infolgedessen entsteht der Eindruck, dass die Negativabgrenzungen des Regelwerkes die PSM faktisch erneut als METHOD-OF-LAST-RESORT eingrenzen.[975]

3.6.4.6 *Würdigung des derzeitigen Regelwerkes*

Nachfolgend wird das derzeitige Regelwerk[976] der PSM gewürdigt. Hervorzuheben ist zunächst, dass dieses Regelwerk in den letzten zehn Jahren signifikant verändert wurde. Die PSM ist nun theoretisch, international und national, eine gleichwertige VP-Methode.[977] Durch die PSM ermöglichen OECD-TPG und EUJTPF die holistische Aufteilung von Ergebnissen durch Aufteilungsschlüssel und gestatten damit, dass einzelne VP nicht immer vorliegen müssen.[978] Zudem ist am derzeitigen Regelwerk positiv, dass die Anwendungsindizien grundsätzlich kausal miteinander verbunden sind.[979] Nachteilig ist hingegen, dass die Regelwerke der OECD-TPG keine juristische Legitimation in Deutschland haben und formell kein bindendes Recht darstellen.[980]

Im Schrifttum überwiegt die Kritik am Regelwerk der PSM. Wenige Autoren sehen durch die RGPSM insgesamt eine verbesserte Anwendbarkeit der PSM.[981] Das aktuelle Regelwerk wird überwiegend als unsauber und praxisfremd kritisiert, insb. da es eine (zu) breite Auslegung gestatte.[982] Auch die Beispiele der RGPSM gelten als unglücklich, widersprüchlich und praxisfremd.[983] Sie entfachen deshalb kaum regulative Eignung.[984] Ferner wird die Präferenz einzelfallbezogener Sachverhaltswürdigungen anstelle einer formell juristischen Lösung kritisiert.[985]

---

974 Reif (2021), S. 102 f., OECD-TPG, Tz. 2.127.

975 PWC (2019), S. 53 f., Kobetsky (2019), S. 1087, insb. bei Negativabgrenzung durch Nichtexistenz von Fremdvergleichsdaten und der Eignung anderer Methoden.

976 In dieser Untersuchung umfasst das derzeitige Regelwerk zur PSM insb. die OECD-TPG, die RGPSM und die Hinweise des EUJTPF zur PSM.

977 Danon et al. (2021), S. 25.

978 Oestreicher (2020), S. 248–256.

979 Stähli (2018), S. 283, Kobetsky (2019), S. 1080 ff.

980 Reif (2021), S. 220.

981 Reif (2021), S. 151 f.

982 Zucchetti/Piva (2019), S. 108, Kobetsky (2019), S. 1080–1087, Fuss (2019), S. 373 f.

983 OECD-TPG, Annex II zu Kapitel II, Fuss (2019), S. 366 ff., Danon et al. (2021), S. 76–79.

984 Die OECD gesteht selbst Schwachpunkte bei den Beispielen zur PSM ein.

985 Avi-Yonah/Clausing/Durst (2009), S. 505 f., Reif (2021), S. 157 ff., S. 219 ff., Oestreicher (2020), S. 246.

Das Fehlen einheitlicher Normen führe zu uneinheitlichen Ergebnissen mit Konfliktpotenzialen sowie Doppelbesteuerungsrisiken und gestatte im Extremfall Spielraum für missbräuchliches Verhalten.[986] Das Ziel der PSM müsse sein, das Vorgehen konsistent zum FVG zu gestalten, wodurch die Kritik am Regelwerk der PSM vergleichbar ist mit der generellen Kritik am FVG.[987]

Tatsache ist, die RGPSM hinterlässt viele unbestimmte (Rechts-)Begriffe. Häufig fehlt eine präzise Auslegung oder Definition der Indizien, was in einer Notwendigkeit intersubjektiver Ermessensentscheidungen mündet.[988] Zudem wird die Anwendung der PSM durch die Negativabgrenzung systematisch eingeschränkt. Die Mehrzahl der Autoren attestiert den OECD-TPG und den EUJTPF deshalb kein praxistaugliches Regelwerk in Bezug auf die PSM.[989] Demnach wurden die Komplexität und die Herausforderungen der PSM seitens der OECD verstanden, fraglich bleibt jedoch warum diese keine praxisorientierte Lösung schaffen.[990] In der Literatur besteht weitgehend Konsens, dass die Erweiterung des Regelwerkes die Basis für eine zukünftige Praxisfähigkeit der PSM darstellt.[991] Zudem zeigt sich bisher empirisch, dass die Anwendungsindizien, trotzt aller Kritik und Unverbindlichkeit, maßgeblich für die praktische Anwendung der PSM sind und überwiegend befolgt werden.[992] Für eine häufige Praxisanwendung sei, laut Kobetsky, allerdings ein mutigeres Regelwerk notwendig.[993] Laut EUJTPF sind hierzu zukünftig zwei Ansätze denkbar: i) Vereinfachungen für spezifische Geschäftsmodelle zulassen ii) das Prinzip der Einzelfallbetrachtung fortführen und präzisieren.[994]

Ein weiterer Kritikpunkt ist die mangelnde nationale Regulation, auch in Deutschland.[995] Fehlende nationale Regelwerke sollten weder Arbitrage noch Doppelbesteuerungen herbeiführen.[996] Ein Blick auf andere Jurisdiktionen bekräftigt diese Bedenken, denn die PSM wird mitunter signifikant

---

986 Reif (2021), S. 145 ff.
987 Stähli (2018), S. 288.
988 Stähli (2018), S. 283, OECD-TPG, Tz. 2.129, Reif (2021), S. 73, Stähli (2018), S. 288, Danon et al. (2021), S. 308, PWC (2019), S. 16 ff.
989 Kadet/Faccio/Picciotto (2018), S. 360, Russo/Karnath (2019), S. 387.
990 Danon et al. (2021), S. 43.
991 Olbert/Spengel (2017), S. 41, Oestreicher (2020), S. 246.
992 EUJTPF (2018), S. 3.
993 Kobetsky (2019), S. 1079, S. 1093.
994 EUJTPF (2019), S. 3.
995 Reif (2021), S. 149 ff.
996 Schoueri (2015), S. 704.

unterschiedlich interpretiert.[997] Hierbei ist regulative Klarheit und Konsistenz zwingend notwendig, da im VP-Bereich keine global gültige Rechtsprechung existiert.[998] Abschließend für dieses Kapitel resümiert GRINBERG: We have spent years in transfer pricing, trying to limit the use of the transactional profit split method.[999]

3.6.5 Ausprägungsformen der PSM

3.6.5.1 Beitragsorientierte PSM (CPSM)

In dieser Untersuchung wird in drei Ausprägungsformen der PSM unterschieden.[1000] Die nachfolgende Abbildung zeigt die drei Ausprägungsformen.

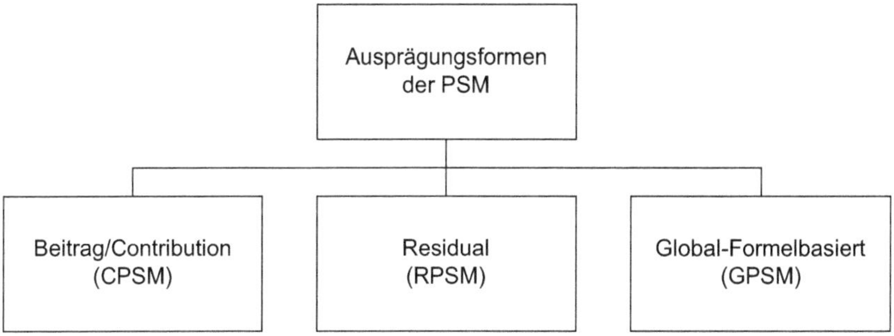

Abbildung 14: Ausprägungsformen der PSM[1001]

Dabei ist zu differenzieren zwischen Ausprägungsformen, welche von den OECD-TPG präferiert werden und Ausprägungsformen, welche in den OECD-TPG abgelehnt werden. Die OECD-TPG nennen die BEITRAGSORIENTIERTE PSM (CPSM) und die RESIDUALORIENTIERTE PSM (RPSM) als präferierte Ausprägungsformen. Darüber hinaus existieren Alternativen, insb. in Form von

997 Brauner (2008), S. 158, hier am Beispiel der US-Rechtsprechung, welche die PSM als Daumenregel bezeichnete.
998 Reif (2021), S. 152.
999 Grinberg (2018), S. 32.
1000 OECD-TPG, Tz. 2.149.
1001 OECD-TPG, Kapitel II, Abschnitt C.3.2., inhaltsgleich hierzu Section 482 IRC, Vögele (2021), S. 589.

der FORMELBASIERTEN UND GLOBALEN PSM (GPSM). Alle drei Ausprägungsformen werden nachfolgend erläutert.[1002]

Die erste Ausprägungsform ist die beitragsorientierte PSM alias CONTRIBUTION-PSM. Quintessenz der CPSM ist der Gedanke, dass eine Ergebnisaufteilung auf Grundlage wirtschaftlicher Beiträge der Ergebnisaufteilung fremder Dritter nahekommt.[1003] Konkret soll die bestmögliche Annäherung an eine fremdübliche Ergebnisaufteilung mit Hilfe von relativen Wertbeiträgen gewährleistet werden.[1004] Für die Bestimmung dieser relativen Wertbeiträge existieren grundsätzlich zwei Vorgehensweisen. Ein relativer Wertbeitrag kann mit Hilfe von Fremdvergleichsdaten bestimmt werden.[1005] Sofern keine Fremdvergleichsdaten verfügbar sind, erfolgt die Ermittlung des relativen Beitragswertes qualitativ.[1006] Werden relative Wertbeiträge durch Fremdvergleichsdaten ermittelt, so ist die Gesamtergebnisaufteilung der CPSM das Vergleichsobjekt.[1007] Hierfür wird die Gesamtergebnisaufteilung mit der Aufteilung fremder Dritter abgeglichen. Analog zum Preisvergleich existieren hierbei methodische Unsicherheiten in Bezug auf die Vergleichbarkeit.[1008] Infolgedessen haben externe Vergleichswerte in der CPSM lediglich Indizwirkung, insb. da sie die Spezifika eines Geschäftsvorfalls vernachlässigen.[1009] Zudem fehlen geeignete Fremdvergleichsdaten häufig in der Praxis, da derartige Informationen überwiegend nicht öffentlich zugänglich sind.[1010] Infolgedessen ist die praktische Anwendung meist auf Fälle beschränkt, bei denen ein Steuerpflichtiger selbst geeignete Evidenzen besitzt, beispielsweise in Form eines internen FV.[1011] Darüber hinaus sind öffentlich bekannte Industrie- oder Branchenstandards (sog. Daumenregeln) denkbar.[1012] Zwei Beispiele hierfür sind die 25 %-Regel für Lizenzvergütungen von GOLDSCHEIDER oder die

1002 Förster/Naumann (2006), S. 1131.
1003 Kroppen/Rasch (2022), OECD Chapter II, Tz. 2.125, Kapitel 2, Teil III, Rn. 513 ff.
1004 OECD-TPG, Tz. 2.150.
1005 Oestreicher (2020), S. 247.
1006 OECD-TPG, Tz. 2.150, Reif (2021), S. 128 f.
1007 Kroppen/Rasch (2022), OECD Chapter II, Tz. 2.125, Kapitel 2, Teil III, Rn. 513 ff.
1008 Kroppen/Rasch (2022), OECD Chapter II, Tz. 2.139, Kapitel 2, Teil III, Rn. 565 f.
1009 Kroppen/Rasch (2022), OECD Chapter II, Tz. 2.117, Kapitel 2, Teil III, Rn. 481 f.
1010 Kroppen/Rasch (2022), OECD Chapter II, Tz. 2.117, Kapitel 2, Teil III, Rn. 481 f, OECD-TPG, Tz. 2.125 ff.
1011 Kroppen/Rasch (2022), OECD Chapter II, Tz. 2.139, Kapitel 2, Teil III, Rn. 567.
1012 Vögele (2021), S. 536 f.

Nutzung der Knoppe-Formel.[1013] Ob solche pauschalen Vereinfachungen als Evidenz für eine CPSM ausreichen, ist fraglich.[1014] So zeigen Russo/Karnath im Jahr 2019, dass die Nutzung pauschaler Aufteilungen durch Daumenregeln in über drei Viertel der untersuchten Jurisdiktionen nicht genutzt oder bestenfalls als Plausibilitätskontrolle genutzt wurden.[1015] Nur wenige Staaten, wie z.B. die USA, akzeptierten in der Vergangenheit pauschale Aufteilungsformen, obwohl diese im Widerspruch zur Einzelfallbetrachtung des FVG stehen.[1016] In der Fachliteratur existiert Konsens, dass branchenübliche Pauschalregelungen oder Daumenregeln nicht im Einklang mit dem FVG stehen.[1017] Abschließend sind Fremdvergleichsdaten in den meisten Fällen nicht geeignet, um die Aufteilung innerhalb der CPSM hinreichend zu begründen. Folglich besteht idR Unsicherheit bei der praktischen Anwendung der CPSM.

Eine kontrovers diskutierte Unterform der CPSM ist die Vergleichs-Gewinnaufteilungsmethode bzw. Comparable-profits-method.[1018] Diese vergleicht existierende Aufteilungsverhältnisse holistisch und ohne eine Einzelfallbetrachtung, vergleichbar mit einer TNMM.[1019] Ein solcher Vergleich basiert auf der Ableitung von branchentypischen Vergleichsdaten, Standards oder Joint Ventures und mündet idR in eine ergebnisorientierten Kennzahlenanalyse (z.B. des Return-on-asset (ROA)).[1020] Dieses Vorgehen steht im Widerspruch zum transaktionsorientierten FVG. Deshalb wird die Comparable-profits-method in vielen Jurisdiktionen kritisiert und nicht akzeptiert.[1021] Empirische Erhebungen zeigen, dass die Comparable-profits-method primär in

---

1013 Goldscheider/Jarosz/Mulhern (2002), S. 123 f., Riedl/Protas (2019), S. 254 ff., Russo/Karnath (2019), S. 386, Vögele (2021), S. 536–539, Knoppe-Regel und 25 %-Goldscheider-Regel sind häufig genutzte Faustregeln.

1014 Kobetsky (2019), S. 1092.

1015 Vögele (2021), S. 543, Russo/Karnath (2019), S. 386, Österreich, Kanada, Zypern, Deutschland, Ungarn, Portugal, Slowakei, Südafrika und Spanien.

1016 Ballivet (2020), S. 125, Vögele (2021), S. 541, seit dem Jahr 2009 zeigt sich auch in den USA eine zunehmende Ablehnung von Daumenregeln, insb. seit dem Fall Uniloc USA, Inc gegen Microsoft Corporation im Jahr 2011.

1017 Chand/Wagh (2014), S. 405, Kobetsky (2019), S. 1092, Gonnet/Fris (2007), S. 8., Vögele (2021), S. 539 f.

1018 Vögele (2021), S. 609.

1019 Reif (2021), S. 60.

1020 Brauner (2008), S. 132, Vögele (2020), S. 363 f., Mössner (2018), Rn. 4.293, Gonnet (2016), S. 54, Halperin/Srinidhi (1996), S. 69, Brauner (2008), S. 157.

1021 OECD-TPG, Tz. 2.62.

den USA und im Vereinigten Königreich praxisrelevant ist.[1022] Die deutsche Finanzverwaltung lehnt die COMPARABLE-PROFITS-METHOD bisher konsequent ab, insb. da sie nicht geschäftsvorfallbezogen ist.[1023] Zwar erwähnt die GAufzV Gewinnaufteilungen ausdrücklich als geeignete Vergleichsdaten, welche faktisch nur bei der Preisvergleichsmethode oder PSM nutzbar sind (§ 1 Abs. 3 Satz 2 GAufzV). Hieraus eine Anwendungslegitimität der COMPARABLE-PROFITS-METHOD abzuleiten, erscheint jedoch fraglich.[1024] Abschließend ist die COMPARABLE-PROFITS-METHOD die einzige Ausprägungsform der PSM, welche einen direkten und tatsächlichen FV nutzt.[1025] Die hierfür notwendigen Informationen sind in der Praxis jedoch nicht immer verfügbar. Zudem birgt die regulatorisch eingeschränkte Akzeptanz der COMPARABLE-PROFITS-METHOD signifikante Konfliktrisiken bei der grenzüberschreitenden Anwendung. Infolgedessen wird die COMPARABLE-PROFITS-METHOD nachfolgend nicht vertieft.

Das Ziel einer Beitragsanalyse in der CPSM ist ein quantitatives Aufteilungsverhältnis durch relative Wertbeiträge.[1026] Fehlen quantitative Fremdvergleichsdaten, muss der relative Wertbeitrag qualitativ mit internen Daten ermittelt werden.[1027] Eine Quantifizierung anhand qualitativer Analysen des Einzelfalls birgt praktische Herausforderungen.[1028] Denn die praktische Durchführung einer Beitragsanalyse für die CPSM wird im nationalen VP-Regelwerk nicht erläutert.[1029] Klar ist hingegen, dass eine Werttreiberanalyse ein Bestandteil der FAR-Analyse ist.[1030] Folglich werden die relativen Wertbeiträge zunächst durch FAR-Analysen beurteilt, wobei insb. die Rolle der Risiken bei der konkreten Wertbeitragsermittlung weitgehend unklar bleibt.[1031] Dabei handelt es sich um eine rein qualitative

1022 Brauner (2008), S. 132, Drüen et al. (2017), S. 124, S. 377, es gibt empirische Belege dafür, dass die Methode zwischen den Jahren 2008 und 2014 lediglich von Großbritannien und den USA in APAs akzeptiert wurde.

1023 VWG 05, Tz. 3.4.10.3., lit. d., Tz. 3.4.10.3 lit. d., Tz. 3.4.10.3 lit. c. iVm Tz. 3.4.19 lit. c., Vögele (2021), S. 609.

1024 Die GAufzV kann kraft Gesetzes keine Befugnis zu Methodeneignung geben, § 90 Abs. 5 AO.

1025 Reif (2021), S. 114 f.

1026 Gonnet/Fris (2007), S. 8.

1027 Ballivet (2020), S. 125.

1028 OECD-TPG, Tz. 2.151, Gonnet/Fris (2007), S. 8, Kroppen/Rasch (2022), OECD Chapter II, Tz. 2.126, Kapitel 2, Teil III, Rn. 517.

1029 Kroppen/Rasch (2022), OECD Chapter II, Tz. 2.124, Kapitel 2, Teil III, Rn. 512.

1030 Kroppen/Rasch (2022), OECD Chapter II, Tz. 2.140, Kapitel 2, Teil III, Rn. 572.

1031 Kobetsky (2019), S. 1098, Danon et al. (2021), S. 74, Fuss (2019), S. 365 f.

Analyse.[1032] Um diesen methodischen Schwachpunkt abzumildern, sollte eine Beitragsanalyse deshalb idealtypisch auf internen und validierbaren Informationen, wie aus dem Rechnungswesen, basieren.[1033] Faktisch ist der relative Wertbeitrag somit ein Näherungswert auf Grundlage interner Informationen.[1034] Eine solche Schätzung erfordert ein fundamentales Verständnis von Werttreibern, Geschäftsmodell und Spezifika des Geschäftsvorfalls.[1035] In der Konsequenz wird in der CPSM idR ein sog. Bottom-up-Ansatz genutzt, indem der Wertbeitrag induktiv und auf Ebene einzelner Aktivitäten sukzessive erarbeitet wird.[1036] Problematisch an einer solchen Herleitung ist, dass ein tiefgreifendes ökonomisches Verständnis des Geschäftsvorfalls grundsätzlich nicht bei allen involvierten Parteien vorausgesetzt werden kann.[1037]

Alternativ hierzu kann die Ableitung von relativen Wertbeiträgen marktorientiert erfolgen, z.B. unter Nutzung marktüblicher Substituierung.[1038] Hierfür werden einzelne Elemente auf Grundlage externer Marktdaten quantifiziert und in einen Beitragsanteil überführt, wie z.B. Dienstleistungen, Entwicklungsausgaben, Vermögenswerte oder Kapitaleinsatz.[1039] Im Schrifttum wurden insb. die nachfolgenden vier Ansätze wiederholt genannt.[1040] Vögele spricht sich mehrfach für einen kapitalorientierten Ansatz aus, insb. da der Kapitaleinsatz eine ökonomisch hinreichende Substanz indiziert.[1041] Voraussetzungen hierfür sind insb. eine Korrelation aus Kapitaleinsatz und Rendite sowie eine transparente und homogene Kapital- und Kostenbasis.[1042] Die Grundprämisse dieses Ansatzes ist es, das risikobehaftete Kapital gleichmäßig zu vergüten und die Beitragsvergütung proportional zum Kapitaleinsatz, idR anhand des Capital-Employed, zu ermitteln.[1043] Alternativ ist die Vergütung

1032 Kroppen/Rasch (2022), OECD Chapter II, Tz. 2.140, Kapitel 2, Teil III, Rn. 572.
1033 Kroppen/Rasch (2022), OECD Chapter II, Tz. 2.149, Kapitel 2, Teil III, Rn. 598 f., OECD Chapter II, Tz. 2.150, Kapitel 2, Teil III, Rn. 601 f.
1034 OECD-TPG, Tz. 2.150, Vögele/Witt (2007), S. 35.
1035 Greil (2019), S. 35.
1036 Kroppen/Rasch (2022), OECD Chapter II, Tz. 2.117, Kapitel 2, Teil III, Rn. 481 f., Vögele/Witt (2007), S. 35 ff.
1037 Greil (2019), S. 35.
1038 Kroppen/Rasch (2022), OECD Chapter II, Tz. 2.128, Kapitel 2, Teil III, Rn. 524 f., Danon et al. (2021), S. 6. z.B. durch die Nutzung einer Fair-Value Bewertung.
1039 OECD-TPG, Tz. 2.151.
1040 Gonnet/Fris (2007), S. 8.
1041 Vögele (2020), S. 359 f., Gonnet/Fris (2007), S. 9.
1042 Gonnet/Fris (2007), S. 9.
1043 Kroppen/Rasch (2022), OECD Chapter II, Tz. 2.151, Kapitel 2, Teil III, Rn. 606 f.

von Arbeitsleistung ein möglicher Ansatz.[1044] Hierfür können beispielsweise Arbeitsstunden, Löhne, Sozialkosten und Bonuszahlungen genutzt werden. Zudem gibt es die Möglichkeit einer verhandlungsorientierten Aufteilung.[1045] Dabei wird der Aufteilungsprozess in einer (fiktiv) marktüblichen Verhandlungssituation ermittelt. Zuletzt gibt es die Möglichkeit einer Umfrage oder von Interviews.[1046] Das notwendige Wissen wird hierbei durch (externe) Experteninterviews oder durch eine Befragung der verantwortlichen Mitarbeiter erhoben.[1047] Das ist notwendig, sofern weder interne noch externe Daten verfügbar sind.[1048] Im Schrifttum existiert keine eindeutige Präferenz für einen Ansatz, sondern es werden häufig Kombinationen empfohlen.[1049]

Abschließend ist vorteilhaft, dass die CPSM einen Lösungsansatz ohne externe Vergleichsdaten bietet. Das gilt insb. für Fälle, bei denen keine Routinetätigkeiten vorliegen.[1050] Gleiches gilt, wenn die Unterscheidung zwischen Routine- und Entrepreneurtätigkeiten Ambiguität erfordert, weil eine trennscharfe Abgrenzung nicht möglich ist.[1051] In der Praxis wird die CPSM deshalb häufig für Wertbeitragsanalysen von immateriellen Werten genutzt und im Schrifttum als potenzieller Lösungsansatz für digitale Geschäftsmodelle diskutiert.[1052] Nachteilig an der CPSM ist, dass eine sachgerechte und in sich konsistente Aufteilung aufgrund der qualitativen Methodik, nicht objektivierbar ist.[1053] Die Hauptkritik an der CPSM ist, dass die Ermittlung des Gewinnaufteilungsverhältnisses subjektiv ist.[1054] Nach Grinberg gibt es einen Konsens, dass nahezu jeder Versuch der spezifischen Wertschöpfungsanalyse oder Identifizierung von Werttreibern subjektiv ist.[1055] Hinzu kommt, dass eine CPSM immanent Informationsasymmetrien zur Folge hat und grundsätzlich nicht erwartet werden kann, dass jedem Steuerpflichtigen hinreichende objektive

1044 Gonnet/Fris (2007), S. 10–11.
1045 Gonnet/Fris (2007), S. 11.
1046 Gonnet/Fris (2007), S. 12.
1047 Chand/Wagh (2014), S. 405.
1048 Vögele/Witt (2007), S. 39.
1049 Gonnet/Fris (2007), S. 12.
1050 Reif (2021), S. 130.
1051 Gonnet/Fris (2007), S. 9.
1052 Greil (2019), S. 1 f., Schoueri (2015), S. 699, Zinser et al. (2018), S. 2324, Vögele (2021), S. 606–612.
1053 Förster/Naumann (2006), S. 1131.
1054 Greinert/Metzner (2015), S. 63 ff.
1055 Grinberg (2018), S. 19.

Informationen für eine CPSM vorliegen.[1056] Ferner ist in vielen Jurisdiktionen weitgehend unklar, wie die CPSM konkret angewendet werden soll und welche Ermittlungsansätze präferiert werden.[1057] Klar ist hingegen, dass bis dato keine praxisüblichen Regulierungen zu Wertbeitragsanalysen in der CPSM existieren.[1058] Im Schrifttum wird deshalb mehrfach ein weiterführendes Regelwerk zur CPSM gefordert.[1059]

3.6.5.2 Residualorientierte PSM (RPSM)

Die zweite Ausprägungsform der PSM ist die REST- bzw. RESIDUALGEWINNAUFTEILUNGSMETHODE (RPSM).[1060] Die RPSM kombiniert die CPSM und einseitige VP-Methoden in einem hybriden Lösungsansatz.[1061] Analog zur Systematik des FVG werden zuerst alle Routinebeiträge vergütet und anschließend das verbleibende Residualergebnis ermittelt.[1062] Dieses ist das Residuum, welches anschließend durch eine CPSM, auf Grundlage eines geeigneten Aufteilungsmaßstabes, allokiert wird.[1063] Der entscheidende Unterschied zwischen der CPSM und der RPSM ist, dass in einer RPSM das Gesamtergebnis vorab um Routinevergütungen gekürzt wird und somit lediglich das Residualergebnis aufzuteilen ist.

Die RPSM wird international weitgehend deckungsgleich, unter Nutzung eines zweistufigen TOP-DOWN-ANSATZ, umgesetzt.[1064] Im ersten Schritt werden die Routinebeiträge identifiziert und vergütet.[1065] Der vergütungsfähige Routineanteil enthält idR weniger komplexe Wertbeiträge und kann deshalb durch einseitige VP-Methoden – den Standardmethoden und TNMM – abgebildet werden.[1066] Im zweiten Schritt wird das Residuum ermittelt und analog zur

---

1056 Kroppen/Rasch (2022), OECD Chapter II, Tz. 2.139, Kapitel 2, Teil III, Rn. 567.
1057 Brauner (2008), S. 133.
1058 Brauner (2008), S. 133.
1059 Olbert/Spengel (2017), S. 41.
1060 OECD-TPG, Tz. 2.152.
1061 Reif (2021), S. 130, Musselman (2020), S. 80.
1062 Kobetsky (2019), S. 1094.
1063 Danon et al. (2021), S. 6, Vögele (2020), S. 361 f., Zinser et al. (2018), S. 2321.
1064 Kroppen/Rasch (2022), OECD Chapter II, Tz. 2.127, Kapitel 2, Teil III, Rn. 519 f., Reif (2021), S. 58, Vögele/Witt (2007), S. 35. Beispiel USA, U.S.C. § 1.482 ff. Musselman (2020), S. 80.
1065 Vögele (2020), S. 361.
1066 OECD-TPG, Tz. 2.152, Danon et al. (2021), S. 6, Kroppen/Rasch (2022), OECD Chapter II, Tz. 2.127, Kapitel 2, Teil III, Rn. 519.

CPSM, durch die Ermittlung des relativen Beitragswertes, aufgeteilt.[1067] In der Praxis ist die Unterscheidung zwischen Routine- und Residualergebnis mitunter nicht trennscharf möglich.[1068] Zudem beinhalten die OECD-TPG keine praxisorientierten Hinweise, wie ein Residualergebnis praktisch abzugrenzen und aufzuteilen ist.[1069] Häufig basiert ein Entrepreneurbeitrag auf unternehmerischen Spezifika mit transzendenter Wertschöpfung oder Synergieeffekten.[1070] Auch bei einer hohen Verflechtung kann die Kausalität des Wertschöpfungsursprunges häufig nicht trennscharf zwischen Routineanteil und Entrepreneuranteil differenziert werden.[1071] Hinzu kommt, dass die Anwendungsindizien der PSM grundsätzlich auf komplexe Sachverhalte ohne Routineeigenschaften abzielen. Wenn beispielsweise ein einzigartiger immaterieller Wert die Anwendung der PSM legitimiert, erfolgt dies gerade aufgrund der Abwesenheit von Routineklassifizierungen.[1072] Folglich ist die relative Gewichtung, Bewertung und Klassifizierung der einzelnen Beiträge eine Herausforderung, denn die jeweiligen Beitragsanteile können in der Praxis nicht immer hinreichend identifiziert und isoliert werden.[1073] Ferner ist im Schrifttum strittig, ob eine RPSM nach Abzug der Routinevergütungen einen Residualverlust herbeiführen kann.[1074]

Der wesentliche Vorteil der RPSM basiert auf der hybriden Verbindung von CPSM und einseitigen VP-Methoden.[1075] Denn einseitige VP-Methoden gewährleisten, dass der Routineanteil im Einklang mit dem FVG systemkonform allokiert wird.[1076] Dadurch wird der qualitativ zu allokierende Beitragsanteil systematisch reduziert.[1077] Zudem kann eine RPSM, durch eine Mindestvergütung der Routinebeiträge, eine ausgewogene Ergebnisverteilung

---

1067 OECD-TPG, Tz. 2.152, Altshuler/Grubert (2010), S. 1166.

1068 OECD-TPG, Annex II zu Kapitel II, S. 475 f., Beispiel 11. Folglich ist eine Entrepreneurklassifizierung, mangels Definition, häufig die Negativabgrenzung von Routinebeiträgen.

1069 Avi-Yonah (2013), S. 1 f.

1070 Avi-Yonah (2013), S. 1, Li (2002), S. 834.

1071 Vögele/Witt (2007), S. 39.

1072 Diese Auffassung gilt international, Brauner (2008), S. 132.

1073 Vögele/Witt (2007), S. 36, S. 39.

1074 Goppelsroeder (2020), S. 258.

1075 Musselman (2020), S. 92, Schoueri (2015), S. 700 ff., Benshalom (2009), S. 671, Becker et al. (2019), S. 4.

1076 Benshalom (2009), S. 621, Musselman (2020), S. 87.

1077 Benshalom (2009), S. 665, Casley/Horrocks (2000), S. 140, Musselman (2020), S. 87.

herbeiführen.[1078] Beides kann etwaige Konfliktrisiken reduzieren und die Planungssicherheit in einer PSM erhöhen.[1079] In der Praxis zeigt sich deshalb nachweisbar eine klare Präferenz der RPSM gegenüber der CPSM, sofern Routinebeiträge im jeweiligen Geschäftsvorfall existieren.[1080]

3.6.5.3 Abgrenzung zur Global-Formelbasierten PSM (GPSM)

Im Schrifttum existieren eine Vielzahl an Vorschlägen und Modifizierungen der CPSM und RPSM.[1081] In den letzten Jahren wurde die PSM in Hinblick auf die Herausforderungen der zunehmenden Digitalisierung intensiv diskutiert, insb. mit der politischen Intention, den Marktstaaten mehr Besteuerungssubstrate zuzusprechen.[1082] Ein prominentes Ergebnis dieser Debatte ist die Reformbestrebung der internationalen Unternehmensbesteuerung der OECD, in Säule Eins zur Besteuerung der Digitalökonomie, welche ebenfalls eine Modifikation der PSM darstellt.[1083] Ein weiteres Ergebnis dieser Debatte ist, dass die Kritik am FVG (erneut) Aufwind erhielt.[1084] Nachfolgend wird eine Modifikation der PSM in Form des global-formelbasierten Ansatzes, als Alternative zum FVG erläutert und von der CPSM und RPSM abgegrenzt.

Die GLOBAL-FORMELBASIERTE PSM (GPSM) ist ein historischer Gegenpol zum FVG.[1085] Sie bietet ein Lösungskonzept außerhalb der Systematik des FVG und gilt deshalb als dessen prominenteste Alternative.[1086] Die GPSM ist in Deutschland und dem überwiegenden Anteil der OECD-Länder bisher nicht zulässig.[1087] Infolgedessen besteht für diese Untersuchung die Notwendigkeit die GPSM ausdrücklich von der CPSM und der RPSM abzugrenzen.[1088] Die

1078 Fuss (2019), S. 345, im WHITE PAPER 1988 – US Internal Revenue Service, A Study of Intercompany Pricing und der Section 482 of the Code, July 1988, Notice 88-123, 1988-2 C.B. 458.
1079 Schoueri (2015), S. 700 ff., Benshalom (2009), S. 671.
1080 EUJTPF (2018), S. 9 ff., PWC (2019), S. 49 f., Gonnet (2016), S. 54.
1081 Greil (2019), S. 16–20, Fuss (2019), S. 407.
1082 Oestreicher (2020), S. 245.
1083 Danon et al. (2021), S. 26 f., Ballivet (2020), S. 127: Die OECD bezeichnet die Säule Eins als BEYOND-THE-ARM'S-LENGTH-PRINCIPLE.
1084 Ditz (2015), S. 119.
1085 Chand/Wagh (2014), S. 402, Fuss (2019), S. 393 ff., Reif (2021), S. 59.
1086 Devereux/Vella (2014), S. 19, Eichfelder/Hechtner/Hundsdoerfer (2017), S. 1, Li (2002), S. 842.
1087 Vögele (2020), S. 363, Reif (2021), S. 59, S. 198, Danon et al. (2021), S. 2.
1088 Reif (2021), S. 55, Chand/Wagh (2014), S. 402.

Systematik der GPSM basiert auf zwei Kerneigenschaften: der globalen Perspektive und der Nutzung einer Formel. Letztere ist kein Spezifikum der GPSM, da jede Ausprägungsform einer PSM in eine relative und mathematisch darstellbare Aufteilung mündet. Das Spezifikum der GPSM ist, dass ihre Formel nicht geschäftsvorfallbezogen ermittelt wird, sondern durch vorab fixierte Allokationsschlüssel global konsolidierte Ergebnisse aufteilt.[1089] Damit wäre die Bestimmung von einzelnen VP im Rahmen des FVG obsolet.[1090] Infolgedessen ist die GPSM nicht im Einklang mit dem FVG, sondern ein holistischer Gegenentwurf.[1091] Dieser Widerspruch zum FVG ist zugleich der Ablehnungsgrund durch die OECD-TPG.[1092] Maßgeblich für eine potenzielle globale Anwendung der GPSM sind eine einheitliche Anwendung und ein einheitliches Regelwerk, welches die relevanten Finanzinformationen homogenisiert und konsolidiert.[1093] Beides erfordert insb. eine einheitliche Währungsumrechnung, einen einheitlichen Umgang mit Verlusten, global akzeptierte Rechnungslegungsstandards und eine Vollkonsolidierung steuerlicher Konzernergebnisse auf eine einheitliche Bemessungsgrundlage.[1094] Anschließend erfolgt die Aufteilung auf Grundlage einer fixen Formel.[1095] Ferner ist ein Regelwerk notwendig, welches die Parameterauswahl und Systematik der Formel fixiert.[1096] Insgesamt ist die Quintessenz der GPSM die Abkehr vom Separate-entity-approach, hin zu einer holistischen Betrachtung.[1097] Hieraus ergeben sich Vor- und Nachteile, welche nachfolgend erläutert werden. Bei Kritikern des FVG weckt die GPSM Erwartungen. Im Umkehrschluss kritisieren die Befürworter des FVG die GPSM. Das Ergebnis ist eine regsame Debatte im Fachschrifttum. Die Hauptargumente beider Perspektiven werden nachfolgend in der gebotenen Kürze dargelegt.

1089 Li (2002), S. 820–824, Baistrocchi (2006), S. 977.

1090 Ditz (2015), S. 119.

1091 Kroppen et al. (2012), S. 273.

1092 Reif (2021), S. 196 f.

1093 Baistrocchi (2006), S. 977.

1094 Haase/Nürnberg (2018), S. 33–36, Fuss (2019), S. 477.

1095 Haase/Nürnberg (2018), S. 33.

1096 Altshuler/Grubert (2010), S. 1171 f., in Analogie zur Systematik der Umsatzsteuer. Beispielsweise, ob das Empfängerprinzip oder das Ursprungs- und Herkunftsprinzip angewendet werden soll. Der FVG präferiert durch Wertschöpfungsorientierung aktuell das Ursprungs- und Herkunftsprinzip.

1097 Ballivet (2020), S. 124, Mair/Scheffler/Senger/Sureth-Sloane (2019), S. 24, Musselman (2020), S. 73 ff.

Befürworter der GPSM stützen ihre Argumentation häufig mit theoretisch-ökonomischen Argumenten.[1098] Die Quintessenz ist, nach BRAUNER und BENSHALOM, die These, dass die GSPM ökonomisch effizienter sei als der FVG.[1099] Konkret sei die GPSM theoretisch effizienter, um Konfliktpotenziale, Gestaltungspotenziale sowie Ineffizienzen des FVG zu beseitigen.[1100] Kritiker der GPSM halten diesen potenziellen Effizienzvorteil der GPSM für fraglich.[1101] Konträr dazu existiert die Auffassung, dass der FVG eine theoretische Wohlfahrtsoptimierung herbeiführen könne.[1102] So befürchten beispielsweise KROPPEN ET AL. Wohlfahrtsverluste durch eine ineffiziente Güterallokation der GPSM.[1103] LI und GORDON/WILSON kommen zu dem Ergebnis, dass der FVG mit dem SEPARATE-ENTITY-APPROACH letztlich lösungs- und praxisorientierter ist und die potenziellen ökonomischen Vorteile der GPSM, aufgrund ihrer theoretischen Natur, unterliegen.[1104]

Darüber hinaus erwarten Befürworter der GPSM eine potenzielle Reduzierung des Verwaltungsaufwandes und erhöhte Rechtssicherheit.[1105] Laut GREIL, lautet die Hauptthese, dass die GPSM den administrativen Aufwand reduziere, da sie weniger komplex ist als der einzelfallbezogene FVG.[1106] Ferner sei, so AVI-YONAH ET AL., der Implementierungsaufwand der GPSM relativ gering, im Vergleich zum generellen Befolgungsaufwand des FVG.[1107] KADET ET AL. sehen durch die Abschaffung der Einzelfallbetrachtung im Rahmen der GPSM einen Aufwandsrückgang, da weniger Kapazitäten zur Prüfung notwendig seien.[1108] Auch SCHREIBER/FELL resümieren, dass durch die Standardisierung der GPSM die Gesamtkosten reduziert werden können.[1109] Kritiker bezweifeln dies. Vielmehr sei der Aufwand innerhalb der GPSM durch die zusätzliche Notwendigkeit gruppeninterner Informationen ebenfalls hoch.[1110] Ähnlich kritisieren

---

1098 Li (2002), S. 827.
1099 Brauner (2008), S. 84, Benshalom (2009), S. 622–624.
1100 Benshalom (2009), S. 622–624, Runkel (2012), S. 299–301.
1101 Schoueri (2015), S. 704.
1102 Klein/Schmidkte (2009), S. 23 f.
1103 Kroppen et al. (2012), S. 282–284.
1104 Li (2002), S. 827, S. 852, Gordon/Wilson (1986), S. 1357.
1105 Reif (2021), S. 198.
1106 Greil (2019), S. 16 f.
1107 Avi-Yonah et al. (2009), S. 518.
1108 Kadet et al. (2018), S. 362.
1109 Schreiber/Fell (2017), S. 108, S. 114.
1110 Kroppen et al. (2012), S. 281.

Altshuler/Grubert, dass in der Theorie der GPSM häufig eine praxisfremde, vollständige Informationsverfügbarkeit unterstellt werde.[1111] Auch Reif sieht in der GPSM keinen signifikanten Aufwandsrückgang.[1112] Laut OECD sei die Einführung einer GPSM mit signifikanten politischen und administrativen Schwierigkeiten verbunden.[1113] Nach Schoueri sei der Einführungsaufwand der GPSM allein deswegen unverhältnismäßig, da weltweit bereits mehr als 4.000 DBAs existieren.[1114] Auch Kroppen at al. schlussfolgern, dass der Einführungsaufwand einer GPSM, aufgrund der Reformationsnotwendigkeit in einheitliche Steuer- und Rechnungslegungssysteme, mit unverhältnismäßigen Folgekosten verbunden sei.[1115]

Befürworter der GPSM sehen eine Vereinfachung, da systematische Schwierigkeiten des FVG, wie das Vergleichbarkeitspostulat und die Notwendigkeit von FAR-Analysen, nicht mehr notwendig seien.[1116] So sehen auch Mair et al., Kobetsky sowie Musselman eine Vereinfachung durch die GPSM mit reduzierter Komplexität, simplifizierter Prüfbarkeit und Klarheit mit dem Ergebnis zunehmender Rechtssicherheit.[1117] Beispielsweise könnten formelbasierte Ansätze die Ergebnisfindung in MAPs, APAs oder bilateralen Verträgen vereinfachen.[1118] Laut Li, gewähre die GPSM idealtypisch weniger Komplexität durch einen einfacheren Allokationsmechanismus, ohne unilaterale Sonderwege.[1119] Schoueri kritisiert hingegen, dass die Reduktion des FVG auf dessen Aufteilungsfunktion nicht sachgerecht sei.[1120] Denn die originär-historische Zielsetzung des FVG ist nicht die Ergebnisallokation, sondern die Ermittlung steuerlicher Einkünfte und die Vermeidung von Doppelbesteuerungen.[1121] Hierfür sei ein Transaktionsbezug maßgeblich und notwendig.[1122] Zudem sei, laut Kroppen et al. fraglich, ob die Informationsasymmetrie zwischen Steuerpflichtigen und Fiskus in einer GPSM tatsächlich geringer ist, als im FVG und

---

1111 Altshuler/Grubert (2010), S. 1146.
1112 Reif (2021), S. 198 f.
1113 OECD-TPG, Tz. 1.24, Kroppen et al. (2012), S. 286.
1114 Schoueri (2015), S. 704.
1115 Kroppen et al. (2012), S. 285.
1116 Avi-Yonah et al. (2009), S. 517, Gordon/Wilson (1986), S. 1358 f.
1117 Mair et al. (2019), S. 1, Danon et al. (2021), S. 163 ff., Musselman (2020), S. 73 ff.
1118 Kroppen et al. (2012), S. 274.
1119 Li (2002), S. 853 f.
1120 Schoueri (2015), S. 702 f.
1121 Schoueri (2015), S. 703.
1122 Schoueri (2015), S. 703.

sich dadurch das Konfliktpotenzial reduziert.[1123] Laut Avi-Yonah et al. stellen sich bei der GPSM Grundsatzfragen der praktischen Anwendung, wie insb. die Nutzung von Safe-Harbours, die Definition und Zuordnungssystematik von Umsätzen, die Anwendungsvoraussetzungen durch Größenkriterien sowie etwaige Ausnahmen für SMEs oder die Koordinationsfunktion von DBAs.[1124] Ferner müssen Lösungen für Finanztransaktionen gefunden werden, da diese in einer GPSM vernachlässigt werden, ebenso wie für Fremdwährungseffekte und Gestaltungsspielräume bei Bewertungsfragen.[1125] Nach Clausing, Altshuler/Grubert sowie Gordon/Wilson liegt eine Problematik der GPSM nicht in der finalen Anwendung, sondern in der Konzipierung und Implementierung einer angemessenen und politisch konsensfähigen Formel.[1126] Kane sieht ebendiesen Konsens durch die fehlende Flexibilität einer GPSM als gefährdet an.[1127] Ähnlich sehen Ballivet sowie Becker/Englisch die Flexibilität der Einzelfallbetrachtung des FVG als vorteilhaft gegenüber einer statischen GPSM an.[1128] Ferner resümiert Greil, dass der FVG mit seiner transaktionsorientierten Systematik den involvierten Staaten mehr Souveränität zugesteht als bei einer fixierten GPSM.[1129] Ein Kernproblem der GPSM ist demnach der Umgang mit Jurisdiktionen, welche nicht an der GPSM partizipieren. Nach Kroppen et al. müsse eine effektive GPSM global jede Jurisdiktion umfassen, da sonst ein zweites System außerhalb der GPSM notwendig werde.[1130] So sehen auch Avi-Yonah et al. die Notwendigkeit der globalen Kohärenz, da sonst effektive Maßnahmen zur Streitbeilegung für nicht teilnehmende Staaten erarbeitet werden müssten.[1131]

Befürworter sehen in der GPSM einen Lösungsansatz, welcher das steuerliche Gestaltungspotenzial reduziert und dadurch steuerliche Mehreinnahmen ermöglicht.[1132] Dadurch entziehe die GPSM dem Steuerwettbewerb seine

1123 Kroppen et al. (2012), S. 281.
1124 Avi-Yonah et al. (2009), S. 518.
1125 Li (2002), S. 855 ff., Avi-Yonah et al. (2009), S. 518, Benshalom (2009), S. 634, Altshuler/Grubert (2010), S. 1145.
1126 Clausing (2014), S. 6 ff., Altshuler/Grubert (2010), S. 1183, Li (2002), S. 855 ff., Gordon/Wilson (1986), S. 1358 f.
1127 Kane (2014), S. 284, S. 299 f.
1128 Ballivet (2020), S. 126, Becker/Englisch (2019), S. 170.
1129 Greil (2017), S. 629, Greil (2019), S. 18 ff.
1130 Kroppen et al. (2012), S. 286.
1131 Avi-Yonah et al. (2009), S. 520 f.
1132 Avi-Yonah et al. (2009), S. 513 f., Kroppen et al. (2012), S. 277 ff., Mair et al. (2019), S. 24.

Grundlage.[1133] Kritiker bezweifeln dies, denn auch in der GPSM existieren Gestaltungspotenziale.[1134] Laut Li sei Steuergerechtigkeit in einer GPSM möglich, sofern die Steuersätze global einheitlich sind.[1135] Nach Mair et al. sei die Herausforderung der zwischenstaatlichen Einkünftezuordnung in einer GPSM weder methodisch noch praktisch gelöst, da Ermessens- und Gestaltungsspielräume faktisch ebenfalls zu einer Doppelbesteuerung führen können.[1136] Bereits Carroll kritisierte den formelbasierten Ansatz dahingehend, dass Eigeninteressen die Faktoren der Formel verzerren und deshalb eine konsensorientierte und einheitliche Anwendung nicht zu erwarten sei.[1137] Idealtypisch müsse die Formel der GPSM auf wirtschaftlicher Substanz basieren und dürfe nicht manipulationsanfällig sein.[1138] Baistrocchi kritisiert hierbei, es sei ein Schwachpunkt der GPSM, dass die Faktoren durch politisches Interesse anstelle von ökonomischer Substanz ausgewählt werden und die Entscheidungsfindung nicht objektiv sowie manipulationsanfällig sei.[1139] Das Ergebnis sei eine politisch verzerrte Schätzung, anstelle einer ökonomischen Zuordnung.[1140] Auch nach Altshuler/Grubert ist ein Grundproblem der GPSM die potenzielle Asymmetrie zwischen den Einkommensfaktoren und den Parametern der Formel.[1141] Denn jeder Parameter der Formel birgt in sich spezifische Anreize.[1142] So zeigen Altshuler/Grubert und Gordon/Wilson, dass lohn- und kapitalorientierte Faktoren Anreize schaffen, Routineaktivitäten (grenzüberschreitend) zu verlagern.[1143] Eine Umsatzorientierung schafft Anreize, das Produktportfolio entsprechend der Profitmargen zu allokieren.[1144] Laut Schoueri scheitere die GPSM letztlich an der Bereitstellung international angemessener Aufteilungsschlüssel.[1145] Abschließend sehen Kritiker in einer

1133 Li (2002), S. 852 f.
1134 Mair et al. (2019), S. 27, Gordon/Wilson (1986), S. 1360–1364.
1135 Li (2002), S. 843.
1136 Mair et al. (2019), S. 8.
1137 Li (2002), S. 859.
1138 Baistrocchi (2009), S. 630.
1139 Baistrocchi (2009), S. 629.
1140 Baistrocchi (2009), S. 629.
1141 Altshuler/Grubert (2010), S. 1148, S. 1183.
1142 Altshuler/Grubert (2010), S. 1182 f.
1143 Altshuler/Grubert (2010), S. 1182, Gordon/Wilson (1986), S. 1367–1371.
1144 Altshuler/Grubert (2010), S. 1182.
1145 Schoueri (2015), S. 703.

GPSM Zielkonflikte, die weder politisch konsensfähig sei noch nachweisbare Vorteile aufzeige.[1146]

3.6.5.4 Wissenschaftliche Erkenntnisse zur GPSM

In diesem Kapitel wird die wissenschaftliche Evidenz zur GPSM in drei Schritten synthetisiert.[1147] Zuerst wird die Erkenntnisdichte zur theoretischen Debatte betrachtet. Anschließend wird die GPSM in Bezug auf potenziellen wissenschaftlichen Konsens untersucht. Abschließend werden empirische Erkenntnisse zu bereits existierenden formelbasierten steuerlichen Aufteilungsmechanismen aus Deutschland, den USA und Kanada zusammengefasst.

In Bezug auf die Fragestellungen der ökonomischen Effizienz und des Aufwandes existiert keine abschließende wissenschaftliche Würdigung. In beiden Fällen ist die Debatte widersprüchlich und basiert überwiegend auf theoretischen Argumenten. Dabei wird die Interdisziplinarität von VP häufig vernachlässigt. Für einen wissenschaftlich fundierten und vollständigen Vergleich von GPSM und FVG fehlt bisher eine holistische und wissenschaftliche Synthese beider Systeme.[1148] Infolgedessen können diese Punkte in dieser Untersuchung nicht abschließend gewürdigt werden, denn aus wissenschaftlicher Sicht existiert (derzeit) kein Konsens.[1149]

Im Gegensatz dazu ist die These, dass unter einer GPSM kein Steuerwettbewerb stattfindet, wissenschaftlich fraglich. Kiesewetter et al. zeigen, dass eine formelbasierte Aufteilung das Gestaltungsmissbrauchspotenzial nicht minimiert, sondern insb. durch die Faktorengewichtung andere Gestaltungsoptionen ermöglicht.[1150] Ferner zeigt Hines, dass Steuersubstrate in einer GPSM durch den Erwerb und Verkauf von Unternehmensanteilen verschoben werden können.[1151] Auch Altshuler/Grubert zeigen, dass ein formelbasierter Ansatz die effektiven Unterschiede der Grenzsteuersätze ausweiten kann.[1152] Eichfelder et al. und Gordon/Wilson resümieren, dass die Einführung

1146 Greil (2017), S. 627, konträr hierzu Gordon/Wilson (1986), S. 1357–1372.

1147 Das beinhaltet die finalen Beiträge des SLR.

1148 Kroppen et al. (2012), S. 281.

1149 Fuss (2019), S. 401.

1150 Kiesewetter/Steigenberger/Stier (2014), S. 1056, zeigen dies am Beispiel von Assets. Baistrocchi (2009), S. 629, zeigt einzelne Parameter können das Potenzial von BEPS ggf. erhöhen.

1151 Hines (2010), S. 108 ff.

1152 Altshuler/Grubert (2010), S. 1182.

einer GPSM die Steuervermeidung nicht beilegt, sondern lediglich die Anreizformen verändert.[1153] Zwar existieren Indizien, dass die steuerlichen Ermessensspielräume in einer GPSM geringer seien können, allerdings wird hierbei die Änderung der Anreizform vernachlässigt.[1154] Laut SCHÖN, spiele die Faktormobilität sowohl in der GPSM, als auch im FVG eine entscheidende Rolle für die Nutzung von Gestaltungsoptionen.[1155] Auch Befürworter der GPSM gestehen ein, dass die GPSM in spezifischen Fällen zu Arbitrage-Effekten führen kann.[1156] MAIR ET AL. erforschten eine weitere Perspektive der GPSM, indem sie die Gesamtergebnisallokation unter Nutzung der GKKB-Formel[1157] untersuchten.[1158] MAIR ET AL. belegten an einem Beispiel, dass eine GPSM eine gleichmäßigere Gesamtergebnisverteilung erwirken kann, als der FVG und damit das zwischenstaatliche Konfliktpotenzial reduzieren könnte.[1159]

Bettreffend der GPSM zeigt sich bei politischen Initiativen in der Vergangenheit mehrfach, dass ein globaler und politischer Konsens nicht vorausgesetzt werden kann.[1160] So gab es in Europa zwischen den Jahren 2011 und 2016 bereits Bestrebungen einer GEMEINSAMEN-UND-KONSOLIDIERTEN-KÖRPERSCHAFT-BEMESSUNGSGRUNDLAGE (GKKB), welche mangels Konsens scheiterte.[1161] Das belegt, dass ein solcher Konsens selbst innerhalb der EU fraglich ist.[1162] Ferner zeigte sich im Rahmen des BEPS-Projektes lediglich dahingehend ein Konsens, dass die GPSM erneut deutlich abgelehnt wurde.[1163] Als Erklärung hierfür zeigen AVI-YONAH ET AL., dass es bei formelbasierten Lösungen stets Gewinner und Verlierer gibt.[1164] Der politische Wille nach einem internationalen Konsens für eine GPSM, kann derzeit nicht vorausgesetzt werden.[1165] Analog zum

1153 Eichfelder et al. (2017), S. 5, Gordon/Wilson (1986), S. 1358 ff.
1154 Mair et al. (2019), S. 27, Clausing (2014), S. 9, S. 25.
1155 Schön (2009), S. 70 f.
1156 Avi-Yonah et al. (2009), S. 516.
1157 Llopis (2017), S. 636.
1158 Mair/Scheffler/Senger/Sureth-Sloane (2019), S. 1 ff.
1159 Mair et al. (2019), S. 9, S. 13, diese Formel enthält Umsatz, Vermögen, Lohnsumme und Beschäftigtenanzahl.
1160 Baistrocchi (2006), S. 977.
1161 Gemeinsamme-Konsolidierte-Körperschaftsteuer-Bemessungsgrundlage bzw. Common Consilitated Corporate Tax Base (GKKB), Haase/Nürnberg (2018), S. 31–36, Llopis (2017), S. 632 ff.
1162 Schoueri (2015), S. 704.
1163 Fuss (2019), S. 378, Kobetsky (2019), S. 1080.
1164 Avi-Yonah et al. (2009), S. 524 f., S. 536 f.
1165 Schoueri (2015), S. 701, Li (2002), S. 866.

politischen Konsens, fehlt dieser auch im Fachschrifttum. Vielmehr zeigt sich ein Pluralismus an Ideen, Modifikationen und Konzepten zur GPSM. Li entwickelte einen Vorschlag zur GPSM, in welchem die US-Formel um interne Beitragsanalysen erweitert wird.[1166] Ting/Gray schlagen eine Orientierung am umsatzsteuerlichen Regelwerk vor.[1167] Grinberg, Auerbach, Devereaux, Keen, Oosterhuis, Schön und Vella sprechen sich für eine produktspezifische PSM aus, welche Ergebnisse analog zum Bestimmungslandprinzip allokiert.[1168] Kadet et al. sprechen sich für einen Lösungsansatz aus, in dem die PSM sektoral und öffentlich transparent für spezifische Geschäftsmodelle standardisiert wird.[1169] Avi-Yonah et al. präferieren eine Nutzung der RPSM, durch eine pragmatische Orientierung am Umsatz.[1170] Schreiber/Fell empfehlen eine umsatzorientierte Aufteilung, iVm einem zwischenstaatlichen Kreditsystem für Steuern.[1171] Greil schlägt eine modifizierte RPSM vor, um das Residuum zu reduzieren und anschließend umsatzorientiert aufzuteilen.[1172] Benshalom fordert die Anwendung der RPSM auf spezifische Teilbereiche zu spezialisieren, anstelle einer holistischen Aufteilung.[1173] Schön plädiert für ein äquivalenztheoretisches Konzept, iVm einer Erweiterung des Betrachtungszeitraumes.[1174] Abschließend ist festzuhalten, dass es nicht an wissenschaftlichen Reformvorschlägen mangelt, sondern an wissenschaftlichem und politischem Konsens.

Nachfolgend stehen empirische Erkenntnisse zur GPSM im Mittelpunkt. Diese existieren, da formelbasierte Ergebnisaufteilungen im Steuerrecht bereits in abgewandelter Form genutzt werden, wie u.a. die deutsche Gewerbesteuer und die amerikanisch-kanadische Formelaufteilung.[1175] Die föderale Aufteilung von Steuersubstraten in den USA und Kanada erfolgt durch einen

---

1166 Li (2002), S. 844 ff.

1167 Ting/Gray (2019), S. 1663 f.

1168 Grinberg (2018), S. 25–53, sog. Destination-Based-Residual-Profit-Allocation.

1169 Kadet et al. (2018), S. 359 f.

1170 Avi-Yonah (2013), S. 4 ff., Avi-Yonah et al. (2009), S. 498–522.

1171 Schreiber/Fell (2017), S. 101–112.

1172 Greil (2017), S. 628.

1173 Benshalom (2009), S. 665.

1174 Schön (2010), S. 251–255.

1175 Eichfelder et al. (2017), S. 1, insb. zur US-Kanadischen Formel. Da zu dieser aktuell die meisten empirischen Erkenntnisse vorliegen.

formelbasierten Ansatz.[1176] Kanada nutzt eine gewichtete Aufteilung des relativen Lohnkostenanteils sowie des relativen Umsatzanteils iVm finalen Ergebnissen.[1177] Ausgangspunkt in den USA ist die sog. MASSACHUSETTS-FORMEL[1178] aus dem Jahr 1950, welche drei Aufteilungsfaktoren in Form von Umsatzerlösen, Lohnkosten und Vermögenswerten, zu gleichen Teilen, berücksichtigte.[1179] Anfangs wurde diese Formel unverändert genutzt.[1180] Mittlerweile existieren zahlreiche Ausprägungsformen unterschiedlicher Bundesstaaten oder Provinzen.[1181] CLAUSING untersuchte die Entwicklung der US-Formel im Zeitfenster der Jahre 1986 bis 2012, wobei sich die Zusammensetzung der Formel signifikant änderte.[1182] Im Jahr 1986 hatten etwa 80 Prozent der Bundesstaaten eine gleichsam gewichtete Formel, wohingegen es im Jahr 2012 lediglich 17 Prozent waren.[1183] Empirisch zeigte sich die Abweichung überwiegend in einer stärkeren Gewichtung der Umsatzerlöse.[1184] Konkret haben etwa die Hälfte der Bundestaaten die Gewichtung der Umsatzerlöse mehr als verdoppelt.[1185] Hintergrund ist, dass Unternehmen bei einer hohen Umsatzgewichtung Steuern einsparen können, sofern sie Produktivfaktoren wie Mitarbeiter oder Vermögenswerte in umsatzstarke Bundesstaaten allokieren.[1186] Laut CLAUSING basiert diese Änderung der Gewichtung auf politischer Lobbyarbeit.[1187] Infolgedessen diente die Gewichtung von Formelparametern als politisches Instrument im steuerlichen Wettbewerb.[1188] Darüber hinaus existieren Indizien, dass der

---

1176 Kroppen et al. (2012), S. 273, Baistrocchi (2006), S. 976–977, Benshalom (2009), S. 626: Alle US Bundesstaaten nutzen eine Formel zur Aufteilung. Zur Übersicht Llopis (2017), S. 635.

1177 Clausing (2014), S. 25.

1178 Llopis (2017), S. 633–634.

1179 Kroppen et al. (2012), S. 273, Clausing (2014), S. 7.

1180 Avi-Yonah et al. (2009), S. 509.

1181 Baistrocchi (2006), S. 976.

1182 Clausing (2014), S. 8–9.

1183 Clausing (2014), S. 8 f., Abbildung: Share of states using different formulas.

1184 Clausing (2014), S. 8, Abbildung: Share of states using different formulas.

1185 Avi-Yonah et al. (2009), S. 509, Clausing (2014), S. 8–9, Kroppen et al. (2012), S. 273, Übersicht in Llopis (2017), S. 635.

1186 Clausing (2014), S. 13, da diese Faktoren anschließend entsprechend geringer ins Gewicht fallen, sinkt die Gesamtsteuerlast.

1187 Clausing (2014), S. 8–9.

1188 Clausing (2014), S. 8–10. Im gleichen Zeitraum sank der föderale Durchschnittssteuersatz von 7,2 Prozent auf 6,6 Prozent und ceteris paribus stiegen dadurch die steuerlichen Anreize.

formelbasierte Allokationsmechanismus in der USA zu signifikant erhöhten Befolgungskosten führte.[1189] An diesem Beispiel zeigt CLAUSING, dass bereits auf national-föderaler Ebene, mit verhältnismäßig geringen Steuersätzen und mit einer einheitlichen Bemessungsgrundlagenermittlung, eindeutige Belege für die kompetitive Nutzung von Gestaltungsoptionen in einem formelbasierten Ansatz existieren.[1190] CLAUSING schlussfolgert, dass eine Formel statisch sein müsste, um politischen Ineffizienzen vorzubeugen.[1191] Eine solche statische Formel nutzt die deutsche GewStG auf kommunaler Ebene.[1192] Einziger und statischer Aufteilungsparameter sind die Lohnkosten (§§ 29 bis 33 GewStG). Auch hier existieren mehrfach Ergebnisse für einen positiven Zusammenhang des Formelfaktors und des Verhaltens bezüglich der Nutzung von Gestaltungspotenzialen.[1193] THOMSEN ET AL. sowie RIEDEL belegen mehrfach, dass eine statisch-lohnkostenorientierte Formel für die Verzerrung wirtschaftlicher Tätigkeiten genutzt wurde.[1194] Ferner widerlegen EICHFELDER ET AL., dass der Formelansatz in Deutschland robust gegen Manipulationen ist.[1195] Sie zeigen zudem, dass einzelne Formelparameter einen direkten Einfluss auf andere steuerzentrierte Faktoren mit sich bringen.[1196] Darüber hinaus zeigen THOMSEN ET AL., dass formelbasierte Ansätze in Deutschland zur Gewinnverschiebung genutzt werden.[1197] Das belegt, dass die Nutzung von Gestaltungspotenzialen keine reine Frage der Allokationssystematik ist, da steuerliche Anreize, ungeachtet der Aufteilungssystematik, lediglich in anderer Form wirken.[1198]

In dieser Untersuchung wird die Auffassung geteilt, dass eine abschließende und wissenschaftlich sachgerechte Würdigung von GPSM und FVG derzeit nicht möglich ist.[1199] GPSM und FVG sind zwei signifikant unterschiedliche Lösungsansätze mit verschiedenen Perspektiven und Zielkonflikten.[1200]

1189 Kroppen et al. (2012), S. 281–282.
1190 Clausing (2014), S. 9, S. 25.
1191 Clausing (2014), S. 25.
1192 Eichfelder et al. (2017), S. 1, Kroppen et al. (2012), S. 273.
1193 Thomsen/Ullmann/Watrin (2013), Thomsen/Ullmann/Watrin (2014), Riedel (2010), Eichfelder et al. (2017), S. 1–2.
1194 Thomsen et al. (2013), Thomsen et al. (2014), Riedel (2010).
1195 Eichfelder et al. (2017), S. 3, S. 29 f.
1196 Eichfelder et al. (2017), S. 3–4.
1197 Thomsen et al. (2014), S. 28–34.
1198 Thomsen et al. (2014), S. 28–34, Thomsen et al. (2013), S. 36, Altshuler/Grubert (2010), S. 1182.
1199 Kroppen et al. (2012), S. 281, Schoueri (2015), S. 702.
1200 Kroppen et al. (2012), S. 274–276, Schön (2009), S. 84 f.

Dennoch lassen sich abschließend einige Erkenntnisse festhalten: Die GPSM auf den Allokationsmechanismus zu reduzieren, erscheint nicht sachgerecht, da diese tiefgreifende und systematische Folgefragen mit sich bringen würde. Aktuell existiert weder politisch noch wissenschaftlich ein Konsens für die Ermittlung konsolidierter Welteinkünfte.[1201] Die Erwartung, dass eine GPSM steuerliche Gestaltungsoptionen (vollständig) einschränkt, darf auf Grundlage der derzeitigen Erkenntnisse aus Ländern mit formelbasierter Steueraufteilung bezweifelt werden.[1202] Wahrscheinlicher ist, dass sich die steuerlichen Anreize lediglich ändern.[1203] Festzuhalten ist, dass die Erwartungen an die GPSM zum Teil durch wissenschaftliche Ergebnisse negiert werden können. Dabei zeigt sich jedoch auch, dass eine holistische und wissenschaftlich-interdisziplinär abschließende Würdigung von FVG und GPSM derzeit nicht existiert. Insofern haben VP und die GPSM eines gemeinsam: Die eine perfekte Lösung existiert in einem interdisziplinären Fachgebiet nicht. Abschließend erinnern die Diskussionen zur GPSM an Dürrenmatts Physiker mit der Suche nach einer steuerlichen Weltformel. Infolgedessen belegt diese Untersuchung die Notwendigkeit, die Praxisfähigkeit der PSM weiterzuentwickeln. Denn die PSM bietet einen systemkonformen Lösungsansatz, ohne einen Systembruch des derzeitigen internationalen Steuersystems auszulösen. Letzterer erscheint insb. aufgrund des derzeitig geringen wissenschaftlichen Erkenntnisstandes und des fehlenden politischen Konsenses, zumindest aus Praxissicht, nicht erstrebenswert.

3.6.6 Praktische Herausforderungen der PSM

3.6.6.1 Ermittlung des aufzuteilenden Ergebnisses

Quintessenz der PSM ist die Überführung relativer Wertbeiträge eines Sachverhaltes in ein Aufteilungsverhältnis.[1204] Eine solche Überführung birgt Herausforderungen bei der Anwendung. Ausgehend vom Schrifttum unterscheidet diese Untersuchung zwei Kategorien an Herausforderungen: den praktischen Anwendungsherausforderungen der PSM und Herausforderungen sachverhaltsspezifischer Sonderfälle. Beide werden nachfolgend erläutert.

1201 Schoueri (2015), S. 701.
1202 Haase/Nürnberg (2018), S. 36.
1203 Gordon/Wilson (1986), S. 1357.
1204 Chand/Wagh (2014), S. 403 f.

Im Schrifttum existiert insoweit Konsens, dass die Flexibilität der PSM zu einer methodisch komplexen Anwendung führt.[1205] Diese Komplexität kann subjektive Konfliktpotenziale fördern und dadurch eine intersubjektive Lösungsfindung für eine PSM erschweren oder sogar verhindern.[1206] Infolgedessen ist die Gewährleistung von größtmöglicher Objektivität der Analysen eine praktische Herausforderung.[1207] Das EUJTPF belegte, dass die Gewährleistung von Objektivität in der PSM eine entscheidende Herausforderung in Betriebsprüfungen ist.[1208] Das gilt insb. bei der Ermittlung von Wertbeitragsanalysen, Aufteilungsschlüsseln sowie bei der Ergebnisermittlung.[1209] Um diese Schritte nachvollziehbar und möglichst objektiv durchzuführen, ist ein hoher Informationsgehalt und Ermittlungsaufwand notwendig.[1210] Folglich ist die PSM inhärent mit praktischen Anwendungsherausforderungen behaftet.[1211] Im Schrifttum werden insb. zwei Herausforderungen betont, welche nachfolgend dargestellt werden. Analog zur zweistufigen Anwendungssystematik der PSM, wird zuerst die Ergebnisermittlung und anschließend die Aufteilung erläutert.[1212]

Die Ergebnisermittlung ist eine nachgewiesene praktische Herausforderung der PSM.[1213] Gemäß Wortlaut ist hierfür die Ermittlung des aufzuteilenden Gewinns, also des relevanten Ergebnisses vor Aufteilung maßgeblich.[1214] Der Terminus GEWINN wird nachfolgend durch den Begriff ERGEBNIS ersetzt, da ein aufzuteilendes Ergebnis auch Verluste umfasst. In einer geschäftsvorfallbezogenen Gewinnaufteilungsmethode muss das relevante Ergebnis per Definition geschäftsvorfallbezogen ermittelt werden.[1215] Folglich ist die Abgrenzung des Geschäftsvorfalls der erste Schritt der Ergebnisermittlung. Ergebnisse

1205 Schreiber (2018), S. 265, Danon et al. (2021), S. xxvi, PWC (2019), S. 52 f., Greinert/Metzner (2015), S. 63 ff., Milewska/de Mendoza (2010), S. 164.

1206 Reif (2021), S. 145 ff.

1207 PWC (2019), S. 52 f.

1208 Die Erhebung erfolgte in einer Umfrage mit Beratern, EUJTPF (2018), S. 6.

1209 EUJTPF (2018), S. 6.

1210 Milewska/de Mendoza (2010), S. 164.

1211 Kroppen et al. (2012), S. 269.

1212 Kroppen/Rasch (2022), OECD Chapter II, Kapitel 2, Teil III, C.3.3 und C.3.4.

1213 EUJTPF (2018), S. 4–8, PWC (2019), S. 52 f.

1214 OECD-TPG, Kapitel II, Teil III, Abschnitt C.4. Seit dem Jahr 2018 wird hierbei vom RELEVANTEN ERGEBNIS gesprochen: OECD-TPG, Tz. 2.152 ff., Zucchetti/Piva (2019), S. 98. Seit 2018 RELEVANT PROFITS, statt vorher COMBINED PROFITS.

1215 Kroppen/Rasch (2022), OECD Chapter II, Tz. 2.130, Kapitel 2, Teil III, Rn. 534 f.

außerhalb dieses Geschäftsvorfalls sind irrelevant für die Ergebnisermittlung der PSM.[1216] Ausgangspunkt dieser Abgrenzung sind schriftliche Verträge und schuldrechtliche Beziehungen.[1217] Darüber hinaus empfehlen die OECD-TPG FAR-Profile, Eigentumsverhältnisse, ökonomische Rahmenbedingungen sowie die Risikozuordnung als Abgrenzungsmerkmale eines Geschäftsvorfalles.[1218] Laut OECD-TPG beinhaltet ein Geschäftsvorfall kaufmännische und finanzielle Beziehungen der Partizipierenden.[1219] Entscheidend ist, dass der relevante Geschäftsvorfall erfasst und sachgerecht abgegrenzt werden kann.[1220] Eine Bündelung von Geschäftsvorfällen ist theoretisch gerechtfertigt, wenn eine solche sachgerechte Abgrenzung nicht vorgenommen werden kann, wobei Detailfragen der regulativen Auslegung offen bleiben.[1221] Hierbei gelten die generellen Grundsätze aus Kapitel I der OECD-TPG.[1222] Im deutschen Recht ist eine Gruppierung in einer sog. Palettenbetrachtung gestattet, sofern diese marktüblich ist.[1223] Insgesamt fordern die OECD-TPG somit theoretisch eine eindeutige Erfassung und trennscharfe Abgrenzung des jeweiligen Geschäftsvorfalles in einer PSM.

Das relevante Ergebnis eines Geschäftsvorfalles ist ein finanzielles Ergebnis. Deshalb sind strukturierte Finanzinformationen für den spezifischen Geschäftsvorfall notwendig. Die Ergebnisermittlung sollte mit fremdüblichen Methoden erfolgen. Somit ist eine eigenständige und trennscharfe Informationsgrundlage für die Ergebnisermittlung zu empfehlen, vergleichbar mit dem Ansatz des Autonomous-entity-approach aus dem Rechnungswesen.[1224] Entscheidend für die Ergebnisermittlung ist das Aggregationsniveau von Aufwendungen und Erträgen innerhalb eines Geschäftsvorfalls, vergleichbar mit

1216 OECD-TPG, Tz. 2.154.

1217 OECD-TPG, Tz. 2.161, Vögele (2020), S. 358.

1218 OECD-TPG, Tz. 1.36. Die Risikozuordnung erfolgt gemäß dem Risiko-Kontroll-Ansatz. Bei Risikoteilung ist somit die finanzielle Kapazität maßgeblich. Danon et al. (2021), S. 16, OECD-TPG, Kapitel I, Abschnitt D.1.2.1., Tz. 1.94.

1219 OECD-TPG, Tz. 2.125.

1220 OECD-TPG, Tz. 2.125, Tz. 2.154.

1221 Reif (2021), S. 202.

1222 Danon et al. (2021), S. 63.

1223 Ein Gesamtgeschäft wird unter den Voraussetzungen des § 2 Abs. 3 GAufzV akzeptiert.

1224 Coenenberg et al. (2018), S. 914, Synergien und Belastungen aus dem Konzern werden vernachlässigt bzw. eliminiert.

einer Segmenterfolgsrechnung.[1225] Hierbei ist die Informationsdichte höher als in Segmentberichten nach §§ 285 Nr. 4 und 264 Abs. 1 Satz 2 HGB und tendenziell vergleichbar mit den Anforderungen der DRS 3 und IFRS 8. Geeignet sind beispielsweise Segmentierungsebenen für einzelne Produkte, Produktlinien, Waren, Profit Center oder auch organisatorische Sparten, Sektoren oder Divisionen.[1226] Eine solche Segmentierung kann anhand festgelegter Homogenitätskriterien erfolgen, wie z.B. Tätigkeiten, Materialität, Geografie und Kunden.[1227] Ob diese Abgrenzung trennscharf gelingt, ist abhängig von der Komplexität des Sachverhaltes.[1228] Bei fehlender Trennschärfe ist eine pragmatische Trennung in trennbare und nicht-trennbare Komponenten denkbar.[1229]

Finanzinformationen eines Geschäftsvorfalles können sachgerecht kombiniert oder verglichen werden, wenn sie einen homogenen Informationsgehalt haben.[1230] Das beinhaltet insb. eine einheitliche Währung und eine einheitliche Ermittlungsmethodik, zumeist in Form von Rechnungslegungsstandards.[1231] Bei Heterogenität der Finanzdaten sind Anpassungen, Bereinigungen und Überleitungsrechnungen notwendig.[1232] Idealtypisch wird deshalb bereits vor Anwendung der PSM ein gemeinsamer Rechnungslegungsstandard fixiert und einheitlich angewendet.[1233] Für grenzüberschreitende Geschäftsvorfälle eignet sich deshalb eine Orientierung an international akzeptierten und marktüblichen Rechnungslegungsstandards, wie IFRS oder US-GAAP und insb. marktorientierte Bewertungsmethoden wie des FAIR-MARKET-VALUE.[1234]

1225 OECD-TPG, Tz. 2.154, Oestreicher (2020), S. 247, Coenenberg et al. (2018), S. 910–920.

1226 Benshalom (2009), S. 191, OECD-TPG, Tz. 2.156, Coenenberg et al. (2018), S. 911 f. iSd MANAGEMENT APPROACH vergleichbar mit DRS 3 oder IFRS 8, allerdings ohne Konsolidierung.

1227 Coenenberg et al. (2018), S. 911 f.

1228 OECD-TPG, Tz. 2.157, die Komplexität ist abhängig vom Homogenitätsgrad des Produktmix.

1229 Reif (2021), S. 175.

1230 OECD-TPG, Tz. 2.155.

1231 OECD-TPG, Tz. 2.155, Kobetsky (2019), S. 1090.

1232 OECD-TPG, Tz. 2.155, Kroppen et al. (2012), S. 272.

1233 Ballivet (2020), S. 124, OECD-TPG, Tz. 2.155.

1234 OECD-TPG, Tz. 2.156, Förster/Naumann (2006), S. 1131, Kroppen/Rasch (2022), OECD Chapter II, Tz. 2.131, Kapitel 2, Teil III, Rn. 537, das wirft Fragen auf, da in vielen Ländern das Local-GAAP als Besteuerungsgrundlage dient. Coenenberg et al. (2018), S. 118 f. Ein TRUE-AND FAIR-VIEW iSd IAS 1.15 soll die bestmögliche

Hinderlich bei der Anwendung der externen Rechnungslegung ist, dass diese Informationen regelmäßig nicht aggregiert auf Geschäftsvorfallebene verfügbar sind.[1235] Deshalb werden idR unternehmensinterne Finanzinformationen für eine PSM genutzt.[1236] Laut OECD-TPG werden interne Informationen aus der Kostenrechnung akzeptiert, sofern sie zuverlässig, überprüfbar und hinreichend geschäftsvorfallbezogen sind.[1237] Für Letzteres werden die Finanzdaten idR aufwands- und ertragsseitig aufgeschlüsselt.[1238] Dabei existieren hinlänglich bekannte Konflikte aus Rechnungswesen und Kostenrechnung, wie z.B. die Zuordnung von Gemeinkosten, wobei grundsätzlich eine Orientierung an betriebswirtschaftlichen oder buchhalterischen Grundsätzen empfohlen wird.[1239] Für eine solche Ergebnisermittlung sowie der Abgrenzung von geschäftsvorfallfremden Effekten fordern die OECD-TPG ausdrücklich eine Dokumentation.[1240] Die zeitliche Divergenz zwischen Investitionsaufwand und Ertragseingang eines Geschäftsvorfalles kann eine Mehrjahresanalyse erfordern, welche über einen steuerlichen Veranlagungszeitraum hinausgeht.[1241] Dabei stellen sich Fragen der juristischen Verhältnismäßigkeit, wenn das Informationsbedürfnis (ausländischer) Gesellschaften über die nationalen steuerlichen Mitwirkungspflichten hinausgeht.[1242] Denn derzeit existiert im nationalen Steuerrecht keine uneingeschränkte Vorlagepflicht für Kosten- und Leistungsrechnungen.[1243]

Grundsätzlich unterscheiden die OECD-TPG zwei Ergebnistypen für die PSM: tatsächliche Ergebnisse und zukünftige bzw. erwartete Ergebnisse. Beim tatsächlichen Ergebnis werden die Ergebnisvariablen durch das tatsächliche Ergebnis fixiert.[1244] Ein potenzieller HINDSIGHT wirkt direkt auf das Ergebnis, mitsamt

---

Abbildung des aktuellen Marktwertes anzielen, was dem Marktbezug des FVG nahekommt.

1235 Becker et al. (2019), S. 22.

1236 Becker et al. (2019), S. 22, OECD-TPG, Tz. 2.174.

1237 OECD-TPG, Tz. 2.156.

1238 OECD-TPG, Tz. 2.157, Kroppen/Rasch (2022), OECD Chapter II, Tz. 2.137, Kapitel 2, Teil III, Rn. 533 ff.

1239 Kroppen/Rasch (2022), OECD Chapter II, Tz. 2.120, Kapitel 2, Teil III, Rn. 496. Eine Orientierung am Grundsatz der Verhältnismäßigkeit und den Grundsätzen ordnungsmäßiger Buchführung ist denkbar.

1240 OECD-TPG, Tz. 2.157, Mössner (2018), Rn. 4.295.

1241 Kroppen/Rasch (2022), OECD Chapter II, Tz. 2.146, Kapitel 2, Teil III, Rn. 590.

1242 Kroppen/Rasch (2022), OECD Chapter II, Tz. 2.120, Kapitel 2, Teil III, Rn. 492.

1243 Kroppen/Rasch (2022), OECD Chapter II, Tz. 2.120, Kapitel 2, Teil III, Rn. 492.

1244 Reif (2021), S. 132.

aller Chancen und Risiken.[1245] Die Nutzung des tatsächlichen Ergebnisses ist angemessen, wenn Risiken und Erwartungen aus einem Geschäftsvorfall gemeinsam getragen werden bzw. diese eng verflochten sind.[1246] Das gilt v.a. bei Wertbeitragsanalysen und der Aufteilung des Residuums.[1247] Deshalb präferieren OECD und Schrifttum theoretisch das tatsächliche Ergebnis in der PSM, vorausgesetzt es existiert ein entsprechendes Zahlenwerk.[1248] In der Praxis wird dieser Auffassung idR gefolgt.[1249]

Die Nutzung des erwarteten Ergebnisses ist hingegen angemessen, wenn wirtschaftlich signifikante Risiken nicht gemeinsam getragen werden und die Chancen und Risiken asymmetrisch verteilt sind.[1250] Zur Ermittlung erwarteter Ergebnisse werden Forecasts und betriebswirtschaftlich anerkannte Bewertungstechniken verwendet.[1251] Infolgedessen existieren praktische Herausforderungen bei der Erstellung von Finanzmodellen, wie insb. die Datenverfügbarkeit, die Datenqualität und die Streitbarkeit getroffener Annahmen.[1252] Beispielhaft hierfür ist in den OECD-TPG die Ermittlung antizipierter Produktumsätze durch ein Discounted-cash-flow-verfahren (DCF) genannt.[1253] In der Praxis divergieren erwartete und tatsächliche Ergebnisse häufig. Deshalb wird bei erwarteten Ergebnissen zumeist eine frequentierte Prüfung und Anpassung gefordert, z.B. in Form einer Preisanpassungsklausel.[1254] Eine Kombination beider Ergebnistypen wird ausdrücklich gestattet, sofern die Anwendung konsistent zum FVG erfolgt.[1255]

Die zeitliche Divergenz zwischen tatsächlichen und erwarteten Ergebnissen führt zu Fragen der zeitlichen Preisfestsetzung innerhalb der PSM.[1256] Die

---

1245 Reif (2021), S. 132.
1246 OECD-TPG, Tz. 2.159–160, Danon et al. (2021), S. 64.
1247 OECD-TPG, Tz. 2.159.
1248 Becker et al. (2019), S. 23, Fuss (2019), S. 372.
1249 Vögele (2021), S. 593.
1250 OECD-TPG, Tz. 2.160.
1251 Danon et al. (2021), S. 65, Reif (2021), S. 133.
1252 EUJTPF (2018), S. 4.
1253 OECD-TPG, Kapitel IV, Abschnitt D.2.6.3, D.2.6.4., Ballivet (2020), S. 125, OECD-TPG, Annex II zu Kapitel II, S. 480 f. Beispiel 13. Beispiel 13 zeigt einen erwarteten Gewinn als Anwendung mit Pauschal- oder Umsatzlizenz für Produktvermarktung/Vertrieb ex-ante in der Modebranche.
1254 Stähli (2018), S. 284, Reif (2021), S. 133, Oestreicher (2020), S. 247.
1255 OECD-TPG, Tz. 2.158, Tz. 2.148.
1256 OECD-TPG, Tz. 2.161.

OECD-TPG lehnen eine rückwirkende Beurteilung der PSM, aufgrund nachträglich gewonnener Erkenntnisse, ausdrücklich ab.[1257] Maßgeblich ist der Zeitpunkt des Geschäftsabschlusses, mitsamt des Vertragswerks, welches insb. die Gültigkeitsdauer, die Ergebnisaufteilungsfaktoren und die Ergebnisdefinition im Vorfeld fixieren soll.[1258] Das ist ein klares Bekenntnis zu einer ex-ante Preisfestsetzung innerhalb der PSM.[1259] Konkret sollen die Rahmenbedingungen einer PSM ex-ante fixiert werden, auch wenn das tatsächliche Ergebnis erst ex-post ermittelt werden kann.[1260] Dabei sollte die Vereinbarung fremdüblich gestaltet sein, d.h. mit eindeutigen und überprüfbaren Vertragselementen und Messgrößen, damit die PSM grundsätzlich zu ökonomisch sinnvollen und fremdüblichen Ergebnissen führen kann. Da ein tatsächliches Ergebnis ex-ante stets unbekannt ist, sind nachgelagerte Ermittlungselemente notwendig.[1261] Planrechnungen sind mit Hilfe von Erfahrungen, kaufmännisch-betriebswirtschaftlich fundierter und vorsichtiger Prognosen zu erstellen.[1262] Weitere Anpassungsmechanismen hierfür sind Preisanpassungsklauseln, ein unterjähriger Ergebnisabgleich oder vertragliche Ausnahmeregelungen, sofern Neuverhandlungen fremdüblich erscheinen.[1263] Maßgeblich für eine PSM ist somit der Zeitpunkt des Vertragsabschlusses und nicht der Erfüllungszeitpunkt.[1264] Folglich präferieren OECD und BMF den ex-ante Ansatz für die PSM.[1265]

Die Auswahl der Ergebnismessgröße ist sachverhaltsabhängig und dispositiv.[1266] Gefordert sind lediglich qualitative Faktoren, wie Zuverlässigkeit und Überprüfbarkeit.[1267] Die OCED-TPG unterscheiden hierfür zwischen Brutto- und Nettoergebnis.[1268] Das Nettoergebnis wird nicht definiert, lässt

---

1257 OECD-TPG, Tz. 2.161 iVm Tz. 3.74.

1258 OECD-TPG, Tz. 2.148, Tz. 2.161, analog hierzu auch die deutsche Finanzverwaltung, BMF VWG 23, Kapitel III Abschnitt C.6.

1259 Goppelsroeder (2020), S. 258, Casley/Horrocks (2000), S. 137.

1260 OECD-TPG, Tz. 2.161, Vögele (2020), S. 358.

1261 Chand/Wagh (2014), S. 403, Kroppen/Rasch (2022), OECD Chapter II, Tz. 2.134, Kapitel 2, Teil III, Rn. 546 f.

1262 BMF VG 21, Tz. 3.41 mit Verweis auf BFH vom 17. Februar 1993, I R 3/92, BStBl II 1993, S. 457.

1263 OECD-TPG, Tz. 2.161, BMF VG 21, Tz. 3.39, BMF VG 21, Tz. 3.41.

1264 BMF VG 21, Tz. 3.38 mit Verweis auf BFH vom 9. März 1983, I R 182/78, BStBl II 1983, S. 744 und § 1 Abs. 3 Satz 4 AStG.

1265 OECD-TPG, Tz. 2.161, Tz. 2.182, Reif (2021), S. 127.

1266 OECD-TPG, Tz. 2.163, Reif (2021), S. 137.

1267 Reif (2021), S. 131.

1268 OECD-TPG, Tz. 2.162 f., Förster/Naumann (2006), S. 1131.

sich – insb. in Analogie zur TNMM – jedoch als operatives Ergebnis, Betriebsergebnis oder Earnings-before-interest-and-taxes (EBIT) auslegen.[1269] Bei gemeinsamer Risikoübernahme ist das Nettoergebnis geeignet, da sich die Konsequenzen unmittelbar auf das operative Ergebnis aller Partizipierenden auswirken.[1270] Ferner ist das Nettoergebnis geeignet, wenn das Ergebnis von spezifischen, gemeinsamen oder untrennbaren Aktivitäten beeinflusst wird, welche über das Produktions- und Marktrisiko hinausgehen.[1271] Das Bruttoergebnis ist geeignet, wenn das Ergebnis auf konkret isolierbaren Wertbeiträgen basiert.[1272] Hierbei wird das Bruttoergebnis mit dem Rohgewinn bzw. der Bruttomarge gleichgesetzt.[1273] Im Schrifttum wird hierfür eine umsatzkostenorientierte Darstellung iSd § 275 Abs. 3 HGB oder nach IFRS empfohlen.[1274] Die Intention ist eigenverantwortliche Ergebnisposten auszuschließen, da das Bruttoergebnis individuelle Kostenstrukturen der Teilnehmer ausschließt.[1275] Dadurch wird die Zuordnung spezifischer Kostenstrukturen vermieden.[1276] Durch seine Ermittlungsparameter ist das Bruttoergebnis geeignet, Produktions- und Fertigungsfunktionen für spezifische Waren oder Dienstleistungen abzubilden.[1277] Die OECD-TPG empfehlen hierbei eine Segmentierung, mit einer anteiligen Aufwandsübernahme für z.B. Produkte oder Handelsbereiche.[1278] Eine Erhebung der Praxis des EUJTPF zeigt, dass mehrheitlich der EBIT bzw. das operative Ergebnis genutzt wurden, aber auch die

---

1269 Reif (2021), S. 134 f., Kroppen/Rasch (2022), OECD Chapter II, Tz. 2.137, Kapitel 2, Teil III, Rn. 555: Als Berechnung wird vorgeschlagen: Ergebnis der gewöhnlichen Geschäftstätigkeit + Zinsaufwand + AfA Finanzanlagen und Wertpapiere im Umlaufvermögen – Erträge aus dem Finanzanlagevermögen – Erträge aus Beteiligungen = Betriebsergebnis.

1270 Reif (2021), S. 137, Oestreicher (2020), S. 247.

1271 OECD-TPG, Tz. 2.163, konkret wenn mehr GuV-Posten als Umsatzerlöse und Materialaufwand betroffen sind, z.B. durch Investitionen.

1272 OECD-TPG, Tz. 2.162.

1273 Kroppen/Rasch (2022), OECD Chapter II, Tz. 2.137, Kapitel 2, Teil III, Rn. 558. Nach § 275 Abs. 3 HGB ist das Bruttoergebnis die Differenz aus Umsatzerlösen und den Herstellungskosten der erbrachten Leistungen.

1274 Reif (2021), S. 135.

1275 Becker et al. (2019), S. 23, OECD-TPG, Annex II zu Kapitel II, S. 481 f. Beispiel 14.

1276 Kroppen/Rasch (2022), OECD Chapter II, Tz. 2.137, Kapitel 2, Teil III, Rn. 560.

1277 OECD-TPG, Tz. 2.163, Reif (2021), S. 137. Da sich das Marktrisiko umsatzbezogen auswirkt und das Produktionsrisiko (Material)-Kostenbezogen auswirkt.

1278 OECD-TPG, Tz. 2.164.

Earnings-before-interest-and-taxes-depreciation-and-amortization (EBITDA) und das Bruttoergebnis Anwendung fanden.[1279]

3.6.6.2 Ermittlung der Aufteilungsfaktoren

Eine praktische Herausforderung der PSM ist die Aufteilung des Residualergebnisses durch Aufteilungsfaktoren.[1280] Das EUJTPF belegt, dass eine sachverhaltskonsistente Auswahl und Gewichtung der Aufteilungsfaktoren eine Praxisherausforderungen der PSM ist.[1281] Laut OECD basiert ein angemessener Aufteilungsfaktor auf einer wirtschaftlich sinnvollen Grundlage, welche dem relativen Wertbeitrag der Partizipierenden gerecht wird und einer fremdüblichen Aufteilung nahekommt.[1282] Diese Forderung ist nicht weiterführend reguliert oder ausgelegt. Folglich sind die Handlungsoptionen theoretisch unbegrenzt, sofern sie im Einklang mit dem FVG sind.[1283] Infolgedessen erfolgt die Auswahl der Aufteilungsfaktoren idealtypisch, unter Berücksichtigung von wirtschaftlichem Kontext und Umfeld, durch eine FAR-Analyse.[1284] Allerdings existiert im Schrifttum Konsens, dass jede Wertschöpfungsanalyse oder Werttreiberidentifizierung subjektive Elemente beinhaltet.[1285] Die relativen Wertbeiträge zu quantifizieren und sachverhaltsspezifisch durch Aufteilungsfaktoren aufzuteilen basiert auf einer qualitativ-subjektiven Beurteilung.[1286] Letztere ist systematisch mit inhärenten Unsicherheiten behaftet, da ein objektiver Referenzpunkt fehlt, um die Ergebnisse zu verifizieren.[1287] Abschließend ist die Auswahl der Aufteilungsfaktoren einzelfallbezogen und dispositiv und beinhaltet inhärente Unsicherheiten.

Die OECD-TPG lehnen eine verbindliche Liste von Aufteilungsfaktoren ausdrücklich ab, da diese die Flexibilität der Einzelfallbetrachtung gefährden könnte.[1288] Dennoch existieren unverbindliche Indizien für idealtypische Aufteilungsfaktoren. Die Auswahl der Aufteilungsfaktoren sollte grundsätzlich

1279 EUJTPF (2018), S. 4 f.

1280 Kroppen et al. (2012), S. 272.

1281 EUJTPF (2018), S. 4–8, Danon et al. (2021), S. xxvi.

1282 OECD-TPG, Tz. 2.166.

1283 Reif (2021), S. 140 f., OECD-TPG, Tz. 2.169.

1284 Oestreicher (2020), S. 247 f., OECD-TPG, Tz. 2.169, z.B. Branche und Umfeld.

1285 Grinberg (2018), S. 19.

1286 EUJTPF (2019), S. 4 f., Danon et al. (2021), S. 301, Reif (2021), S. 140 f. Das ist insb. bei heterogenen Wertbeiträgen eine Herausforderung.

1287 Danon et al. (2021), S. xxv.

1288 OECD-TPG, Tz. 2.166, Vögele (2021), S. 594.

ex-ante erfolgen.[1289] Jeder Aufteilungsfaktor sollte einen kausalen Bezug zur Wertschöpfung zeigen und einheitlich für alle Partizipierenden anwendbar sein.[1290] Ferner sollte ein Aufteilungsfaktor idealtypisch auf objektiven Daten basieren und durch interne sowie externe Daten gestützt werden.[1291] Er sollte klar messbar und überprüfbar sein.[1292] Seine Auswahl sollte ausführlich begründet und erklärbar sein, um Subjektivität und Willkür vorzubeugen.[1293] Zudem sollte er konsistent zu Sachverhalt und FAR-Analyse und robust gegen Manipulation sein sowie zu einem angemessenen Ergebnis führen.[1294] Letzteres ist jedoch nicht weiterführend ausgelegt.

Das Ergebnis der Aufteilungsfaktoren ist ein Aufteilungsverhältnis, durch einen oder mehrere Aufteilungsfaktoren.[1295] Bei mehreren Aufteilungsfaktoren ist eine Gewichtung notwendig.[1296] Laut EUJTPF überwiegt in der Praxis eine Mehrfaktoraufteilung.[1297] Diese kann sich am Aufteilungsverhältnis fremder Dritter orientieren oder durch die Analyse spezifischer Wertbeiträge erfolgen.[1298] Insgesamt ist somit jeder sachverhaltsspezifische Aufteilungsmechanismus mit den Aufteilungsfaktoren als Aufteilungsvariablen mathematisch darstellbar.[1299] Wird hingegen sachverhaltsunabhängig eine vorab fixierte Formel des GPSM-Ansatzes genutzt, so steht dies im Widerspruch zum FVG.[1300] Ein pragmatischer Ansatz ist die Orientierung an den Aufteilungsfaktoren aus vergleichbaren Transaktionen, wie insb. Joint Venture- bzw. Kooperationsvereinbarungen oder Branchenstandards.[1301] Beispielsweise zeigt sich insb. in der

1289 Oestreicher (2020), S. 246.
1290 OECD-TPG, Tz. 2.179.
1291 OECD-TPG, Tz. 2.166.
1292 OECD-TPG, Tz. 2.166, Kroppen/Rasch (2022), OECD Chapter II, Tz. 2.122, Kapitel 2, Teil III, Rn. 500 f.
1293 OECD-TPG, Tz. 2.148, Tz. 2.178, Kroppen/Rasch (2022), OECD Chapter II, Tz. 2.122, Kapitel 2, Teil III, Rn. 500 f.
1294 Kroppen/Rasch (2022), OECD Chapter II, Tz. 2.122, Kapitel 2, Teil III, Rn. 500, Casley/Horrocks (2000), S. 140.
1295 OECD-TPG, Tz. 2.169.
1296 Kroppen et al. (2012), S. 273, Kroppen/Rasch (2022), OECD Chapter II, Tz. 2.140, Kapitel 2, Teil III, Rn. 568 f., Reif (2021), S. 140.
1297 EUJTPF (2018), S. 5.
1298 Danon et al. (2021), S. 10.
1299 OECD-TPG, Tz. 2.170.
1300 Reif (2021), S. 195.
1301 Vögele (2021), S. 595, OECD-TPG, Tz. 2.167, hier werden insb. die Öl- oder Gasindustrie, Pharmaindustrie, Marketing, Musikindustrie und Finanzindustrie genannt.

Finanzbranche häufig eine Orientierung an Personalfunktion und Mitarbeitervergütung.[1302] Allerdings ist hierbei häufig unklar, ob eine hinreichende Vergleichbarkeit vorliegt, da detaillierte Sachverhaltsinformationen idR nicht transparent verfügbar sind.[1303] Auch CbCRs, nach § 138a AO, erscheinen ungeeignet zur Ableitung von Aufteilungsfaktoren, da sie derzeit international keine einheitlichen Informationsaggregation aufweisen.[1304] Infolgedessen nutzen manche Jurisdiktionen für die Auswahl der Aufteilungsfaktoren Vereinfachungen. In den USA wird der Totalgewinn holistisch und ohne Detailanalyse als eine Art Ultima Ratio aufgeteilt.[1305] Ein solches Vorgehen kann jedoch im Widerspruch zum FVG stehen.[1306] Auch das Schrifttum fordert pauschale Vereinfachungen des Aufteilungsmechanismus. Es existieren Vorschläge, die Auswahl der Aufteilungsfaktoren insb. größenabhängig, sachverhaltsabhängig oder geschäftsmodellspezifisch zu vereinfachen.[1307] Die OECD-TPG lehnen solche Vereinfachungen bisher ab, gestehen allerdings ein, dass die Verfügbarkeit externer Vergleichsdaten selten gegeben ist.[1308] Existieren keine externen Anhaltspunkte, so fordern die OECD-TPG eine relative Beitragsbewertung durch interne Daten und insb. einer FAR-Analyse.[1309] Dadurch ist die Auswahl potenzieller Aufteilungsfaktoren nicht reguliert und somit faktisch unbegrenzt.[1310] Lediglich das EUJTPF erstellte eine unverbindliche und nichtabschließende Liste, in welcher potenzielle Aufteilungsfaktoren genannt und gewürdigt wurden.[1311] In der Anwendungspraxis existiert derzeit kein Konsens zur Auswahl von Aufteilungsfaktoren.[1312] Die Mehrzahl empirisch beobachteter Aufteilungsfaktoren basieren laut EUJTPF auf internen Informationen aus Rechnungswesen und Kostenrechnung.[1313] Ferner sind in der Praxis insb. eine

1302 EUJTPF (2018), S. 9, Li (2002), S. 862, Fuss (2019), S. 341.
1303 Reif (2021), S. 138 f.
1304 Chand/Wagh (2014), S. 407 ff., hiermit sind insb. nicht standardisierte Berechnungen der gefragten Kennzahlen gemeint.
1305 Brauner (2008), S. 134–156, Bee/Strothe (1989), S. 1430 f.
1306 Wassermeyer et al. (2022), Rn. 5.137.
1307 Reif (2021), S. 187 f., Kadet (2015), S. 1185, Benshalom (2009), S. 665.
1308 OECD-TPG, Tz. 2.168.
1309 OECD-TPG, Tz. 2.168, OECD-TPG, Tz. 2.178.
1310 Ballivet (2020), S. 125.
1311 EUJTPF (2019), S. 13 f., mit Darstellung in EUJTPF (2019), S. 17, Anhang 2.
1312 Danon et al. (2021), S. 183, EUJTPF (2018), S. 4, mit Verweis auf EUJTPF (2019), Annex 3. Es werden unterschiedliche Aufteilungsfaktoren genutzt.
1313 EUJTPF (2019), S. 14, Danon et al. (2021), S. 183.

pragmatische Umsetzbarkeit und die Vermeidung komplexer Aufteilungsfaktoren maßgeblich.[1314] Das kann sachverhaltsspezifische Aufteilungsfaktoren hervorbringen, wie z.B. die Serveranzahl.[1315] Im Schrifttum gelten insb. die nachfolgenden fünf Aufteilungsfaktoren als praxisrelevant: Mitarbeiter, Kosten, Kapitaleinsatz, Umsatzerlöse und Vermögenswerte.[1316] Diese werden nachfolgend in der gebotenen Kürze dargelegt.[1317]

Ein potenzieller Aufteilungsfaktor sind Mitarbeiter. Dieser Aufteilungsfaktor kann die Mitarbeiteranzahl, die spezifischen Fähigkeiten, die Lokalisierung der Mitarbeiter, deren Arbeitszeiten und insb. die Mitarbeitervergütung beinhalten.[1318] Nachteilig an Mitarbeitern als Aufteilungsfaktor ist, dass eine einheitliche Definition fehlt und idR eine wertschöpfungsorientierte Gewichtung notwendig ist.[1319] Auch Kosten sind ein potenzieller Aufteilungsfaktor. Kosten basieren idR auf einer Investitionsentscheidung, d.h. es existiert eine zeitliche Differenz zwischen Zahlungsabfluss und Zahlungszugang.[1320] Infolgedessen beinhalten Kosten stets das Risiko von HINDSIGHTS.[1321] Zudem ist die verursachungsgerechte Kostenzuordnung von indirekten Kosten eine bis dato ungelöste Herausforderung im internen und externen Rechnungswesen und folglich mit einer hohen Komplexität verbunden.[1322] Das erschwert eine verursachungsgerechte Zuordnung von Aufwendungen und Erträgen, insb. bei immateriellen Werten.[1323] Die OECD-TPG räumen ein, dass Kosten sich nicht für eine Bewertung von immateriellen Werten eignen, aber eine Hilfsvariable

---

1314 Becker et al. (2019), S. 27, kritisieren dies am Beispiel der Nutzeranzahl für ein plattformbasiertes Geschäftsmodell.

1315 Kroppen/Rasch (2022), OECD Chapter II, Tz. 2.141, Kapitel 2, Teil III, Rn. 573.

1316 EUJTPF (2019), Annex 3, EUJTPF (2018), S. 5, Danon et al. (2021), S. 12, Ballivet (2020), S. 125, Oestreicher (2020), S. 248, Vögele (2021), S. 597–612.

1317 EUJTPF (2019), S. 13 f., Danon et al. (2021), S. 11, eine vertiefte Analyse über die Vor- und Nachteile der jeweiligen Aufteilungsfaktoren kann den Ausführungen des EUJTPF entnommen werden.

1318 EUJTPF (2019), Annex 2, S. 5, Danon et al. (2021), S. 131 f., Li (2002), S. 847. Die Mitarbeitervergütung eignet sich insofern, da sie alle Mitarbeiter relativiert und nicht gleichsetzt.

1319 Chand/Wagh (2014), S. 408.

1320 OECD-TPG, Tz. 2.182, Stähli (2018), S. 284.

1321 OECD-TPG, Tz. 2.181.

1322 Stähli (2018), S. 284, Vögele (2021), S. 600 f.

1323 Vögele (2021), S. 594–602, stichtagsbezogene Betrachtung und Zuordnung nachfolgender Zahlungszuflüsse.

für die PSM darstellen können.[1324] Kosten sind ein sinnvoller Aufteilungsfaktor, wenn sie plausibel und verursachungsgerecht zugeordnet werden können bzw. wenn eine kausale Korrelation zwischen den Aufwendungen und den relativen Wertbeiträgen vorliegt, z.B. durch einen hohen Anteil direkter Kosten.[1325] Ist dies gewährleistet, so sind Kosten ein verfügbarer und transparenter Aufteilungsfaktor. Das gilt z.B. bei Marketingaufwendungen einer Vertriebsfunktion, Personalaufwendungen für Dienstleistungen oder F&E-Aufwendungen für die Entwicklung von immateriellen Werten.[1326] Im Schrifttum werden Kosten der DEMPE-Funktionen und operative Kosten gemeinsamer Aktivitäten genannt, welche idealtypisch transparent, einheitlich und für einen fixierten Zeitraum in einer fiktiven Gewinn- und Verlustrechnung (GuV) erfasst werden sollten.[1327] Die OECD-TPG bestätigen Kosten mehrfach als Beispiel für einen Aufteilungsfaktor. So werden gemeinsame F&E-Kosten als Beispiel für die Entwicklung von einzigartigen immateriellen Werten genutzt.[1328] Zudem wird gezeigt, dass die Erfassung von Kosten nicht zwingend eine Mehrjahresbetrachtung erfordert.[1329] Im Umkehrschluss sind kostenorientierte Aufteilungsfaktoren ungeeignet, wenn unterschiedlich wertvolle immaterielle Werte genutzt werden.[1330] Auch Kapitaleinsatz ist ein potenzieller Aufteilungsfaktor. Der Grundgedanke ist, dass ein Zusammenhang aus eingesetztem Kapital und Ergebnisanspruch existiert.[1331] Der Ergebnisanspruch verteilt sich auf Kapitalgeber, analog zu einer marktüblichen-risikoadjustierten Kapitalvergütung.[1332] Dabei wird den Entrepreneuren idR das Risikokapital zugeordnet.[1333] Eine gleichmäßige Kapitalverzinsung kann die Anwendung der PSM vereinfachen, so dass allein die Kapitalhöhe entscheidend ist.[1334] Dabei muss das eingesetzte Kapital geschäftsvorfallbezogen ermittelt werden. Geeignet hierfür sind insb. das (betriebs)-notwendige Kapital bzw. das CAPITAL-EMPLOYED, das WORKING-CAPITAL und

---

1324 OECD-TPG, Tz. 2.171.

1325 Schreiber (2018), S. 265 f., Kroppen/Rasch (2022), OECD Chapter II, Tz. 2.144, Kapitel 2, Teil III, Rn. 582 f.

1326 Kroppen/Rasch (2022), OECD Chapter II, Tz. 2.144, Kapitel 2, Teil III, Rn. 582 f.

1327 EUJTPF (2018), S. 5, Danon et al. (2021), S. 132, OECD-TPG, Tz. 2.176, Tz. 2.183.

1328 OECD-TPG, Annex II zu Kapitel II, S. 475 f., Beispiel 11, Beispiel 16, S. 486 f.

1329 OECD-TPG, Annex II zu Kapitel II, S. 481 f., Beispiel 14.

1330 Kroppen/Rasch (2022), OECD Chapter II, Tz. 2.144, Kapitel 2, Teil III, Rn. 583, Kosten sind idR nicht für eine Bewertung von immateriellen Werten geeignet.

1331 Benshalom (2013), S. 426 ff., Vögele (2020), S. 367.

1332 Vögele (2020), S. 368, Vögele (2021), S. 604.

1333 Vögele (2020), S. 362.

1334 Vögele (2020), S. 361.

operative Vermögenswerte.[1335] Auch Umsatzerlöse sind ein potenzieller Aufteilungsfaktor. Sie sind idR einfach zu ermitteln, robust gegen Manipulation und aufgrund internationaler Rechnungslegungsstandards weitgehend einheitlich.[1336] Allerdings zeigt eine Umsatzorientierung idR keinen Wertschöpfungsbezug, abgesehen von Vertriebsfunktionen.[1337] Deshalb werden Umsatzerlöse häufig iVm anderen Aufteilungsfaktoren genutzt.[1338] Vermögenswerte sind ein potenzieller Aufteilungsfaktor, sofern sie einen signifikanten Werttreiber darstellen.[1339] Das beinhaltet häufig immaterielle Werte, z.B. bei Lizenz- oder Franchisemodellen.[1340] Die konkrete Wertermittlung ist eine praktische Herausforderung. Fraglich ist, ob ein Buchwert oder Marktwert genutzt wird und wie insb. immaterielle Werte zu bewerten sind.[1341] Ferner wirft die trennscharfe Abgrenzung von rechtlichem und wirtschaftlichem Eigentum idR Praxisfragen auf.[1342] Die OECD-TPG schlagen hierfür die Nutzung einer fiktiven Bilanz vor, mit geschäftsvorfallspezifischen Erweiterungen und Kürzungen.[1343]

Insgesamt ist fraglich, ob eine idealtypische Identifizierung und Gewichtung sowie eine verursachungsgerechte Auswahl von fremdüblichen Aufteilungsfaktoren in der Praxis tatsächlich betriebswirtschaftlich abgebildet werden kann.[1344] Faktisch sind Prämissen notwendig, wobei einfache Lösungen idR präferiert werden.[1345] Abschließend existiert hierzu kein Konsens in Praxis und Wissenschaft. Die Auswahl der Aufteilungsfaktoren ist ebenso pluralistisch wie die Wirtschaftspraxis.[1346] Derzeit existieren keine Regelwerke, Tendenzen oder einvernehmliche Best-Practice-Verfahren zur Auswahl von

1335 Vögele (2020), S. 367, EUJTPF (2018), S. 5, Kroppen/Rasch (2022), OECD Chapter II, Tz. 2.141, Kapitel 2, Teil III, Rn. 573.
1336 Avi-Yonah et al. (2009), S. 509, S. 522.
1337 EUJTPF (2019), Annex 2, vergleiche OECD-TPG, Annex II zu Kapitel II, S. 478, Beispiel 12, nutzt Umsatzerlöse für die Herstellung und Gestaltung von Produkten.
1338 Danon et al. (2021), S. 133.
1339 Vögele (2021), S. 597–599.
1340 Danon et al. (2021), S. 133, Vögele (2021), S. 598, z.B. in Form von Lizenzmodellen.
1341 Reif (2021), S. 141.
1342 EUJTPF (2019), S. 14 ff., insb. aufgrund von DEMPE iVm Substance-over-form.
1343 OECD-TPG, Tz. 2.175, z.B. Kürzung nicht notwendiger Aktiva und Erweiterung (bisher) nicht bilanzierten immateriellen Werten.
1344 Ditz (2015), S. 119.
1345 Musselman (2020), S. 84.
1346 EUJTPF (2018), S. 5.

Aufteilungsfaktoren.[1347] Empirisch zeigen selbst ähnliche Sachverhalte mitunter unterschiedliche Aufteilungsfaktoren.[1348] Das Schrifttum fordert deshalb Regelungen für eine einheitliche Anwendung von Aufteilungsfaktoren.[1349] Aktuell ist die Auswahl von Aufteilungsfaktoren letztlich eine individuelle Ermessensentscheidung.[1350] Das gestattet Flexibilität, verursacht aber auch Konfliktpotenziale.[1351]

3.6.7 Herausforderungen in Sonderfällen

3.6.7.1 Verlustsituationen

In dieser Untersuchung werden zwei sachverhaltsspezifische Herausforderungen der PSM vertieft. Zuerst werden Verlustsituationen erläutert, da diese in Schrifttum und Regelwerken nahezu vollständig vernachlässigt werden. Anschließend werden immaterielle Werte iVm der Digitalökonomie erläutert.

Diese Untersuchung teilt die Auffassung von Reif, wonach das deutsche Steuerrecht eine Regulationsschwachstelle für den Verlustfall der PSM aufzeigt.[1352] Auch Greil bestätigt, dass in Schrifttum und Regelwerken zur PSM der Verlustfall grundsätzlich eine untergeordnete Rolle spielt.[1353] Das überrascht aus zwei Gründen: Zum einen ist der Verlustfall, laut EUJTPF, eine empirisch nachweisbare Praxisherausforderung in Betriebsprüfungen.[1354] Zum anderen sind Verlustfälle grundsätzlich risikobehaftet, da sie in manchen Jurisdiktionen eine Prüfungsverpflichtung der Finanzbehörden auslösen.[1355] Grundsätzlich besteht Einigkeit, dass der Aufteilungsmechanismus der PSM ergebnisunabhängig und einheitlich durchzuführen ist.[1356] Allerdings ist fraglich, ob fremde Dritte Verluste auch tatsächlich im selben Verhältnis aufteilen wie Gewinne. Infolgedessen ist die ergebnisunabhängige Aufteilung eine

---

1347 Zucchetti/Piva (2019), S. 99.

1348 EUJTPF (2018), S. 5, S. 8.

1349 Kadet (2015), S. 1186.

1350 OECD-TPG, Tz. 2.123.

1351 Goppelsroeder (2020), S. 259, insb. in Form von Subjektivität, administrativen Bürden und unvorhersehbaren Ergebnissen.

1352 Reif (2021), S. 154.

1353 Greil (2019), S. 43.

1354 EUJTPF (2018), S. 6.

1355 Oosterhoff/de Vries (2002), S. 167, z.B. in den Niederlanden.

1356 Reif (2021), S. 104, Kroppen/Rasch (2022), OECD Chapter II, Tz. 2.123, Kapitel 2, Teil III, Rn. 507, Kobetsky (2019), S. 1088.

praxisorientierte Prämisse.[1357] Denn eine Verlustursache ist wirtschaftlich potenziell anders zu beurteilen als ein Wertschöpfungsbeitrag. Für eine Verlustallokation sind insb. Risiken und deren Verantwortlichkeiten maßgeblich.[1358] Denn Verluste ergeben sich aus der Realisation von Risiken und sollten ex-ante allokiert werden.[1359] Das erscheint plausibel bei Routineklassifizierungen, da diese per Definition keine wesentlichen Risiken und nur geringe Verluste tragen.[1360] Im Anwendungsfall der PSM existieren hingegen häufig gemeinsame Risiken und mehrere Entrepreneure.[1361] Das erschwert die Risikoallokation im Verlustfall, wobei die OECD-TPG keine trennscharfe Regelung beinhaltet, welche diese Konfliktpotenziale zu reduzieren vermag.[1362] Infolgedessen ist es eine praktische Herausforderung, Verlustursachen verursachungsgerecht bzw. herkunftsgerecht zu identifizieren.[1363] Theoretisch sind die Verlusttreiber und deren Risikokontrollfunktionen maßgeblich.[1364] Allerdings kann eine Risikoallokation nicht vollständig retrograd erfolgen, da sie inhärent signifikante Verzerrungen (Hindsights) enthält.[1365] Im Verlustfall wird deshalb idR eine reine Aufwands- oder Kostenaufteilung verwendet, unter Nutzung einer segmentierten Betrachtung von Verlustsegmenten und Produkten.[1366] Ein solch pragmatisches Vorgehen wird jedoch in einigen Jurisdiktionen nicht akzeptiert.[1367]

Die OECD-TPG erwähnen eine abweichende Verlustaufteilung, sofern diese fremdüblich sei, z.B. durch eine vertraglich fixierte Verlustklausel.[1368] Weitere Hinweise oder eine Auslegung dieser Fremdvergleichskonformität existieren

1357 EUJTPF (2018), S. 5, z.B. durch eine Teilung zu gleichen Teilen, Kroppen/Rasch (2022), OECD Chapter II, Tz. 2.123, Kapitel 2, Teil III, Rn. 507, Vögele (2021), S. 617.
1358 Oosterhoff/de Vries (2002), S. 173.
1359 Becker et al. (2019), S. 27.
1360 Oosterhoff/de Vries (2002), S. 170, VWG 83, Tz. 3.4.10.2. lit. a), Becker et al. (2019), S. 28.
1361 Kobetsky (2019), S. 1100.
1362 Avi-Yonah (2013), S. 2, Oosterhoff/de Vries (2002), S. 171 f.
1363 Vögele (2021), S. 594, Oosterhoff/de Vries (2002), S. 167 ff.
1364 Oosterhoff/de Vries (2002), S. 171.
1365 Oosterhoff/de Vries (2002), S. 171 f.
1366 Reif (2021), S. 167, Oosterhoff/de Vries (2002), S. 173, Vögele (2021), S. 590 ff.
1367 Musselman (2020), S. 85, z.B. in den USA.
1368 OECD-TPG, Tz. 2.115, Kroppen/Rasch (2022), OECD Chapter II, Tz. 2.123, Kapitel 2, Teil III, Rn. 507, Reif (2021), S. 166 f.

jedoch nicht.[1369] Vielmehr vernachlässigen die OECD-TPG sowie das nationale VP-Regelwerk Deutschlands die Verlustsituation der PSM nahezu vollständig.[1370] Die fehlende Auslegung im Verlustfall zeigt sich am Beispiel der RPSM. Eine RPSM kann theoretisch den Gesamtverlust erhöhen, sofern nach einer Routinevergütung ein negatives Residualergebnis verbleibt.[1371] Dabei ist strittig, ob Routinefunktionen bei einem negativen Gesamtergebnis einen positiven Vergütungsanspruch haben.[1372] Ferner zeigt auch das deutsche VP-Regelwerk spezifische Regulierungslücken im Verlustfall. So zeigt insb. der hypothetische FV Schwächen im Verlustfall, z.B. wenn eine simulierte Preisuntergrenze die Preisobergrenze übersteigt.[1373] Im Verlustfall beinhaltet der Mindestpreis die Verluste zzgl. potenziell anfallender Schließungskosten, was zu einer negativen Mindestgrenze des Einigungsbereiches führt.[1374] Ein negativer Einigungsbereich wirft jedoch Fragen des hypothetischen FV auf, da fremde Dritte oder ein ORDENTLICHER UND GEWISSENHAFTER GESCHÄFTSLEITER das Geschäft tendenziell ablehnen würden.[1375] Auch im steuerlichen Kontext ist belegt, dass Verlustaversionen rationale Entscheidungen fremder Dritter verzerren und ein Verlustfall anreizorientierte Verhaltensabweichungen auslöst.[1376] Ferner ist eine Verlustaufteilung vom Marktbezug des FVG entkoppelt, da fremde Dritte untereinander keine Verlustquellen übernehmen oder kompensieren.[1377] Zudem erscheint die gesetzlich pauschale Orientierung am Mittelwert oder Median im Verlustfall fraglich.[1378] Abschließend bleibt unklar, warum der Verlustfall der PSM unreguliert ist, obgleich das nationale Steuerrecht steuerliche Gewinne und Verluste mit abweichenden Rechtsfolgen behandelt.

1369 OECD-TPG, Tz. 166.

1370 Reif (2021), S. 182 f.

1371 Goppelsroeder (2020), S. 258.

1372 Danon et al. (2021), S. 313, Greil (2017), S. 628, Becker et al. (2019), S. 28, Vögele (2021), S. 625–630, Solilova/Nerudova (2018), S. 144–146.

1373 Flick et al. (2022) § 1 Abs. 3 Satz 7 AStG, Rn. 1089 ff. Konträr dazu liegen, nach deutschem Verständnis, die Preisgrenzen theoretisch stets im Einigungsbereich.

1374 Flick et al. (2022) § 1 Abs. 3 Satz 7 AStG, Rn. 1093. Analog kommt es bei der Verlagerung einer Verlustfunktion zu einer Kompensationszahlung im Einigungsbereich zzgl. anfallender Kosten.

1375 Flick et al. (2022), § 1 Abs. 3 Satz 7 AStG, Rn. 1089–1095.

1376 Engström/Nordblom/Ohlsson/Persson (2015), S. 132 ff., S. 161, vergleichbarer Koeffizient der Verlustaversion von 2,17 (Prospect Theorie nutzt 2,25).

1377 Flick et al. (2022), § 1 Abs. 3 Satz 7 AStG, Rn. 1095.

1378 Flick et al. (2022), § 1 Abs. 3 Satz 7 AStG, Rn. 1095.

Im Schrifttum existieren wenige Vorschläge im Umgang mit Verlusten in einer PSM. GREIL empfiehlt einen Routinegewinnaufschlag als Preisobergrenze.[1379] SCHOLZ spricht sich hingegen für eine negative Kapitalverzinsung im Verlustfall aus.[1380] BECKER ET AL. Fordern, Investitionskosten in den Allokationsmechanismus der PSM zu integrieren und bis zur Amortisierung vorgelagert zu vergüten.[1381] Denn letztlich teilen Unternehmen ihre Ergebnisvarianz äquivalenztheoretisch mit den jeweiligen Staaten.[1382] Festzuhalten ist, dass ein Konsens im Verlustfall gefordert wird und der Verlustfall der PSM bis dato eine internationale und nationale Regulierungslücke mit Konfliktpotenzial darstellt.[1383]

3.6.7.2 Immaterielle Werte

In einer globalisierten und zunehmend digitalisierten Weltwirtschaft sind immaterielle Werte ein signifikanter Werttreiber.[1384] Allerdings bergen immaterielle Werte nachweislich ein hohes steuerliches Gestaltungspotenzial.[1385] Eine Ursache hierfür ist insb., dass es in Regelwerk und Schrifttum derzeit an einem Konsens für die Allokationslogik von immateriellen Werten mangelt.[1386] Der Mangel an regulativer Kohärenz erklärt die Gestaltungspotenziale und das Konfliktpotenzial durch immaterielle Werte.[1387] Existierende Lösungsansätze, wie das DEMPE-Konzept, gelten als aufwendig und sind international bisher

1379 Greil (2017), S. 628.

1380 Scholz (2009), S. 1 ff.

1381 Becker et al. (2019), S. 28–32.

1382 Greil (2019), S. 42.

1383 Greil (2019), S. 42.

1384 Fuss (2019), S. 11 f., Ballivet (2020), S. 129 f., Schön (2010), S. 246, Dischinger/Riedel (2011), S. 691–702, Haskel/Westlake (2018), S. 24, bereits im Jahr 2018 übertraf das globale Investitionsvolumen für immaterielle Werte, jenes für materielle Werte.

1385 Dharmapala (2014), S. 437 f., Fuss (2019), S. 21 ff., Sikka/Willmott (2010), S. 351–354, Graetz/Doud (2012), S. 349 f., 363 ff., Dischinger/Riedel (2011), S. 700 f., Ballivet (2020), S. 129 f., Taylor/Richardson/Lanis (2015), S. 25 ff., Grubert (2003), S. 221 ff., S. 239 ff., Benshalom (2013), S. 445, Beer/Loeprick (2014), S. 426 ff., Vögele (2021), S. 394–409.

1386 Fuss (2019), S. 150–162, S. 391, Gupta (2018), S. 218, S. 190, Kane (2014), S. 285.

1387 Brauner (2008), S. 101.

nicht ausreichend implementiert.[1388] Infolgedessen steigt die Anzahl unilateraler und spezifischer Steuergesetze mit Bezug auf immaterielle Werte weltweit und diese sind ein Prüfungsschwerpunkt von VP.[1389]

Das Immaterielle birgt ökonomische Charakteristika und unterscheidet sich von materiellen Werttreibern.[1390] Die Kernelemente von immateriellen Werten sind idR Intellekt und Wissen.[1391] Dieses Wissen ist mobil, da es nicht physisch gebunden ist.[1392] Ferner sind immaterielle Werttreiber praktisch unbegrenzt skalierbar und ohne Schutz leicht substituierbar.[1393] Deshalb werden diese idR insb. durch Patente, Marken und sonstige Schutzrechte bewahrt und geschützt.[1394] Geschützte immaterielle Werte können monopolistisch-oligopolistische Marktstrukturen fördern.[1395] Der Wertbeitrag von immateriellen Werten wirkt häufig symbiotisch und mittelbar, d.h. es existiert keine direkte Trennbarkeit und Mensurabilität.[1396] Infolgedessen ignorieren viele ökonomische und betriebswirtschaftliche Messkonventionen immaterielle Werte.[1397] Im Umkehrschluss werden komplexe Wertschöpfungsformen, wie z.B. Netzwerkeffekte, Interdependenzen, Synergien und Transzendenz häufig durch die Existenz von immateriellen Werten erklärt.[1398] Da derzeit kein Konsens existiert wie solche Effekte objektiv aufzuteilen sind entstehen Gestaltungspotenziale für VP.[1399] Diese ökonomischen Charakteristika machen immaterielle Werte zu einer praktischen Herausforderung für die PSM.[1400] Denn insb.

1388 Peng/Lagarden (2019), S. 11, Russo/Karnath (2019), S. 384 f., im Jahr 2019 wurde das DEMPE-Konzept lediglich in jeder zweiten Jurisdiktion implementiert. OECD-TPG, Kapitel VI, Abschnitt B.2 bis B.4, Danon et al. (2021), S. 11.

1389 Russo/Karnath (2019), S. 386.

1390 Haskel/Westlake (2018), S. 8 ff., S. 58 ff., Heidecke et al. (2020), S. 146 ff.

1391 Vögele (2021), S. 84 f., Kane (2014), S. 286.

1392 Heidecke et al. (2020), S. 147.

1393 Haskel/Westlake (2018), S. 9 ff., 65 ff., insb. aufgrund der örtlichen Mobilität und geringen Fixkosten.

1394 Vögele (2021), S. 9–81, Heidecke et al. (2020), S. 147.

1395 Baldenius/Reichelstein (2006), S. 3.

1396 Haskel/Westlake (2018), S. 9, S. 72, S. 80 ff., Greil (2017), S. 625, Brauner (2008), S. 88.

1397 Haskel/Westlake (2018), S. 8 ff.

1398 Brauner (2008), S. 88 f., Postler/Gilson (2021), S. 268 ff.

1399 Vögele (2020), S. 365 f., Milewska/de Mendoza (2010), S. 162, Greil (2017), S. 625.

1400 Greil/Schwarz/Stein (2018), S. 3, Li (2002), S. 835, Ballivet (2020), S. 128, Benshalom (2009), S. 670, Musselman (2020), S. 70 f., OECD-TPG, Tz. 2.180, Kroppen

drei Faktoren erschweren die Anwendung des FVG mit immateriellen Werten signifikant: die Erfassung, die Bewertung sowie die fehlende Marktreferenz.[1401] Bei Letzterer gilt, dass kontextspezifische immaterielle Werte idR nicht auf dem Markt gehandelt werden, d.h. es existiert nur selten ein vergleichbar-objektiver Referenzwert für einen FV.[1402] Hinzu kommt, dass das Rechnungs- und Steuerwesen immaterielle Werte nicht oder methodisch inkonsistent erfassen.[1403] Die unzureichende Abbildung von immateriellen Werten im VP-Kontext hat insb. zwei Gründe: Erstens werden immaterielle Werte im internationalen VP-Regelwerk nicht hinreichend abgegrenzt und definiert.[1404] Die derzeitige Definition der OECD-TPG ist weitläufig und gestattet Auslegungsspielräume.[1405] Allein im Kontext des deutschen Jahresabschlusses sind handelsrechtliche Vermögenswerte, steuerrechtliche Wirtschaftsgüter und eine Auslegung nach IFRS möglich.[1406] Zweitens ist die Quantifizierung von immateriellen Werten nicht kohärent geregelt und wird kontrovers diskutiert.[1407] Faktisch existiert eine Methodenvielfalt, insb. aus kostenbasierten, marktbasierten und einkommensbasierten Bewertungsmethoden.[1408] Zudem ist eine trennscharfe ökonomische

et al. (2012), S. 275, Kroppen/Rasch (2022), OECD Chapter II, Tz. 2.143, Kapitel 2, Teil III, Rn. 581.

1401 Gonnet/Fris (2007), S. 9, Benshalom (2013), S. 428, Haskel/Westlake (2018), S. 69 ff.

1402 Benshalom (2009), S. 623, Vögele (2020), S. 366, Schreiber/Fell (2017), S. 100, Brauner (2008), S. 91, Vögele/Witt (2007), S. 35.

1403 Haskel/Westlake (2018), S. 201 ff., Vögele (2021), S. 84 f., S. 127 f., zeigt eine fehlende Standardisierung der Definition.

1404 Vögele (2021), S. 883–887.

1405 Schmalenbach Gesellschaft (2017), S. 539, Bärsch/Luckhaupt/Schulz (2014), S. 37, OECD-TPG, Tz. 6.6, EUJTPF (2019), S. 7. [Immaterielle Werte sind]: „Weder ein materieller Vermögenswert noch ein finanzieller Vermögenswert ist, das man zur Nutzung in Geschäftstätigkeiten besitzen oder kontrollieren kann und dessen Nutzung oder Übertragung bei einem Geschäftsvorfall zwischen unabhängigen Unternehmen unter vergleichbaren Umständen vergütet worden wäre.“ Immaterielle Werte wurden in den OECD-TPG 1979, OECD-TPG 1995, OECD-TPG 2010 und OECD-TPG 2017 primär wirtschaftlich betrachtet, Fuss (2019), S. 112–133.

1406 Fuss (2019), S. 91–97.

1407 Brauner (2008), S. 91, Heidecke et al. (2020), S. 150, Baldenius et al. (2004), S. 608 Li (2002), S. 849, Postler/Gilson (2021), S. 266 ff., Vögele (2021), S. 453 ff.

1408 Petronella (2019), S. 375, die OECD veröffentlichte Hinweise für schwer bewertbare immaterielle Werte, jedoch ohne einen konsensfähigen Lösungsansatz, ausführlich Fuss (2019), S. 323 ff.

Isolation von immateriellen Werten nicht immer möglich.[1409] Es ist fraglich, ob grenzüberschreitende Konfliktpotenziale reduziert werden können, wenn immaterielle Werte dem Grunde nach nicht kohärent definiert sind und kein Konsens zur Ermittlungsmethodik der Höhe nach existiert.

Ein prominentes Beispiel für die Herausforderungen von immateriellen Werten iVm der PSM ist die derzeitige Debatte um die Besteuerung der Digitalökonomie.[1410] Die Reformbestrebung wurde mit der unbestätigten These hinterlegt, dass das internationale Steuersystem im 21. Jahrhundert nicht mehr zeitgemäß sei – jedoch ohne dies wissenschaftlich zu untermauern.[1411] Denn ob in der Digitalökonomie nachweislich weniger Steuern bezahlt werden, ist derzeit eine Forschungslücke.[1412] Zudem blieb weitgehend unklar, was mit Digitalökonomie gemeint ist, denn digital und analog sind zunehmend verflochten.[1413] Im Schrifttum wurde das Internet als Kerntechnologie der Digitalökonomie erkannt und typische Ausprägungsformen wie Plattformökonomien identifiziert.[1414] Allerdings handelt es sich hierbei primär um neuartige Geschäftsmodelle mit komplexen oder unkonventionellen Prozessen und Werttreibern, anstelle ökonomischer Spezifika einer neuartigen Ökonomie.[1415] Infolgedessen ist vielmehr ein tiefgreifendes Verständnis des Geschäftsmodells maßgeblich, um Prozesse wie Vernetzung, Interoperabilität und Automatisierung zu erklären.[1416] Einigkeit existiert im Schrifttum insofern, dass immaterielle Werte,

---

1409 Vögele (2020), S. 366 f, denn es existieren auch Routineunternehmen mit immateriellen Werten, Musselman (2020), S. 81, Auslegung der IRS. Als Praxisprämisse folgt deshalb eine Gleichsetzung des Residualergebnisses mit dem Ergebnis aus immateriellen Werten, Schön (2010), S. 261.

1410 Welche in den Reformbestrebungen der OECD zu Säule Eins mündete, diese ist ausdrücklich kein Forschungsgegenstand dieser Untersuchung.

1411 Schön (2018), S. 280.

1412 Olbert/Spengel (2019), S. 7, S. 12, S. 23 f., Stand 2019 existieren keine Belege, dass digitale Unternehmen nachweislich weniger Steuern bezahlen. Klein/Ludwig/Nicolay (2020), S. 21 f. zeigen lediglich, dass die Nutzung von IT-Infrastruktur die Gestaltungskompetenz von Steuerabteilungen erhöht. Das erfolgt jedoch fernab des eigentlichen Geschäftsmodells.

1413 Zinser et al. (2018), S. 2324 ff.

1414 Heidecke et al. (2020), S. 4–5, Greil (2019), S. 20 ff.

1415 Greil (2019), S. 23, Heidecke et al. (2020), S. 32., Bauer/Schanz/Sixt (2019), S. 890 f., S. 889 f.

1416 EUJTPF (2018), S. 4, Heidecke et al. (2020), S. 5, S. 32 f., S. 43 f., Zinser et al. (2018), S. 2318, S. 2325.

insb. Software, der Hauptwerttreiber von digitalen Geschäftsmodellen sind und diese vermehrt Patente und geschützte Rechte schaffen.[1417] Dadurch werden oligopolistische und monopolistische Tendenzen bestärkt.[1418] Die Hauptressource dieser Geschäftsmodelle bilden idR Daten, das sind (Kunden)-Informationen, welche durch Verarbeitung und Analyse einen Mehrwert schaffen können.[1419] Neuartig sind zudem reduzierte Informationskosten und eine hohe Reichweite, wobei lediglich das Personal und die IT-Infrastruktur lokalisierbar bleiben.[1420] Ferner existieren Belege, dass innerhalb von Plattformökonomien die marginalen Kosten als theoretisch optimale VP gelten und Referenzpreise fehlen.[1421] Das ist kein Novum, sondern erinnert an das HIRSCHLEIFER-MODELL.[1422]

Von Seiten der OECD fehlen bisher tiefgreifende Analysen zur Digitalökonomie.[1423] Beispielsweise wird die Vernetzung bisher mit einer uneingeschränkten Mobilität von immateriellen Werten gleichgesetzt.[1424] Zudem zeigt POSTLER, dass sich typische digitale Geschäftsmodelle durchaus mit einseitigen Standardmethoden erfassen lassen.[1425] Auch DITZ ET AL. bestätigen, dass hierfür idR in der Praxis keine neuartigen VP-Systeme genutzt wurden.[1426] Eine Herausforderung hierbei sind insb. Wertschöpfungsnetzwerke, da sie eine mehrseitige Betrachtung erfordern. Analog zu immateriellen Werten mangelt es derzeit an einer Theorie, welche (digitale) Wertschöpfungsnetzwerke erklärt und einen konsensfähigen Aufteilungsmechanismus bietet.[1427] Trotzdem besteht Einigkeit, dass eine (standardisierte) PSM ein geeigneter Lösungsansatz für die Herausforderungen von (digitalen) immateriellen Werten sein kann.[1428] Außerdem existiert im Schrifttum Konsens, dass immaterielle Werte und Digitalisierung den Anwendungsfall der PSM bestärken, da einseitige Standardmethoden

1417 Heidecke et al. (2020), S. 35, Olbert/Spengel (2017), S. 9, S. 35 ff.
1418 Olbert/Spengel (2017), S. 7, Heidecke et al. (2020), S. 5, COM (2017), S. 4.
1419 Olbert/Spengel (2017), S. 36 ff.
1420 Greil (2019), S. 23, Olbert/Spengel (2017), S. 31.
1421 Schindler/Schjelderup (2009), S. 382.
1422 Kapitel 2.3.1.
1423 Olbert/Spengel (2017), S. 7.
1424 Olbert/Spengel (2017), S. 7.
1425 Postler (2019), S. 101 f.
1426 Ditz et al. (2019), S. 302 f.
1427 Greil/Fehling (2017), S. 760.
1428 Postler (2019), S. 107, Greil (2019), S. 44, Becker/Englisch (2019), S. 167, Chand (2019), S. 1028 ff.

komplexe Geschäftsvorfälle nicht vollständig erfassen können.[1429] Das Beispiel der Digitalökonomie zeigt zwei Dinge: Erstens, dass die internationale Reformbestrebung der OECD zu Säule Eins bisher einer wissenschaftlichen Grundlage entbehrt und überwiegend politisch motiviert ist. Zweitens, dass die Reformdebatte zur Digitalisierung lediglich einen Umgang mit neuartigen immateriellen Werten erfordert. Dabei werden bestehende Konfliktpotenziale potenziert, aber keine neuartige Ökonomie erschaffen. Die Reformdebatte zur Besteuerung der Digitalökonomie zeigt beispielhaft, dass derzeit wenig Kohärenz in Bezug auf die Erfassung und Allokation von immateriellen Werten existiert.[1430]

Es ist festzuhalten, dass immaterielle Werte eine Herausforderung in der PSM sind, da diese die systematischen Schwachpunkte des FVG bestärken. Ein Grund hierfür ist die mangelnde kohärente Erfassung und Bewertung von immateriellen Werten im Rechnungs- und Steuerwesen.[1431] Zudem existiert häufig keine vergleichbare Marktreferenz für immaterielle Werte. Infolgedessen entstehen Gestaltungspotenziale, da der FVG mangels Referenzwerte ins Leere läuft.[1432] Der verstärkte Einsatz von immateriellen Werten durch die Digitalisierung potenziert dessen praktische Schwächen, ist aber kein neuartiges Problem sui generis.[1433] Letztlich gilt die PSM als ein Lösungsansatz für Sachverhalte mit spezifischen immateriellen Werten, obgleich der Umgang mit diesen dem Grunde und der Höhe nach bisher nicht kohärent reguliert ist.[1434]

3.6.8 Konsensorientierte Anwendungshilfsmittel in der PSM

3.6.8.1 Interessensschnittmenge

Die Schaffung von Konsens ist ein anerkannter Lösungsansatz im internationalen Steuerrecht, um Konfliktrisiken und inhärente Ambiguität zu reduzieren.[1435] Da für die PSM derzeit erheblicher Ermessensspielraum existiert, ist eine idealtypische Zielsetzung in Bezug auf die PSM eine

1429 Postler (2019), S. 107, Olbert/Spengel (2017), S. 40, Kadet (2015), S. 1185, Reif (2021), S. 122 f.

1430 Anstelle eines kohärenten Regelwerkes für immaterielle Werte strebt Säule Eins eine Neue Allokationssystematik für MNEs an.

1431 Haskel/Westlake (2018), S. 220, Vögele (2021), S. 453, S. 830.

1432 Brauner (2008), S. 157, Musselman (2020), S. 79.

1433 Greil (2019), S. 30, S. 45.

1434 Russo/Karnath (2019), S. 381.

1435 COM (2017), S. 2, West (2018), S. 1154, Kane (2014), S. 282–314.

intersubjektiv-konsensfähige Lösung zu erarbeiten.[1436] In dieser Untersuchung ist Konsensorientierung die Bereitschaft zur Findung von Einigkeit, z.B. durch Kompromissfindung oder durch Erarbeitung einer intersubjektiv anerkannten Lösung.[1437] Eine Konsensorientierung in diesem Sinne soll Konfliktpotenziale und Unsicherheiten reduzieren. Im Rahmen von SLR und MS wurden drei konsensorientierte Anwendungshilfsmittel für die PSM identifiziert.

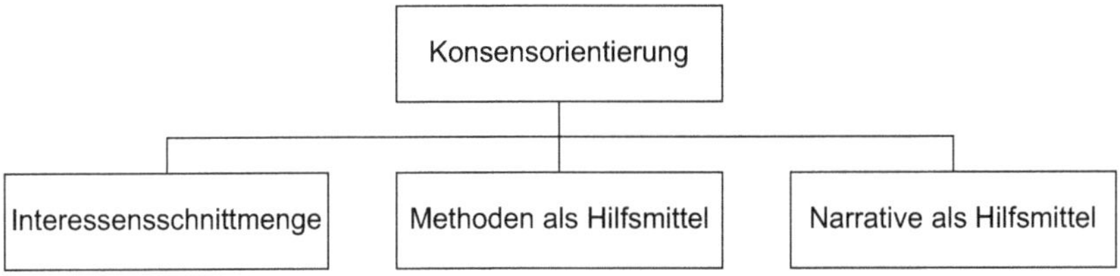

Abbildung 15: Konsensorientierte Anwendungshilfsmittel der PSM

Als konsensorientiertes Anwendungshilfsmittel gelten Methoden, welche die Intersubjektivität einer PSM fördern, indem sie Ermessensentscheidungen tendenziell objektivieren können.[1438] Diese Methodenauswahl ist pluralistisch, interdisziplinär und wird nachfolgend erläutert.[1439]

Ein konsensorientierter Ansatz liegt in der Orientierung auf Interessensschnittmengen der Partizipierenden.[1440] Denn eine Einigung wird letztlich von Menschen getroffen, mitsamt subjektiven Interessen, verzerrten Entscheidungsheuristiken und Verlustaversionen.[1441] Folglich ist eine rein objektive und rationale Entscheidungsfindung Fiktion. Infolgedessen kann eine Orientierung

1436 Brauner (2008), S. 157.

1437 Neuling et al. (2020), S. 120 ff., vergleichbar mit einer Kompromiss- bzw. kooperativen Verhandlungsstrategie.

1438 EUJTPF (2018), S. 6, Reif (2021), S. 220, die Objektivierung der PSM ist eine Praxisherausforderung.

1439 Brauner (2008), S. 157.

1440 Neuling et al. (2020), S. 123 ff., Fischer/Ury/Patton (2015), S. 29 ff. im Harvard-Konzept.

1441 Greil (2017), S. 628, Kahneman (2019), S. 152 ff., Kahneman (2019), S. 173 ff., S. 396 ff., Neuling et al. (2020), S. 123 ff.

an Interessensschnittmengen vorteilhaft sein.[1442] In der Praxis dominieren Kompromisslösungen bei internationalen Steuerallokationsfragen, was die Existenz von Interessensschnittmengen in diesem Kontext belegt.[1443] Denn Steuerpflichtige und Finanzverwaltungen eint das Interesse an (administrativer) Effizienz.[1444] Idealtypisch sollte ein wirtschaftlich angemessenes Verhältnis zwischen Prüfungskosten und etwaigen Mehrergebnisses sowie zwischen Befolgungskosten und Rechtssicherheit existierten.[1445] Im Widerspruch dazu sind Einzelfallprüfungen komplexer Sachverhalte oder langjährige Streitbeilegungsverfahren ressourcenintensiv.[1446] Die (administrative) Effizienz zeigt beispielhaft wie eine Interessensschnittmenge Partizipierende verbinden kann. Somit kann eine Orientierung an Interessensschnittmengen die Konfliktrisiken in einer PSM reduzieren.

3.6.8.2 Methoden als Hilfsmittel

Ein Ursprung für Konfliktpotenziale in der PSM ist die asymmetrische Informationsverteilung zwischen Steuerpflichtigen und Finanzverwaltungen.[1447] Diese Asymmetrie kann die Findung einer einvernehmlichen Lösung erschweren, sofern eine einheitliche Wissensbasis fehlt.[1448] Infolgedessen ist die Gewährleistung und Förderung von Transparenz ein Kernelement konsensorientierter Ansätze und Methoden. Das gilt insb. für Praxisherausforderungen der PSM, wie der Ergebnisermittlung und der Auswahl der Aufteilungsfaktoren.[1449] Nachfolgend werden methodische Hilfsmittel erläutert, welche eine konsensorientierte Lösungsfindung in einer PSM begünstigen können. Hierzu zählen betriebswirtschaftliche Methoden, spieltheoretische Modellierung, hypothetische Hilfsmittel und Daumenregeln.

1442 Kahneman (2019), S. 356 ff., S. 374 ff., Kahneman/Knetsch/Thaler (1991), S. 193 ff., Thaler (2018), S. 30 ff., Kahneman/Tversky (1979), S. 263 ff., Kahneman (2003), S. 1449 ff., insb. Prospect Theory, Status-Quo-Bias, Self-Serving Bias und Endowment Effect.

1443 Neuling et al. (2020), S. 119 ff., Li (2002), S. 835.

1444 Neuling et al. (2020), S. V, Li (2002), S. 829.

1445 Benshalom (2009), S. 622, Schön (2009), S. 84 f., Li (2002), S. 829, Fuss (2019), S. 82.

1446 Kadet (2015), S. 1185.

1447 Kroppen et al. (2012), S. 281.

1448 Kroppen/Rasch (2022), OECD Chapter II, Tz. 2.114, Kapitel 2, Teil III, Rn. 472.

1449 EUJTPF (2018), S. 6, Danon et al. (2021), S. xxvi, OECD-TPG, Tz. 2.123.

Aus der Betriebswirtschaftslehre werden insb. Hilfsmittel aus dem Projektmanagement, Methoden aus der Unternehmensführung und Prozessanalysen genannt.[1450] Prozessanalysen erfolgen idR unmittelbar am operativen Ablauf.[1451] Dadurch können Wertschöpfungseffekte, wie eine Kostenreduktion oder eine Umsatzsteigerung (Bottom-up), beobachtet und ausgelegt werden.[1452] Betriebswirtschaftliche Methoden, wie beispielsweise Score-Cards, ermöglichen eine qualitativ gewichtete Beitragsanalyse.[1453] Auf dieser Grundlage werden Aufteilungsfaktoren abgeleitet, Ergebniskennzahlen aufgeteilt oder eine fiktive GuV erstellt. Zudem existieren anerkannte betriebswirtschaftliche Bewertungsmethoden.[1454] Der deutsche Gesetzgeber betont die Eignung von Bewertungsmethoden für die PSM.[1455] Ein häufig genutztes Hilfsmittel ist das Interview.[1456] Präferiert werden hierbei idR Fragestellungen zur internen Expertise, zu externer Branchenkenntnis oder zu Verantwortlichkeiten innerhalb eines Geschäftsvorfalles.[1457] Konkrete Beispiele hierfür sind die RACI-Analyse oder das Stage-Gate-Modell.[1458] Vorteilhaft daran ist, dass die Ermittlung von Verantwortlichkeiten innerhalb eines Geschäftsvorfalls der PSM zugleich eine Dokumentation und somit Transparenz gewährleistet.[1459] Nachteilig ist der überwiegend qualitativ-subjektive Charakter dieser Methoden.

Ökonomische Modellierungen werden seit langem als Lösung für juristische Problemstellungen debattiert.[1460] Maßgeblich hierfür ist insb. die Spieltheorie.[1461] Sie ist ein mathematischer Ansatz, um für kooperative und kompetitive Fragestellungen rationale Entscheidungen zu finden.[1462] Diese mehrseitige Perspektive eignet sich für die PSM.[1463] Zudem steht

1450 Reif (2021), S. 171.
1451 Vögele/Witt (2007), S. 38 f.
1452 Vögele/Witt (2007), S. 37 f.
1453 Reif (2021), S. 172 f.
1454 Vögele (2021), S. 525–530.
1455 BT-Drucksache 19/27.632 vom 17. März 2021, S. 72, § 1 Abs. 3 AStG, EUJTPF (2018), S. 5.
1456 Vögele (2021), S. 1063–1066.
1457 EUJTPF (2018), S. 5, Vögele/Witt (2007), S. 39.
1458 Vögele (2021), S. 1089–1092. RACI steht für Responsible, Accountable, Consulted und Informed.
1459 EUJTPF (2018), S. 6., S. 15 f., Reif (2021), S. 172.
1460 Holmes (1987), S. 24–25, Haase/Nürnberg (2018), S. 30.
1461 Vögele (2021), S. 647–661.
1462 Amici (2020), S. 119, Reif (2021), S. 173.
1463 Vögele/Witt (2007), S. 37.

die Simulation einer rationalen Ergebnisaufteilung im Einklang mit der BFH-Rechtsprechung des doppelten ORDENTLICHEN UND GEWISSENHAFTEN GESCHÄFTSLEITERS.[1464] Spieltheoretische Ansätze werden in der Praxis für die PSM genutzt und gelten als theoretisch geeignet und fundiert, wie insb. der SHAPLEY-VALUE.[1465] Der SHAPLEY-VALUE ermittelt den (isolierten) marginalen Wertbeitrag jedes Partizipierenden, mit dem Ziel ein objektiv nachvollziehbares Ergebnis zu erzielen.[1466] Das eignet sich insb. für superadditive und hochintegrierte Wertschöpfungsformen.[1467] Allerdings erfordern spieltheoretische Modelle zumeist praxisfremde Axiome ein und beginnen mit (subjektiv) gewählten Anfangsvariablen.[1468] Nachteilig an spieltheoretischen Lösungsansätzen ist zudem, dass sie eine entsprechende ökonomische Ausbildung erfordern, welche in juristisch geprägten Steuerbehörden und Steuerabteilungen nicht immer gewährleistet ist.[1469]

Sofern keine empirische Evidenz existiert, sind hypothetische Überlegungen ein Lösungskonzept für die PSM.[1470] Mangels Vergleichsdaten beinhaltet idR jede PSM hypothetische Elemente.[1471] Eine Gleichsetzung dieser Elemente mit dem hypothetischen FV, und insb. der Denkfigur des doppelten ORDENTLICHEN UND GEWISSENHAFTEN GESCHÄFTSLEITERS, ist jedoch fraglich, da dieser nach nationalem Verständnis insb. Preissimulationsprozesse fixiert.[1472] Konkret wird ein Grenzpreiskalkül genutzt, indem durch Ober- und Untergrenzen ein hypothetischer Einigungsrahmen abgeleitet wird.[1473] Für die PSM ist laut OECD-TPG jedoch lediglich die Ermittlung bzw. Schätzung eines

---

1464 Heidecke et al. (2020), S. 63, Vögele (2021), S. 661.

1465 EUJTPF (2018), S. 6, Chand/Wagh (2014), S. 404, Reif (2021), S. 173, Postler/Gilson (2021), S. 269 ff., Vögele/Witt (2007), S. 39, Heidecke et al. (2020), S. 63.

1466 Heidecke et al. (2020), S. 64, Gonnet/Fris (2007), S. 11–12, Vögele (2021), S. 649–651.

1467 Heidecke et al. (2020), S. 63, Postler/Gilson (2021), S. 268 ff., Vögele (2021), S. 649–651.

1468 Kroppen/Rasch (2022), OECD Chapter II, Tz. 2.128, Kapitel 2, Teil III, Rn. 528, z.B. ein Nash-Gleichgewicht, Gonnet/Fris (2007), S. 12.

1469 Greil/Wargowske (2020), S. 178, Brauner (2008), S. 158.

1470 Kroppen/Rasch (2022), OECD Chapter II, Tz. 2.119, Kapitel 2, Teil III, Rn. 490.

1471 BT-Drucksache 19/27.632 vom 17. März 2021, S. 71, Reif (2021), S. 143, Kobetsky (2019), S. 1086 ff., Vögele (2021), S. 585–588.

1472 Greil (2017), S. 627, Kroppen/Rasch (2022), OECD Chapter II, Tz. 2.119, Kapitel 2, Teil III, Rn. 490, Reif (2021), S. 114.

1473 Flick et al. (2022) § 1 Abs. 3 Satz 6 AStG, Rn. 1041 ff.

fremdüblichen Ergebnisses maßgeblich und nicht die Nachbildung von Preisbildungsprozessen fremder Dritter.[1474] Zudem hat die Denkfigur des doppelten ORDENTLICHEN UND GEWISSENHAFTEN GESCHÄFTSLEITERS ihren Ursprung im Sorgfaltsmaßstab des deutschen Handelsrechts, welches ausschließlich unilateral durch BFH-Rechtsprechung und Gesetzgebung wirkt.[1475] Ferner belegt die Verhaltensökonomie, dass eine rein rationale Entscheidungsfindung von Menschen praxisfremd ist und infolgedessen auch dessen Fremdüblichkeit fraglich sein kann, da es nicht dem Verhalten fremder Dritter entspricht.[1476] Das gilt insb. für Verlustaversionen der PROSPECT-THEORY, welche im steuerlichen Kontext bereits mehrfach belegt wurden.[1477] Selbiges gilt für den Rückschaufehler (HINDSIGHT-BIAS), da sich in der Rückschau die ursprünglichen Zukunftserwartungen kaum reproduzieren lassen, was im VP-Bereich nachweislich zu signifikanten Ergebnisvarianzen führt.[1478] Ein weiteres hypothetisches Hilfsmittel ist das Konzept der besten REALISTISCHERWEISE-ZUR-VERFÜGUNG-STEHENDEN-ALTERNATIVE.[1479] Deren Prämisse lautet, dass fremde Dritte eine Entscheidung tendenziell nicht treffen, wenn es eine offensichtlich bessere Alternative gibt.[1480] Das Konzept der REALISTISCHERWEISE-ZUR-VERFÜGUNG-STEHENDEN-ALTERNATIVE ist ein hypothetisches Hilfsmittel, um wirtschaftliche Plausibilität und Rationalität zu indizieren, was idR in finanziellen Parametern bemessen wird.[1481] Auch hier gilt die Kritik verhaltensökonomischer Verzerrungen, insb. des Rückschaufehlers sowie die Problematik fehlender Datenverfügbarkeit.[1482]

Ein weiteres Hilfsmittel ist die Nutzung von Vereinfachungen, insb. von Daumenregeln oder SAFE-HARBOURS.[1483] Beide können als Anker dienen und Entscheidungsverzerrungen sowie den administrativen Aufwand

---

1474 EUJTPF (2019), S. 13, Reif (2021), S. 104, OECD-TPG, Tz. 2.124, Tz. 2.114, Danon et al. (2021), S. 74.
1475 Wassermeyer et al. (2022), Rn. 3.145 ff., Kroppen et al. (2012), S. 289, welches die OECD-TPG nicht aufführen.
1476 Greil (2017), S. 627, Simon (1955), S. 99 ff., Simon (1978), Thaler (2018), S. 44 ff., Kahneman (2019), S. 31–127, Kahnemann/Tversky (1984), S. 341 ff.
1477 Greil (2017), S. 626, Kahneman (2019), S. 231 ff., S. 342 ff., Thaler (2018), S. 47–58, Engström/Nordblom/Ohlsson/Persson (2015), S. 135.
1478 Schwarz et al. (2017), S. 639 ff., Luft/Libby (1997), S. 218, Greil (2017), S. 626.
1479 Amici (2020), S. 112, ORA steht für options realistically available.
1480 Amici (2020), S. 113.
1481 Amici (2020), S. 113 ff.
1482 Amici (2020), S. 116.
1483 Greil (2017), S. 628, Vögele (2021), S. 1123.

reduzieren.[1484] Derartige Vereinfachungen sind weltweit üblich, von daher ist auch eine Anwendung in der PSM denkbar.[1485] Im Schrifttum werden konkret größenabhängige oder geschäftsmodellspezifische Vereinfachungen für die PSM gefordert.[1486] Zwei praxisfähige Daumenregeln sind die KNOPPE-FORMEL und die GOLDSCHEIDER-RULE, welche die Allokation von Lizenzeinnahmen pauschal vereinfachen.[1487] Eine formelbasierte Vereinfachung wird derzeit, mit Verweis auf die GPSM, abgelehnt.[1488]

3.6.8.3 Narrative als Hilfsmittel

Laut Schrifttum gilt, dass der Aufteilungsmechanismus einer PSM idealtypisch auf einer soliden argumentativen Grundlage, z.B. in Form von allgemein anerkannten und akzeptierten Grundsätzen fußen sollte.[1489] Ein möglicher konsensorientierter Lösungsansatz hierfür ist die Nutzung von bekannten Narrativen.[1490] Die Auswahl von Narrativen kann einen Ankereffekt auslösen. D.h. sie selektiert die Informationsgrundlage einer Analyse und fixiert dadurch (theoretische) Grundlagen. Die Interdisziplinarität von VP ermöglicht eine breite Auswahl an Narrativen. Laut PATRONELLA beeinflusst die Ausbildungsdisziplin die Auswahl der Hilfsmittel in einer PSM und somit auch die Auswahl und die Akzeptanz potenzieller Narrative.[1491] Im Rahmen dieser MS wurden ökonomische Narrative, juristische Narrative und ethische Narrative identifiziert, welche jeweils nachfolgend erläutert werden.[1492]

Die Wertschöpfungsorientierung des FVG belegt die derzeitige Dominanz ökonomischer Narrative.[1493] Die Wertschöpfungsorientierung des FVG mit einer FAR-Analyse sowie die narrative Verknüpfung von Wertschöpfungsanteil und Ergebnisanspruch basieren auf einem mikroökonomischen Grundverständnis.[1494] Die Wertschöpfungsorientierung kann konsensfördernd wirken,

---

1484 Greil (2017), S. 626.
1485 Schoueri (2015), S. 704 f., Brauner (2008), S. 134–156, Bee/Strothe (1989), S. 1430 f.
1486 Reif (2021), S. 187 f., Kadet (2015), S. 1185, Benshalom (2009), S. 665.
1487 Nestler (2013), S. 2027 ff., Goldscheider et al. (2002), S. 123 ff., Vögele (2021), S. 536–543.
1488 Schön (2010), S. 235.
1489 Reif (2021), S. 127, Greil (2019), S. 45.
1490 Li (2002), S. 829.
1491 Petronella (2019), S. 380.
1492 Becker/Englisch (2019), S. 167 ff.
1493 Greil (2017), S. 626.
1494 Li (2002), S. 839, Greil et al. (2018), S. 5.

denn sie gestattet Ambiguität und somit bewusst Raum für ökonomische Narrative.[1495] Zudem steht sie, als ökonomisches Narrativ, im Einklang mit juristischen Prinzipien, wie insb. dem Ursprungsprinzip und dem Territorialprinzip.[1496] Allerdings ist die Wertschöpfungsorientierung nicht zwingend konsensfördernd für die PSM, sofern eine konsensfähige Ergebnisallokation, mangels ökonomischer Theorien, für spezifische Wertschöpfungsformen nicht existiert.[1497]

Nach überwiegender Meinung im Schrifttum, existiert derzeit kein allgemein bindender normativer Grundsatz zur Aufteilung von internationalen Besteuerungshoheiten.[1498] Auch die OECD-TPG sind hierfür als Soft-law nicht hinreichend juristisch legitimiert.[1499] Die zwischenstaatliche Aufteilung von Steuersubstraten ist infolgedessen primär Verhandlungssache.[1500] Es besteht insofern Einigkeit, dass Territorialprinzip und Äquivalenzprinzip die nationalen Grenzen als Wirkungsbereich einer VP-Jurisdiktion festlegen und zwischen Ansässigkeitsstaat und Quellenstaat aufteilen.[1501] Dabei sind insb. das Leistungsfähigkeitsprinzip und Äquivalenzprinzip Fundamente des internationalen Steuerrechts.[1502] Das Leistungsfähigkeitsprinzip strebt eine Gleichbehandlung aller an.[1503] Das Äquivalenzprinzip ist ein Narrativ, welches (im Einzelfall) nicht ökonomisch quantifiziert werden kann, sondern als Gesamtäquivalenzkompensation für das gesamte Steueraufkommen gilt.[1504] Letzteres rechtfertigt zwar einen Steueranspruch, präzisiert aber nicht dessen Aufteilung.[1505] Im Schrifttum sind äquivalenztheoretische Überlegungen als Lösungsansätze des internationalen Steuerrecht häufig vorzufinden, auch iVm

1495 Becker/Englisch (2019), S. 167 ff.
1496 Fuss (2019), S. 480.
1497 Greil (2017), S. 627, Herzfeld (2017), S. 4, Chand/Wagh (2014), S. 405, Greil/Fehling (2017), S. 760.
1498 Becker/van der Hamm (2019), S. 504.
1499 Vögele et al. (2020), Kapitel B, Rn. 68-71.
1500 Becker/van der Hamm (2019), S. 504.
1501 Oestreicher (2020), S. 254, Schön (2010), S. 257.
1502 Schön (2012), S. 215 f., Schoueri (2015), S. 690 f., S. 696 f.
1503 Li (2002), S. 827.
1504 Schön (2012), S. 215 f.
1505 Schön (2012), S. 214 ff., Fuss (2019), S. 70, beispielhaft für Deutschland.

der PSM.[1506] Ferner existieren im Schrifttum Forderungen nach mehr Prinzipientreue juristischer Narrative für die PSM.[1507]

Ethische Perspektiven sind im Fachschrifttum zu VP kaum vorhanden.[1508] Im Steuerrecht werden insb. Fairness und Gerechtigkeit häufig erwähnt, um das Telos von Regelwerken zu hinterfragen.[1509] Auch in den ersten Regulationen des FVG aus dem Jahr 1968, wurde Fairness als ethisches Narrativ verwendet.[1510] Allerdings spielt Fairness im aktuellen VP-Regelwerk derzeit keine Rolle.[1511] Ferner liefern Greil et Al. erste Indizien, dafür dass eine Fairnessorientierung das Konfliktpotenzial im FVG sogar steigern kann.[1512] Ethisch-philosophische Narrative können konsensfördernd sein, allerdings existiert im internationalen Steuerrecht derzeit kein einheitlicher ethischer Werterahmen als Grundlage hierfür.[1513] Stattdessen werde der FVG derzeit durch Politik und unilaterale Gesetzgebung dominiert.[1514] Ferner bemängeln Kritiker ethische Narrative, da sie im internationalen Steuerrecht nicht hinreichend definiert sind und daher kaum Rechtssicherheit bieten können.[1515] Im Schrifttum existiert lediglich ein Konsens, dass eine leistungsorientierte, progressive Besteuerung als fair gilt, wobei konkrete Aufteilungsfragen unbeantwortet bleiben.[1516] Potenziell geeignet hierfür wären insb. deontologische Konzepte zur Gerechtigkeit von John Rawls, Amartya Sen und konsequentialistische Konzepte wie der Utilitarismus.[1517] Doch in einer zwischenstaatlichen Ergebnisaufteilung dient Fairness derzeit lediglich als idealtypische Voraussetzung für eine einvernehmlichen Lösung.[1518] Eine solche einzelfallbezogene Flexibilität kann

---

1506 Herzfeld (2017), S. 20, Postler/Gilson (2021), S. 264–274, Becker/Englisch (2019), S. 168, Becker et al. (2019), S. 32, insb. durch Nutzer als Aufteilungsschlüssel.

1507 Reif (2021), S. 157 ff., Danon et al. (2021), S. 91.

1508 Mehafdhi (2000), S. 368, Luft (1997), S. 199.

1509 Hongler (2018), S. 756, S. 763, West (2018), S. 1147 f., Musselman (2020), S. 61, COM (2017), S. 9, Mehafdhi (2000), S. 368.

1510 Li (2002), S. 859, Schoueri (2015), S. 706.

1511 Greil et al. (2018), S. 3.

1512 Greil et al. (2018), S. 18.

1513 West (2018), S. 1154, Hongler (2018), S. 758, S. 763, Li (2002), S. 838 f.

1514 Li (2002), S. 839, im Schrifttum wird dies insb. den USA und der IRS vorgeworfen.

1515 Schoueri (2015), S. 716, Rosenzweig (2015), S. 376, Hongler (2018), S. 763.

1516 Schreiber (2018), S. 259, Schoueri (2015), S. 691 f., S. 696 f.

1517 Rawls (1958), Rawls (1971), Sen (2017), Hongler (2018), S. 760 f, West (2018), S. 1145 f., insb. durch John Stuart Mill oder Jürgen Habermas.

1518 Li (2002), S. 826.

als fair empfunden werden, da sie einen aufwandsintensiven aber freiwilligen Konsens ermöglicht und keine pauschale Lösung vorschreibt.[1519] Wissenschaftlich existieren verhaltensökonomische Indizien, wann Menschen eine (steuerliche) Aufteilung als fair empfinden und wie Fairnessideale dabei wirken.[1520] Im Ergebnis gilt: Fairness ist subjektiv und wird insb. anhand von Eigeninteresse, kultureller und philosophischer Einflüsse divers ausgelegt.[1521] Wann etwas allgemeingültig unfair oder ungerecht ist, ist derzeit wissenschaftlich nicht hinreichend definiert und erforscht.[1522] Faktisch fehlt ein globaler Konsens, insb. um hierbei steuerliche Allokationsfragen hinreichend zu beantworten. Konträr dazu kann eine PSM eine gleichmäßigere Aufteilung herbeiführen als eine Routinevergütung, indem sie eine einseitige Ergebniszuordnung zu Gunsten des Entrepreneur abschwächt.[1523] Darüber hinaus existieren Indizien, dass Betriebsprüfer Fairness als tragendes Leitprinzip für eine Sachverhaltswürdigung nutzen und Konzepte der Fairness dabei einen wesentlichen Einfluss auf das Verhalten von Steuerpflichtigen und Finanzbeamten haben.[1524] Infolgedessen können ethisch-philosophische Narrative theoretisch konsensfördernd innerhalb einer PSM wirken.

3.6.9 Empirische Relevanzanalyse der PSM

In diesem Kapitel wird die praktische Relevanz der PSM erläutert. Hierfür wurden empirische Erhebungen zur PSM – überwiegend in Form von Umfragen – ausgewertet.

Im Zeitraum der Jahre 2000 bis 2002, also nach der Einführung der PSM, war diese in Deutschland kaum praxisrelevant.[1525] Erst in den Folgejahren zeigten sich erste Indizien für eine steigende Praxisrelevanz der PSM.[1526] Spätestens

---

1519 Rosenzweig (2015), S. 376, Musselman (2020), S. 65, Schoueri (2015), S. 703, Luft (1997), S. 212.

1520 Engström/Nordblom/Ohlsson/Persson (2015), S. 161, Cohen/Holder-Webb/Sharp/Pant (2007), S. 4 ff., zeigen, dass Fairness einen signifikanten Einfluss auf Entscheidungsträger im Rechnungswesen hat und opportunistischem Verhalten verbeugen kann. Luft/Libby (1997), S. 220, Haka/Chalos (1990), Gosh (1994) zeigen, dass eine faire Aufteilung überwiegend intrinsisch angestrebt wird.

1521 Herzfeld (2017), S. 4, Luft (1997), S. 213, Greil (2017), S. 627.

1522 Hongler (2018), S. 756, Greil (2017), S. 627.

1523 Mair et al. (2019), S. 9, S. 13, S. 23 f, Danon et al. (2021), S. 91, Fuss (2019), S. 345.

1524 Greil et al. (2018), S. 3 f., S. 6 ff.

1525 Borkowski (2002), S. 23 ff., Casley/Horrocks (2000), S. 140, hier insb. UK.

1526 Gonnet/Fris (2007), S. 9, Chand/Wagh (2014), S. 402.

seit Beginn des BEPS-Projektes besteht im Schrifttum Einigkeit, dass die Praxisrelevanz der PSM insgesamt zunimmt.[1527] Empirische Erhebungen zeigen jedoch, dass die PSM im Jahr 2015 in der deutschen Praxis eine untergeordnete Rolle spielte.[1528] Zudem existieren Indizien, dass die PSM im angelsächsischen Jurisdiktionen verbreiteter ist, als in Deutschland.[1529] Auch in einer Analyse der APA-Statistiken der Jahre 2008 bis 2016 zeigte sich insgesamt eine zurückhaltende Anwendung der PSM.[1530] Insb. in Ländern wie Deutschland, Japan und Polen wurde die PSM selten angewendet.[1531] Wohingegen die PSM in China, Frankreich Italien und USA gelegentlich und in den Niederlanden und UK häufig genutzt wurde.[1532] Abschließend zeigt sich mehrfach, dass der Nutzungsanteil der PSM in den letzten 20 Jahren absolut und relativ zunahm.[1533]

Für diese Untersuchung konnten insb. drei aktuelle empirische Studien identifiziert werden. Erstens veröffentlichte das EUJTPF im Jahr 2018 eine praxisorientierte Befragung zur PSM innerhalb der EU.[1534] Zweitens veröffentlichte PWC im Jahr 2019 die Ergebnisse einer Umfrage zur Anwendung der PSM in 22 Ländern.[1535] Drittens führten Russo/Karnath im Jahr 2019 eine Umfrage in 38 Ländern aus fünf Kontinenten zu konzerninternen Lizenzvergütungen iVm der PSM durch.[1536] Die Ergebnisse werden nachfolgend zusammengefasst.

Laut EUJTPF wird die PSM bei der Mehrzahl der Staaten gegenwärtig in geringem Ausmaß genutzt und spielt in Deutschland weiterhin eine untergeordnete Rolle.[1537] Allerdings ist die PSM gängige Praxis in Verständigungsverfahren, Streitbeilegungsverfahren und APAs.[1538] Konkret wird die PSM häufig

---

1527 Chand/Wagh (2014), S. 403.

1528 Horvath/Flick Gocke Schaumburg (2015), S. 8, Abbildung 11.

1529 Brähler (2014), S. 445, insb. in den USA. Vögele (2021), S. 588 f.

1530 Drüen et al. (2017), S. 133, sie zeigen, dass die Methode durchschnittlich nur in etwa sechs Prozent der Fälle angewendet wird.

1531 Drüen et al. (2017), S. 377.

1532 Drüen et al. (2017), S. 323–337.

1533 EUJTPF (2018), S. 2, Drüen et al. (2017), S. 316 ff., Kroppen et al. (2012), S. 267, S. 290.

1534 EUJTPF (2018), S. 2, das umfasste 28 Antworten aus 17 EU-Staaten und elf NGOs.

1535 PWC (2019), S. 45 ff., beinhaltet die Erfahrungen der letzten zehn Jahre.

1536 Russo/Karnath (2019), S. 381.

1537 PWC (2019), S. 47, Ditz et al. (2019), S. 301, EUJTPF (2019), S. 4, S. 15, innerhalb des PWC-Netzwerkes zeigte sich eine Bandbreite von 5 bis 15 Prozent an Anwendungsfällen.

1538 Kroppen/Rasch (2022), OECD Chapter II, Tz. 2.154, Kapitel 2, Teil III, Rn. 617, EUJTPF (2019), S. 4, S. 15, Vögele (2021), S. 591.

für Zwecke der Verplausibilisierung genutzt.[1539] Insgesamt wird die PSM in zahlreichen und unterschiedlichen Branchen genutzt, d.h. sie ist keine industriespezifische Methode.[1540] Das umfasst insb. die Finanzbranche, Industrie, Automobil, IT, Telekommunikation, Konsumgüter, Pharmaindustrie, Chemie, Retail und Nahrungsmittel und Dienstleistungen.[1541] In der Praxis zeigt sich ein Pluralismus bei der Auswahl von Aufteilungsfaktoren.[1542] Selbst bei Sachverhalten aus identischen Branchen wurden mitunter unterschiedliche Aufteilungsfaktoren genutzt.[1543] Belegbare Tendenzen, Verhaltensmuster oder Präferenzen für die Auswahl der Aufteilungsfaktoren können derzeit empirisch nicht hergeleitet werden.

Konkreter sind die Ergebnisse bei der Auswahl der Ergebnismessgrößen. Laut EUJTPF wurde mehrheitlich das EBIT oder das operative Ergebnis genutzt, gefolgt vom EBITDA und dem Bruttoergebnis.[1544] Ferner zeigen Russo/Karnath, dass mehr als die Hälfte der Befragten praktische Erfahrungen mit der PSM bei Lizenzeinkünften und immateriellen Werten bestätigten.[1545] Im Jahr 2019 akzeptiert die Mehrzahl der Staaten die PSM für Lizenzzahlungen, mit einer zunehmenden Tendenz.[1546] Grundsätzlich wurde der praktische Nutzungsanteil der PSM in der Vergangenheit tendenziell unterschätzt.[1547] Belegt ist, dass die praktische Anwendung der PSM post-BEPS zugenommen hat.[1548] Insgesamt bestätigen diese drei Studien die Erwartungshaltung der Regulationsreformen der PSM insofern, als dass die PSM tendenziell häufiger zu Anwendung kommt.[1549] Die Sorge der OECD, dass die PSM missbraucht werde, um den FVG zu umgehen, hat sich bisher nicht bestätigt.[1550] Auch im Schrifttum

1539 PWC (2019), S. 48 f., EUJTPF (2018), S. 4.
1540 EUJTPF (2018), S. 3, z.B. Finanzdienstleistungen, Automotive, IT, Pharma, Konsumgüter, Ernährung und Energie.
1541 EUJTPF (2019), S. 3 f., PWC (2019), S. 47.
1542 EUJTPF (2018), S. 4 f. mit Verweis auf EUJTPF (2019), Annex 3.
1543 EUJTPF (2018), S. 8.
1544 EUJTPF (2018), S. 4 f.
1545 Russo/Karnath (2019), S. 385 f. Konkret waren es 55 Prozent.
1546 Russo/Karnath (2019), S. 386. Konkret sind es 21 aus 38 Staaten. Danon et al. (2021), S. 42, zeigen zeitnahe Bestätigungen insb. in Italien, Australien, Kanada und Japan.
1547 Danon et al. (2021), S. 24, EUJTPF (2018), S. 2.
1548 PWC (2019), S. 46.
1549 Kobetsky (2019), S. 1081, S. 1098.
1550 Reif (2021), S. 153, Kroppen et al. (2012), S. 290, insb. zu häufiger Anwendungsfall und erhöhte Gestaltungspotenziale.

wird eine zunehmende Praxisrelevanz der PSM insb. für (digitale) immaterielle Werte bestätigt – allerdings wird idR zugleich auch eine Weiterentwicklung der PSM gefordert.[1551] Abschließend ist die Praxisrelevanz der PSM empirisch bestätigt, obgleich bisher nur wenige empirische Erfassungen aus der Praxis vorliegen. Zudem wird derzeit mehrheitlich von einer Zunahme der Praxisrelevanz der PSM ausgegangen.[1552]

3.6.10 Thesenformulierung aus der Metasynthese

Die Ergebnisse der MS werden nachfolgend in Thesen überführt. Konkret wurden die Ergebnisse der Unterkapitel aus Kapitel 3.6 in prüfbare Thesen zusammengefasst und nummeriert. Diese Thesen sind nachfolgend tabellarisch dargestellt und werden anschließend in dieser Untersuchung überprüft.

Tabelle 12: Thesenformulierung auf Grundlage der MS

These	Kapitel	Stichwort	These
1	Kapitel 3.6.3, 3.6.9	Praxisrelevanz	Die PSM ist praxisrelevant.
2	Kapitel 3.6.4	Regelwerk	Das aktuelle Regelwerk macht die PSM faktisch zu einer Notfallmethode.
3	Kapitel 3.6.5	Ausprägungsformen	In der Praxis existiert eine Präferenz zur Anwendung der RPSM.
4	Kapitel 3.6.6.2	Auswahl von Aufteilungsfaktoren	In der Praxis existieren keine messbaren Muster bei der Auswahl von Aufteilungsfaktoren.
5	Kapitel 3.6.5.1	Methodisches Vorgehen	Die Durchführung von Beitragsanalysen ist in der Praxis weitgehend unklar.

1551 Schmalenbach Gesellschaft (2017), S. 40., Bärsch et al. (2014), S. 46 f., Postler (2019), S. 107, Greil/Fehling (2017), S. 765, Mössner (2018), Rn. 4.296, Danon et al. (2021), S. 315.

1552 Russo/Karnath (2019), S. 386, Stähli (2018), S. 280, PWC (2019), S. 53 f., Kobetsky (2019), S. 1087, Ballivet (2020), S. 126, S. 136, Danon et al. (2021), S. 25, EUJTPF (2018), S. 8, EUJTPF (2019), S. 15.

Tabelle 12: Fortsetzung

These	Kapitel	Stichwort	These
6	Kapitel 3.6.6	Herausforderungen und Anwendungshindernisse	Es existieren Anwendungshindernisse der PSM. Diese beinhalten insb. a) Klassifizierung, b) Abgrenzung des Geschäftsvorfalls, c) Auswahl der Aufteilungsfaktoren, d) Ergebnisermittlung, e) Umgang mit immateriellen Werten, f) Umgang mit Verlustsituationen.
7	Kapitel 3.6.6	Spezifika der PSM	In der Praxis zeigt die PSM Spezifika, insb. bei a) Betriebsprüfungen, b) dem Einsatz von Rechtsmitteln, c) Dokumentationsanforderungen.
8	Kapitel 3.6.8	Konsensorientierte Anwendungshilfsmittel	Für die PSM werden Anwendungshilfsmittel genutzt, wie insb. a) Betriebswirtschaftliche Hilfsmittel, b) Spieltheoretische Hilfsmittel, c) Juristische Hilfsmittel, d) Ethische Hilfsmittel, e) Nutzung von Interessensschnittmengen, f) Nutzung von Narrativen.

4 Experteninterview

4.1 Vorgehensweise und Begründung

4.1.1 Interviewmethodik

Für diesen Teil der Untersuchung wurden Experteninterviews durchgeführt. Die Methodik wird nachfolgend erläutert. Kapitel 3.6.9 belegt, dass sich bisherige empirische Erfassungen zur PSM insb. auf die Anwendungshäufigkeit oder auf (rein deskriptive) Analysen von Aufteilungsfaktoren, in Form von Umfragen und Bestandaufnahmen, konzentrieren.[1553] Nachteilig an solchen deskriptiven Bestandsaufnahmen ist, dass sie keinen Erklärungsgehalt beinhalten. Insb. das EUJTPF bestätigt diese Forschungslücke, aufgrund von fehlenden Praxisinformationen und Erklärungsgehalt zur PSM.[1554] Die bisherigen Ergebnisse belegen, dass Anwendungshindernisse der PSM existieren, beinhalten aber keine wissenschaftliche Ursachenforschung.[1555] Die Methodik dieser Untersuchung nutzt hierfür eine holistische Relevanzanalyse, wobeidie Frage nach Ursachen und Begründungen eine wesentliche Rolle spielt. Dieser praxisorientierte Forschungsbedarf wurde im Jahr 2019 vom EUJTPF ausdrücklich gefordert, insb. um die Anwendung der PSM zu vereinheitlichen und etwaige Vereinfachungen zu erarbeiten.[1556]

Nach derzeitigem Erkenntnisstand existiert bisher keine Datenerhebung, welche die PSM in Deutschland aus holistischer Perspektive, jeweils aus Sicht von Beratung und Finanzverwaltung, untersucht. Hinzu kommt, dass bisher keine Datenerhebung zur PSM existiert, welche den derzeitigen Erkenntnisstand des Fachschrifttums deduktiv und basierend auf einem SLR überprüft.[1557] Darüber hinaus existiert derzeit keine Datenerhebung zur PSM, welche induktiv nach Erklärungen für Anwendungshindernisse der praktischen Anwendung der PSM in Deutschland forscht. Diese drei Forschungslücken wurden

1553 Bestätigend hierzu EUJTPF (2019), S. 4.

1554 EUJTPF (2019), S. 3.

1555 EUJTPF (2018), S. 4, exemplarisch hierfür ist die Ablehnung der PSM in einem Verständigungsverfahren, obwohl Einigkeit zwischen Steuerpflichtigen und Finanzverwaltung existierte, dass die PSM theoretisch die am besten geeignete Methode ist.

1556 EUJTPF (2018), S. 2, S. 15.

1557 Kapitel 3.5 sowie 3.6.

in diesem Experteninterview berücksichtigt und nachfolgend methodisch integriert.

Ein Experteninterview ist eine qualitative Forschungsmethode. Für qualitative Forschung existieren wissenschaftliche Gütekriterien. Maßgeblich für diese Gütekriterien ist der angemessene Umgang mit subjektiven Elementen, da eine vollständige Objektivität in der (qualitativen) Forschung unmöglich ist.[1558] Eine entscheidende Rolle dabei spielt Transparenz.[1559] Deshalb wird die zugrundeliegende Methodik nachfolgend erläutert, begründet und dokumentiert.[1560] Auch Offenheit ist ein Grundprinzip qualitativer Forschung.[1561] Infolgedessen ist existierendes Vorwissen transparent darzustellen, um systematische Verzerrungen des (induktiven) Erkenntnisgewinns methodisch zu reduzieren. Das ist insb. in Form von Kapitel 3 gewährleistet.

Ein Experteninterview ist auf ausgewählte Wissensträger reduziert.[1562] Die Zielsetzung ist insb. die Erfassung von bisher nicht verfügbarem Spezialwissen.[1563] Experteninterviews gelten als prädestinierte Forschungsmethode, um (neuartige) Ursachen und Zusammenhänge zu erforschen.[1564] Vorteilhaft daran ist, dass neben (neuem) Wissen auch Ursachen und Begründungen erfasst werden können.[1565] Dieses Vorgehen ist insofern geeignet für die Untersuchung der vorliegenden Forschungsfrage, als dass derzeit keine (öffentlich) verfügbaren empirischen Daten mit Erklärungsgehalt und Ursachen zur Anwendung der PSM in Deutschland existieren. Infolgedessen erscheinen Experteninterviews prädestiniert, um das Spezialwissen zur PSM für die vorliegende Forschungsfrage zu erfassen und auszuwerten.[1566] Traditionell sind Experteninterviews ein Forschungsinstrument der Sozialforschung.[1567] Folglich wurden Methodenempfehlungen dieser Disziplin für die vorliegende Untersuchung genutzt. Das beinhaltet insb. Methodenempfehlungen von Helfferich, Mey/Mruck

1558 Helfferich (2011), S. 154 ff.

1559 Mayring (2016), S. 24 f.

1560 Bogner/Litting/Menz (2014), S. 93, Mayring (2016), S. 144 ff.

1561 Helfferich (2011), S. 114.

1562 Mey/Mruck (2007), S. 254 ff.

1563 Bogner et al. (2014), S. 22.

1564 Bogner et al. (2014), S. 17 f., S. 21.

1565 Helfferich (2011), S. 21.

1566 Bogner et al. (2014), S. 33, das gilt für die PSM, da in Deutschland aktuell lediglich Verrechnungspreisspezialisten hinreichend praktische Praxiserfahrungen mit der PSM vorweisen können.

1567 Mey/Mruck (2007), S. 249 f.

und Bogner et al.[1568] Demnach ist die Qualitätsgüte von Experteninterviews insb. abhängig von der Expertenauswahl, der Erstellung und Begründung von Fragen sowie eines Interviewleitfadens und der Interviewdurchführung.[1569] All diese Faktoren werden nachfolgend erläutert und das Vorgehen dokumentiert.

4.1.2 Expertenauswahl

Eine methodische Herausforderung bei Experteninterviews ist die Expertenauswahl.[1570] Hierfür wird eine präzise Expertendefinition empfohlen, um die Auslegung trennscharf und transparent vorzunehmen.[1571] Bogner et al. und Helfferich empfehlen eine Orientierung an der Forschungsfrage sowie eine empirische Identifizierung anhand der Literaturanalyse.[1572] Dadurch ist die Expertenauswahl durch Theorie und Empirie unterlegt und objektiv nachvollziehbar.[1573]

Nach allgemeinem Verständnis ist ein Experte ein sachkundiges Individuum, welches über Spezialwissen verfügt.[1574] Der Expertenbegriff in dieser Untersuchung erfordert fachliche Expertise, wobei das Spezial- bzw. Sonderwissen zur PSM maßgeblich ist.[1575] Nachfolgend wird Expertise durch Faktoren wie das Ausbildungsniveau und praktische Berufserfahrung indiziert.[1576] Konkret durch Berufstitel und die berufliche Position, wie Karrierestufe und Führungsverantwortung in Wissenschaft, Beratung und Finanzverwaltung.[1577] Dieses Vorgehen wurde mit Umfragen der EU, des EUJTPF sowie anhand weiterer wissenschaftlicher Umfragen verplausibilisiert.[1578] Die nachfolgende Tabelle zeigt die Parameter der Expertenauswahl.

1568 Helfferich (2011), Mey/Mruck (2007), Bogner et al. (2014), S. 97, im Schrifttum existiert ein weitgehender Konsens für die sachgerechte Anwendung von Experteninterviews.
1569 Mey/Mruck (2007), S. 249, Bogner et al. (2014), S. 1 f.
1570 Mey/Mruck (2007), S. 254.
1571 Mey/Mruck (2007), S. 254.
1572 Bogner et al. (2014), S. 34 f., Helfferich (2011), S. 163 f.
1573 Bogner et al. (2014), S. 36.
1574 Bogner et al. (2014), S. 9, S. 12 f.
1575 Bogner et al. (2014), S. 10 f., Helfferich (2011), S. 163 f.
1576 Bogner et al. (2014), S. 11, S. 51.
1577 Berufsrechtlich ist eine hohe Korrelation aus Fachwissen und Berufsposition gewährleistet.
1578 Methodenanalogie Hoppe/Schanz/Sturm/Sureth (2017), S. 1028, COM (2016).

Tabelle 13: Paramter der Expertenauswahl

A. Fachliche Voraussetzung: Wissenschaftliche Tätigkeit und Reputation		**Ziel**
Autorenschaft[1579]	Beiträge, Standardwerk, Kommentierung, Lehrauftrag	Externe Expertise
Reputation[1580]	Reputation als Experte	Brancheninterne Expertise
B. Persönliche Voraussetzung: Berufliche Erfahrung und Qualifikation		
Position[1581]	Partnerposition, Vertreter des BZSt oder BMF	Berufspraktiker
Erfahrung	Praktische Erfahrung mit PSM	Erfahrung mit PSM

In dieser Untersuchung existiert ein mehrdimensionales Anforderungsprofil für die Expertenauswahl. Das minimiert eine potenzielle Verzerrung durch einen SELF-SERVING-BIAS.[1582] Demnach muss ein Experte fachliche und persönliche Voraussetzungen erfüllen. Die fachliche Voraussetzung ist erfüllt, sofern Expertise durch extern sichtbare wissenschaftliche Tätigkeiten bekundet wird. Konkret, sofern eine Autorenschaft in relevanten Beiträgen, Standardwerken, Gesetzeskommentierungen oder ein Lehrauftrag existiert. Ferner gilt die fachliche Voraussetzung als erfüllt, wenn eine brancheninterne Reputation existiert. Maßgeblich in dieser Untersuchung ist die Nennung in Expertenrankings des TRANSFER-PRICING-EXPERT-GUIDE 2021[1583] und dem JUVE-RANKING[1584]. Die persönlichen Voraussetzungen sind erfüllt, sofern berufliche und praktische Erfahrungen mit der PSM existieren. Die berufliche Erfahrung ist nach Interessensgruppe getrennt und wird durch die berufliche Position ermittelt.[1585] In der Beratung ist eine Tätigkeit als Partner maßgeblich.

1579 Die Mindestanforderung hierfür sind relevante Beiträge aus dem SLR, mit einem signifikanten Eigenanteil von mindestens 10 %.

1580 Expert-Guides (2021), Juve (2021).

1581 Die Kriterien stammen aus vergleichbaren Anfragen (Rankings, Lehrstuhlinhaberschaft, Finanzverwaltung).

1582 Hiermit wird gewährleitet, dass die Expertenauswahl nicht deckungsgleich zu den Autoren finaler Beiträge des SLR ist.

1583 Expertguide (2021).

1584 Juve (2021).

1585 Bogner et al. (2014), S. 36.

Aufseiten der Finanzverwaltung wird eine Tätigkeit im BZSt oder dem BMF gefordert.[1586]

In diesem Abschnitt wird der Prozess der Expertenauswahl erläutert.[1587] Zuerst wurde eine Liste mit 100 potenziellen Ansprechpartnern in Deutschland erstellt, welche alle Autoren finaler Beiträge sowie alle Experten der Rankings beinhaltet. Anschließend wurden die Experten anhand eines fünfstufiges Scoring-Modells gewichtet. Maßgeblich hierfür waren die Parameter der Expertenauswahl aus Tabelle 13. Für die Autorenschaft eines finalen Beitrages und die Veröffentlichung von überdurchschnittlich vielen finalen Beiträgen wurde jeweils ein Punkt vergeben.[1588] Ein weiterer Punkt wurde vergeben, sofern eine Tätigkeit als Dozent in Praxis und Wissenschaft existiert, z.B. in Form eines nebenberuflichen Lehrauftrages oder einer Honorarprofessur. Abschließend gab es jeweils einen Punkt für die Nennung innerhalb der Expertenrankings. Das Ergebnis des Scorings ist eine systematische Strukturierung der potenziellen Experten. Diese Struktur ist maßgeblich für die Reihenfolge der Interviewanfragen.[1589] Insgesamt wurden zehn Experten mit einer Punktezahl zwischen drei bis fünf identifiziert. Diese Experten wurden zuerst kontaktiert, da sie die Kriterien der Expertenauswahl überdurchschnittlich erfüllen. Hiervon wurden sieben Interviewpartner gewonnen. Anschließend wurden 20 weitere Berater mit einer Punkteanzahl von mindestens zwei Punkten kontaktiert.[1590] Hierbei wurden vier Interviewpartner gewonnen. Vertreter der Finanzverwaltung konnten nicht durch Rankings erfasst werden. Die Kontaktaufnahme erfolge anhand von Datenbankrecherchen in der Fachliteratur[1591], Homepages der Finanzverwaltung und von Lehrstühlen[1592] sowie in (sozialen) Netzwerken[1593]. Hierbei wurden zehn Vertreter der Finanzverwaltung identifiziert, welche die oben genannten Voraussetzungen erfüllen. Davon nahmen fünf am Interview teil. Insgesamt wurden 14 Interviewteilnehmer gewonnen.[1594] Die

1586 Da in diesen Einrichtungen die überwiegende Anzahl an VP-Spezialisten der Finanzverwaltung tätig sind, z.B. in Form von Sonderprüfern.

1587 Bogner et al. (2014), S. 36, Helfferich (2011), S. 175.

1588 Erfüllung bei über zwei Beiträgen.

1589 Dadurch wird eine hohe Abdeckung der Voraussetzungen gewährleistet.

1590 Sofern persönliche Voraussetzungen nicht erfüllt waren, wurden Experten mit der höchsten nachfolgenden Punktezahl nachgezogen.

1591 Wie Beck-Online, Sachbücher und Kommentierungen.

1592 Wie insb. BMF, BZSt, Landesämter und Finanzämter sowie Lehrstühle mit steuerrechtlichem Schwerpunkt.

1593 Insb. LinkedIn und Xing.

1594 Ausführliche Darstellung in Anhang 6.

Gesamtanzahl der Zusagen entspricht etwa einem Drittel der Anfragen. Alle Interviewanfragen sind auf Deutschland reduziert. Hintergrund hierfür ist die Gewährleistung eines pragmatischen Interviewumfanges.[1595] Ferner gewährleistet eine Eingrenzung auf nationale Regelwerke homogenere Rahmenbedingungen und dadurch eine bessere Vergleichbarkeit der Ergebnisse.[1596]

4.1.3 Rahmenkonzept und Interviewleitfaden

Ausgangspunkt für das Rahmenkonzept dieses Experteninterviews ist die Umfrage des EUJTPF zur PSM aus dem Jahr 2018.[1597] Ergänzend wurden Methodenempfehlungen von Helfferich, Mey/Mruck und Bogner et al. integriert.[1598] Demnach sind Experteninterviews wissenschaftlich nicht trennscharf definiert, sondern setzen sich in der Praxis zumeist aus verschiedenen Elementen zusammen.[1599] Konträr zur Umfrage des EUJTPF wird in diesem Interview nicht nur Faktenwissen abgefragt, sondern explorativ auch eine Begründung und Kontextualisierung.[1600] Infolgedessen wurden induktive und deduktive Interviewelemente integriert.[1601] Das umfasst insb. explorativ-informatorische und deutungsorientierte Elemente.[1602] Diese Kombination gewährleistet sowohl einen holistischen und offenen Forschungsansatz für neue Erkenntnisse und Theorien, als auch die Prüfung von bisherigem Wissen innerhalb eines Experteninterviews.[1603] Experteninterviews sind traditionell teilstrukturierte Interviews, weshalb ein Leitfaden für die Interviewstruktur und -systematik empfohlen wird.[1604] Die Erstellung und Begründung des Interviewleitfades sowie der Fragen werden nachfolgend erläutert.

Ein Interviewleitfaden ist ein Hilfsmittel und eine Orientierungshilfe für die Struktur und das methodische Vorgehen.[1605] Die Leitfadenerstellung beginnt

---

1595 Eine signifikante Zunahme an Teilnehmern wäre notwendig, um eine repräsentative Anzahl für jedes Land zu erhalten.

1596 Ein länderübergreifendes Interview erschwert die Ergebnisinterpretation aufgrund heterogener Rahmenbedingungen und Rechtsgrundlagen.

1597 EUJTPF (2018), S. 2, S. 15.

1598 Helfferich (2011), Mey/Mruck (2007), Bogner et al. (2014).

1599 Mey/Mruck (2007), S. 250 f., Helfferich (2011), S. 42.

1600 EUJTPF (2018), S. 2, S. 15., Mey/Mruck (2007), S. 272.

1601 Mey/Mruck (2007), S. 250 f.

1602 Bogner et al. (2014), S. 23–25.

1603 Bogner et al. (2014), S. 23–25.

1604 Helfferich (2011), S. 36, Bogner et al. (2014), S. 24–27, Mey/Mruck (2007), S. 254.

1605 Bogner et al. (2014), S. 27 ff., Mayring (2016), S. 66 f.

mit einem Brainstorming.[1606] Gefolgt von einer Prüfung des Vorwissens, der Offenheit sowie der Eignung von potenziellen Fragen.[1607] Anschließend werden die Gesprächsstruktur, das Anforderungsprofil und die gemeinsame Motivation festgelegt.[1608] Insb. für explorative Elemente wird das Vorwissen offengelegt und dadurch einer strukturellen Ergebnisverzerrung vorgebeugt.[1609] Daraufhin werden die Fragen in Themenblöcke und Inhaltskategorien gruppiert.[1610] Hierbei empfiehlt sich ein theoriegeleitetes Vorgehen, basierend auf bisherigen wissenschaftlichen Erkenntnissen sowie ein praxisorientiertes Vorgehen, basierend auf zeitlich-inhaltlicher Logik.[1611] Das Ziel ist eine narrative Sinnverknüpfung der Interviewabschnitte zu gewährleisten. Folglich erscheint die Gesamtanalyse eines typischen Projektverlaufes der PSM prädestiniert für eine holistische Untersuchung. Hierfür wurden insb. Erkenntnisse von STEIN/SCHWARZ und REIF und genutzt.[1612] Ziel ist eine methodische Kombination von verfügbarem Prozesswissen und der Abfrage von Begründungen.[1613] Ferner enthält der Leitfaden konkrete Fragen, ergänzende Kommentare und Erläuterungen. Hierfür wird ein Umfang von etwa zwei Seiten empfohlen.[1614] Im Verlauf des Interviews wurde der Leitfaden iterativ evaluiert.[1615] Der Leitfaden dieses Experteninterviews ist in Anhang 7 einsehbar. Darin sind Inhalt, Struktur, Zielsetzung und Logik des Leitfadens dokumentiert und erläutert.[1616]

4.1.4 Erstellung und Begründung der Fragen

Die Erstellung und Auswahl der Fragestruktur orientiert sich insb. an den Empfehlungen von MEY/MRUCK.[1617] Zu Beginn wurden geschlossene Fakten- und

1606 Bogner et al. (2014), S. 32.
1607 Mey/Mruck (2007), S. 269 f., Helfferich (2011), S. 180 ff.
1608 Mey/Mruck (2007), S. 258, gemeinsame Motivation ist die Erarbeitung eines wissenschaftlichen Ergebnisses.
1609 Bogner et al. (2014), S. 31, Helfferich (2011), S. 90.
1610 Bogner et al. (2014), S. 33.
1611 Helfferich (2011), S. 185, Bogner et al. (2014), S. 32, Mey/Mruck (2007), S. 270.
1612 Stein/Schwarz (2018), S. 44–45, Reif (2021), S. 183, nach Reif beinhaltet dies insb. die Eignung der PSM, die Methodik der Ergebnisaufteilung, die Ergebnisart, die Ergebniskennzahl und die Auswahl der Aufteilungsfaktoren.
1613 Bogner et al. (2014), S. 22.
1614 Mey/Mruck (2007), S. 268 f., Bogner et al. (2014), S. 27 ff.
1615 Bogner et al. (2014), S. 30.
1616 Mey/Mruck (2007), S. 269, Anhang 7, Spalte: Zielsetzung.
1617 Mey/Mruck (2007), S. 258–264.

Bestätigungsfragen mit Stabilisierungs- und Orientierungsfunktion genutzt, um die Expertise zu bestätigen und Begriffe sowie Regelwerke zu definieren.[1618] Alle nachfolgenden Fragen orientieren sich an dem Grundprinzip der Offenheit.[1619] D.h. sie sind möglichst einfach, verständlich, kurz und ohne Eingrenzung gestellt, um einer potenziellen Einflussnahme vorzuwirken.[1620] Das beinhaltet immanente und exmanente Fragen.[1621] Beide zielen insb. auf die Zielsetzung der Intellektualisierung, Diagnostizierung, Begründung, Wertung und Deutungsorientierung ab.[1622] Sondierungen wurden genutzt, um den Detailgrad zu erhöhen.[1623] Darüber hinaus wurden erzählungsgenerierende Fragen, insb. für abgegrenzte Prozessschritte genutzt.[1624] Konfrontationsfragen wurden nur bei abschließender Beurteilung oder inhaltlichen Widersprüchen gestellt.[1625] Die Inhalte der Fragen wurden lediglich insoweit angepasst, als dass die Perspektive des Experten aus Finanzverwaltung und Beratung berücksichtigt wurde. Die Reihenfolge der Fragen erfolgte nicht statisch, sondern iterativ und kontextabhängig.[1626] Nach inhaltlichen Exkursen eines Experten folgte eine Verständnisfrage, um eine konsistente Ausgangsbasis für die Folgefragen zu gewährleisten.[1627] In jedem Gliederungselement sind abschließend bilanzierende Fragen integriert.[1628] Das Interviewende ist offen gestaltet, um Anmerkungen und Ergänzungen zu ermöglichen.[1629] Abschließend gilt, dass Fragtypen selten trennscharf zugeordnet werden können und deshalb idR als Mischform vorliegen.[1630]

4.1.5 Interviewdurchführung

Die Interviewanfrage erfolgte formell via E-Mail. Beigefügt war ein Informationsblatt, welches das Forschungsvorhaben und den Interviewrahmen

1618 Mey/Mruck (2007), S. 260, S. 270, Bogner et al. (2014), S. 60 f.
1619 Bogner et al. (2014), S. 29.
1620 Helfferich (2011), S. 108, S. 185 f.
1621 Mey/Mruck (2007), S. 260 f.
1622 Mey/Mruck (2007), S. 262, Bogner et al. (2014), S. 64–67.
1623 Bogner et al. (2014), S. 66.
1624 Bogner et al. (2014), S. 62.
1625 Mey/Mruck (2007), S. 262, Bogner et al. (2014), S. 67.
1626 Mey/Mruck (2007), S. 268 f.
1627 Bogner et al. (2014), S. 66.
1628 Mey/Mruck (2007), S. 264.
1629 Mey/Mruck (2007), S. 264.
1630 Details sind in sind Anhang 7 einsehbar.

erklärt.[1631] Darin wurden Datenschutz, Anonymität und Verschwiegenheit garantiert und vertraglich gewährleistet. Der Fragebogen wurde nicht vorab versendet.[1632] Nach einer Zusage erfolgte das Interview webbasiert via Zoom oder telefonisch mit einer Audioaufzeichnung. Vorab wurde der grundlegende Rahmen kommuniziert, da jedes Interview eine soziale Interaktion ist.[1633] Diese Interaktion umfasst insb. eine Steuerung, ein aktives Zuhören bei gleichzeitiger Zurückstellung der Ansichten des Interviewers.[1634] Zu Beginn erfolgt die Vermittlung eines klaren Rollenverständnisses und die Schaffung eines Arbeitsbündnisses.[1635] Die gemeinsame Motivation lag in Schaffung eines wissenschaftlichen Beitrages.[1636] Ziel dieser Struktur ist die Gewährleistung einer asymmetrischen Verteilung der Gesprächszeiten – mit fachlich symmetrisch-dialogischem Charakter – in der Rolle auf Augenhöhe als Co-Experte, im Rahmen einer horizontalen Kommunikationsstruktur.[1637]

Die Hauptzugangsbarrieren waren die Faktoren Verfügbarkeit und Zeit.[1638] Folglich orientierte sich das Vorgehen an der Wissenskultur und der etablierten Arbeitsweise der Experten, um Vertrautheit und Effizienz zu gewährleisten.[1639] Hierfür wurde das Interview in einem 15-Minuten-Takt geplant und in fachlich angemessener Sprache verfasst.[1640] Nach jedem Interview wurde ein Feedback eingeholt, welches anschließend für eine sukzessiv-iterative Verbesserung der Interviewdurchführung ausgewertet wurde.[1641] Diese Evaluation erfolgte in der Frequenz von jeweils drei Interviews in Evaluationszyklen. Insgesamt existieren vier Evaluationszyklen, wovon die ersten drei in inhaltlichen Verbesserungen

---

1631 Nach Empfehlung von Mey/Mruck (2007), S. 259, das Informationsblatt beinhaltet Informationen zum Forschungsvorhaben, Auswahl der Experten, Aufzeichnungsform, zur Universität Siegen, den Datenschutzvereinbarungen und allgemeine FAQs.

1632 Bogner et al. (2014), S. 30–31, um Verzerrungen zu vermeiden und da Experten sich idR nicht vorbereiten müssen.

1633 Mey/Mruck (2007), S. 273, Helfferich (2011), S. 119 ff., Bogner et al. (2014), S. 49.

1634 Helfferich (2011), S. 24, S. 52.

1635 Mey/Mruck (2007), S. 258.

1636 Bogner et al. (2014), S. 38.

1637 Helfferich (2011), S. 24, S. 42 f., S. 165, Bogner et al. (2014), S. 52.

1638 Bogner et al. (2014), S. 37 f.

1639 Helfferich (2011), S. 165, insb. durch die Struktur des Leitfadens und dem Zeitrahmen.

1640 Bogner et al. (2014), S. 39, S. 63 f., es wurden 60 Minuten angefragt, wovon 15 Minuten Vor- und Nachbereitung waren.

1641 Bogner et al. (2014), S. 61.

mündeten.[1642] Der Evaluationszyklus vier führte zu einer strukturellen Optimierung, indem lediglich der Interviewprozessablauf verbessert wurde. Die nachfolgende Tabelle zeigt den Evaluationsprozess.

Tabelle 14: Sukzessiv-iterative Evaluationszyklen der Interviewdurchführung

Interviews	Evaluationszyklen	Prozessabschnitt
1 bis 3	Evaluationszyklus I	Inhaltliche Evaluation
4 bis 7	Evaluationszyklus II	Inhaltliche Evaluation
8 bis 10	Evaluationszyklus III	Inhaltliche Evaluation
11 bis 14	Evaluationszyklus IV	Feinschliff Interviewprozess

Die Interviewdurchführung erfolgte unter Beachtung datenschutzrechtlicher Anforderungen. Das beinhaltet insb. den Schutz der Privatsphäre, Anonymität, Datenschutz, Verschwiegenheitspflicht, Übermittlung des Erhebungszweckes, Nennung des Verwendungszusammenhanges, Zeit und Ort der Aufnahme. Die entsprechenden Anforderungen wurden in Form einer Vereinbarung vor dem Interview einvernehmlich bestätigt und dokumentiert.

4.1.6 Dokumentation

Die Dokumentation ist ein Qualitätsmerkmal für die wissenschaftlich geforderte intersubjektive Nachvollziehbarkeit von Experteninterviews.[1643] Aufgrund des digitalen bzw. telefonischen Interviewmediums wurde die verbale Kommunikation dokumentiert.[1644] Hierfür wurden zuerst Audioaufzeichnungen erstellt, deren Inhalte anschließend transkribiert wurden. Beides erscheint ausreichend für Experteninterviews, da der Inhalt semantisch und verbal vermittelt wird.[1645]

Die Transkription erfolgte mit der Maxime einer möglichst wortgetreuen Wiedergabe und Lesbarkeit.[1646] Folglich wurde wörtlich und in Hochdeutsch

1642 Insb. die Formulierung von Fragen, Vermeidung von Missverständnissen, Führung des Interviewten.

1643 Mey/Mruck (2007), S. 271 f.

1644 Mey/Mruck (2007), S. 266–267, nicht alle Interviewteilnehmer hatten eine Videoübertragung. Dadurch ist nonverbale Kommunikation lediglich begrenzt erfassbar.

1645 Mey/Mruck (2007), S. 270 f., Bogner et al. (2014), S. 40–41, Dresing/Pehl (2018), S. 17.

1646 Bogner et al. (2014), S. 41 f.

transkribiert.[1647] Stottern und abgebrochene Wörter wurden im Sinne der Lesbarkeit geglättet.[1648] Auch die Interpunktion wurde im Sinne der Lesbarkeit genutzt, d.h. Sätze tendenziell kurz interpretiert.[1649] Rezeptionssignale, Zuhörgeräusche, Fülllaute, Betonungen und emotionale sowie nonverbale Kommunikation wurden nicht transkribiert.[1650] Alle Ergänzungen wurden durch eckige Klammern kenntlich gemacht.[1651] Die Transkription beinhaltet Zeitstempel und Zeilennummern.[1652] Audioaufzeichnung und Transkripte wurden mit Hilfe der Software CONDENS[1653] zeitlich exakt verknüpft und dokumentiert. Dabei erfolgte eine Orientierung an einfachen-semantischen Transkriptionsregeln, nach DRESING/PEHL.[1654] Die nachfolgende Tabelle zeigt die wichtigsten Transkriptionsregeln.

Tabelle 15: Inhaltlich-semantische Transkriptionsregeln[1655]

Kennzeichnung	**Bedeutung**
/	Unvollendeter Halbsatz
(…)	Pause, unabhängig von Länge
[Unterbrechung], [Erläuterungen] oder [Ergänzung]	Ergänzungen, Hinweise und Begründungen welche den Lesefluss verbessern.

Die Dokumentation umfasst eine formale Anonymisierung von Namen, Daten und Arbeitgebern.[1656] Darüber hinaus wurden potenzielle kontextuale-inhaltliche Identifizierungsmerkmale (personenbezogene Daten, Kontext, latente Sinnstrukturen, sensible Informationen der Berufspraktiker) anonymisiert oder pseudonymisiert.[1657] Zudem wurden die Teilnehmer pseudonymisiert

1647 Dresing/Pehl (2018), S. 21, korrigiert wurden lediglich Wortverschleifungen, Umgangssprache und Dialekte, um syntaktischen Fehler zu vermeiden.
1648 Dresing/Pehl (2018), S. 21.
1649 Dresing/Pehl (2018), S. 21.
1650 Dresing/Pehl (2018), S. 21.
1651 Dresing/Pehl (2018), S. 22.
1652 Dresing/Pehl (2018), S. 29.
1653 https://condens.io/
1654 Dresing/Pehl (2018), S. 16 ff.
1655 Dresing/Pehl (2018), S. 21 f.
1656 Bogner et al. (2014), S. 89 f.
1657 Bogner et al. (2014), S. 89 ff., das beinhalte insb. Unternehmensnamen, Branchen, die Nennung von Kollegen und prominenten Fällen, Aufgabengebieten.

und nummeriert, z.B. als EXPERTE 1.[1658] Die Transkription erfolgte iterativ in drei Durchläufen und unter Beachtung eines anonymisierten VIER-AUGEN-PRINZIP, um die geforderte Qualität zu gewährleisten und zu verifizieren.[1659]

4.2 Auswertungs- und Analysemethodik

4.2.1 Ablauf und Systematik der Kodierung

Derzeit existiert kein wissenschaftlicher Konsens bezüglich einer idealen Methode zur Auswertung qualitativer Interviews.[1660] Ein Konsens existiert lediglich insoweit, als dass eine intersubjektive Nachvollziehbarkeit gewährleistet sein muss.[1661] Diese Interviewauswertung beinhaltet die Reduktion und die Selektion von Inhalten, in Form einer zirkulären Auswertungslogik und mündet in einer generalisierbaren Systematisierung der Ergebnisse.[1662] Dabei wird den Empfehlungen von WALSH/DOWNE und HOON gefolgt, welche inhaltlich einen induktiven und einen deduktiven Schwerpunkt trennen.[1663] Demnach ist die deduktive Zielsetzung dieser Interviewauswertung die Verifizierung der Ergebnisse aus Kapitel 3.6. Denn Kapitel 3.6 verbindet existierende Wissensfragmente.[1664] Experteninterviews können diese Transzendenz verifizieren und idealtypisch mit (neuen) Erklärungen festigen. Hierfür wurden Frequenzanalysen durchgeführt.[1665] Darüber hinaus wurden explorative Interviewelemente genutzt, um induktiv, pluralistisch-konstruktivistisch gezielt nach neuen Erklärungen und Begründungen zu suchen.[1666] Sofern keine Schnittmenge mit Kapitel 3.6 existiert, erfolgte eine Kontingenzanalyse sowie eine Kausalitätsprüfung dieser Inhalte.[1667] Der Ablauf der Kodierung beinhaltet einem dreifachen iterativen Turnus für jedes Interview. Zu Beginn wurden alle Interviews ergebnisoffen kodifiziert (sog. Highlight). Diese erste Kodierung durch Highlights erfolgte bewusst, ohne eine inhaltliche Zuordnung oder Selektion. Ihre Zielsetzung war eine inhaltlich, unverzerrte Identifizierung und Fragmentierung

1658 Bogner at al. (2014), S. 89 f.
1659 Dresing/Pehl (2018), S. 30 f.
1660 Dresing/Pehl (2018), S. 34.
1661 Bogner et al. (2014), S. 71–75.
1662 Bogner et al. (2014), S. 83.
1663 Walsh/Downe (2004), S. 209, Hoon (2013), S. 528.
1664 Hoon (2013), S. 526 f.
1665 Mayring (2015), S. 15, 97 f.
1666 Hoon (2013), S. 526, Bogner et al. (2014), S. 23 f.
1667 Mayring (2015), S. 16.

latenter Sinnstrukturen, um methodisch eine Grundlage für die systematische Analyse zu schaffen.[1668] Im zweiten Durchlauf wurde die Vollständigkeit relevanter Stellen evaluiert und diese anschließend erstmals mit einer inhaltlichen Zuordnung markiert (sog. Tag). Im dritten Durchlauf wurden Vollständigkeit und Zuordnung erneut iterativ evaluiert.

Analog zur Kodierung wurden die Tags systematisch und iterativ strukturiert. Hierfür wurden zunächst übergeordnete Kodierungsgruppen (KG) erstellt. Dadurch ist gewährleistet, dass Analyseabschnitte und Highlights das gleiche Sachgebiet behandeln. Die Gruppierung orientierte sich an Themenschwerpunkten und Struktur des Interviewleitfadens, um methodische Konsistenz zu gewährleisten. Infolgedessen sind die KGs und die Grundstruktur des Interviewleitfadens strukturell identisch. Diese strukturelle Verknüpfung von KG und Interviewleitfaden erfüllt eine Gliederungsfunktion. Sie erfolgte unabhängig von der Kategorisierung der Highlights durch Tags. Tabelle 16 zeigt die strukturelle Verknüpfung.

Tabelle 16: Überführung Interviewleitfaden in Kodierungsgruppen

Kodierungsgruppe	**Gesprächsgliederung und Gesprächsstruktur des Interviewleitfaden**	**Auswertung in Kapitel**
KG 1	3.1 Relevanzabfrage	4.3.1
KG 2	4.1.1 Projektbeginn, 4.1.2 Eignungsnachweis	4.3.2
KG 3	4.1.3 Erfassung und Abgrenzung des Geschäftsvorfalls, 4.1.4 Ergebnisermittlung	4.3.3
KG 4	4.1.5 Aufteilungsmechanik, 4.1.6 Dokumentation, 4.1.7 Folgethemen und Rechtsfolgen	4.3.4
KG 5	4.1.8 Betriebsprüfung, 4.1.9 Einsatz von Rechtsmitteln	4.3.5
KG 6	4.2 Zusammenfassung der praktischen Lernkurve	4.3.6
KG 7	5.1 Hilfsmittel in der PSM	4.3.7
KG 8	5.2 Konsensorientierung und Intersubjektivität	4.3.8
KG 9	6. Zusammenfassung und Reformvorschläge	4.3.9

1668 Beispielhaft hierfür ist die Fragmentierung eines langen Satzes in Teileinheiten, mit der Zielsetzung alle Sinnstrukturen separat zu identifizieren.

Analyse und Strukturierung der Kodierung erfolgten iterativ und zeitlich getrennt. Dadurch soll der Einfluss der Strukturierung auf die inhaltliche Zuordnung der Tags systematisch minimiert werden.[1669] Nach der Strukturierung erhielt jede Frage des Interviewleitfadens einen eigenen Tag, sofern Highlight und Fragestellung eine inhaltliche Kohärenz zeigten. Existierte eine Divergenz zwischen Highlight und der inhaltlichen Struktur des Interviewleitfadens, so wurde ein neuer Tag erstellt und in eine KG integriert. Bei inhaltlichen Schnittmengen erfolgte eine Mehrfachkodierung. Methodisch galt die Maxime der Vollständigkeit, infolgedessen sind nahezu alle Highlights mehrfach kodiert. Ferner wurden die Inhalte auf Ebene der einzelnen Tags analysiert. Hierbei wurden Unterkategorien (sog. Subtags) erstellt, sofern Unterschiede innerhalb der Tags identifiziert wurden. Die genutzten Kodierungstermini sind in nachfolgender Tabelle zusammengefasst.

Tabelle 17: Gliederungselemente des Experteninterviews

Gliederungselement	Bedeutung
Kodierungsgruppe (KG)	Übergeordnete Struktur der Tags
Tag	Inhaltliche Strukturierung der Kodierung
Subtag	Inhaltliche Differenzierung innerhalb von Tags
Kodierung	Inhaltliche Strukturierung der Highlights
Highlight	Neutrales Analyseobjekt

Die Zuordnung von Substags und Mehrfachkodierungen erfolgte ebenfalls iterativ in zwei Durchläufen.[1670] Zudem wurde der gesamte Kodierungsprozess in vier Evaluationszyklen erarbeitet. Das geschah in einer Frequenz von jeweils drei Interviews.[1671] Ausgehend von einer grundlegenden Kodierung in Evaluationszyklus I, wurde die Kodierung in drei weiteren Evaluationszyklen sukzessiv-iterativ verbessert.[1672] Die nachfolgende Tabelle zeigt die Evaluationszyklen des Kodierungsprozesses.

1669 Bogner et al. (2014), S. 71, das Vorgehen beinhaltet Elemente der Grounded Theory.

1670 Dresing/Pehl (2018), S. 38, Differenzierung von Haupt- und Untercodes erfolgt im zweiten Schritt auf Grundlage des Interviewleitbogens. Interdependenzen erhielten Subkategorien.

1671 In Analogie zum Evaluationsprozess der Interviewdurchführung.

1672 Dresing/Pehl (2018), S. 37.

Tabelle 18: Sukzessiv-iterative Evaluationszyklen der Kodierung

Interviews	Evaluationszyklen	Prozessabschnitt
1 bis 3	Evaluationszyklus I	Grundlegende Kodierung
4 bis 7	Evaluationszyklus II	Inhaltliche Evaluation
8 bis 10	Evaluationszyklus III	Inhaltliche Evaluation
11 bis 14	Evaluationszyklus IV	Inhaltliche Evaluation

Auf die Kodierung folgte die Analyse. Die Nutzung von Häufigkeitsverteilungen und Frequenzanalysen sind ein gängiges Analyseverfahren für Experteninterviews.[1673] Infolgedessen wurden Gruppenspezifika und Muster anhand einer deskriptiven Analyse abgefragt. Das Ziel dieser Auswertung ist eine Konzeptualisierung, um das Wissen der Experten in generalisierungsfähige Muster, Prinzipien und Thesen zu überführen und den kleinstmöglichen gemeinsamen Nenner zu finden.[1674] Das Vorgehen orientierte sich an Empfehlungen von Bogner et al.[1675] Ausgehend von der Kodierung der Transkripte werden Inhalte und Gruppierungen abgeglichen, das Wissen konzeptualisiert und auf systematische Verdichtungen untersucht.[1676] Anschließend erfolgt eine Generalisierung, eine Theorienbildung sowie eine Interpretation induktiver Erkenntnisse.[1677] Dieses Vorgehen ist methodisch wesentlich von der Grounded-Theory beeinflusst.[1678]

4.2.2 Konsensorientierte Schnittmengenanalyse

Im Rahmen der konsensorientierten Schnittmengenanalyse wurden die Ergebnisse der Interessensgruppen Beratung und Finanzverwaltung jeweils analysiert und abgeglichen. Analyseobjekt hierfür sind die Tags.[1679] Zielsetzung dieser Analyse ist die Schaffung von Transparenz für existierende Einigkeit

1673 Mayring (2015), S. 13 ff.

1674 Bogner et al. (2014), S. 72–80.

1675 Bogner et al. (2014), S. 78–85.

1676 Bogner et al. (2014), S. 72–85, Mayring (2015), S. 16.

1677 Bogner et al. (2014), S. 79 f.

1678 Ferner existieren Einflüsse der qualitativen Inhaltsanalyse nach Mayring (2015), S. 13.

1679 Eine Analyse der Subtags ist nicht zielführend, da der inhaltliche Differenzierungsgrad der Subtags eine aussagekräftige Schnittmengenanalyse nicht gestattet.

und Widersprüche. Einigkeit und Widersprüche beider Interessensgruppen wurden durch Konsenspotenziale erfasst. Diese Konsenspotenziale werden nachfolgend als Existenz mehrheitlicher Schnittmengen ausgelegt.[1680] Die einzelnen Analyseelemente werden in nachfolgender Tabelle dargestellt, wobei die Reihenfolge mit abnehmendem Konsenspotenzial erfolgt.

Tabelle 19: Analyseelemente mit abnehmender Konsensorientierung

Analyseelemente	**Auslegungsheuristik**	**Konsenspotenzial**
Einstimmige Schnittmenge	Vollständige Übereinstimmung	Ja
Gemeinsame Schnittmenge	Mehrfache Übereinstimmung > 75 %	Ja
Interne Schnittmenge	Einfache Übereinstimmung > 75 %	Ja
Keine Schnittmenge	Einfache Übereinstimmung < 30 %	Nein
Widerspruch	Direkter Widerspruch oder mehrfache Übereinstimmung < 30 %	Nein

Eine einstimmige Schnittmenge liegt vor, sofern eine vollständige Übereinstimmung existiert. Eine gemeinsame Schnittmenge liegt vor, sofern eine Übereinstimmung von mindestens 75 % in beiden Interessensgruppen existiert. Eine interne Schnittmenge liegt vor, sofern eine Übereinstimmung von mindestens 75 % innerhalb einer Interessensgruppe vorliegt. Bei einstimmigen, gemeinsamen und internen Schnittmengen wird ein Konsenspotenzial attestiert.[1681] In dieser Untersuchung liegt keine Schnittmenge vor, sofern die Übereinstimmung unter 30 % liegt.[1682] Ein Widerspruch liegt vor, wenn sich Experten inhaltlich direkt widersprechen oder die Übereinstimmung innerhalb beider Interessensgruppen unter 30 % liegt. Die Ergebnisauswertung der Schnittmengenanalyse ist in den Ergebnissynthesen der jeweiligen KG integriert und wird in Kapitel 4.4.1 abschließend gewürdigt.

1680 Konsens wird in dieser Untersuchung ausdrücklich nicht auf Einstimmigkeit reduziert.

1681 Als Plausibilitätsprüfung für das Konsenspotenzial müssen sich insgesamt mehr als 50 % der Experten positionieren.

1682 Durch 30 % werden mindestens zwei Experten berücksichtigt (konkret 2/5 der Finanzverwaltung), um Verzerrungen durch Einzelmeinungen zu vermeiden. Zustimmungsraten in der Bandbreite von 31 bis 74 Prozent wurden vernachlässigt, da sie keinen Rückschluss auf eine Tendenz gestatten.

4.2.3 Auswertung der Gliederungselemente und des Expertentums

Insgesamt wurden 1743 Kodierungen vergeben. Hierzu existierten zehn KG mit insgesamt 66 Tags. Im Mittel erhielt jeder Tag etwa 16 Kodierungen, mit einem Median von elf, einem Minimum von eins und einem Maximum von 76. Die Subtags Betriebsprüfung 76 (7,3 %), induktives Element 66 (6,3 %) und Dokumentation 50 (4,8 %) erhielten insgesamt die meisten Kodierungen. Im Durchschnitt beinhaltet jeder Tag etwa 1,5 % der Gesamtmenge an Kodierungen, mit einem Median von etwa einem Prozent, einem Minimum von 0,1 % und einem Maximum von 7,3 %. Dieser Durchschnittswert von 1,5 % entspricht dem relativen Anteil eines einzelnen Tags an der Gesamtmenge aller Tags.[1683] Das belegt, dass keine Verzerrung durch einzelne Tags vorliegt und indiziert eine gleichmäßige Verteilung der Kodierungen.

Im Durchschnitt beinhaltet jede KG etwa 93 Kodierungen, mit einem Medianwert von 78, einem Minimum von 29 und einem Maximum von 193. Die KG Betriebsprüfung und Rechtsmittel dominierten mit insgesamt mit 193 Kodierungen (21 %), gefolgt von den KG Aufteilung, Dokumentation und Rechtsfolgen mit 172 Kodierungen (19 %). Die KG Status Quo erhielt lediglich 48 Kodierungen (5 %) gefolgt vom KG Lernkurve mit 29 Kodierungen (3 %). Im Durchschnitt zeigen sich etwa 51 Kodierungen pro Interview. Der Median liegt bei 49, mit einem Minimum von 33 und einem Maximum von 78. Im Mittel und Median brachte jedes Interview einen Anteil von 7 % der Gesamtkodierungen, was exakt dem relativen Anteil eines Interviews an der Gesamtmenge aller Interviews entspricht.[1684] Das belegt, dass keine Verzerrung durch einzelne Interviews vorliegt und indiziert eine gleichmäßige Verteilung der Kodierungen.

Ferner zeigt sich, dass das Verhältnis zwischen Beratung und Finanzverwaltung unverzerrt ist, da die Gesamtanteile vergleichbar sind. Vertreter aus der Beratung erreichen einen relativen Kodierungsanteil von 61 % der Gesamtkodierungen. Der Anteil an Experten aus der Beratung beträgt 64 %. Vertreter aus der Finanzverwaltung erreichen einen relativen Kodierungsanteil von 39 % der Gesamtkodierungen. Der Anteil an Experten aus der Finanzverwaltung beträgt 36 %. Das zeigt, dass es in der Kodierung keine systematische Verzerrung durch die Kategoriengruppen Beratung und Finanzverwaltung gibt. Abschließend verplausibilisiert dieses Kapitel die Robustheit der Ergebnisse. Denn die deskriptive Auswertung der Gliederungselemente liefert mehrfach

1683 1/66 entspricht etwa 1,5 %.

1684 1/14 = 7 %.

Indizien dafür, dass für die Kodierung des Experteninterviews keine systematischen Verzerrungen existieren und eine gleichmäßige Verteilung der Kodierungen vorliegt.

Insgesamt erfolgten 14 Interviews, mit neun Experten aus der Beratung (64 %) und fünf Experten aus der Finanzverwaltung (36 %).[1685] Die Ausbildungsdisziplinen der Experten sind die Betriebswirtschaftslehre (93 %)[1686] und die Volkswirtschaftslehre (7 %). Die Hälfte der Experten ist promoviert. Alle Experten aus der Beratung sind in der Berufsposition eines Partners und tragen mindestens einen Berufstitel. Das umfasst insgesamt neun Steuerberater (64 %) sowie zwei Wirtschaftsprüfer (14 %). Drei Vertreter der Finanzverwaltung sind dem BZSt zuzuordnen (21 %) und zwei dem BMF (14 %). Im Durchschnitt hat jeder Experte 18 Jahre Berufserfahrung.[1687] Die geringste Berufserfahrung sind vier Jahre, wohingegen das Maximum bei 39 Jahren liegt. Alle Experten haben praktische Erfahrungen mit der PSM. Zwölf Experten (86 %) engagieren sich in Form einer Lehrtätigkeit an einer Hochschule oder der Bundesfinanzakademie. Die durchschnittliche Interviewdauer betrug etwa 42 Minuten, mit einem Minimum von 21 Minuten und einem Maximum von 66 Minuten.[1688] Insgesamt zeigen sich keine signifikanten Zusammenhänge zwischen der Anzahl der Kodierungen und den biographischen Merkmalen der Experten.[1689]

4.3 Interviewauswertung und Ergebnissynthesen

4.3.1 KG 1: Relevanzabfrage

4.3.1.1 Relevanzabfrage

In diesem Kapitel werden die KG mitsamt deren Tags und Subtags inhaltlich ausgewertet. Jede Analyse beginnt mit einer deskriptiven Auswertung der KG. Anschließend werden die spezifischen Inhalte der Tags und Subtags dargelegt. Um die Transparenz zu erhöhen, werden die Ergebnisse mitunter durch Zitate verdeutlicht. Anschließend werden die Ergebnisse der konsensorientierten

1685 Ausführlicher in Anhang 6.

1686 Hier als Gesamtanteile.

1687 Das erste Quartil lag bei etwa acht Jahren Berufserfahrung, der Median bei 19 und das dritte Quartil bei etwa 24 Jahren.

1688 Mit einem Median von exakt 42.

1689 Hier wurden insb. die Berufserfahrung, die Existenz von Berufstiteln und die deskriptive Häufigkeitsverteilung der Kodierungen in jedem Interview analysiert.

Schnittmengenanalyse aus Kapitel 4.2.2 dargestellt. Abschließend folgt eine Ergebnissynthese für jede KG.

Schwerpunkt der ersten KG ist die Relevanzabfrage der PSM. Die KG eins beinhaltet sechs Tags, mit insgesamt 51 Kodierungen. Der größte Tag dieser KG ist der Tag: Begründung der Praxisrelevanz mit insgesamt 23 (45 %) Kodierungen. Gefolgt von der Bestätigung der Praxisrelevanz mit 14 (27 %) Kodierungen.

Die erste fachliche Frage des Interviews ist eine Bestätigungsfrage, nach der Praxisrelevanz der PSM.[1690] Die Praxisrelevanz der PSM wurde von allen 14 Teilnehmern (100 %) einstimmig bestätigt.[1691] Kein Experte verneinte die Praxisrelevanz der PSM. Anschließend wurde um eine Begründung dieser Einschätzungen gebeten. Acht Experten (57 %) nannten die fehlende Eignung der Standardmethoden als Begründung.[1692] Fünf Experten (36 %) äußerten eine restriktive Behandlung der PSM in der Praxis[1693], insb. aufseiten der Steuerpflichtigen.[1694] Zudem wurden eine zunehmende Relevanz des hypothetischen FV[1695], das Fehlen von Fremdvergleichsdaten[1696], die Unmöglichkeit transaktionsbezogen VP zu bestimmen[1697] sowie die Zunahme komplexer Geschäftsmodelle[1698] als Begründung genannt.

Alle Experten (100 %) äußerten sich zur Relevanzdynamik der PSM.[1699] Zehn Experten (71 %) sehen eine zunehmende Relevanzdynamik der PSM.[1700] Vier Experten (29 %) sehen eine stagnierende Relevanzdynamik.[1701] Die Einschätzung einer abnehmenden Relevanzdynamik wurde nicht geäußert.

1690 Anhang 7, Frage 3.1.1.

1691 Interview (I) Zeitmarke (Minute(n): Sekunde(n)), I1 1:37, I2 1:51, I3 1:14, I4 2:01, I5 0:15, I6 1:43, I7 1:20, I8 1:29, I9 0:55, I10 1:24, I11 1:24, I12 1:45, I13 1:10, I14 1:15.

1692 I9 1:12, I9 5:49, I1 7:02, I8 1:47, I3 1:52, I3 16:51, I3 36:53, I5 00:15, I6 2:04, I12 1:48, I7 2:39, I42:02.

1693 I1 7:02, I1 1:37, I9 2:22, I8 1:47, I7 2:39, I12 1:48, I9 5:49.

1694 I1 7:02, I12 2:57.

1695 I6 2:04, I3 1:19, I7 2:39.

1696 I6 2:04, I3 1:19, I7 2:39.

1697 I1 7:02, I5 00:15, I3 36:53.

1698 I9 1:12, I3 36:53, I2 1:51.

1699 Anhang 7, Frage 3.1.2.

1700 I7 2:39, I2 1:51, I3 1:40, I10 1:24, I6 1:43, I13 2:02, I9 2:22, I1 3:35, I5 0:15, I11 1:27.

1701 I14 1:43, I8 2:25, I12 2:25, I4 3:17.

4.3.1.2 Ergebnissynthese KG 1

In der Ergebnissynthese KG eins zeigt sich, dass die Praxisrelevanz der PSM insgesamt einstimmig bestätigt wird. In der Beratung wird der PSM eine zunehmende Relevanz attestiert, wohingegen aufseiten des BMF eine stagnierende Relevanzdynamik überwiegt. Eine wesentliche Begründung für die Relevanz der PSM ist die Nichtanwendung der Standardmethoden iVm dem Hinweis, dass die PSM in der Praxis derzeit restriktiv behandelt werde. Im Rahmen der Schnittmengenanalyse zeigt sich eine einstimmige Schnittmenge in Bezug auf die Praxisrelevanz der PSM (Frage 3.1.1). Das bestätigt die Praxisrelevanz der PSM. Aufseiten der Beratung zeigt sich eine interne Schnittmenge in Bezug auf eine zunehmende Relevanzdynamik (Frage 3.1.2).[1702] Vertreter des BMF sehen hingegen einstimmig eine Stagnation der Praxisrelevanz. Abschließend besteht somit Konsenspotenzial bezüglich der Praxisrelevanz der PSM. Ferner existiert ein Konsenspotenzial aufseiten der Beratung für die Zunahme der Praxisrelevanz sowie aufseiten des BMF für die Stagnation der Relevanzdynamik.

Von Seiten der Beratung wird der PSM eine zunehmende Relevanz attestiert, wohingegen aufseiten des BMF eine stagnierende Relevanzdynamik erkannt wurde. Eine mögliche Erklärung hierfür ist, dass die PSM in der Beratung häufiger thematisiert wird, aber final nicht häufiger angewendet wird.[1703] Insgesamt ist festzuhalten, dass die Praxisrelevanz der PSM bestätigt wird, obgleich die PSM derzeit in der Praxis, insb. von Steuerpflichtigen, restriktiv behandelt wird. Eine wesentliche Begründung für die Anwendung der PSM ist die Nichtanwendung der Standardmethoden. Damit liefert KG eins mehrfach Indizien dafür, dass die PSM gegenwärtig in der Praxis als Notfallmethode wahrgenommen wird.

4.3.2 KG 2: Beginn und Eignungsnachweis

4.3.2.1 Projektbeginn und Eignungsnachweis

Der Schwerpunkt der zweiten KG sind Fragestellungen zum Projektbeginn und Eignungsnachweis einer PSM. Die KG zwei beinhaltet vier Tags, mit insgesamt 62 Kodierungen. Der größte Tag dieser KG ist der Tag: Ausgangspunkt

---

1702 89 %.

1703 I12 02:25: „Also man wurde öfter damit [PSM] konfrontiert über den Zeitablauf, das habe ich wahrgenommen. Aber sie ist nicht öfter umgesetzt worden, […] [die PSM wurde] immer noch relativ restriktiv gehandhabt. Insb. seitens der Steuerpflichtigen wurde es relativ restriktiv gehandhabt."

(Projektbeginn der PSM) mit insgesamt 31 (50 %) Kodierungen. Gefolgt von dem Subtag Form des Eignungsnachweises mit 21 (34 %) Kodierungen. Aus Gründen der Lesbarkeit sind die jeweiligen Analysen nachfolgend getrennt dargestellt.

In Bezug auf den Projektbeginn einer PSM nannten acht Experten (57 %) das Vorliegen von immateriellen Werten als einen Ausgangspunkt der PSM.[1704] Sechs Experten (43 %) nannten das Vorliegen mehrerer Entrepreneurklassifizierungen als Ausgangspunkt der PSM.[1705] Vier Experten (29 %) nannten sukzessive Strukturänderungen innerhalb von Unternehmen, insb. M&A-Aktivitäten, als Ausgangspunkt.[1706] Jeweils drei Experten (21 %) sahen kein Muster bei den Ausgangspunkten einer PSM sowie eine erhöhte Nutzung der PSM für Streitbeilegungsinstrumente.[1707] Drei Experten (21 %) nannten eine (gescheiterte) Betriebsprüfung als Ausgangspunkt.[1708] Für den Tag Projektbeginn konnte keine Konsensorientierung abgeleitet werden.

In Bezug auf die Form des Eignungsnachweises nannten fünf Experten (36 %) die zugrunde liegende Sachverhaltsanalyse als maßgeblich.[1709] Gleiches gilt für die Notwendigkeit, die Wertbeiträge von mindestens zwei Entrepreneuren zu analysieren.[1710] Zudem wurde das Fehlen von Vergleichsdaten und die Nichtanwendbarkeit von Standardmethoden von vier Experten (29 %) genannt.[1711] Eine konträre Auffassung gab es bezüglich der Frage, ob der Eignungsnachweis eine Praxishürde sei. Drei Experten (21 %) verneinten dies[1712], wohingegen zwei Experten (14 %) eine Praxishürde bestätigten.[1713]

Neben der Form des Eignungsnachweises wurden auch nach relevanten Regelwerken gefragt. Sieben Experten (50 %) nannten das deutsche Steuerrecht und dessen Verwaltungsanweisungen als maßgebliche Regelwerke für den Eignungsnachweis.[1714] Darüber hinaus nannten vier Experten (29 %) die OECD-TPG.[1715] Die Regelwerke des EUJTPF wurden widersprüchlich eingeordnet.

1704 I7 5:07, I3 4:45, I8 5:26, I9 9:04, I6 3:18, I13 1:10, I4 3:17, I13 4:16.
1705 I7 1:20, I3 4:45, I3 36:53, I6 3:18, I13 1:10, I9 7:27, I1 1:37, I1 7:02, I13 4:16.
1706 I7 5:07, I2 5:57, I4 5:02, I9 1:12.
1707 I12 1:48, I3 1:19, I3 3:43.
1708 I7 5:07, I7 5:57, I4 5:02.
1709 I2 9:08, I6 6:14, I2 13:49, I11 13:49, I9 8:13.
1710 I8 4:41, I10 3:32, I13 2:48, I13 2:48, I11 3:10.
1711 I7 7:15, I10 16:09, I9 5:49, I9 8:13, I11 13:49.
1712 I7 10:10, I5 1:59, I4 6:49.
1713 I11 6:31, I1 3:35.
1714 I7 7:15, I8 8:11, I6 5:12, I13 4:16, I4 6:49, I9 8:13, I9 40:36, I11 4:15.
1715 I8 8:11, I13 4:16, I4 6:49, I9 40:36.

Ein Experte nannte diese als maßgeblich[1716], wohingegen zwei Experten den Veröffentlichungen des EUJTPF zur PSM kaum Praxisrelevanz attestierten.[1717]

4.3.2.2 Ergebnissynthese KG 2

Im Rahmen der Schnittmengenanalyse war keine Einordnung für Tags des Projektbeginns (Frage 4.1.1) möglich. Ein direkter Widerspruch zeigt sich bei der Frage, ob der Eignungsnachweis eine Praxishürde sei.[1718] Mit Ausnahme der Nutzung nationaler Regelwerke zeigen alle Tags zum Eignungsnachweis das Fehlen von Schnittmengen.[1719] Die Tags zum Eignungsnachweis (Frage 4.1.2) zeigen insgesamt vier fehlende Schnittmengen, einen direkten Widerspruch und somit abschließend kein Konsenspotenzial.

Es ist festzuhalten, dass der Projektbeginn einer PSM in der Praxis pluralistisch ist und sich diesbezüglich kein Muster erkennen lässt. Eine wesentliche Rolle spielen insb. die Existenz von immateriellen Werten sowie das Vorliegen einer mehrfachen Entrepreneurklassifizierung. Bezüglich des Eignungsnachweises sind insb. die Sachverhaltsanalyse sowie fehlende Vergleichsdaten maßgeblich. Unklar bleibt, ob der Eignungsnachweis tatsächlich eine Praxishürde darstellt. Zudem bleibt unklar, ob die Regelwerke des EUJTPF praxisrelevant sind. Hinsichtlich der genutzten Regelwerke wurde eine Dominanz nationaler Regelwerke und Verwaltungsanweisungen geäußert. Das überrascht insofern, als in Deutschland derzeit faktisch keine spezifischen nationalen Regelwerke zur PSM existieren.[1720] Infolgedessen besteht keine Einigkeit, welche Normen für die Eignungsbestimmung der PSM maßgeblich sind. Ferner spielen Regelwerke bei der praktischen Anwendung der PSM scheinbar eine untergeordnete Rolle und die Eignungsbestimmung erfolgt nicht streng normativ. Diese Auffassung wird beispielhaft durch ein Zitat gestützt, wonach das Ziel lautet: „[…] den Profit Split mehr oder weniger durch die Hintertür einzuführen […]“.[1721] Das aktuelle Regelwerk ist demnach nur bedingt praxisrelevant und entfacht in der Praxis weniger Wirkung als im Schrifttum bisher vermutet.[1722]

1716 I11 4:15.

1717 I8 8:11, I5 2:53.

1718 Zudem zeigen beide Interessensgruppen keine Schnittmengen.

1719 Jeweils zwei pro Interessensgruppe. Die nationalen Regelwerke gestatten keine Tendenz.

1720 Kapitel 2.7.1.

1721 I1 3:35.

1722 Die Tatbestandsmerkmale der OECD wurden lediglich von einem Experten wörtlich genannt.

4.3.3 KG 3: Geschäftsvorfall und Ergebnisermittlung

4.3.3.1 Erfassung und Abgrenzung des Geschäftsvorfalls

Der Schwerpunkt der dritten KG sind Fragestellungen hinsichtlich des Geschäftsvorfalls. Das umfasst insb. die Erfassung und Abgrenzung des Geschäftsvorfalls sowie die Ergebnisermittlung. Die KG drei beinhaltet zehn Tags, mit insgesamt 102 Kodierungen. Der größte Tag dieser KG ist der Tag: Ergebnisermittlung im Verlustfall mit insgesamt 18 (18 %) Kodierungen. Gefolgt von den Tags Form der Ergebnisermittlung mit 16 (16 %) und Ausprägungsform des Geschäftsvorfalls sowie des Zahlenwerks der Ergebnisermittlung mit jeweils 15 (15 %) Kodierungen. Aus Gründen der Lesbarkeit werden die einzelnen Komponenten nachfolgend getrennt dargestellt.

Sechs Experten (43 %) bestätigen, dass die Abgrenzung des Geschäftsvorfalls in einer PSM in der Praxis idR sachgerecht gelingt.[1723] Demgegenüber sehen sieben Experten (50 %), dass die Abgrenzung und Erfassung eines Geschäftsvorfalls in der PSM in der Praxis nicht gelingt.[1724] Hintergrund hierfür ist, dass eine sachgerechte Abgrenzung lediglich in Ausnahmefällen, wie z.B. Großprojekten[1725], möglich sei und eine Einzelverrechnung häufig zu aufwendig sei.[1726] Vier Experten (29 %) sehen in der Abgrenzung des Geschäftsvorfalls ein Praxisproblem der PSM.[1727]

In Bezug auf die Frage, wie Geschäftsvorfälle in der Praxis konkret abgegrenzt werden (Frage 4.1.3), nannten sieben Experten (50 %) eine holistische Betrachtung von Segmenten und Geschäftsbereichen.[1728] Fünf Experten (36 %) sehen die Bündelung auf Produktebene als maßgeblich an.[1729] Konkret erfolgte eine solche Bündelung, wenn eine gebündelte Abrechnung gegenüber Kunden erfolgte[1730], gleiche Leistungsarten im Sinne der PALETTENBETRACHTUNG vorlagen[1731] oder sofern Tätigkeitsprofil und Rechtsträger identisch waren.[1732]

1723 I7 12:51, I14 6:03, I6 8:15, I13 9:25, I4 7:36, I1 7:02.
1724 I12 7:18, I3 6:12, I8 9:10, I8 11:09, I9 9:40, I5 3:34, I5 15:58, I11 7:08, I1 3:35.
1725 I3 6:12.
1726 I5 3:34, I5 15:58, I3 6:12.
1727 I12 7:48, I9 14:52, I9 17:35, I1 3:35, I5 15:58.
1728 I7 12:51, I5 3:34, I9 9:40, I12 7:18, I12 7:48, I8 12:35, I13 10:02, I5 3:45, I11 13:49, I5 4:46.
1729 I12 7:18, I12 7:48, I1 10:45, I5 3:34, I5 3:45, I11 13:49.
1730 I1 10:45, I11 13:49.
1731 I5 3:45.
1732 I14 6:03.

Seitens BMF stoße eine solche holistische Betrachtung an Grenzen, wenn der Aufteilungsmechanismus holistisch erfolgt, indem eine methodische Annäherung an eine GPSM vorliegt.[1733]

Ferner sehen fünf Experten (36 %) in der Klassifizierung (Routine oder Entrepreneur) ein Praxisproblem der PSM.[1734] So sei die Klassifizierung durch innerbetriebliche Politik häufig verzerrt und subjektiv.[1735] Zudem seien die vereinfachten Cluster der Unternehmensklassifizierung, wie z.B. Auftragsfertiger, nicht länderübergreifend und international bekannt.[1736] Im Widerspruch dazu sehen zwei Experten (14 %) kein Praxisproblem durch die Klassifizierung.[1737]

4.3.3.2 Ergebnisermittlung

Die Ergebnisermittlung (Frage 4.1.4) sehen drei Experten (21 %) nicht als eine Praxishürde.[1738] Ebenfalls drei Experten (21 %) fordern, dass die Ergebnisermittlung idealtypisch verplausibilisierbar und überprüfbar sein solle.[1739] Im Rahmen der Ergebnisermittlung benennen drei Experten (21 %) die Zuordnung der Ertragsseite, insb. die Ermittlung der geeigneten Gewinnstufe[1740] als primäre Herausforderung.[1741] Ebenfalls drei Experten (21 %) empfehlen hierbei eine Mehrjahresbetrachtung aus Vergangenheit, Gegenwart und Zukunft mit rollierendem Charakter und Preisanpassungsklauseln.[1742] Fünf Experten (36 %) bestätigten die Nutzung einer (fiktiven) GuV für die Ergebnisermittlung in der PSM.[1743] Konträr dazu sehen drei Experten (21 %) die Nutzung einer fiktiven GuV nur in Ausnahmesituationen, da der Schwerpunkt der PSM überwiegend bei der Aufteilung liege.[1744]

Fünf Experten (36 %) berichten von einer mehrheitlichen Nutzung interner Zahlenwerke in der PSM, insb. durch Controlling und Kostenzuordnung.[1745]

1733 I6 8:15, I6 9:47, I6 10:19, I12 7:48.
1734 I8 2:25, I8 9:30, I10 10:31, I14 4:04, I9 17:35, I11 5:05, I11 14:50.
1735 I13 6:10.
1736 I8 9:30, I8 42:08, I10 10:31, I13 6:10.
1737 I12 5:48, I13 6:10.
1738 I7 15:20, I7 17:50, I14 18:55, I13 10:31.
1739 I2 12:08, I14 6:51, I14 18:55, I13 11:58.
1740 Damit ist die Gliederungsebene der GuV gemeint, also die Ergebnisgröße.
1741 I2 13:51, I10 18:59, I4 9:29.
1742 I6 13:55, I6 18:03, I4 10:31.
1743 I2 12:08, I13:31, I9 10:41, I1 13:38, I5 4:23.
1744 I2 12:08, I9 10:41, I6 12:38.
1745 I7 17:50, I2 13:51, I14 6:51, I14 13:14, I9 10:41, I11 8:15.

Vier Experten (29 %) sprechen sich, in Analogie zur Kapitalmarktorientierung, für die Nutzung externer Zahlenwerke wie IFRS, HGB und US-GAAP aus.[1746] Ebenfalls fünf Experten (36 %) benennen die Informationsverfügbarkeit bei der Ergebnisermittlung als eine wesentliche Praxishürde der PSM, da sich insb. bei konfliktbehafteten Fällen häufig eine mangelnde Informationsverfügbarkeit zeige.[1747] Ferner sehen vier Experten (29 %) eine einheitliche Methodik in der Ergebnisermittlung als Grundvoraussetzung für eine PSM.[1748] Drei Experten (21 %) betonen die Notwendigkeit eines einheitlichen Rechnungswesen für eine PSM und fordern ein klares und einheitliches Regelwerk für die Ergebnisermittlung.[1749]

Ein Sonderfall der Ergebnisermittlung ist der Verlustfall. Die Praxisrelevanz von negativen Ergebnissen in der PSM wurde von fünf Experten (36 %) bestätigt.[1750] Vier Experten (29 %) betonten, dass eine Verlustübernahme zeitlich begrenzt sein müsse.[1751] Konkret wurde eine verursachungsgerechte Verlustaufteilung[1752] gefordert, welche auch in einem Vergütungsverzicht münden könne.[1753] Drei Experten (21 %) nennen eine Verlustaversion innerhalb der PSM.[1754] Diese äußere sich konkret durch opportunistisches Verhalten der Beteiligten sowie eine Zunahme der Prüfungsintensität, sofern die Ergebnisse der PSM negativ sind.[1755] Abschließend bestätigen sechs Experten (43 %), dass die Ergebnisaufteilung ergebnisneutral zu erfolgen habe, insb. da sich im Verlustfall die FAR nicht ändere.[1756]

4.3.3.3 Ergebnissynthese KG 3

Im Rahmen der Schnittmengenanalyse zeigt sich bei der Erfassung und Abgrenzung des Geschäftsvorfalls (Frage 4.1.3) ein direkter Widerspruch und keine Schnittmenge seitens der Finanzverwaltung für die Frage, ob diese Abgrenzung in der Praxis gelingt. Ebenfalls keine Schnittmenge existiert

1746 I7 17:50, I3 7:17, I13 10:31, I13 11:58, I9 10:41.
1747 I7 17:50, I2 12:08, I14 6:51, I13 11:58, I9 10:41.
1748 I7 17:50, I3 8:57, I14 13:14, I13 10:31.
1749 I7 17:50, I14 13:14, I13 33:55.
1750 I2 12:08, I12 8:55, I13 13:15, I4 11:08, I1 15:09, I1 16:08.
1751 I8 27:29, I6 15:13, I1 21:17, I5 5:55, I5 6:54.
1752 I8 27:29, I1 21:17, I5 5:55.
1753 I13 13:15, I5 5:55.
1754 I12 8:55, I4 11:08, I1 21:17.
1755 I12 8:55, I4 11:08, I1 21:17.
1756 I2 12:08, I10 12:05, I6 15:13, I4 11:08, I1 15:09, I1 16:08, I1 21:17, I5 5:55.

seitens der Beratung bezüglich der Frage, ob die Bündelung von Geschäftsvorfällen in der Praxis gelingt. Seitens der Finanzverwaltung existiert keine Schnittmenge für die Frage, ob die Abgrenzung des Geschäftsvorfalls eine Praxishürde ist. Bezüglich der Klassifizierung existieren ein direkter Widerspruch und eine interne Schnittmenge aufseiten der Finanzverwaltung. Insgesamt existiert kein Konsenspotenzial bei der Erfassung und Abgrenzung des Geschäftsvorfalls (Frage 4.1.3). Bezüglich der Erfassung und Abgrenzung des Geschäftsvorfalls (Frage 4.1.3) ist festzuhalten, dass eine holistische Perspektive bei der Anwendung der PSM in der Praxis überwiegt.[1757] Widersprüche existieren dahingehend, ob die Erfassung und Abgrenzung eines Geschäftsvorfalls in der Praxis auch tatsächlich gelingen. Das Ergebnis überrascht insofern, als dass der in Literatur und Regelwerk geforderte Geschäftsvorfallbezug in der Praxis scheinbar eine untergeordnete Rolle spielt, da holistische Betrachtungen präferiert werden. Ob die Unternehmensklassifizierung eine Praxishürde der PSM darstellt, ist umstritten.

Im Rahmen der Schnittmengenanalyse für die Ergebnisermittlung (Frage 4.1.4) zeigt sich ein direkter Widerspruch für die Frage, ob eine fiktive GuV hierfür geeignet ist. Ferner zeigt sich, dass aufseiten der Finanzverwaltung bei der Ergebnisermittlung keine Schnittmengen existieren.[1758] Auch aufseiten der Beratung ist keine Tendenz erkennbar. Infolgedessen ist kein Konsenspotenzial für die Ergebnisermittlung (Frage 4.1.4) identifizierbar. Bezüglich der Ergebnisermittlung (Frage 4.1.4) ist festzuhalten, dass Nachvollziehbarkeit und Überprüfbarkeit gefordert werden. Ferner sei die Auswahl einer geeigneten Ergebnisgröße in einem Mehrjahreszeitraum herausfordernd. Es existieren konträre Ansichten, ob eine fiktive GuV hierfür in der Praxis nutzbar ist. Grundsätzlich werden sowohl interne, als auch externe Zahlwerke genutzt, wobei keine eindeutige Präferenz erkennbar ist. Eine wesentliche Praxishürde ist die Informationsverfügbarkeit und Qualität der Zahlenwerke. Ferner ist der Verlustfall praxisrelevant. Die Ergebnisaufteilung hat, unabhängig vom Verlustfall, ergebnisneutral zu erfolgen. Zudem existiere eine Verlustaversion innerhalb der PSM. Konkret ist der Verlustfall ein Anwendungshindernis für die PSM, da die Methodeneignung und das Ergebnis im Verlustfall kritischer hinterfragt werden, als bei positiven Ergebnissen. Abschließend zeigt sich, dass

1757 Beispielhaft hierfür spricht Experte 9, I9 9:40: „Egal, was dann am Ende darübersteht: [Es] ist eigentlich eine sehr holistische Betrachtung, die man da anstellt."

1758 Das beinhaltet die Themen internes Zahlenwerk, Informationsverfügbarkeit, Verluste und ergebnisneutrale Aufteilung.

bezüglich der Ergebnisermittlung kein Konsens existiert. Zudem werden weiterführende Regelwerke für eine einheitliche Ergebnisermittlung innerhalb der PSM gefordert. Insgesamt zeigen sich mehrfach Indizien, dass in der Praxis ein pragmatischer Ansatz bei der Ergebnisermittlung überwiegt.[1759]

4.3.4 KG 4: Aufteilung, Dokumentation und (Rechts-)Folgen

4.3.4.1 Aufteilungsmechanismus und Aufteilungsfaktoren

Der Schwerpunkt der vierten KG sind Fragestellungen hinsichtlich des Aufteilungsmechanismus, der Dokumentation und potenzieller (Rechts-)Folgen einer PSM. Die KG vier beinhaltet zwölf Tags mit insgesamt 204 Kodierungen. Der größte Tag dieser KG ist der Tag: Dokumentation mit insgesamt 50 (25 %) Kodierungen. Gefolgt von dem Tag Aufteilungsschlüssel mit 45 (22 %) Kodierungen. Aus Gründen der Lesbarkeit werden die einzelnen Komponenten nachfolgend getrennt dargestellt.

Betreffend des Aufteilungsmechanismus und der Aufteilungsschlüssel (Frage 4.1.5) bestätigen elf Experten (79 %), dass die Aufteilung des Residualergebnisses das zentrale Praxisproblem der PSM ist.[1760] Das erklärt, weshalb acht Experten (57 %) bestätigen, dass die RPSM in der Praxis grundsätzlich präferiert wird.[1761] Fünf Experten (36 %) konkretisieren das Praxisproblem der Residualergebnisaufteilung mit der Notwendigkeit einer Objektivierung und Dokumentation, wie insb. einem konkreten Angemessenheitsnachweis für Aufteilungsschlüssel.[1762] Ferner bestätigen vier Experten (29 %), dass eine pauschale Empfehlung für einen Aufteilungsschlüssel nicht möglich sei, sondern stattdessen eine Einzelfallbetrachtung

---

1759 Beispielhaft: I2 13:51: „Am Ende schlägt hier häufig Einfachheit und Plausibilität die Genauigkeit." sowie I3 7:17: „Es werden eigentlich nur ganz selten die Ergebnisse der Handels- und Steuerbilanz nochmal korrigiert. Und häufig geht man einfach vom existierenden Rechnungswesen aus, ohne sich Gedanken über Aktivierung oder Kostenrechnung zu machen. Man nimmt das so, wie es ist. […] Und man hat lange Zeit geglaubt, dass das ein großer Unsinn ist. […] Das stimmt auch, dass das ein riesen Quatsch ist. Aber da man das an der Börse auch so macht, haben wir uns darauf verständigt, dass wir die bestehenden Bilanzen, bestehenden GuVs lassen."

1760 I7 15:20, I2 9:08, I3 19:47, I8 13:57, I14 9:02, I6 27:10, I13 9:25, I13 23:18, I13 28:40, I9 3:32, I1 17:00, I1 23:30, I5 8:29, I11 1:27, I11 7:08, I11 8:15, I11 9:22, I11 21:52.

1761 I7 15:20, I14 9:02, I6 11:42, I13 6:10, I9 14:52, I1 23:30, I5 4:46, I11 7:08, I11 8:15.

1762 I7 15:20, I14 9:02, I6 27:10, I9 3:32, I11 1:27, I11 21:52.

notwendig sei.[1763] Vier Experten (29 %) nennen die Notwendigkeit von Plausibilitätsprüfungen von Aufteilungsschlüsseln.[1764] Diese erfolgen häufig durch die Nutzung von Datenbanken, Aufteilungsverhältnissen aus Datenbanken[1765] sowie durch die Prüfung der Mitarbeiteranzahl[1766] und interner Kostenstrukturen[1767]. Die Frage, ob Beitragsanalysen bei der praktischen Anwendung der PSM funktionieren, wurde von vier Experten (29 %) verneint[1768] und von drei Experten (21 %) bestätigt[1769]. Drei Experten (21 %) begründeten die Ablehnung damit, dass Steuerpflichtige diese Informationen häufig selbst nicht besitzen oder nicht gewillt sind diese zu übermitteln.[1770]

Elf Experten (79 %) bestätigen, dass ein Aufteilungsschlüssel quantitativ verifizierbar sein sollte.[1771] Entscheidend hierfür seien insb. Faktoren wie latente Sinnstrukturen[1772], Konsistenz der FARs[1773] sowie die Möglichkeit einer Objektivierung[1774] und Plausibilitätsprüfung[1775] iVm dem Gesamtbild[1776] einer PSM. Für die konkrete Auswahl der Aufteilungsschlüssel wurden Faktoren wie der verfügbare zeitlicher Rahmen und politische Interessen[1777] genannt. Ferner gebe es in der Praxis eine Tendenz für einfache Aufteilungsschlüssel.[1778] Sofern gewichtete Aufteilungsschlüssel[1779] genutzt werden, sei laut vier Experten (29 %) entscheidend, dass die Relativierung nachweisbar ist.[1780] Sechs Experten (43 %) nannten interne Kostenstrukturen als konkreten Aufteilungsschlüssel,

1763 I12 10:20, I12 26:05, I8 23:00, I8 50:34, I10 12:26, I4 12:21, I1 17:00, I5 8:04, I5 8:29, I11 12:22.

1764 I7 10:10.

1765 I7 20:24.

1766 I9 22:38, I9 19:30.

1767 I1 17:00, I11 8:15.

1768 I12 5:48, I3 29:55, I13 19:51, I13 28:40, I9 14:52.

1769 I3 25:00, I9 14:52, I1 17:00.

1770 I3 28:43, I8 33:05, I1 17:00.

1771 I7 20:24, I12 3:50, I12 10:20, I2 16:17, I2 16:17, I8 17:30, I10 12:26, I13 14:41, I4 13:20, I1 15:09, I9 19:30, I8 23:00, I8 33:05, I5 1:18, I9 3:32, I11 10:54, I5 8:29, I11 26:12, I11 12:22.

1772 I12 10:20, I8 23:00, I11 10:54, I11 26:12.

1773 I10 12:26, I5 1:18, I5 8:29, I11 12:22.

1774 I13 14:41, I9 3:32.

1775 I2 16:17, I8 33:05.

1776 I12 3:50, I9 19:30.

1777 I3 11:39, I3 22:34, I3 24:22, I5 8:29.

1778 I2 16:17, I6 13:55.

1779 Sofern keine Teilung zu gleichen Teilen vorliegt.

1780 I12 25:55, I8 17:30, I8 31:27, I6 13:55, I11 9:22, I11 10:54.

mit Pragmatismus als Begründung.[1781] Darüber hinaus wurden modellierte Bewertungsmethoden[1782], die Kapitalverzinsung (insb. CAPITAL-EMPLOYED und Eigenkapital),[1783] sowie Vermögenswerte (insb. immaterielle Werte) als genutzte Aufteilungsfaktoren genannt.[1784] Zwei Experten (14 %) betonen die Notwendigkeit von konsensfähigen Lösungen für Aufteilungsfaktoren in der Praxis und kritisieren die derzeitigen Regelwerke als unzureichend.[1785] Drei Experten (21 %) bestätigen, dass in der Praxis unzureichend Vergleichsdaten für die PSM existieren.[1786] Vier Experten (29 %) nannten den hypothetischen FV als maßgeblich in der PSM.[1787]

4.3.4.2 Dokumentation und (Rechts-)Folgen

In Bezug auf die Dokumentation der PSM (Frage 4.1.6) nennen sechs Experten (43 %) die Dokumentation als zentralen Ausgangspunkt für Konsens- und Konfliktpotenziale.[1788] Zudem nennen sechs Experten (43 %) konkrete Praxisprobleme bei der Dokumentation der PSM, insb. eine unvollständige Dokumentation[1789], aufgrund von sachverhaltsspezifischen Informationsdefiziten[1790] sowie aufgrund von Informationsasymmetrien und Kooperationsmangel.[1791]

Auf Anfrage nannten elf Experten (79 %) konkrete Praxisempfehlungen für die Dokumentation einer PSM. Das beinhaltet insb. eine adressatengerechte und effiziente Gestaltung[1792] sowie einen konsistenten Dreiklang aus FAR, Methodenauswahl und Angemessenheitsnachweis, welcher idealtypisch durch ein Zusammenspiel von Dokumentation und Vertrag gewährleisten wird.[1793] Von drei Experten (21 %) aufseiten der Finanzverwaltung wird insb. eine Personal- und Gehaltsstruktur gewünscht sowie ein Zahlenwerk für eine PSM, welches

1781 I7 20:24, I2 16:17, I3 11:39, I14 9:02, I13 6:10, I13 14:41, I4 9:29, I4 12:21.
1782 I7 36:17, I6 13:55, I1 15:09.
1783 I8 13:57, I4 9:29, I4 12:21.
1784 I4 12:21, I11 9:22, I11 12:22.
1785 I13:16, I13 14:31, I11 21:52, I11 29:48.
1786 I2 16:17, I14 9:02, I9 3:32.
1787 I7 2:39, I7 12:51, I7 20:24, I6 2:04, I9 8:13, I9 11:59, I11 29:48.
1788 I12 12:11, I8 19:19, I10 33:35, I14 13:14, I9 19:30, I9 39:07, I11 2:29, I11 14:50.
1789 I12 10:54, I12 12:11, I8 19:19, I10 24:33, I9 22:38.
1790 I8 20:04, I10 13:31, I11 3:10, I11 14:50.
1791 I12 10:54, I8 31:27.
1792 I7 47:26, I7 48:10.
1793 I6 5:12, I6 6:14, I11 13:49.

iVm der Buchführung steht und eine Überführung bzw. Prüfung gestatte.[1794] Zudem wird mehrfach empfohlen die Dokumentation ex-ante, bereits im Entstehungsprozess der PSM, zu erstellen und proaktiv einen Dokumentationsprozesses zu integrieren.[1795] Vier Experten (29 %) bestätigen Spezifika bei der Dokumentation der PSM, im Vergleich zu anderen VP-Methoden.[1796] Sechs Experten (43 %) nannten einen signifikant erhöhten Transparenzbedarf bezüglich des Sachverhalts als Spezifikum der Dokumentation für die PSM.[1797] Zwei Experten (14 %) sehen in diesem Transparenzbedürfnis ein Anwendungshindernis der PSM, da diese Transparenz von Seiten der Steuerpflichtigen mitunter unerwünscht ist.[1798] Ferner sei die Informationsbeschaffung eine praktische Herausforderung.[1799] Bezüglich der Frage, ob die Dokumentation eines Angemessenheitsnachweis für Aufteilungsfaktoren in der Praxis möglich sei, existieren konträre Auffassungen.[1800]

Bezüglich potenzieller (Rechts-)Folgen der PSM (Frage 4.1.7), betonen drei Experten (21 %) eine vertragliche Strukturierung als zwingende Voraussetzung, um unerwünschte Rechtsfolgen zu vermeiden.[1801] Fünf Experten (36 %) nennen steuerrechtliche Folgethemen, da das nationale Steuerrecht mitunter einzelne VP benötigt. Die genannten Rechtsfolgen sind insb. Quellensteuer, Gewerbesteuer, Hinzurechnungsbesteuerung, Zinsschranke, Umsatzsteuer, Zoll und Bilanzierungsthemen, welche als Anwendungshindernis der PSM wahrgenommen werden.[1802] Ferner wird die Einbindung und Aufklärung von fachverwandten Kollegen als praktische Herausforderung empfunden.[1803] Neben Rechtsfolgen wurden operative Herausforderungen genannt, wie die praktische Implementierung der PSM in ERP-Systeme und die betrieblichen Operationalisierung, da hierfür eine regelmäßige Überprüfung sowie interne Schulungen notwendig seien.[1804]

1794 I10 15:07, I10 36:20, I14 11:48, I14 12:31, I11 13:49, I14 13:14, I14 30:21.

1795 I9 3:32, I9 19:30, I9 29:09, I9 39:07, I1 19:44, I1 25:52.

1796 I8 31:27, I8 33:05, I11 14:50, I8 31:27, I13 18:09, I4 17:44.

1797 I12 10:54, I12 2:57, I10 13:31, I10 24:33, I10 33:35, I13 18:09, I9 5:49, I9 19:30, I1 19:44, I10 13:31, I10 23:09, I1 19:44.

1798 I12 19:14, I8 31:27.

1799 I9 5:49, I9 30:04.

1800 Befürwortend: I11 14:50, ablehnend: I8 31:27, I8 33:05.

1801 I7 15:20, I4 15:25, I4 16:13, I9 30:04.

1802 I13 18:55, I9 21:26, I5 10:36, I1 23:30, I1 33:11, I4 15:25.

1803 I9 30:04, I1 23:30.

1804 I6 27:10, I4 13:59, I4 23:33.

4.3.4.3 Ergebnissynthese KG 4

Im Rahmen der Schnittmengenanalyse zeigt sich bei den Aufteilungsfaktoren und der Aufteilungsmechanik (Frage 4.1.5) eine interne Schnittmenge aufseiten der Beratung für die Frage, ob die Aufteilung ein Praxisproblem ist.[1805] Aufseiten der Finanzverwaltung existiert eine interne Schnittmenge für die Ablehnung pauschaler Aufteilungsfaktoren.[1806] Bei der Frage, ob Beitragsanalysen in der Praxis funktionieren, zeigt sich ein direkter Widerspruch. Ferner existiert eine gemeinsame Schnittmenge bei der Nennung von generellen Eigenschaften der Aufteilungsfaktoren.[1807] Bei Kosten als Aufteilungsfaktor existiert keine Schnittmenge aufseiten der Finanzverwaltung. Insgesamt zeigen die Themen Aufteilungsfaktoren und Aufteilungsmechanik (Frage 4.1.5) eine gemeinsame Schnittmenge, zwei interne Schnittmengen, eine fehlende Schnittmenge und einen Widerspruch. Folglich überwiegen die Konsenspotenziale knapp. Bezüglich der Aufteilungsfaktoren und Aufteilungsmechanik (Frage 4.1.5) ist festzuhalten, dass die Aufteilung des Residualergebnisses das zentrale Praxisproblem der PSM ist. Darüber hinaus wird die RPSM in der Praxis grundsätzlich präferiert.[1808] Ferner wird ein Angemessenheitsnachweis für die Aufteilungsfaktoren gefordert, welcher idealtypisch objektiviert, dokumentiert und eine quantifizierbare Verifikation beinhaltet. Für diesen Angemessenheitsnachweis existiert in der Praxis ein Methodenpluralismus und kein kohärentes Vorgehen. Mangels Vergleichbarkeitsdaten erfolgt der Angemessenheitsnachweis häufig durch die Nutzung des hypothetischen FV, wobei die konkrete Anwendung weitgehend unklar und fernab von Rechtssicherheit ist.[1809]

1805 89 % der Beratung.

1806 80 % der Finanzverwaltung.

1807 78 % der Beratung, 80 % der Finanzverwaltung.

1808 Beispielhaft I9 14:52: „Die Residualgewinnmethode ist ja grundsätzlich von der Anerkennung eher vielleicht ein Stück weit robuster. Also auch wenn man schaut: In manchen Ländern ist sie sogar vorgeschrieben."

1809 Beispielhaft hierzu zwei Zitate eines Bundesbetriebsprüfers I8 23:00: „Naja, Bauchgefühl, sag ich mal. Also es ist schwierig (…) Das muss irgendwo in sich stimmig sein. Das ist ein genereller Grundsatz.", I8 33:05: „Also der perfekte Nachweis? (…) Tja, ich glaube, den kann man gar nicht führen", sowie eines Beraters I2 16:17: „Die Grundidee, dass fremde Dritte den Gewinn nach irgendeinem Schlüssel aufteilen, die kann ich empirisch auch bestätigen. Das sehe ich auch so zwischen fremden Dritten. Den Schlüssel, den kann ich allerdings empirisch in ganz, ganz seltenen Fällen vernünftig ermitteln."

Eine pauschale Auswahl von Aufteilungsfaktoren wird grundsätzlich abgelehnt. Beispielhaft spricht Experte 5: Gilson: „[…] Sie hatten es ja vorhin ja schon angesprochen: Es gibt ja nicht den einen richtigen Aufteilungsschlüssel?", Experte 5: „Nein, den gibt es nicht. Das ist wie bei der Gemeinkostenverteilung in der BWL, dass ist in der Theorie seit Jahrzehnten nicht gelöst, und das gilt hierfür genauso."[1810] Vielmehr sollten Aufteilungsfaktoren (quantitativ) überprüfbar und konsistent zu Sachverhalt und Verrechnungspreisanalysen sein. Zudem existiert in der Praxis eine Präferenz für pragmatische und einfache Aufteilungsfaktoren, wie beispielsweise interne Kostenstrukturen. Beispielhaft hierzu spricht Experte 3: „Kostenbasiert macht in den wenigsten Fällen wirklich Sinn, um das mal klar zu sagen. Aber wenn man halt nichts anderes hat, machen wir es halt so."[1811] Die Vielzahl an genannten Aufteilungsfaktoren indiziert, dass in der Praxis derzeit ein Pluralismus an Aufteilungsfaktoren existiert, ohne ein erkennbares Muster.[1812] Dieser Zustand wurde bestätigt sowie kritisiert und eine Überarbeitung der Regelwerke gefordert. Stellvertretend spricht ein Bundesbetriebsprüfer: „Oder wenn man so einen Satz da [in das Regelwerk] reinschreibt oder wie es jetzt steht – der angemessene Schlüssel – da braucht man auch nichts reinschreiben. […] Weil angemessen (…) für mich ist das angemessen, für den anderen ist das angemessen."[1813]

Im Rahmen der Schnittmengenanalyse der Dokumentation (Frage 4.1.6) zeigt sich eine interne Schnittmenge der Finanzverwaltung und keine Schnittmenge der Beratung für die Einordnung der Dokumentation als zentralen Ausgangspunkt.[1814] Selbiges Bild ergibt sich für die Frage, ob die Dokumentation Praxisprobleme birgt.[1815] Aufseiten der Finanzverwaltung existiert eine einstimmige interne Schnittmenge bei der Nennung von Praxisempfehlungen für die Dokumentation.[1816] Insgesamt existieren drei interne Schnittmengen

1810 I5 8:04.

1811 I3 11:39.

1812 I13 28:40: „[…] Wie setze ich es denn dann ganz konkret um? Was die Beitragsanalyse betrifft, [die] Residualgewinnmethode und so weiter, also da ist die Sachlage sehr unklar. […] Und man muss immer wieder im Einzelfall entscheiden: Wie macht man es? Auch basierend auf den Informationen, die man überhaupt zur Verfügung hat. Und ich glaube, da tun sich sehr viele dann auch schwer und werden unsicher."

1813 I11 29:48.

1814 80 % der Finanzverwaltung.

1815 80 % der Finanzverwaltung.

1816 100 % der Finanzverwaltung.

aufseiten der Finanzverwaltung und aufseiten der Beratung zweimal keine Schnittmengen. Folglich überwiegt das Konsenspotenzial aufseiten der Finanzverwaltung. Bezüglich der Dokumentation der PSM (Frage 4.1.6) ist festzuhalten, dass die Dokumentation der zentrale Ausgangspunkt für Konsens- und Konfliktpotenziale ist.[1817] Die Dokumentation der PSM ist aufwendiger als bei Standardmethoden und erfordert eine vergleichsweise hohe Transparenz.[1818] Die Dokumentation der PSM ist eine praktische Herausforderung, wenn die geforderte Informationstransparenz nicht vorliegt oder nicht freigegeben wird.[1819] Ferner existieren konkrete Vorstellungen, welche Inhalte eine Dokumentation der PSM umfassen sollte. Vertreter der Finanzverwaltung wünschen hierfür insb. weiterführende Transparenz bezüglich des Sachverhalts und der Zahlenwerke.

Im Rahmen der Schnittmengenanalyse der (Rechts)-Folgen (Frage 4.1.7) existieren keine konsensorientierten Tendenzen. In Bezug auf die (Rechts)-Folgen (Frage 4.1.7) ist festzuhalten, dass eine vertragliche Strukturierung einer PSM geeignet ist, um unerwünschten Rechtsfolgen vorzubeugen. Neben steuerrechtlichen Rechtsfolgen, zeigen sich in der Praxis operative Herausforderungen bei der praktischen Implementierung und des Monitorings einer PSM.[1820]

1817 Beispielhaft ein Vertreter des BMF sowie ein Bundesbetriebsprüfer: I14 30:21: „Wenn die Dokumentation gut ist, kann ich mit der PSM ganz gut umgehen. Wenn die Dokumentation schlecht ist, dann kann ich mit der PSM auch nicht – oder mit allen Methoden ganz allgemein – nicht gut umgehen. Und da ist noch ein bisschen Luft nach oben, würde ich mal so sagen. Als Wunsch eines Verwaltungsangehörigen.“, sowie I10 33:35: „Der Konsens ist eigentlich nur möglich, wenn einer Dokumentation dann gefolgt wird oder die Anforderungen dann vollumfänglich auch eingereicht werden“, I12 12:11: „[…] also eigentlich rankt sich meistens oder rankte sich eigentlich alles um die Dokumentation. Weil zum Teil Sachen unklar waren. Es wurde etwas nicht rausgegeben. Man konnte das dann nicht nachvollziehen, nicht berechnen. Und deswegen landet es dann dort [beim BMF].“

1818 I9 5:49: „Das heißt, das ist […] ein wichtiger Aspekt, dass man sich darüber Gedanken macht: Wen brauche ich? Die Leute anspricht. Schaut: Kriege ich die Leute auch zusammen? Um dann eben die Informationen zu gewinnen, weil der Informationsbedarf viel höher ist als bei so einer Benchmarkstudie.“

1819 I9 39:07: „Also ich glaube – was immer wichtig ist – ist von Anfang an so viel Transparenz wie möglich zu [schaffen]. [Das] Versuchen wir ehrlich gesagt mit der Dokumentation.“

1820 I4 23:33: „[…] es ist prima, wenn man einen Profit Split quasi entwickelt und den auch versteht. Aber das Unternehmen, der Mandant, muss sicherstellen, dass

4.3.5 KG 5: Betriebsprüfung und Rechtsmittel

4.3.5.1 Betriebsprüfung

Der Schwerpunkt der fünften KG sind Fragestellungen in Bezug auf Betriebsprüfungen (Frage 4.1.8.) und der Nutzung von Rechtsmitteln (Frage 4.1.9) iVm der PSM. Die KG fünf beinhaltet dreizehn Tags, mit insgesamt 239 Kodierungen. Der größte Tag dieser KG ist der Tag: Spezifika der PSM in der Betriebsprüfung mit insgesamt 76 (32 %) Kodierungen. Gefolgt von dem Tag Prüfbarkeit mit 36 (15 %) Kodierungen. Aus Gründen der Lesbarkeit werden die einzelnen Komponenten nachfolgend getrennt dargestellt.

Sieben Experten (50 %) bestätigen, dass in der Praxis Spezifika der PSM im Rahmen einer Betriebsprüfung existieren. Das beinhaltet insb. eine erhöhte Komplexität[1821], erhöhten Prüfungsaufwand[1822], ein erhöhtes Konfliktpotenzial[1823], eine erhöhte Unsicherheit[1824], sowie regelmäßige Diskussionen über Beitragsanalysen[1825]. Drei Experten (21 %) widersprechen und sehen keine Spezifika der PSM in Betriebsprüfungen.[1826] Drei Experten (21 %) nennen als Ausgangspunkt innerhalb einer Betriebsprüfung der PSM die FAR sowie Analysen des Geschäftsumfeldes und der Unternehmenshomepage.[1827] In der Praxis existiert in Bezug auf die PSM kein Standardprozedere oder Prüfungsschema von Seiten der Finanzverwaltung.[1828] Vor einer Betriebsprüfung werden Betriebsprüfer idR nicht informiert, ob eine PSM vorliegt.[1829] Sechs Experten (43 %) betonen eine mitunter subjektive Plausibilität und Stimmigkeit des Gesamtbildes als wesentlich für die Prüfung.[1830] Drei Experten (21 %) kritisieren das Fehlen eines Idealszenarios als Praxishürde, insb. wenn eine Betrachtung ex-ante nicht erfolgt ist.[1831] Darüber hinaus werden politische Faktoren als wesentlich

der Profit Split dann quasi auch im Unternehmen operationalisiert wird und die Leute, die Abrechnungslogik verstehen."

1821 I7 44:09, I8 53:56, I10 5:17, I4 17:44, I9 3:32.

1822 I7 44:09, I8 53:56, I10 5:17, I4 17:44, I9 3:32.

1823 I2 9:08, I4 17:44, I9 3:32, I11 24:39.

1824 I2 9:08, I4 17:44, I9 3:32, I11 24:39.

1825 I13 19:51, I9 3:32, I10 30:04.

1826 I7 25:39, I7 44:09, I2 18:42, I1 28:20.

1827 I8 5:26, I14 2:31, I14 4:54, I11 2:49.

1828 I11 16:33.

1829 I8 5:26, I14 2:31, I14 4:54, I11 2:49, I11 16:33, I11 16:33.

1830 I8 23:00, I8 30:22, I8 31:27, I10 7:40, I10 25:25, I14 6:51, I6 34:04, I9 22:38, I5 11:10.

1831 I8 1:03:33, I14 10:31, I1 25:52.

in der Betriebsprüfung erachtet, sobald es sich um hohe Transaktionsvolumen handelt.[1832] Ferner werden eine Validierung durch Kennzahlen[1833] benannt sowie eine Ablehnung der PSM im Verlustfall.[1834] Typische Prüfungsschwerpunkte der PSM sind: der Abgleich der erhaltenen Informationen mit der tatsächlichen Anwendung[1835], die Vergleichbarkeit von Informationen[1836], die Allokation von immateriellen Werten[1837] sowie die Gewichtung und Validierung der Aufteilungsfaktoren.[1838] Vier Experten (29 %) benennen Zahlenwerke, insb. die Segmentierung, als maßgeblichen Prüfungsgegenstand.[1839] Fünf Experten (36 %) sehen das Ausschlussprinzip, in Form einer Einigkeit bezüglich der Nichtanwendung von Standardmethoden, als maßgeblichen Angemessenheitsnachweis für die Anwendung der PSM.[1840] Zwei Experten (14 %) betonen, dass in Betriebsprüfungen der PSM stets eine subjektive Einschätzung existiert.[1841] Darüber hinaus werden Transparenz, Verfügbarkeit, und Zeitnähe der Informationen als maßgeblich angesehen, obgleich die geforderte Informationstransparenz in der Praxis nicht immer verfügbar ist bzw. bewusst verhindert wird.[1842] In der Praxis gestatte die Dokumentation von Unterlagen der PSM häufig keine hinreichende Nachvollziehbarkeit.[1843] Die zeitliche Differenz zwischen Sachverhaltsbeginn und Betriebsprüfung wird als ein wesentliches Praxisproblem benannt.[1844]

Sieben Experten (50 %) sehen die Anforderung einer Überprüfbarkeit als das entscheidende und grundlegende Kriterium in Betriebsprüfungen mit einer PSM.[1845] Die Prüfbarkeit wurde insoweit konkretisiert, als dass das Zahlenwerk

1832 I9 27:08.
1833 I9 22:38.
1834 I9 22:38.
1835 I8 5:26, I14 3:32, I13 18:55, I11 14:50.
1836 I7 44:09, I8 11:09, I8 17:30.
1837 I8 5:26, I6 19:16.
1838 I8 31:27, I8 33:05, I9 22:38, I6 19:16, I9 22:38.
1839 I8 9:30, I8 11:09, I8 17:30, I10 7:40, I10 18:59, I14 13:14.
1840 I7 25:39, I10 5:17, I10 16:32, I10 18:59, I14 2:31, I9 22:38, I11 10:54, I11 29:48, I11 33:07.
1841 I13 6:10, I9 3:32.
1842 I12 2:57, I8 19:19, I8 31:27, I8 33:05.
1843 I12 12:11, I8 19:19, I8 31:27, I8 33:05, I14 6:51, I9 3:32.
1844 I12 12:11, I11 16:33.
1845 I12 12:11, I2 16:17, I8 19:19, I8 20:04, I8 55:56, I8 57:55, I8 1:03:33, I10 7:40, I14 6:51, I14 7:55, I14 18:55, I13 11:58, I9 3:32, I9 22:38.

der PSM mit Zahlenwerken aus Rechnungswesen oder Controlling abgleichbar sein soll, und dadurch eine direkte Verbindung zur Buchführung sowie zur handelsrechtlichen und steuerrechtlichen GuV gestattet ist.[1846] Ferner ist hierfür eine grundlegende Sachverhaltsprüfung maßgeblich, in welcher die tatsächliche Existenz der Angaben vollständig und nachvollziehbar überprüft wird, z.B. anhand interner Informationen, wie Kostenrechnung oder E-Mail-Korrespondenz.[1847] Zudem ist eine Plausibilisierung durch Kontrollvariablen, insb. durch die Mitarbeiteranzahl, praxisrelevant.[1848]

Sechs Experten (43 %) sehen eine proaktive Kooperation der Beteiligten als idealtypischen Lösungsweg zur Konfliktreduzierung in Betriebsprüfungen mit einer PSM.[1849] Vier Experten (29 %) berichten, dass Kooperationen im frühzeitigen Projektverlauf einer PSM (ex-ante) die Konfliktrisiken einer Betriebsprüfung erheblich reduzierten.[1850] Vertreter des BMF werden idR bei großen Volumen hinzugezogen, um politische Elemente in die Lösungsfindung zu integrieren.[1851] Das beinhaltet die Analyse des Sachverhaltes, der Tatbestandsvoraussetzungen der PSM und der zugrundeliegenden Verhandlungsmasse.[1852] Eine zwischenstaatliche Verhandlungssituation sei mit einer interessensgetriebenen Betriebsprüfung durchaus vergleichbar, wobei kulturellen Differenzen eine praktische Herausforderung sind.[1853]

4.3.5.2 Einsatz von Rechtsmitteln

Insgesamt zehn Experten (71 %) äußern ein Gesamturteil hinsichtlich der verfügbaren Rechtsmittel (Frage 4.1.9) für die PSM. Dabei lehnen fünf Experten (36 %) unilaterale Rechtsinstrumente grundsätzlich ab, da sie ungeeignet sind, um grenzüberschreitende Konflikte zu lösen.[1854] Konträr dazu werden gemeinsame und grenzüberschreitende Prüfungen mehrerer Finanzverwaltungen sowie multilaterale Verfahrenswege und Kommunikationswege für die Praxis empfohlen.[1855]

1846 I2 16:17, I8 20:04, I10 15:07, I14 7:55, I14 12:31, I14 13:14, I13 11:58.

1847 I14 3:32, I14 6:51, I14 11:48, I14 13:14, I11 10:54, I11 14:50, I11 16:33, I11 24:39, I11 21:52, I11 26:12.

1848 I9 22:38, I11 9:22.

1849 I7 15:20, I8 42:08, I14 15:51, I6 34:04, I6 37:24, I1 25:52, I11 39:00.

1850 I12 10:54, I14 15:51, I11 18:00, I11 39:00, I12 17:03, I12 17:23, I8 41:36.

1851 I12 3:50, I12 7:48, I9 27:08.

1852 I12 2:57, I12 1:05, I12 3:50, I12 3:50.

1853 I14 17:45, I14 25:15.

1854 I7 29:07, I12 13:24, I8 41:36, I14 16:00, I13 20:55.

1855 I12 16:24, I10 22:13, I3 36:53, I8 42:08, I14 14:51.

Zudem wird die derzeitige Verfahrensdauer kritisiert und vereinzelt empfohlen, sowohl unilateral als auch multilateral zu agieren.[1856]

Sieben Experten (50 %) äußern sich zu dem Rechtsmittel der verbindlichen Zusage. Demnach sind verbindliche Zusagen für Verrechnungspreisfälle, und somit auch für die PSM, nicht praxisüblich, da sie rein unilateral wirken.[1857] Verbindliche Zusagen werden derzeit lediglich in Ausnahmefällen bzw. für rein formelle Fragen, wie die Methodenwahl, gestattet.[1858] Acht Experten (57 %) äußern sich zum Rechtsmittel der verbindlichen Auskunft. Davon nennen fünf Experten (36 %) die verbindliche Auskunft in Bezug auf die PSM, aufgrund des unilateralen Charakters, als nicht praxisüblich.[1859] Eine verbindliche Auskunft sei lediglich für Fragen dem Grunde nach möglich, nicht aber für Fragen der Höhe nach.[1860] Betreffend einer tatsächlichen Verständigung lag jeweils ein Zuspruch[1861] und eine Verneinung[1862] vor. Ferner äußern sich sieben Experten (50 %) zum Rechtsmittel des nationalen Klageweges. Der Klageweg wird von vier Experten (29 %) als ungeeignet für eine PSM angesehen, da er grenzüberschreitende Risiken nicht löse und in manchen Jurisdiktionen für VP-Sachverhalte faktisch nicht zuglassen ist.[1863] Der Klageweg sei im Bereich der VP nicht praxisüblich, da in der Praxis bisher kaum Einsprüche für VP-Sachverhalte existieren.[1864] Ferner seien entsprechende Urteile häufig eine praktische Herausforderung für Beratung und Finanzverwaltung, weshalb vier Experten (29 %) den Wunsch nach mehr ökonomischem Sachverstand an den Gerichten äußern.[1865]

Elf Experten (79 %) äußern sich zum Rechtsmittel APA. Alle elf Experten (79 %) nannten das APA als präferiertes Rechtsinstrument für die PSM und empfehlen eine standardisierte Nutzung eines APA, insb. für große Volumen mit einer PSM.[1866] Vier Experten (29 %) bestätigen die Praxisrelevanz eines APA

1856 I2 20:06, I6 37:24.

1857 I12 13:24, I6 21:16, I13 20:55, I4 21:15.

1858 I5 21:42, I5 12:52, I11 18:00, § 205 AEAO.

1859 I12 13:24, I8 36:05, I10 20:47, I13 20:55, I4 21:15, I14 16:00.

1860 I6 20:57, I6 21:16, I5 12:52.

1861 I4 21:15.

1862 I8 36:23.

1863 I10 23:09, I11 18:00, I4 22:05, I8 45:58.

1864 I9 25:24, I9 27:08, I1 28:20.

1865 I6 23:07, I6 39:44, I11 31:32, I13 20:55.

1866 I12 10:54, I12 19:14, I2 20:01, I2 20:06, I8 37:01, I10 21:23, I14 9:02, I14 14:51, I6 23:07, I13 20:55, I9 25:24, I1 28:20, I5 11:10, I11 19:38.

mit erfolgreichem Ausgang.[1867] Ebenfalls vier Experten (29 %) bezeichneten das APA als kosten- und zeitintensiv, mit dem Charakter einer Investition in Rechtssicherheit.[1868] Beide Vertreter des BMF (14 %) bestätigen, dass der kooperative Rahmen eines APAs als förderlich und motivierend für alle Beteiligten wahrgenommen wird.[1869] Neun Experten (64 %) äußern sich zum Rechtsmittel MAP. Davon benennen sieben Experten (50 %) das MAP als praxisüblich und sinnvoll iVm einer PSM, wobei die PSM in MAPs häufig als METHOD-OF-LAST-RESORT zur Lösungsfindung genutzt wird.[1870] Aufgrund der zeitlichen Differenz zwischen dem Beginn eines MAP und der Verwirklichung eines Sachverhaltes, gilt ein MAP als aufwendig.[1871] Zwei Experten (14 %) nennen das MAP als beste Option für eine PSM und als üblich in der Praxis.[1872] Ferner äußern sich vier Experten (29 %) zum Rechtsmittel des Schiedsverfahrens. Vorteilhaft daran ist der Einigungszwang.[1873] Nachteilig an einem Schiedsverfahren sei, dass die Lösungsfindung arbeitsintensiv aber nicht zukunftsorientiert sei.[1874] Zudem wurden Schiedsverfahren bisher lediglich bilateral genutzt.[1875] Fünf Experten (36 %) äußern sich zu den Rechtsmitteln eines JOINT-AUDIT.[1876] Fünf Experten (36 %) benennen diese Verfahrenswege, aufgrund der Option einer gemeinsamen und zwischenstaatlichen Sachverhaltsermittlung sowie einer gemeinsamen Prüfung, als signifikant konsensfördernd und konfliktreduzierend.[1877] Das liege insb. an einer vergleichsweise hohen Verfahrenstransparenz und einer kürzeren Verfahrensdauer.[1878] Nachteilig ist eine hohe Ressourcenbindung der Behörden, weshalb lediglich ausgewählte Fälle angenommen werden.[1879]

1867 I12 1:48, I12 18:48, I6 23:07, I9 25:24, I1 28:20.

1868 I9 25:24, I2 20:06, I8 37:01, I13 20:55.

1869 I12 10:54, I12 19:14, I14 14:51.

1870 I12 1:48, I2 20:06, I13 20:55, I4 22:05, I9 25:24, I5 11:10, I11 18:00.

1871 I10 23:09, I14 16:35, I14 17:45.

1872 I10 23:09, I11 18:00.

1873 I2 20:06, I6 23:07.

1874 I14 16:35, I14 17:45.

1875 I3 36:53.

1876 Hier als Sammelbegriff verwendet, das beinhaltet JOINT-AUDITS, ICAP, etc.

1877 I12 14:19, I8 39:35, I8 40:08, I8 42:08, I10 22:13, I6 21:16, I6 23:07, I6 22:50, I11:20:09.

1878 I6 22:50, I6 37:24.

1879 I10 22:13.

4.3.5.3 Ergebnissynthese KG 5

Im Rahmen der Schnittmengenanalyse der Betriebsprüfung (Frage 4.1.8) zeigen sich fünf interne Schnittmengen aufseiten der Finanzverwaltung. Diese beinhalten die Themen Prüfungsablauf, Prüfungsschwerpunkte, Informationstransparenz und Kooperationswille.[1880] Bezüglich der Notwendigkeit einer Überprüfbarkeit existiert eine einstimmige interne Schnittmenge aufseiten der Finanzverwaltung. Konträr dazu zeigen die Ergebnisse aus der Beratung eine fehlende Schnittmenge bei dem Thema Informationstransparenz und beinhalten keine weiteren konsensorientierten Tendenzen. Beim Thema Betriebsprüfung überwiegen somit insgesamt Konsenspotenziale aufseiten der Finanzverwaltung, wohingegen aufseiten der Beratung überwiegend keine Konsenspotenziale existieren. Bezüglich der Betriebsprüfung (Frage 4.1.8) ist festzuhalten, dass nach überwiegender Auffassung Spezifika bei einer Betriebsprüfung der PSM existieren. Dies beinhaltet insb. eine erhöhte Komplexität, erhöhten Prüfungsaufwand, ein erhöhtes Konfliktpotenzial iVm einer generell erhöhen Unsicherheit[1881] und einen inhärenten Grad an Subjektivität.[1882] Hierbei werden überwiegend subjektive Faktoren wie insb. Plausibilität, stimmiges Gesamtbild und kennzahlorientierte Validierung genannt. Ferner seien das Fehlen von ex-ante Analysen, politische Interessen bei hohen Transaktionsvolumina und die Informationsverfügbarkeit praktische Herausforderungen. Eine maßgebliche Praxishürde sei die zeitliche Differenz zwischen Sachverhaltsbeginn und Betriebsprüfung. Infolgedessen gelten Transparenz, Informationsverfügbarkeit und Zeitnähe als kritische Erfolgsfaktoren in einer Betriebsprüfung der PSM. Die Prüfung liegt vollständig im Ermessen des Prüfers, da aufseiten der Finanzverwaltung keine Vorgaben, Hinweise oder ein idealtypisches Prüfungsschema für die PSM existieren. Betriebsprüfer nutzen

---

1880 Jeweils zu 80 %.

1881 Beispielhaft I1 9:51: „[...] das Besondere ist: Wenn Sie den Profit Split anwenden über die Beitragsanalyse, dass Sie eigentlich da grundsätzlich immer Diskussionen haben. (...) Muss man jedem Mandanten vorab sagen: Wenn wir das machen, ist das rechtsunsicher, es ist störanfällig und führt immer zu Diskussionen mit der Betriebsprüfung."

1882 Beispielhaft I13 6:10: „Das sage ich auch immer wieder den Finanzbehörden, den Betriebsprüfern: Wir begeben uns hier in eine gewisse subjektive Einschätzung, da können Sie noch so tolle Fragen stellen. Der Mensch ist so wie er ist und er hat eine subjektive Wahrnehmung von etwas. Und es kommt dann immer wieder vor, dass da die Einschätzung unterschiedlich abgegeben wird – je nachdem, wen Sie befragen."

insb. die FAR-Analysen, Analysen des Geschäftsumfeldes sowie die Unternehmenshomepage als Ausgangsbasis für die Prüfung. Aus Prüfersicht bietet die Dokumentation in der Praxis idR keine ausreichende Informationsgrundlage. Typische Prüfungsschwerpunkte der PSM sind der Abgleich erhaltener Informationen mit der tatsächlichen Anwendung, die Vergleichbarkeit von Informationen, die Allokation von immateriellen Werten, segmentierte Zahlenwerke, der Nachweis der Methodeneignung sowie die Auswahl und Gewichtung der Aufteilungsfaktoren. Die Form dieser Nachweise ist, auch aufseiten der Finanzverwaltung, weitgehend unklar.[1883] Das überrascht insofern, als dass in der Praxis offensichtlich kein Konsens existiert, welche konkreten Kriterien ein solcher Nachweis zu erfüllen hat, aber gleichzeitig die Überprüfbarkeit seitens der Finanzverwaltung als entscheidendes Kriterium für die Prüfung einer PSM gilt.[1884] Diese Prüfbarkeit wird konkretisiert durch den Nachweis einer unmittelbaren Verbindung aus Buchführung, handels- und steuerrechtlichen GuV und dem Zahlenwerken der PSM.[1885] Darüber hinaus solle eine vollständige

1883 Beispielhaft I8 31:27: „Und man sagt ja immer, oder schreibt auch immer Nachweis, Nachweis und Unterlagen – aber das ist immer schwierig. Das muss man schreiben, um auf der sicheren Seite zu sein – damit man alles abdeckt. Aber muss man ehrlich dazu sagen: Wie soll man eine Gewichtung nachweisen?“

1884 I8 55:56: „Und wenn ich etwas prüfen kann, dann ist doch alles gut. [...] Wir müssen es überprüfen. Und wie sollen wir es überprüfen, wenn wir es nicht ganz können?“, I11 26:12: „Was mir oftmals so entgegengebracht wird, finde ich, ist sehr willkürlich oder irgendwie pauschal. [...] Ich muss ja als Prüfer auch irgendwie, wie Sie sagen, verifizieren können. Dafür bin ich ja nun mal da. Und nicht einfach was aufgeschrieben ist, einfach (...) akzeptieren. Das ist einfach schwierig. Gerade weil es hier um viel Geld geht.“

1885 Beispielhaft I14 13:14: „Das quasi die Zahlen von der Buchführung zur Dokumentation passen müssen. Weil das im Endeffekt der erste Einstieg eines Prüfers ist, der ja im Endeffekt auf die Dokumentation sich verlassen können muss, um erstmal überhaupt einen Überblick zu bekommen. [...] Dass ich quasi von meiner steuerlichen GuV auf die handelsrechtliche GuV komme und dann irgendwie die Überleitung finde zu den Zahlen, die dann auch mit den Geschäftsfällen zu tun haben und die Basis waren für die Aufteilungsmethode, die angewandt wurde. Dass das nachvollziehbar ist.“ sowie I13 11:58: „Da gehen wir eigentlich immer mehr auf (...) oder eigentlich auch mehr auf Jahresabschlusszahlen. Warum? Weil das die Finanzbehörden dann auch immer besser abgleichen können. Sie haben in jeder Betriebsprüfung, wenn Sie mit internen Daten arbeiten, die Nachfrage des Betriebsprüfers: Ich will das mit der GuV abgleichen, macht mal so eine Überleitungsrechnung – wie passt das? Von daher haben wir da doch gerne dann die Jahresabschlusszahlen [genommen].”

und nachvollziehbare Sachverhaltsdarstellung eine detaillierte Sachverhaltsprüfung ermöglichen.[1886] Auch die Prüfung durch Kontrollvariablen, wie insb. durch die Mitarbeiteranzahl, ist praxisrelevant. Eine proaktive Kooperation aller Beteiligten wird als idealtypischer Lösungsweg empfohlen, da diese das Konfliktpotenzial der PSM in Betriebsprüfungen signifikant reduziere. Ferner seien die Interessenslagen bei Betriebsprüfungen und zwischenstaatlichen Verhandlungen grundsätzlich vergleichbar.[1887] Zudem kann die Flexibilität einer PSM, als immanente Verhandlungsmasse, maßgeblich für eine politisch orientierte Lösungsfindung zwischenstaatlicher Streitbeilegung sein, auf welche Steuerpflichtige keinen Einfluss haben.[1888]

Im Rahmen der Schnittmengenanalyse beim Einsatz von Rechtsmitteln (Frage 4.1.9) existieren fünf interne Schnittmengen aufseiten der Finanzverwaltung. Das beinhaltet die Themen Gesamturteil, APA, verbindliche Auskunft, Verständigungsverfahren und JOINTS-AUDITS.[1889] Die Themen APA und Gesamtwürdigung der Rechtsmittel zeigen eine einstimmige Schnittmenge aufseiten der Finanzverwaltung. Ferner zeigt sich jeweils eine fehlende Schnittmenge aufseiten der Beratung (JOINT-AUDITS) und Finanzverwaltung (Schiedsverfahren). Abschließend zeigt die Finanzverwaltung beim Einsatz von Rechtsmitteln (Frage 4.1.9) überwiegend Konsenspotenziale, wohingegen aufseiten der Beratung konsensorientierte Tendenzen überwiegen. Bezüglich des Einsatzes von Rechtsmitteln (Frage 4.1.9) ist festzuhalten, dass in Bezug auf die PSM multilaterale Lösungsansätze grundsätzlich gegenüber unilateralen Lösungen präferiert werden. Unilaterale Rechtsmittel, wie insb. die verbindliche Zusage, verbindliche Auskunft und der nationale Klageweg sind für die PSM

1886 Beispielhaft I10 25:25: „Bei den anderen Methoden sind die Benchmarks und Vergleichswerte eher im Vordergrund, nämlich um die Angemessenheit zu prüfen. Bei der PSM ist es eher die reine Sachverhaltsprüfung."

1887 Beispielhaft I14 17:45: „Also die Verhandlungen zwischen den Staaten laufen genauso ab wie Verhandlungen zwischen Betriebsprüfer und Firma. Weil jeder irgendwie den größten Teil des Kuchens für sich haben möchte."

1888 Beispielhaft I9 27:08: „Es ist tatsächlich so: Diese Profit Split Geschichten, da geht es in der Regel um ziemlich viel – ziemlich hohe Beträge. Das heißt, der Finanzbeamte und das Finanzamt mit dem Sie es da zu tun haben, die treffen da ihre Entscheidungen auch nicht so ganz allein, ohne sich vorher abzusichern. Das heißt, das sind Themen, die sind dann schon platziert an übergeordneter Stelle. Und man hört dann eben auch häufig: Könnt ihr einreichen, aber das ist nun alles schon abgeklärt. Also so ist die Praxis, das wird dann mehr oder weniger draußen diktiert."

1889 Jeweils zu 80 %.

ungeeignet und nicht praxisüblich. Insb. der Klageweg ist für VP-Sachverhalte kaum praxisüblich. Zum einen da in der Praxis kaum Einsprüche zu VP-Fällen eingelegt werden.[1890] Zum anderen wird – durch beide Interessensgruppen – ein erhöhtes Maß an ökonomischem Sachverstand an den nationalen Gerichten gefordert.[1891] Konträr dazu sind alle in dieser Untersuchung aufgezählten multilateralen Rechtsmittel iVm der PSM praxisüblich.[1892] Das APA gilt als das bevorzugte Rechtsmittel. Es wurde als Standardvorgehen und Investition in Rechtssicherheit mehrfach bestätigt.[1893] Der kooperative Charakter eines APA bestärkt eine einvernehmliche Lösungsfindung. Das Rechtsmittel eines MAP ist ebenfalls praxisüblich, wobei die PSM häufig als METHOD-OF-LAST-RESORT angewendet wird. Auch Schiedsverfahren mit einer PSM sind praxisüblich, trotz einer nachteiligen, rein bilateralen Orientierung sowie einer fehlenden Zukunftsorientierung.[1894] Lösungsansätze im Rahmen von JOINT-AUDITS wurden als signifikant konsensfördert und konfliktreduzierend bezeichnet, insb. aufgrund einer erhöhten Verfahrenstransparenz und reduzierten Verfahrensdauer.[1895] All dies belegt, dass eine multilaterale Kooperation für eine PSM

1890 Beispielhaft I9 27:08: „Du kannst Einspruch einlegen, aber im Prinzip (…) das ist jetzt wirklich nur Praxis (…) also theoretisch kann so ein Einspruch dann natürlich auch vorkommen. […] [Dann] ist man ja häufig da, weil eben da subjektive Beurteilungen eine Rolle spielen. Und was soll da besser werden, wenn ich dann Einspruch einlege?“

1891 Beispielhaft I6 39:44: „Ich würde mir schon wünschen, dass auch bei den Finanzgerichten mehr (…) ein höherer Grad an ökonomischem Sachverstand aufgebaut wird. […] wenn Sie mal die BFH-Urteile und auch teilweise die Urteile an den Finanzgerichten verfolgen, da sind schon teilweise recht merkwürdige Urteile ergangen.“ sowie I11 32:31: „Wenn man das macht, sieht man teilweise, wie es ausgeht. Ich meine [das] Finanzgericht Münster, mit ihren Finanztransaktionen haben ja gut [einen] auf den Deckel vom BFH bekommen. Nach dem Motto: Wenn Ihr keine Ahnung habt, sucht euch Gutachter […] Und so sehe ich das auch.“

1892 Kapitel 2.8.1.

1893 Beispielhaft I2 20:06: „[Für] 90 Prozent der Profit Splits mit einigem ökonomischen Impact, also von einer bestimmten Größenordnung, empfehle ich allen Mandanten: Mach ein APA vorher.“

1894 Beispielhaft I14 16:35: „Da geht es dann nur noch darum, die Jahre tot zu machen.“

1895 Beispielhaft I12 16:24: „Das Maß aller Dinge: Wenn es wirklich eine gemeinsame Prüfung wäre. Das wir das gemeinsam machen. Mit einem Abschlussbericht. Mit einem Bescheid. Aber da sind wir, glaube ich, noch alle sehr weit von entfernt.“ sowie I11 20:09: „[…] und so ein Joint-Audit hat halt den Charme, dass dann mehrere Prüfer auch aus dem Ausland miteinander zusammen agieren. Und

konfliktreduzierend wirkt und in der Praxis auch genutzt wird. Diese Auffassung wird von Seiten der Finanzverwaltung bestätigt und es wird eine weiterführende Kooperationsbereitschaft von Vertretern beider Seiten gewünscht.[1896] Eine zentrale Forderung ist dabei die Möglichkeit ex-ante Rechtssicherheit zu erlangen.[1897]

4.3.6 KG 6: Zwischenfazit der holistischen Anwendungsanalyse

4.3.6.1 Lernkurve und Erfahrungen

Der Schwerpunkt der sechsten KG ist die Zusammenfassung der praktischen Lernkurve durch ein Zwischenfazit. Die KG sechs beinhaltet drei Tags mit insgesamt 29 Kodierungen. Der größte Tag dieser KG ist der Tag: Negative Erfahrungen mit 13 (45 %) Kodierungen. Gefolgt von den Tags positive Erfahrungen und einer neutralen Lernkurve mit jeweils 8 (28 %) Kodierungen.

Bei der Zusammenfassung von praktischer Lernkurve und Erfahrungen (Frage 4.2) bestätigen fünf Experten (36 %) eine praktische Lernkurve. Dabei nennen drei Experten (21 %) vergleichsweise hohe Kosten und einen Mehraufwand bei einer PSM aufgrund ihres individuellen Charakters.[1898] Drei Experten (21 %) nennen eine kooperative, vorgelagerte Auseinandersetzung mit einer PSM, von Seiten Finanzverwaltung und Beratung, als hilfreich, um existierende Anwendungshindernisse gemeinsam zu überwinden.[1899] Zwei Experten (14 %) sehen in der Mehrzahl der Anwendungsfälle der PSM keine steuerplanerischen

---

nicht jetzt hier was erarbeiten und sagen: Hey, das passt so. Und da geht meines Erachtens die Reise hin – was ich gut finde."

1896 Beispielhaft I6 34:04: „Ich glaube, die Finanzverwaltung ist immer offen, wenn man der Finanzverwaltung das Gefühl vermittelt, dass Sie mit eingebettet sind in die Konzeption und Implementierung. Dann haben Sie in der Regel weniger Konfliktpotenzial im Rahmen der Betriebsprüfung." sowie I6 37:24: „Also ich würde mir wünschen, dass die Beziehung zwischen Finanzverwaltung und Steuerpflichten enger wird. Das ist meines Erachtens der absolute Königsweg der Vermeidung der Doppelbesteuerung und damit letztendlich der Rechtssicherheit für die Konzerne."

1897 Beispielhaft I1 33:11: „Aber methodisch man sozusagen ex-ante schon eine gewisse Rechtssicherheit bekommt. Weil sonst werden die meisten Unternehmen nicht springen. Weil sie dann doch lieber in den klassischen Methoden bleiben, auch wenn die oft nicht zum richtigen Ergebnis führen."

1898 I7 32:21, I2 24:42.

1899 I2 22:43, I9 29:09, I1 30:46.

Zielsetzungen.[1900] Acht Experten (57 %) äußern positive Erfahrungen in Bezug auf die PSM. Das beinhaltet positive Erfahrungen, insb. in Verständigungsverfahren[1901], bei der Sachverhaltsanalyse und Würdigung[1902] sowie als Lösungsansatz für komplexe Sachverhalte.[1903] Ebenfalls acht Experten (57 %) äußern negative Erfahrungen in Bezug auf die PSM. Diese beinhalten insb. die unternehmensinterne und operative Implementierung der PSM[1904], eine mangelhafte Informationsgrundlage für Nachvollziehbarkeit und Prüfung[1905], eine mitunter willkürliche Aufteilung des Residualergebnisses[1906] und negative Erfahrungen bei der zwischenstaatlichen Durchsetzung der PSM.[1907]

4.3.6.2 Ergebnissynthese KG 6

Im Rahmen der Schnittmengenanalyse für das Zwischenfazit (Frage 4.2) existiert eine interne Schnittmenge aufseiten der Finanzverwaltung, in Bezug auf negative Erfahrungen.[1908] In Bezug auf die Zusammenfassung von Lernkurve und Erfahrungen (Frage 4.2) ist festzuhalten, dass ein ausgewogenes Verhältnis an positiven und negativen Ergebnissen vorliegt. Die PSM ist, im Vergleich zu anderen VP-Methoden, individueller und dadurch aufwendiger in der praktischen Anwendung. Beispielhaft spricht Experte 7: „Also der Profit Split ist in den meisten Fällen [...] Das ist im Grunde wie Maßanfertigung: Das ist aufwendig."[1909] Vorteilhaft ist insb., dass die PSM einen Lösungsansatz für komplexe Sachverhalte bietet. Bezüglich der Eignung der PSM in Streitbeilegungsverfahren existieren konträre Ansichten. Ferner gelten die operative Implementierung sowie die Beschaffung einer hinreichenden Informationsgrundlage als Praxishürden.

1900 I2 35:32, I3 25:00.
1901 I12 19:14.
1902 I13 23:18, I11 21:52, I14 18:55.
1903 I9 30:04, I2 22:42.
1904 I2 22:42, I6 27:10, I9 30:04.
1905 I10 24:33, I2 22:42, I14 18:55, I6 27:10.
1906 I13 23:18, I11 21:52.
1907 I12 19:14, I2 22:42.
1908 80 % der Finanzverwaltung.
1909 I7 32:21.

4.3.7 KG 7: Hilfsmittel in der PSM

4.3.7.1 Nutzung und Auswahl von Hilfsmitteln

Der Schwerpunkt der siebten KG ist die Nutzung von Hilfsmitteln für die PSM. Die siebte KG beinhaltet sechs Tags, mit insgesamt 110 Kodierungen. Der größte Tag dieser KG ist der Tag: Nutzung von Hilfsmitteln mit 35 (32 %) Kodierungen. Gefolgt von den Tags betriebswirtschaftliche Hilfsmittel mit 26 (24 %) Kodierungen sowie spieltheoretischer Hilfsmittel mit 24 (22 %) Kodierungen.

Betreffend die Nutzung und Auswahl von Hilfsmitteln (Frage 5.1), äußern sich elf Experten (79 %) zur Nutzung von Hilfsmitteln innerhalb einer PSM. Davon bestätigen fünf Experten (36 %) die Praxisrelevanz und einen konkreten Mehrwert durch Hilfsmittel in der PSM.[1910] Sieben Experten (50 %) sehen Hilfsmittel als unterstützend für die Sachverhaltsanalyse und Nachvollziehbarkeit von Lösungsansätzen an, jedoch unzureichend als deren alleinstehende Begründung.[1911] Sechs Experten (43 %) benennen eine Subjektivitätsreduzierung, insb. durch Quantifizierbarkeit und mathematische Herleitung als Voraussetzung für Hilfsmittel, um die Störanfälligkeit von qualitativ-subjektiven Abstraktionsleveln von Hilfsmitteln (z.B. Scoring Modellen) zu reduzieren.[1912] Drei Experten (21 %) äußern eine Präferenz für einfache, zeitnahe[1913] und pragmatisch nachvollziehbare Hilfsmittel.[1914] In der Praxis können Hilfsmittel in Form von Schiedsrichterlösungen[1915] oder in Form von unabhängigen Gutachten[1916] unterstützen. Eine Praxisherausforderung der Hilfsmittel ist die Informationsbeschaffung.[1917] Darüber hinaus werden Daumenregeln als praktische Notlösung erwähnt.[1918] Fünf Experten (36 %) bestätigen, dass die fachliche Ausbildung die Auswahl der Hilfsmittel beeinflusse.[1919]

Zehn Experten (71 %) äußern sich zu betriebswirtschaftlich geprägten Hilfsmitteln. Davon sehen neun Experten (64 %) in der Praxis eine überwiegende

1910 I12 21:13, I2 29:13, I8 13:57, I13 6:10, I13 14:41, I5 13:41, I5 14:29.
1911 I2 29:13, I2 31:31, I8 13:57, I10 28:45, I14 20:51, I14 22:34, I13 16:46, I4 27:08, I9 33:02, I12 21:13, I2 29:13.
1912 I7 36:17, I12 21:13, I5 14:29, I6 31:06, I13 6:10, I13 14:41, I1 19:44, I12 21:13.
1913 In Bezug auf den Beginn eines Sachverhaltes.
1914 I8 45:58, I8 50:34, I14 20:51, I1 19:44.
1915 I5 13:41.
1916 I8 50:34.
1917 I9 30:04.
1918 I13 14:41, I13 16:46.
1919 I7 44:09, I14 20:51, I14 23:19, I9 36:19, I1 38:23.

Nutzung von betriebswirtschaftlichen Hilfsmitteln für die PSM, da die Betriebswirtschaft derzeit die dominierende Disziplin im Bereich der VP ist.[1920] Fünf Experten (36 %) benennen die RACI-Analyse als praxisüblich in der PSM, insb. da sie die Personalfunktionen priorisiert.[1921] Drei Experten (21 %) nennen die Nutzung von Prozessanalysen als Hilfsmittel.[1922] Ebenfalls drei Experten (21 %) nennen eine Orientierung an der betriebswirtschaftlichen Organisationslehre bzw. Aufbauorganisation als Hilfsmittel.[1923] Zwei Experten (14 %) nennen die Nutzung interner Kostenrechnungen als betriebswirtschaftliche Hilfsmittel.[1924] Bezüglich der Nutzung von Star-Charts existiert eine konträre Auffassung.[1925] Vereinzelt wurden Bewertungsmodelle, das Stage-Gate-Model sowie DEMPE-Analysen genannt.[1926]

Zwölf Experten (86 %) äußern sich zu spieltheoretischen Hilfsmitteln. Davon benennen acht Experten (57 %) spieltheoretische Hilfsmittel als gegenwärtig unbedeutend und tendenziell praxisunüblich für die PSM.[1927] Sieben Experten (50 %) benennen die Spieltheorie als zu komplex und mathematisch zu anspruchsvoll für eine dauerhafte praktische Anwendung, infolgedessen seien für eine praxisfähige Anwendung in der PSM Vereinfachungen notwendig.[1928] Fünf Experten (36 %) nennen spieltheoretische Lösungsansätze als potenziell geeigneten Ansatz, um die Lösungsfindung einer PSM zu objektivieren.[1929] Hierbei wurde insb. der Shapley-Value mehrfach erwähnt.[1930]

Sieben Experten (50 %) äußern sich zu juristischen Hilfsmitteln. Davon sehen fünf Experten (36 %) in der Disziplin des Rechts keine konsensorientierten Hilfsmittel für die Lösungsfindung einer PSM, stattdessen impliziere eine juristische Perspektive v.a. Konfliktpotenziale durch Auslegungsfragen.[1931] Vier

1920 I12 21:13, I8 13:57, I10 31:20, I6 31:06, I13 6:10, I4 27:08, I9 33:02, I9 36:19, I9 37:42, I1 36:41, I1 37:01, I11 24:39, I11 31:32.

1921 I12 21:13, I10 27:42, I13 25:01, I4 27:08, I11 9:22, I11 14:50, I11 24:39.

1922 I12 21:13, I4 27:08, I9 11:59.

1923 I6 31:06, I9 11:59, I9 33:02.

1924 I7 36:17, I10 31:20.

1925 I12 21:13, I8 13:57.

1926 I7 36:17, I12 21:13, I4 27:08.

1927 I7 36:17, I8 45:58, I10 29:19, I10 29:55, I10 31:20, I11 20:51, I13 25:01, I4 27:08, I9 36:19, I1 37:01.

1928 I3 11:39, I3 16:51, I10 29:19, I10 29:55, I6 31:06, I13 25:01, I4 27:08, I9 33:02, I9 36:19, I1 37:01.

1929 I12 21:13, I3 11:39, I6 31:06, I9 33:02, I11 29:48.

1930 I12 21:13, I4 27:08.

1931 I3 15:56, I10 31:20, I4 28:38, I4 30:30, I9 36:19, I11 31:32.

Experten (29 %) nennen das Recht als hilfreiche Disziplin, vorausgesetzt, eine Fragestellung der PSM lasse sich auf eine rechtliche Frage reduzieren.[1932] Dabei wurde mehrfach betont, dass die Aufteilung in einer PSM idR keine rechtliche Frage sei.

Sieben Experten (50 %) äußern sich zu ethischen Hilfsmitteln. Alle sieben Experten lehnen die Nutzung ethischer Hilfsmittel, wie insb. Fairness, für die PSM ab, da sie in der Praxis nicht konsensfördernd wirken.[1933] Sechs Experten (43 %) begründen dies, entweder mit der Notwendigkeit der Definition eines Fairnessmaßstabes oder mit dem Fehlen einer konsensfähigen Auslegung innerhalb der PSM.[1934] Vereinzelt wurde Fairness als Gleichbehandlung aller in Bezug auf die Informationsverfügbarkeit ausgelegt.[1935] Ferner besteht die Notwendigkeit einer gesetzlichen Auslegung von Fairness, als etwaigen Referenzpunkt.[1936]

4.3.7.2 Ergebnissynthese KG 7

Im Rahmen der Schnittmengenanalyse zeigt sich beim Thema Hilfsmittel (Frage 5.1) eine interne Schnittmenge für betriebswirtschaftliche Hilfsmittel aufseiten der Finanzverwaltung.[1937] Für die Bestätigung der Nutzung von Hilfsmitteln existiert eine gemeinsame Schnittmenge.[1938] Zudem existiert insofern eine gemeinsame Schnittmenge, als dass ein potenzieller Nutzen für spieltheoretische Hilfsmittel bestätigt wird.[1939] Es existiert keine Schnittmenge für einen Zusammenhang von Ausbildungsdisziplin und Hilfsmittelauswahl.[1940] Insgesamt zeigen sich somit mehrfach Konsenspotenziale beim Thema Hilfsmittel für die PSM (Frage 5.1).

Bezüglich der Nutzung von Hilfsmittel innerhalb der PSM (Frage 5.1) ist festzuhalten, dass Hilfsmittel in der Praxis einen Mehrwert bieten und deshalb genutzt werden. Dieser Mehrwert äußert sich konkret in einer überwiegend unterstützenden Funktion von Hilfsmitteln, insb. für die Sachverhaltsanalyse oder als Schiedsrichterlösung. Im Umkehrschluss dienen Hilfsmittel in der

1932 I7 40:26, I6 34:04, I6 36:08, I4 30:30, I11 31:32.
1933 I12 21:13, I2 32:49, I3 15:56, I8 45:58, I10 30:07, I13 25:01, I4 27:08.
1934 I12 21:13, I2 32:49, I3 15:56, I8 45:58, I13 25:01, I4 27:08.
1935 I2 32:49.
1936 I4 27:08.
1937 80 % der Finanzverwaltung.
1938 Beratung 78 % und Finanzverwaltung 80 %.
1939 Beratung 78 % und Finanzverwaltung 100 %.
1940 Beratung 36 % und Finanzverwaltung 20 %.

Praxis jedoch nicht als alleiniger Erklärungsansatz für eine PSM. Aus praktischer Sicht sollten Hilfsmittel die Ergebnisaufteilung und somit die Ermittlung der Steuerbemessungsgrundlage objektivieren.[1941] Vorteilhaft daran ist die Reduktion subjektiver Elemente. Hilfsmittel in der PSM sollten idealtypisch pragmatisch und verständlich sein.

In der Praxis zeigt sich derzeit ein interdisziplinärer Methodenpluralismus an Hilfsmitteln iVm der PSM. Dabei ist die Betriebswirtschaftslehre die dominierende Disziplin. Auch bei betriebswirtschaftlich geprägten Hilfsmitteln zeigt sich kein erkennbares Muster, lediglich die RACI-Analyse wurde mehrfach bestätigt. Das belegt, dass derzeit kein Konsens hinsichtlich der Nutzung von Hilfsmitteln in der PSM besteht. Ob die Auswahl der Hilfsmittel mit der Ausbildungsdisziplin korreliert bleibt offen. Spieltheoretische Hilfsmittel spielen derzeit eine untergeordnete Rolle in der Praxis. Das liegt insb. an ihrer Komplexität. Konkret fehlen derzeit Verständnis und Vertrauen für spieltheoretische Lösungen in der steuerlichen Praxis.[1942] Das Potenzial spieltheoretischer Lösungen für die PSM wird mehrfach bestätigt. Um dieses Potenzial in der Praxis zu nutzen, werden Vereinfachungen gefordert. Juristische Hilfsmittel gelten als nicht konsensfördernd und damit kaum praxisrelevant für die Lösungsfindung innerhalb einer PSM. Voraussetzung hierfür ist die Reduktion auf eine rechtliche Fragestellung, welche bei Aufteilungsfragen idR nicht möglich ist. Ethische Hilfsmittel werden mehrheitlich abgelehnt. Insb. Fairness wirke iVm dem FVG nicht konsensfördernd.[1943] Ferner fehlen eine objektive

---

1941 Beispielhaft I13 14:41: „Es gibt Scoring Modelle, die auch in Betriebsprüfungen Anwendung finden. Das ist teilweise subjektive Willkür, muss man ehrlich sagen: Man begibt sich in die steuerliche Gewinnermittlung, Bemessungsgrundlagenbestimmung, da fast einer subjektiven Einschätzung, [hin]."

1942 Beispielhaft I4 27:08: „Das ist einfach zu komplex, mathematisch zu anspruchsvoll als, dass das auf allgemeine Akzeptanz stoßen würde." I13 25:01: „Auch spieltheoretische Themen. Das Problem ist, Herr Gilson, dass die Finanzbehörden, aber auch die Berater und die Unternehmen, oftmals dazu keinen Zugang haben. (…) Wenn Sie mit so etwas kommen, bestehen Verständnisprobleme und teilweise dann auch ein gewisses Misstrauen: Kann ich dem überhaupt trauen? Und daher hat sich das in der Praxis noch nicht durchgesetzt und ich weiß auch nicht, ob es sich durchsetzen wird." I14 20:51: „Also wenn ich jetzt quasi die einfache Spieltheorie nenne, dann bin ich oftmals dem Würfeln näher als diesen ganzen Theorien."

1943 I12 21:13: „Also ich finde dieses Prinzip der Fairness (…) das ist so nichtssagend. Weil es für jeden subjektiv ist, was eigentlich fair ist. Das hilft überhaupt gar nicht weiter." I2 32:49: „Dafür bräuchten wir einen Maßstab, mit dem wir dann

Definition, ein Referenz- sowie ein Auslegungsmaßstab für Fairness iVm der PSM. Insgesamt werden nachvollziehbare und pragmatische Hilfsmittel präferiert.[1944] Konkret fordert die Praxis Anwendungsvereinfachung, um die Praxisfähigkeit der Hilfsmittel innerhalb der PSM zu steigern.[1945] Abschließend werden die Praxisrelevanz von Hilfsmitteln und die Notwendigkeit von Vereinfachung bestätigt.

4.3.8 KG 8: Konsensorientierung und Intersubjektivität

4.3.8.1 Konsensorientierung und Intersubjektivität in der PSM

Der Schwerpunkt der achten KG sind die Konsensorientierung und die Intersubjektivität innerhalb der PSM. Die KG acht beinhaltet neun Tags mit insgesamt 111 Kodierungen. Der größte Tag dieser KG ist der Tag: Konsensfördernde

---

Fairness messen können (...) und den habe ich noch nicht gefunden. Darum versuche ich nicht diese Fairnessdiskussion aus dem Aufteilungsmaßstab herauszunehmen. Sondern ich sage nur: Fair ist, wenn wir alle Finanzbehörden gleich behandeln und [diese] die gleichen Informationen bekommen." I4 27:08: „Ich würde sagen: Fairness ist ein Element aus der öffentlichen Diskussion. Vielleicht auch Motivationsgrund von bestimmten Projekten bei der OECD. Der Fremdvergleichsgrundsatz hat aber nichts mit Fairness zu tun. Also ein marktübliches Ergebnis muss überhaupt nicht fair sein. Das wissen wir als Ökonomen alle, dass ein Monopolist sicherlich nicht zu einem fairen Ergebnis führt, nicht mal zu einem effizienten Ergebnis. Deswegen ist in meinen Augen Fairness überhaupt gar kein Maßstab, der da zur Anwendung kommen sollte. Solange quasi nicht im Steuergesetz steht: Es muss fair sein. Weil quasi alle Kulturen erstmal besprechen müssten, was das jetzt bedeutet."

1944 Beispielhaft I14 20:51: „Also ich bin Diplom-Finanzwirt und Praktiker. Und ich nehme das immer zur Kenntnis und freue mich immer, dass man sich darüber so viele Gedanken machen kann. Aber am Ende des Tages sitze ich mit irgendjemanden am Tisch und muss mich über Zahlen einigen." I8 45:58: „Ja die, die man auch greifen kann. Ich kenne jetzt nicht alle, aber wir sind ja in der Praxis, also in der praktischen Durchführung. Wir sind keine Wissenschaftler. [...] Also, es muss irgendwo auch realistich durchführbar sein und auch nachvollziehbar für einen Laien. Man darf hier nicht vergessen, dass besonders auf der Finanzverwaltungsseite sitzt in der Regel ein Steuerrechtler."

1945 Beispielhaft I13:16: „Was dazu führt, dass Sie dann in der Betriebsprüfungspraxis immer noch über Themen wie z.B. die Knoppe-Formel sprechen, diese pauschale Zuordnung von Gewinnen im Rahmen eines Profit Splits. Was zeigt, dass die Praxis händeringend nach Lösungen sucht. Und da ist auch das OECD-Papier sehr enttäuschend gewesen.s"

Maßnahmen mit 38 (34 %) Kodierungen. Gefolgt von dem Tag Flexibilität der PSM mit 20 (18 %) Kodierungen.

Im Rahmen der Konsensorientierung und Intersubjektivität (Frage 5.2), äußern sich elf Experten (79 %) zur Flexibilität innerhalb der PSM. Davon attestieren fünf Experten (36 %) der PSM mehr Flexibilität als anderen VP-Methoden.[1946] Acht Experten (57 %) sehen in der Flexibilität der PSM einen Vorteil, insb. da diese Spielraum für Lösungsfindungen und komplexe Sachverhalte gestattet.[1947] Konträr dazu sehen zwei Experten (14 %) grundsätzlich keine größere Flexibilität durch eine PSM.[1948] Für sechs Experten (43 %) ist die Flexibilität der PSM ein Nachteil, insb. da sie Konfliktpotenziale birgt und Mehraufwand verursacht.[1949] Drei Experten (21 %) äußern keine Tendenz, da die Flexibilität gleichwertige Vor- und Nachteile habe.[1950]

Neun Experten (64 %) äußern sich zur Interdisziplinarität innerhalb der PSM. Davon beurteilen sieben Experten (50 %) die Interdisziplinarität als vorteilhaft für eine Lösungsfindung[1951], indem sich verschiedene Disziplinen ergänzen.[1952] Zwei Experten (14 %) sehen in der Interdisziplinarität einen Nachteil, insb. aufgrund von interdisziplinären Verständnisproblemen.[1953] Fünf Experten (36 %) betonen, dass Vertreter der Finanzverwaltung überwiegend steuerrechtlich ausgebildet sind, weshalb diese Perspektive und Disziplin derzeit die Praxis dominiert.[1954]

Zwölf Experten (86 %) äußern sich zu konsensfördernden Maßnahmen und Erfahrungen iVm der PSM. Davon beurteilen zehn Experten (71 %) insb. die Faktoren Kooperationsbereitschaft und Transparenz zwischen Steuerpflichtigen und Finanzverwaltung als signifikant konsensfördernd.[1955] Sechs Experten (43 %) benennen eine gemeinsame Sachverhaltsanalyse als signifikant

1946 I10 31:20, I14 24:17, I9 30:04, I5 15:56, I11 26:12.

1947 I12 25:10, I3 28:32, I3 28:43, I14 24:17, I13 32:42, I4 19:20, I9 30:04, I5 15:56, I5 15:58, I11 28:25.

1948 I7 51:56, I4 19:20.

1949 I12 25:10, I8 45:58, I8 55:56, I10 31:20, I13 32:42, I4 17:44, I11 28:25.

1950 I7 51:56, I12 25:10, I13 32:42.

1951 I12 24:19, I14 23:19, I13 27:08, I4 30:30, I4 31:56, I9 37:42, I1 40:44, I5 15:33.

1952 I12 24:19, I4 30:30, I5 15:33, I1 40:44.

1953 I7 40:26, I7 44:09, I8 53:56.

1954 I7 44:09, I4 8:10, I8 45:58, I8 1:00:41, I14 23:19, I7 40:26, I8 53:21, I9 36:19.

1955 I12 10:54, I12 19:14, I2 30:31, I2 38:39, I8 42:08, I10 33:35, I14 25:15, I6 34:04, I4 29:12, I9 39:07, I1 39:32, I11 18:00, I11 39:00. Wobei vornehmlich eine aktive Kontaktaufnahme von Steuerpflichtigen auf die Verwaltung genannt wurde.

konsensfördernd.[1956] Drei Experten (21 %) nennen Informationskonsistenz als wesentlich konsensfördernd, konkret in der Übereinstimmung von Detailinformationen mit öffentlich verfügbaren Informationen.[1957] Zwei Experten (14 %) nennen eine externe und unabhängige Stellungnahme, in Form einer Schiedsrichter- oder Mediatorfunktion, als konsensfördernd.[1958] Ebenfalls zwei Experten (14 %) nennen Beziehungsmanagement und eine persönliche Kontaktaufnahme als konsensfördernde Maßnahme.[1959] Zwei Experten (14 %) sehen eine Konsensförderung durch die Vermeidung von extremen Ergebnissen innerhalb eines vorab antizipierten Einigungsbereiches.[1960] Zwei Experten (14 %) benennen die Nutzung von Interessensschnittmengen als konsensfördernd.[1961] Zwei Experten (14 %) bestätigen, dass die Nutzung (ökonomischer) Narrative konsensförderlich ist.[1962]

Sechs Experten (43 %) äußern sich zu konsenshemmenden Maßnahmen iVm der PSM. Zwei Experten (14 %) nennen Subjektivität und politisch motivierte Verzerrungen als konsenshemmend.[1963] Vereinzelt wurden konsenshemmende Faktoren genannt, wie insb. Komplexität[1964], Verlustsituationen[1965], fehlende Kooperation und Transparenz[1966], widersprüchliche Erklärungen[1967], Misstrauen durch Verständnisprobleme[1968] und zeitliche Differenzen.[1969]

Sechs Experten (43 %) äußern sich zur möglichen Interessensidentität innerhalb einer PSM. Vier Experten (29 %) konkretisierten eine konsensfördernde Interessensidentität, in Form einer gemeinsamen Sachverhaltsanalyse in einem APA oder einem Interesse an Effizienz, z.B. durch eine effiziente Prüfung der PSM.[1970] Vier Experten (29 %) bestätigten das Vorhandensein von Interessenspolitik innerhalb von Finanzverwaltungen, was eine intersubjektive

1956 I12 10:54, I12 14:49, I8 42:08, I14 25:15, I14 25:15, I6 34:04, I4 29:12, I1 39:32.
1957 I12 21:13, I2 30:31, I10 33:35.
1958 I8 50:34, I13 6:10, I13 32:42.
1959 I6 25:20, I6 34:04, I8 42:08.
1960 I3 15:56, I13 30:40.
1961 I1 41:46, I11 33:07.
1962 I2 30:31, I12 23:12.
1963 I6 34:04, I9 3:32.
1964 I7 44:09.
1965 I12 8:55.
1966 I12 10:54.
1967 I8 45:58.
1968 I13 25:01.
1969 I11 33:07.
1970 I2 37:02, I14 14:51, I13 31:22, I5 1:59, I14 17:45.

Lösungsfindung der PSM gefährden kann.[1971] Sechs Experten (43 %) äußern sich zur potenziellen Existenz eines hausinternen Konsenses iVm der PSM. Davon sehen drei Experten (21 %) einen hausinternen Konsens bei Auslegungsfragen zum Regelwerk der PSM, nicht jedoch bei der praktischen Anwendung.[1972] Konträr dazu sehen vier Experten (29 %) keinen hausinternen Konsens für die PSM in Beratung und Finanzverwaltung.[1973] Sechs Experten (43 %) äußern sich zur Nutzung potenziell konsensfördernder Narrative innerhalb der PSM. Davon betonen drei Experten (21 %), dass Narrative in der Praxis für jede VP-Methode genutzt werden und kein Spezifikum der PSM sind.[1974] Konkret dienen Narrative als rhetorisches Transportmittel für Auffassungen.[1975] Als Beispiele für genutzte Narrative wurde eine Marktanalyse[1976] sowie eine effiziente Lösungsfindung mit Interessensidentität[1977] genannt. Zwei Experten (14 %) verneinen die Existenz pauschal gültiger und konsensfördernder Narrative für eine PSM.[1978] Zwei Experten (14 %) sehen die Nutzung von Narrativen und Storytelling nicht als konsensförderlich an, und betonen die Notwendigkeit, auf rein sachlicher Ebene zu bleiben.[1979] Vier Experten (29 %) äußern sich zum Faktor Mensch iVm mit der PSM. Zwei Experten (14 %) nennen die Fähigkeit, Menschen zu überzeugen als signifikant konsensfördernd.[1980] Konträr dazu benennen jeweils zwei Experten einen STATUS-QUO-BIAS für unkonventionelle Lösungsansätze[1981] sowie subjektive Verzerrungen[1982] als konsenshemmend. Hierbei könne ein Berater in der Rolle eines Mediators konsensfördernd wirken.[1983]

4.3.8.2 Ergebnissynthese KG 8

Im Rahmen der Schnittmengenanalyse zeigt sich bei den Themen Konsensorientierung und Intersubjektivität (Frage 5.2) ein Widerspruch bezüglich der

1971 I7 44:09, I14 27:15, I13 31:22, I11 21:52.
1972 I13 28:40, I4 31:46, I9 30:04.
1973 I2 37:11, I8 23:00, I13 28:40, I14 27:15.
1974 I12 23:12, I2 30:31, I5 16:37.
1975 I7 48:10, I2 30:30.
1976 I5 16:46.
1977 I2 35:32.
1978 I2 35:32, I5 16:46.
1979 I1 34:59, I6 36:08.
1980 I2 30:31, I7 48:10.
1981 I3 19:47, I7 44:09.
1982 I13 6:10, I7 44:09.
1983 I13 6:10, I13 9:02.

Flexibilität der PSM. Ferner existiert diesbezüglich keine Schnittmenge aufseiten der Beratung. Aufseiten der Finanzverwaltung existiert insoweit eine interne Schnittmenge, als dass die Flexibilität der PSM als Nachteil angesehen wird.[1984] In Bezug auf die positive Auslegung konsensfördernder Maßnahmen existiert eine gemeinsame Schnittmenge von Finanzverwaltung und Beratung.[1985] Insgesamt überwiegen die Konsenspotenziale bei den Themen Konsensorientierung und Intersubjektivität (Frage 5.2).

Bezüglich der Konsensorientierung und Intersubjektivität innerhalb der PSM (Frage 5.2) ist festzuhalten, dass die PSM eine höhere Flexibilität bietet, als die übrigen VP-Methoden. Diese Flexibilität wird widersprüchlich wahrgenommen. Aufseiten der Beratung ist die Wahrnehmung überwiegend positiv. Aufseiten der Finanzverwaltung wird die Flexibilität überwiegend als nachteilig empfunden. Darüber hinaus wird die Interdisziplinarität überwiegend vorteilhaft wahrgenommen. Derzeit dominiert eine steuerrechtliche Perspektive die Praxis.[1986] Konsensfördernde Maßnahmen werden ausdrücklich von Beratung und Finanzverwaltung begrüßt.[1987] Als signifikant konsensfördernd gelten die Faktoren Kooperation, Transparenz sowie eine gemeinsame Sachverhaltsanalyse.[1988] Hierbei wurde mehrfach der Wunsch nach (neuen) Verfahrenswegen und effizienten Kooperationsmöglichkeiten geäußert. Ferner wurden konsensfördernde Maßnahmen, wie insb. Informationskonsistenz,

1984 80 %.

1985 Beratung 78 %, Finanzverwaltung 100 %.

1986 Beispielhaft I7 44:09: „Das ist ein Problem intersubjektiv da auf einen Punkt zu kommen. Das liegt aber glaube ich einfach an der Perspektive, die die Beteiligten dann da einnehmen. Weil ich -jetzt mal ohne das böse zu meinen – die Betriebsprüfer ist natürlich/ Der ist sozusagen in einer bestimmten Art und Weise sozialisiert worden (…) Also fachlich sozialisiert worden. Und das ist eine andere Sozialisation, die ist eher rechtlich." I14 23:19: „[…] also bei mir ist es ja so mit der Ausbildung, man ist sehr steuerlich getrieben. Und man ist da sozusagen in seiner steuerlichen Denke verhaftet."

1987 Beispielhaft I11 39:00: „Ich kann nur dafür werben, dass man sozusagen konstruktiv zusammenarbeitet. Also das ist in den meisten Fällen im Übrigen auch so. Zwischen Beratung und Finanzverwaltung. Dass die Beratung gerne mal auf die Finanzverwaltung zukommt und, dass man frühzeitig miteinander spricht. Also, dass man einfach miteinander gut zusammenarbeitet."

1988 Beispielhaft I11 33:07: „Es ist hilfreich – mit Sicherheit – die andere Perspektive zu verstehen immer im Konsens zu bleiben und versuchen, einen konsensualen Ausgang auch zu finden. Und das funktioniert, glaube ich, nur, wenn beide Parteien einen Schritt dann auf sich zugehen (…)."

unabhängige Gutachten, Mediation und Interessensschnittmengen genannt. Konsenshemmend wirken Faktoren wie insb. Subjektivität, Komplexität, fehlende Kooperationsbereitschaft, fehlendes Verständnis, Verlustsituationen und zeitliche Limitationen. Interessensidentität kann im Rahmen der PSM konsensfördernd wirken. Ferner wird die Existenz zwischenstaatlicher Interessenspolitik als konsenshemmend bestätigt.[1989] In Bezug auf die praktische Anwendung der PSM existieren aufseiten von Beratung und Finanzverwaltung keine Hausmeinungen. Die Nutzung von Narrativen iVm der PSM wird tendenziell bestätigt, obgleich dies kein Spezifikum der PSM ist.[1990] Dabei bleibt unklar, ob die Nutzung von Narrativen in der Praxis vorteilhaft oder nachteilig wirkt. Ferner ist der Faktor Mensch relevant für die Konsensorientierung in der PSM.[1991] Dabei wirken subjektive Verzerrungen[1992] konsenshemmend und die Fähigkeit, Menschen zu überzeugen, konsensfördernd. Seitens Beratung kann die Rolle als Mediator einen konsensfördernden Einfluss haben.[1993]

4.3.9 KG 9: Interviewabschluss

4.3.9.1 Zusammenfassung, Reformvorschläge und Cliffhanger

Der Schwerpunkt der neunten KG ist der Interviewabschluss. Das beinhaltet die Bitte um eine Zusammenfassung der Experten, mitsamt potenziellen Reformvorschlägen sowie einer offenen Abschlussfrage für Ergänzungen. Die

1989 Beispielhaft I14 17:45: „Also die Verhandlungen zwischen den Staaten laufen genauso ab wie Verhandlungen zwischen Betriebsprüfer und Firma. Weil jeder irgendwie den größten Teil des Kuchens für sich haben möchte."

1990 Beispielhaft I2 30:31: „Und dann ist es natürlich am Ende des Tages auch ein bisschen Rhetorik. Also man muss eben auch eine Geschichte erzählen. Wir müssen ja schon Menschen überzeugen. Also hier im Sinne von: Die Menschen, die in der Finanzverwaltung dafür zuständig sind, dass die sagen: Das kann ich steuerlich nachvollziehen."

1991 Beispielhaft I6 25:20: „Und auch die Beziehungen zur Finanzverwaltung und auch zwischen Finanzverwaltungen ist ein People-business. Das heißt also, wenn die Finanzbehörden in einem Raum sitzen, ist die Wahrscheinlichkeit der Einigung sehr viel höher, als wenn das ein reiner Desk-work ist."

1992 Beispielhaft I13 6:10: „Der Mensch ist so wie er ist und er hat eine subjektive Wahrnehmung von etwas. Und es kommt dann immer wieder vor, dass da die Einschätzung unterschiedlich abgegeben wird – je nachdem, wen Sie befragen."

1993 Beispielhaft I13 9:02: „Gilson: Das klingt ein bisschen so, als wenn Sie als Berater auch Mediator sind. Ist das Ihre Rolle? I13: Auf jeden Fall. Ganz klar. [Das ist] ein wesentlicher Teil meiner Arbeit."

KG neun beinhaltet vier Tags, mit insgesamt 69 Kodierungen. Der größte Tag dieser KG ist der Tag: Reformvorschläge mit 47 (68 %) Kodierungen. Aus Gründen der Lesbarkeit werden die einzelnen Komponenten nachfolgend getrennt dargestellt.

Sieben Experten (50 %) beurteilten den Status Quo der PSM abschließend. Dabei sehen drei Experten (21 %) derzeit eine insgesamt restriktive Behandlung der PSM in der Praxis.[1994] Das macht die PSM, mangels Aufgeschlossenheit und Rechtssicherheit faktisch zu einer Notfallmethode. Drei Experten (21 %) beurteilen das gegenwärtige Regelwerk der PSM als unzureichend für die Praxis.[1995] Zwei Experten (14 %) resümieren für die PSM derzeit eine hohe Komplexität, wobei die fehlende Rechtssicherheit das wesentliche Praxisproblem dargestellt.[1996] Drei Experten (21 %) sind zufrieden mit dem Status Quo und bewerten die derzeitigen Spielräume innerhalb der PSM als Notwendigkeit für Lösungsfindungen.[1997]

Insgesamt dreizehn Experten (93 %) äußern sich zu potenziellen Reformvorschlägen der PSM. Davon fordern sieben Experten (50 %) eine Verbesserung der derzeitigen Regelwerke.[1998] Konkret werden mehr Klarheit, eindeutige Positionierungen durch OECD und BMF sowie praxisfähige Vereinfachungen, wie insb. eine Standardisierung der Aufteilungsfaktoren, gefordert. Fünf Experten (36 %) befürworten die Einführung von Vereinfachungen, in Form von Safe-Harbour-Regelungen, Daumenregeln, Escape-Klauseln oder in Form eines Negativkataloges.[1999] Drei Experten (21 %) sprechen sich für eine engere Kooperation von Steuerpflichtigen und Finanzverwaltungen aus, insb. indem Joint-Audit-Verfahren gefördert werden und die Betriebsprüfungen zeitnäher erfolgen.[2000] Drei Experten (21 %) sprechen sich für eine Intensivierung der (ökonomischen) Ausbildung aufseiten von Verwaltung und Judikative aus.[2001] Ebenfalls drei Experten schlagen vor, anonymisierte Anwendungsfälle

1994 I12 26:30, I2 39:49, I2 43:40.
1995 I13 4:16, I1 45:07, I11 29:48.
1996 I25:56, I1 45:07.
1997 I2 9:08, I14 29:03, I5 18:55.
1998 I12 26:30, I2 43:40, I2 25:56, I2 40:21, I3 33:53, I13 14:41, I13 33:55, I9 40:36, I1 43:04, I1 45:07, I11 35:20.
1999 I8 57:17, I8 50:34, I8 57:55, I8 1:00:01, I10 37:21, I13 33:55, I13 35:34, I13 35:36, I9 40:36, I11 29:48.
2000 I6 37:24, I1 33:11, I1 43:04, I11 35:20, I11 39:00.
2001 I2 40:21, I14 29:03, I6 39:44.

der PSM, analog zu Gerichtsurteilen, zu veröffentlichen.[2002] Zwei Experten (14 %) fordern generell eine zunehmende Aufgeschlossenheit gegenüber der PSM.[2003] Ebenfalls zwei Experten (14 %) fordern global einen Einigungszwang in Streitbeilegungsverfahren.[2004] Ferner nennen zwei Experten (14 %) grenzüberschreitende und gemeinsame Prüfungen durch mehrere Finanzverwaltungen als zukünftiges Idealszenario zur Streitvermeidung.[2005] Aus Sicht der Praxis existiert in Bezug auf die PSM weiterer Forschungsbedarf.[2006]

Acht Experten (57 %) äußern sich im Rahmen des Cliffhangers. Davon bestätigen vier Experten (29 %) die vollständige Behandlung der PSM im Rahmen des Interviews und äußerten keine Anmerkungen.[2007] Vier Experten nennen Ergänzungen. Hierbei wurde eine bilaterale Auslegung des FVG in DBA, in Form von Konsultationsvereinbarungen, vorgeschlagen.[2008] Ferner besteht seitens der Finanzverwaltung der Wunsch, Zahlenwerke und die tatsächliche Ausführung der PSM zukünftig im Ausland prüfen zu können.[2009] Darüber hinaus wird die Notwendigkeit standardisierter Bewertungsmethoden für immaterielle Werte erwähnt.[2010] Abschließend wird eine Besinnung auf das Kernanliegen des FVG, in Form der Vermeidung von Doppelbesteuerungen, gefordert, um den Maßstab des FVG vor (politischem) Missbrauch zu bewahren.[2011]

4.3.9.2 Ergebnissynthese KG 9

Im Rahmen der Schnittmengenanalyse zeigt sich beim Interviewabschluss (Fragen 6.1 und 6.2) eine gemeinsame Schnittmenge bezüglich der Notwendigkeit von Verbesserungsvorschlägen.[2012] Folglich existiert hierfür ein Konsenspotenzial. Darüber hinaus zeigen sich keine Schnittmengen. Bezüglich des Interviewabschlusses und des Cliffhangers (Fragen 6.1 und 6.2) ist festzuhalten, dass die

2002 I2 40:21, I4 33:19, I11 37:30.
2003 I7 53:10, I1 43:04.
2004 I6 37:24, I1 43:04.
2005 I12 16:21, I12 17:23.
2006 I3 33:53, I5 20:31.
2007 I7 54:08, I13 36:26, I9 42:14, I1 45:07.
2008 I12 29:20.
2009 I10 38:54.
2010 I6 40:45.
2011 I4 35:42.
2012 Beratung 89 %, 100 % der Finanzverwaltung.

praktische Anwendung der PSM als (rechts-) unsicher und komplex wahrgenommen wird. Die Mehrzahl der Experten nennt Reformvor-schläge, was einen praxisorientierten Reformbedarf in Bezug auf die PSM bestätigt. Dabei werden insb. eine Verbesserung des Regelwerkes und Vereinfachungen für die Praxis gefordert. Ferner werden Vorschläge, wie eine bilaterale Auslegung des FVG und eine Standardisierung von Bewertungsmethoden genannt. Insgesamt erfassen Interviewabschluss und Cliffhanger (Fragen 6.1 und 6.2) Reformvorschläge zur PSM, welche im bisherigen Interviewverlauf nicht geäußert wurden. Diese Resonanz zeigt, dass der überwiegende Teil der Experten eine vollständige Erfassung der PSM durch den Interviewleitfaden bestätigt.

4.4 Ergebniszusammenfassung des Experteninterviews

4.4.1 Schnittmengenanalyse und Konsenspotenziale

Dieses Kapitel fasst die Ergebnisse der Schnittmengenanalyse und der Ergebnissynthesen zusammen. Für Letzteres wird zwischen deduktiven und induktiven Ergebnissen unterschieden. Abschließend werden die Limitationen dieser Untersuchung dargestellt.

Im Rahmen der konsensorientierten Schnittmengenanalyse wurden insgesamt 70 Analyseobjekte[2013] hinsichtlich des Vorliegens von Konsenspotenzialen aus Beratung und Finanzverwaltung analysiert. In sechs Fällen (9 %) existiert eine gemeinsame Schnittmenge oder eine einstimmige Schnittmenge.[2014] Widersprüche existieren ebenfalls in sechs Fällen (9 %). Das indiziert insgesamt ein Gleichgewicht von Einigkeit und Widersprüchen zwischen Finanzverwaltung und Beratung in Bezug auf die PSM.

Aufseiten der Finanzverwaltung existieren 24 interne Schnittmengen (34 %), in zwölf Fällen keine Schnittmengen (17 %) und 34 Fälle (49 %) ohne Einordnung. Aufseiten der Beratung existieren insgesamt acht interne Schnittmengen (11 %), elf Fälle ohne Schnittmengen (16 %) und 51 Fälle (73 %) ohne Einordnung. Folglich ist festzuhalten, dass sich die Finanzverwaltung im Rahmen dieser Untersuchung kohärenter positioniert und mehr Konsenspotenziale hervorbringt als die Beratung.[2015] Das überrascht insoweit, als dass derzeit im

2013 Das beinhaltet überwiegend Tags und wenige aussagekräftige Subtags.

2014 Details sind den Ergebnissynthesen der KG zu entnehmen.

2015 Im Mittel zeigt die Finanzverwaltung eine relative Übereinstimmungsquote von 51 %, mit einem Median von 60 %. Die Beratung zeigt im Mittel eine relative Übereinstimmungsquote von 49 %, mit einem Median von 44 %.

deutschen Steuerrecht keine spezifische Regulationsgrundlage oder Verwaltungsanweisungen für die PSM existieren, welche diese Kohärenz erklären könnten.

In beiden Interessensgruppen überwiegt der Anteil ohne Einordnung. Sofern eine Einordnung möglich ist, zeigt sich insgesamt in 46 % aller Fälle ein Konsenspotenzial und in 33 % der Fälle kein Konsenspotenzial.[2016] Dabei zeigt sich eine Tendenz zur positiven Einordnung von Vorschlägen gegenüber deren Ablehnung, was eine progressive und konstruktive Einstellung zu Reformvorschlägen indiziert.[2017] Somit ist festzuhalten, dass im Rahmen dieser Untersuchung die Konsenspotenziale für die PSM insgesamt überwiegen und in der Praxis eine überwiegend positive Einstellung zu Reformvorschlägen existiert.

Insgesamt zeigt sich bei den Themengebieten Regelwerk und Eignungsnachweis (Frage 4.1.2), Abgrenzung des Geschäftsvorfalles (Frage 4.1.3) und Ermittlung des Transaktionsergebnisses (Frage 4.1.4) eine hohe Dichte an fehlenden Schnittmengen und Widersprüchen. Konträr dazu zeigen die Themengebiete Dokumentation (Frage 4.1.6), Betriebsprüfung (Frage 4.1.8), Einsatz von Rechtsmitteln (Frage 4.1.9), Nutzung von Hilfsmitteln (Frage 5.1) überwiegend Schnittmengen und somit Konsenspotenziale. Diese Tendenz gestattet eine Unterscheidung in Themenfelder, für die ein praktisches Konsenspotenzial überwiegt und in Themenfelder, für die vermehrt Konfliktpotenziale bei der praktischen Anwendung existieren. Die Ergebnisse sind in nachfolgender Tabelle dargestellt.

Tabelle 20: Ergebnisse der Schnittmengenanalyse in Konsenspotenzialen

Existierendes Konsenspotenzial	**Kein Konsenspotential**
Dokumentation (Frage 4.1.6)	Regelwerk und Eignungsnachweis (Frage 4.1.2)
Betriebsprüfung (Frage 4.1.8)	Abgrenzung des Geschäftsvorfall (Frage 4.1.3)
Einsatz von Rechtsmitteln (Frage 4.1.9)	Ermittlung des Transaktionsergebnisses (Frage 4.1.4)
Nutzung von Hilfsmitteln (Frage 5.1)	-

2016 In den restlichen Fällen ist keine konsensorientierte Tendenz gewährleistet.

2017 Im Mittel zeigt sich in 49 % eine positive Einordnung, wohingegen der Mittelwert von Ablehnungen bei 37 % liegt.

Gemeinsame Schnittmengen existieren insb. für die Bestätigung der Praxisrelevanz der PSM (Frage 3.1), die Anforderungen an Aufteilungsfaktoren (Frage 4.1.5), die Nutzung von Hilfsmitteln und dem potenziellen Nutzen spieltheoretischer Lösungen (Frage 5.1), der Existenz konsensfördernder Maßnahmen (Frage 5.2) und der Notwendigkeit von Reformen (Frage 6.1). Auch wenn lediglich in wenigen Fällen eine gemeinsame oder einheitliche Schnittmenge vorliegt, belegt deren Existenz, dass in Bezug auf die praktische Anwendung der PSM Konsenspotenziale beider Interessensgruppen existieren. Die in dieser Untersuchung identifizierten Konsenspotenziale und Konfliktpotenziale können als Ausgangspunkt für zukünftige (regulative) Reformen der PSM dienen.

4.4.2 Zusammenfassung der Ergebnissynthesen

Die Ergebniszusammenfassung beinhaltet die Darstellung induktiver und deduktiver Ergebnisse der Ergebnissynthesen der jeweiligen KG. In dieser Untersuchung gilt ein Ergebnis als deduktiv, sofern es bereits existierende Erkenntnisse bestätigt oder falsifiziert. Das betrifft die Thesen aus Tabelle 12. In dieser Untersuchung gilt ein Ergebnis als induktiv, sofern neue Erkenntnisse überwiegen. Maßgeblich hierfür ist eine Negativabgrenzung der Inhalte aus Kapitel 3.6.[2018] Insgesamt zeigt sich, dass die Thesen aus Tabelle 12 in zwölf Fällen (60 %) bestätigt werden, in vier Fällen abgelehnt werden (20 %) und in vier Fällen (20 %) ergebnisoffen bleiben. Die Ergebnisse sind nachfolgend dargestellt. Tabelle 21 zeigt die deduktiven und induktiven Ergebnisse in Bezug auf die Thesen der MS aus Tabelle 12.[2019] Anschließend werden induktive Erkenntnisse, welche außerhalb der Themenbereiche aus Tabelle 12 liegen, dargestellt und in der gebotenen Kürze erläutert.

2018 Konkret, sofern diese Erkenntnisse weder im Rahmen des SLR noch der MS existieren.

2019 Aus Gründen der Lesbarkeit wurde auf eine schriftliche Darstellung von Tabelle 21 verzichtet.

Tabelle 21: Zusammenfassung deduktiver und induktiver Erkenntnisse

Nr.	Thesen der MS (Tabelle 12)	Deduktive These	Ergebnis	Induktive Erkenntnisse
1	<u>Praxisrelevanz</u>: Die PSM ist praxisrelevant.	PSM ist einstimmig praxisrelevant, mit leicht steigender Tendenz.	Bestätigt	**Praxisrelevanz** 1. Zunehmende Praxisrelevanz durch Beratung bestätigt. 2. BMF sieht stagnierende Anwendungshäufigkeit. 3. Steuerpflichtige meiden die PSM. 4. Eignungsnachweis der PSM erfolgt überwiegend im Ausschlussprinzip. (Quelle: 4.3.1.2)
2	<u>Regelwerk</u>: Das aktuelle Regelwerk macht die PSM faktisch zu einer Notfallmethode.	Das Regelwerk begrenzt die praktische Anwendung der PSM nicht.	Abgelehnt	**Regelwerk** 1. Widersprüche zu relevanten Regelwerken, da keine nationalen Regelwerke vorhanden. 2. Regelwerke spielen in Praxis eine untergeordnete Rolle. 3. Eignungsnachweis erfolgt nicht streng normativ. (Quelle: 4.3.2.2)
3	<u>Ausprägungsformen</u>: In der Praxis existiert eine Präferenz zur Anwendung der RPSM.	RPSM wird in Praxis präferiert.	Bestätigt	**Ausprägungsformen** 1. Aufteilung des Residualergebnisses ist eine zentrale Praxishürde der PSM. 2. RPSM wird präferiert, da sie diese Praxishürde reduziert. (Quelle: 4.3.4.3)

4	<u>Auswahl der Aufteilungsfaktoren</u>: In der Praxis existieren keine messbaren Muster bei der Auswahl der Aufteilungsfaktoren.	Es existiert kein Konsens für die Auswahl und Anwendung der Aufteilungsfaktoren.	Bestätigt	**Auswahl von Aufteilungsfaktoren** 1. Einzelfallbezogene Ermittlung und Auswahl führt zu praktischem Methodenpluralismus. Es sind keine Muster erkennbar. 2. Praktische Präferenz für einfache und pragmatische Aufteilungsfaktoren. 3. Forderung nach weiterführenden Regelwerken und Orientierungshilfen. (Quelle: 4.3.4.3)
5	<u>Methodisches Vorgehen</u>: Die Durchführung von Beitragsanalysen ist in der Praxis weitgehend unklar.	Die Durchführung von Beitragsanalysen ist in der Praxis weitgehend unklar.	Bestätigt	**Methodisches Vorgehen** Konkrete Umsetzung der Beitragsanalysen ist in Praxis weitgehend unklar. (Quelle: 4.3.4.3)
6	<u>Herausforderungen und Anwendungshindernisse:</u> Es existieren Anwendungshindernisse der PSM. Diese beinhalten insb. **a)** Klassifizierung, **b)** Abgrenzung des Geschäftsvorfalls, **c)** Auswahl der Aufteilungsfaktoren, **d)** Ergebnisermittlung, **e)** Umgang mit immateriellen Werten, **f)** Umgang mit Verlustsituationen.	Es existieren Anwendungshindernisse. **a)** Klassifizierung kann als Anwendungshindernis weder bestätigt noch abgelehnt werden. **b)** Geschäftsvorfallbezug kann als Anwendungshindernis weder bestätigt noch abgelehnt werden. c) Auswahl der Aufteilungsfaktoren ist ein Anwendungshindernis. **d)** Ergebnisermittlung ist ein Anwendungshindernis.	Bestätig: **c), d), f)** Ergebnisoffen: **a), b), e)**	a) **Klassifizierung** Konträre Auffassungen: Es existieren Widersprüche bezüglich der Klassifizierung als Anwendungshindernis.(Quelle: 4.3.3.3)

(*wird auf nächster Seite fortgeführt*)

Tabelle 21: Fortsetzung

Nr.	Thesen der MS (Tabelle 12)	Deduktive These	Ergebnis	Induktive Erkenntnisse
		e) Der Umgang mit immateriellen Werten kann als Anwendungshindernis weder bestätigt noch abgelehnt werden. **f)** Der Umgang mit Verlustsituationen ist ein Anwendungshindernis.		**b) Abgrenzung des Geschäftsvorfalls** 1. Konträre Auffassungen: Es existieren Widersprüche zur praktischen Abgrenzung des Geschäftsvorfalls als Anwendungshindernis. 2. Holistische Betrachtung anstelle, des in der Literatur geforderten, Geschäftsvorfallbezugs. (Quelle: 4.3.3.3) **c) Auswahl von Aufteilungsfaktoren** 1. Idealtypisch Objektivierung, Dokumentation, quantifizierbare Verifizierbarkeit und inhaltliche Plausibilität der Aufteilungsfaktoren. 2. Angemessenheitsnachweis der Aufteilungsfaktoren ist in Praxis unklar. 3. Kein Konsens zu Auslegungsfragen der Aufteilungsfaktoren. Diese sind weitgehend unklar. (Quelle: 4.3.4.3)

d) Ergebnisermittlung
1. Kein einheitliches Vorgehen bei Ermittlung und Auswahl des Zahlenwerks.
2. Ergebnisermittlung erfolgt in Praxis projektspezifisch.
3. Nutzung interner und externer Zahlenwerke, ohne erkennbare Tendenz.
4. Informationsverfügbarkeit und Qualität der Zahlenwerke als Praxishürde.
5. Forderung nach einheitlichen Regelwerken wird bestätigt.

(Quelle: 4.3.3.3)

e) Immaterielle Werte
Im Rahmen dieser Untersuchung existieren keine hinreichend verdichteten Aussagen bezüglich immaterieller Werte iVm der PSM.

f) Verlustsituationen
1. Bestätigung der Praxisrelevanz des Verlustfalles der PSM.
2. Zunahme der Prüfungsintensität.
3. Verlustaversion als Anwendungshindernis der PSM.
4. Ergebnisneutrale Aufteilung wird bestätig. Folglich ist die Bezeichnung Gewinnaufteilungsmethode inkorrekt.
(Quelle: 4.3.3.3)

(wird auf nächster Seite fortgeführt)

Tabelle 21: Fortsetzung

Nr.	Thesen der MS (Tabelle 12)	Deduktive These	Ergebnis	Induktive Erkenntnisse
7	<u>Spezifika der PSM:</u> In der Praxis zeigt die PSM-Spezifika, insb. bei **a)** Betriebsprüfungen, **b)** dem Einsatz von Rechtsmitteln, **c)** Dokumentationsanforderungen.	Es existieren Spezifika der PSM. **a)** Es existieren Spezifika der PSM in Betriebsprüfungen. **b)** Es existieren keine Spezifika der PSM für den Einsatz von Rechtsmitteln. **c)** Es existieren Spezifika bei der Dokumentation der PSM.	Bestätig: **a), c)** Abgelehnt: **b)**	a) **Betriebsprüfungen** 1. Es existieren Spezifika in BPs der PSM, insb. erhöhte Komplexität, Prüfungsaufwand, Konfliktpotenzial und ein erhöhter Grad an Subjektivität. 2. Idealtypisch sollte eine PSM in einer BP prüfbar sein, insb. durch konsistente Zahlenwerke. 3. Die Kriterien dieser Prüfbarkeit sind weitgehend unklar. Es existiert kein Konsens wie eine PSM geprüft werden soll bzw. in welcher Form die entsprechenden Nachweise geführt werden sollen. 4. Die Prüfung liegt vollständig im Ermessen des Betriebsprüfers. Es existieren kein standardisiertes Vorgehen oder Vorgaben seitens der Finanzverwaltung. (Quelle: Alle 4.3.5.3) b) **Rechtsmittel** 1. Unilaterale Rechtsmittel sind für die PSM nicht praxisrelevant. 2. Multilaterale Rechtsmittel sind für die PSM praxisrelevant.

3. Erhöhte (zwischenstaatliche) Kooperation reduziert Konfliktpotenziale.
4. Wunsch aller Beteiligten nach weiteren Kooperationsmöglichkeiten (insb. ex-ante).
   (Quelle: Alle 4.3.5.3)

c) **Dokumentation**
1. Die Dokumentation ist der zentrale Ausgangspunkt der Würdigung.
2. Die Sachverhaltsanalyse der PSM ist aufwändiger, als bei anderen VP-Methoden. Es wird ein signifikant erhöhter Transparenzbedarf gefordert.
3. Die Dokumentation der PSM birgt Praxishürden, insb. der Informationsverfügbarkeit.
4. Adressatengerechte Darstellung und Zusammenspiel aus FAR, Methodenauswahl, Angemessenheitsnachweis und Vertrag als idealtypische Lösung.
5. Dokumentationsanforderungen der PSM sind mitunter unklar – kein Konsens für den perfekten (Angemessenheits-)Nachweis.
6. Finanzverwaltung bemängelt in der Praxis häufig eine mangelhafte Informationsdichte der Dokumentation für die PSM.
   (Quelle: 4.3.5.3 und 4.3.4.3)

(*wird auf nächster Seite fortgeführt*)

Tabelle 21: Fortsetzung

Nr.	Thesen der MS (Tabelle 12)	Deduktive These	Ergebnis	Induktive Erkenntnisse
8	Konsensorientierte Anwendungshilfsmittel: Für die PSM werden Anwendungshilfsmittel genutzt, wie insb. **a)** Betriebswirtschaftliche Hilfsmittel, **b)** Spieltheoretische Hilfsmittel, **c)** Juristische Hilfsmittel, **d)** Ethische Hilfsmittel, **e)** Nutzung von Interessensschnittmengen, **f)** Nutzung von Narrativen.	Hilfsmittel sind praxisrelevant. **a)** Betriebswirtschaftliche Hilfsmittel. **b)** Spieltheoretische Hilfsmittel. **c)** Juristische Hilfsmittel. **d)** Ethische Hilfsmittel. **e)** Nutzung von Interessensidentität. **f)** Nutzung von Narrativen.	Bestätigt: **a), b), f)** Abgelehnt: **c), d)** Ergebnisoffen: **e)**	**Praxisrelevanz von Hilfsmitteln** 1. Hilfsmittel haben eine unterstützende Funktion bei Sachverhaltsermittlung und Sachverhaltsanalyse, um Subjektivität der PSM zu reduzieren. 2. Hilfsmittel bieten einen praktischen Mehrwert und können Subjektivität reduzieren. 3. Präferenz für einfache und pragmatische Hilfsmittel. (Quelle: 4.3.7.2) **a) Betriebswirtschaftliche Hilfsmittel** 1. BetriebswirtschaftlicheHilfsmitteldominieren derzeit die Praxis. 2. Vorliegen eines Methodenpluralismus – kein Konsens für einheitliche oder dominierende betriebswirtschaftliche Methoden. (Quelle: 4.3.7.2)

b) Spieltheoretische Hilfsmittel

1. Spieltheorie spielt derzeit eine untergeordnete Rolle in der Praxis.
2. Spieltheorie ist zu komplex und mathematisch zu anspruchsvoll für praxisübliche Anwendung.
3. Potenzielle Eignung der Spieltheorie wird mehrfach bestätig.
4. Für eine praxisübliche Etablierung sind Vereinfachungen notwendig.
(Quelle: 4.3.7.2)

c) Juristische Hilfsmittel

1. Juristische Hilfsmittel sind nicht praxisrelevant für die PSM.
2. Reduktion auf rechtliche Fragestellung als Voraussetzung – Aufteilungsfrage der PSM ist keine rechtliche Fragestellung.
(Quelle: 4.3.7.2)

d) Ethische Hilfsmittel

1. Ethische Hilfsmittel wirken nicht konsensfördernd.
2. Keine Praxisrelevanz für PSM.
3. Fehlende Objektivierung von ethischen Maßstäben (insb. Fairness)
(Quelle: 4.3.7.2)

(wird auf nächster Seite fortgeführt)

Tabelle 21: Fortsetzung

Nr.	Thesen der MS (Tabelle 12)	Deduktive These	Ergebnis	Induktive Erkenntnisse
				e) **Nutzung von Interessensschnittmengen** Die Nutzung von Interessensschnittmengen kann weder bestätigt noch abgelehnt werden. (Quelle: 4.3.7.2) f) **Nutzung von Narrativen** 1. Bestätigung der Nutzung von Narrativen. 2. Dies ist kein Spezifikum der PSM. (Quelle: 4.3.7.2)
Induktive Erkenntnisse (außerhalb der Themenbereiche von Tabelle 12)				
9	<u>Konsensorientierung innerhalb der PSM</u>			**Konsensorientierung innerhalb der PSM** 1. Die PSM beinhaltet inhärent mehr Flexibilität als andere VP-Methoden. 2. Konträre Auffassung dieser Flexibilität: Nachteilig aus Sicht der Finanzverwaltung, vorteilhaft aus Sicht der Beratung. 3. Transparenz und Kooperation sind signifikant konsensfördernde Faktoren. 4. Konsenshemmend sind insb. Komplexität, Subjektivität, fehlende Transparenz und Kooperation. (Quelle: 4.3.8.2)

10	Sonstige Erkenntnisse	**Sonstige Erkenntnisse** 1. Projektbeginn der PSM zeigt kein erkennbares Muster (Quelle 4.3.2.2). 2. Angemessenheitsnachweis für PSM ist in Praxis faktisch kaum möglich (Quellen 4.3.4.3 und 4.3.5.3). 3. Operative Umsetzung der PSM ist eine Praxishürde (4.3.9.2). 4. Die Interdisziplinarität von VP ist überwiegend vorteilhaft für PSM (Quelle 4.3.8.2). 5. Praxis bestätigt Reformbedarf, insb. für Vereinfachungen, Verbesserung der Regelwerke, (bilaterale) Auslegungshilfen und Standardisierung (Quelle 4.3.9.2).

Die Ergebnisse dieser Untersuchung umfassen induktive Erkenntnisse, welche inhaltlich nicht in die Themenbereiche von Tabelle 12 passen. Das umfasst die Punkte neun und zehn in Tabelle 21. Diese induktiven Erkenntnisse werden nachfolgend in der gebotenen Kürze erläutert. In Bezug auf die Konsensorientierung wird bestätigt, dass die PSM inhärent mehr Flexibilität beinhaltet als andere VP-Methoden. Diese Flexibilität wird konträr interpretiert. Von Seiten der Finanzverwaltung ist die Flexibilität tendenziell nachteilig. Aufseiten der Beratung ist die Flexibilität der PSM tendenziell vorteilhaft. Ferner werden die Faktoren Transparenz und Kooperation als signifikant konsensfördernd eingeordnet. Bestätigend dazu wirkt ein Mangel an Transparenz und Kooperation konsenshemmend, ebenso wie eine erhöhte Komplexität und Subjektivität in einer PSM. Darüber hinaus zeigt sich kein erkennbares Muster für den Projektbeginn einer PSM aufseiten der Beratung. Zudem zeigt sich, dass der normativ geforderte Angemessenheitsnachweis der PSM, insb. für das Ergebnis und die Aufteilungsfaktoren, in der praktischen Anwendung faktisch kaum möglich ist bzw. weitgehend Unklarheit bei dessen Umsetzung existiert. Ferner wird die operative Anwendung einer PSM als Praxishürde genannt. Die Interdisziplinarität von VP wird in der Praxis überwiegend als vorteilhaft für die PSM wahrgenommen. Abschließend bestätigt die überwiegende Mehrzahl an Experten die Notwendigkeit von Reformen in Bezug auf die PSM. Dies beinhaltet insb. Forderungen nach Vereinfachungen, einer Verbesserung der Regelwerke, (bilaterale) Auslegungshilfen und eine praxisorientierte Standardisierung der PSM.

5 Ergebniszusammenfassung, Forschungslimitationen und Ausblick

5.1 Ergebniszusammenfassung dieser Untersuchung

Kapitel 2 erläutert Relevanz und Hintergründe sowie regulatorische und methodische Grundlagen von steuerlichen VP. Dabei wird zunächst die wissenschaftliche, politische und praktische Relevanz von steuerlichen VP bestätigt. Im Rahmen dieser Untersuchung zeigt sich zudem ein komplexes und dynamisches deutsches VP-Regelwerk. Dabei wurden ein hoher Regulationsumfang, eine hohe Regulationsdynamik und eine hohe Komplexität des derzeitigen Regelwerkes aufgezeigt. Das derzeitige deutsche VP-Regelwerk ist insofern nachteilig für Steuerpflichtige, da es insb. undefinierte Rechtsbegriffe nutzt und faktisch mehrfach eine Beweislastumkehr einfordert. Zudem erscheinen die Streitbeilegungsinstrumente derzeit nicht geeignet, die Konfliktpotenziale von grenzüberschreitenden VP praxisorientiert und für die Mehrheit der Steuerpflichtigen einzuschränken. Stattdessen muss Rechtssicherheit aktuell zeit- und kostenintensiv erkauft werden, wozu nicht jeder Steuerpflichtige gewillt oder befähigt ist. Hinzu kommt, dass insb. für Sachverhalte außerhalb der EU keine zuständige Gerichtbarkeit für grenzüberschreitende VP existiert und der EuGH eine dogmatische Stellungnahme zu spezifischen Sachverhalten (iVm der PSM) in bisherigen Urteilen vermied. Infolgedessen sind VP mit einem inhärenten Konfliktrisiko behaftet, was Planungssicherheit verwehrt und zu derivativen Steueraufwand bei den Steuerpflichtigen führen kann. All dies gilt umso mehr für die PSM, als dass sich das deutsche VP-Regelwerk – trotz des beachtlichen Umfangs – bisher nicht zur praktischen Anwendung der PSM äußert. Im Ergebnis stehen hohe Befolgungskosten einer hohen (Rechts-)Unsicherheit gegenüber. Dieses Ergebnis ist, insb. für Steuerpflichtige, unbefriedigend.

Ferner zeigt sich, dass wissenschaftlich durchaus ein Konsens zu den Grundlagen von VP existiert. Die Homogenität der fachlichen Grundlagen beschränkt sich jedoch auf Begrifflichkeiten und VP-Methoden. Es zeigt sich im Rahmen dieser Untersuchung, dass VP multifunktional wirken und interdisziplinär beeinflusst sind. Interdisziplinarität und Multifunktionalität belegen und begründen die wissenschaftliche und praktische Heterogenität des Fachgebietes. Infolgedessen bestand die Notwendigkeit einer inhaltlichen Strukturierung von Grundlagen sowie der systematischen Erhebung und Synthetisierung wissenschaftlicher Erkenntnisse, um eine homogene Basis für die vorliegende Untersuchung sowie für die zukünftige Forschung zu schaffen.

Ausgehend von diesen theoretischen Grundlagen wird in Kapitel 3 dieser Untersuchung der bisherige wissenschaftliche Erkenntnisstand zur PSM, in Form eines SLR, erstmals erhoben, analysiert und dokumentiert. Ein SLR gewährleistet eine methodisch transparente und umfassende Abdeckung derzeitiger wissenschaftlicher Erkenntnisse. Dabei zeigt sich insgesamt eine große Anzahl an Veröffentlichungen zu VP. Die zeitliche Analyse dieser Veröffentlichungen zeigt, dass die Untersuchung der PSM ein vergleichsweise junger Forschungsstrom ist. Zudem zeigt sich, dass Forschungsbeiträge zur PSM seit etwa 60 Jahren existieren und die Anzahl der Veröffentlichungen innerhalb der letzten 20 Jahre, mit einer steigenden Trendlinie, an Relevanz gewonnen hat. Das belegt die zunehmende wissenschaftliche Relevanz der PSM. Der Anteil an finalen Beiträgen im SLR mit einem thematischen Schwerpunkt zur PSM ist gering, bei 0,58 Prozent von 8.850 untersuchten Veröffentlichungen. Folglich existieren aktuell wenige wissenschaftliche Erkenntnisse zur PSM. Die Mehrzahl dieser Beiträge ist in Englisch verfasst, stammt aus Europa oder der Anglosphäre, entspringt den Disziplinen Betriebswirtschaftslehre oder Recht und nutzt analytisch-qualitative Forschungsansätze. Wenige Beiträge gehen über die regulatorischen Grundlagen der PSM hinaus und nutzen positivistische Forschungsansätze. Infolgedessen existieren derzeit kaum empirische oder mathematisch-quantitative Erkenntnisse zur PSM. Innerhalb der wenigen existierenden Beiträge zeigen sich divergente Forschungsfragen und Forschungsziele, inhaltliche Inkonsistenzen sowie ein fehlender Konsens zur trennscharfen Abgrenzung des Untersuchungsobjektes PSM. Ferner wird die Existenz von Forschungsbedarf mehrfach bestätigt, insb. da derzeit kaum praxisorientierte Hinweise und Ursachenforschung zur Anwendung der PSM vorliegen. Zudem existiert derzeit keine synthetisierende und praxisorientierte Untersuchung zur PSM in Deutschland. Damit festigt dieser SLR das explorative und praxisorientierte Forschungsdesign dieser Untersuchung, da für beides aktuell kaum Erkenntnisse existieren. In Summe belegen die Erkenntnisse des SLR die Existenz einer Forschungslücke hinsichtlich der PSM und die Relevanz der Forschungsfrage dieser Untersuchung.

Aufbauend auf den Erkenntnissen aus der inhaltlichen Auswertung der identifizierten Beiträge folgt eine Metasynthese in Kapitel 3.6, welche das Forschungsobjekt PSM grundlegend strukturiert. Hierfür wird der derzeitige wissenschaftliche Erkenntnisstand synthetisiert. Dabei zeigen sich nachfolgende Erkenntnisse: Die Fachliteratur bestätigt den derzeitigen Forschungsbedarf für analytische Forschungsansätze mit Praxisbezug und Erklärungsgehalt zur PSM.

Darüber hinaus belegt die Regulationshistorie der PSM seit dem Jahr 1995 eine zunehmende Änderungsdynamik des Regelwerkes und somit eine zunehmende (regulative) Relevanz der PSM. Ferner zeigt die Regulationshistorie, dass die Vereinbarkeit von PSM und Fremdvergleichsgrundsatz stets kontrovers diskutiert wurde, was die historische Verankerung der PSM als Notfallmethode erklärt. Zudem zeigt sich, dass das aktuelle Regelwerk der OECD-TPG zur PSM überwiegend als unzureichend für die Praxis kritisiert wird. Das derzeitige Regelwerk beinhaltet mehrfach unbestimmte (Rechts-)Begriffe. Konkret fehlt es an Trennschärfe bei der Auslegung und Anwendungsdogmatik der Anwendungsindizien der PSM. Stattdessen nutzt das Regelwerk Negativabgrenzungen, was die PSM faktisch und systematisch auf eine Notfallmethode eingrenzt. Auch in Bezug auf konkrete Anwendungsfragen bleibt das Regelwerk vage. Im deutschen Steuerrecht existiert derzeit eine normative Regulierungslücke in Bezug auf die PSM, denn es existieren weder nationale Rechtsprechung noch nationale Regelwerke mit spezifischem Bezug auf die PSM, welche Rechtsbindung für Steuerpflichtige entfalten können. Eine fehlende oder inkonsistente (nationale) Auslegung der PSM birgt Risiken, da für VP keine übergeordnete Gerichtsbarkeit existiert. Infolgedessen fordern Wissenschaft und Praxis mehrheitlich Präzisierungen und Vereinfachungen des Regelwerkes zur PSM. Vor diesem Hintergrund erschienen die Bestrebungen einer Standardisierung und Vereinfachung der PSM – innerhalb der EU durch das EUJTPF – begrüßenswert.

In Bezug auf die praktische Anwendung der PSM zeigt sich insb. für die CPSM eine Regulierungslücke mit Unsicherheit für die Praxis. Infolgedessen wird eine Präferenz zur Anwendung der RPSM gegenüber der CPSM belegt, da sie das Residualergebnis systematisch reduziert. Konträr dazu ist die COMPARABLE-PROFITS-METHOD in Deutschland derzeit nicht zulässig. Selbiges gilt für die GPSM, welche primär ein historischer Gegenentwurf zum Fremdvergleichsgrundsatz ist. Eine wissenschaftlich abschließende Würdigung der GPSM ist im Rahmen dieser Untersuchung nicht möglich, da derzeit kein wissenschaftlicher Konsens bezüglich der Folgen einer GPSM existiert. Stattdessen existiert eine rege wissenschaftliche Debatte mit einem Pluralismus an Reformvorschlägen und einem Mangel an wissenschaftlichem und politischem Konsens. Bisherige empirische Erkenntnisse indizieren, dass die GPSM die Herausforderungen des Fremdvergleichsgrundsatzes nicht vollends beseitigt, sondern lediglich eine Anreizverschiebung erfolgt. Der grundlegende und überwiegend theoretisch geführte Dissens zwischen Fremdvergleichsgrundsatz und GPSM belegt die Notwendigkeit, die Praxisfähigkeit der PSM weiterzuentwickeln. Denn die PSM bietet das Potenzial für einen praxisfähigen und zugleich systemkonformen Lösungsansatz.

Darüber hinaus benennt das Fachschrifttum konkrete praktische Herausforderungen der PSM. Das beinhaltet primär die Ermittlung des aufzuteilenden Ergebnisses und die Auswahl der Aufteilungsfaktoren. Beides ist weitgehend nicht reguliert, was in der Praxis heterogene und inkohärente Ermessensentscheidungen begünstigt. Infolgedessen werden im Fachschrifttum vermehrt eine Standardisierung und Vereinfachungen für die PSM gefordert. Diese könnten eine einheitliche und grenzüberschreitend kohärente Anwendung der PSM gewährleisten. Der Reformbedarf bestätigt sich insb. mit Verweis auf Unsicherheiten im derzeitigen Umgang mit Verlusten und immateriellen Werten. So ist der Verlustfall eine nationale und internationale Regulierungslücke. Das überrascht da das Steuerrecht abweichende Rechtsfolgen für Ergebnisvarianzen vorsieht und wissenschaftliche Indizien existieren, wonach eine Gleichsetzung von Entscheidungsheuristiken im Gewinn- und Verlustfall fraglich ist. Ferner wird die PSM als potenzieller Lösungsansatz für Herausforderungen im Umgang mit immateriellen Werten bestätigt, da derzeit keine methodische Kohärenz und kein Konsens im Steuer- und Rechnungswesen existieren, wie ökonomische Spezifika von immateriellen Werten zu quantifizieren und zu allokieren sind. Dieser Zustand ermöglicht Gestaltungspotenziale, insb. iVm (noch) nicht vollständig analysierten digitalen Geschäftsmodellen. Konsens existiert für alle praktischen Herausforderungen lediglich insoweit, als dass eine standardisierte und vereinfachte PSM als potenzieller Lösungsansatz bestätigt wird, um die derzeitigen Herausforderungen des Fremdvergleichsgrundsatzes systemkonform und praxisorientiert zu lösen.

Im Fachschrifttum zeigt sich, dass für die praktische Anwendung der PSM häufig Hilfsmittel genutzt werden, um intersubjektiv-konsensfähige Lösungen für die PSM zu erarbeiten. Das beinhaltet die Nutzung von Interessensschnittmengen, methodischen Hilfsmitteln und von Narrativen. Dabei zeigt sich ein heterogener Pluralismus an Hilfsmitteln und Methoden. Zudem zeigt sich, dass in interdisziplinären Fachgebieten, wie bei VP, Ermessensspielraum bei der Auswahl von Hilfsmitteln existiert. Beides belegt die fehlende Kohärenz bei der praktischen Anwendung der PSM.

Darüber hinaus werden die derzeitigen Erkenntnisse zur Praxisrelevanz der PSM zusammengefasst und ausgewertet. Hierbei wird die derzeitige Praxisrelevanz der PSM empirisch bestätigt. Die Analyse dokumentiert, dass der Nutzungsanteil der PSM innerhalb der letzten 20 Jahre absolut und relativ zunahm. Die PSM wird derzeit industrieübergreifend angewendet und häufig in Streitbeilegungsinstrumenten sowie iVm immateriellen Werten genutzt. Die (steigende) Praxisrelevanz der PSM ist somit empirisch bestätigt.

Kapitel 4 beinhaltet die Datenerhebung und Auswertung aus der Praxis in Form von Experteninterviews. Das methodische Vorgehen basiert interdependent-iterativ auf den Erkenntnissen der vorherigen Kapitel dieser Untersuchung. Die Forschungsmethodik ist transparent erläutert und umfasst ein theoriegeleitetes Vorgehen, basierend auf bisherigen wissenschaftlichen Erkenntnissen sowie basierend auf zeitlich-inhaltlicher Logik der PSM. Hierfür wurden die Erkenntnisse der Metasynthese in prüfbare Thesen überführt. Im Experteninterview werden diese Thesen validiert, insb. auf Grundlage von Praxiserfahrungen in Deutschland von Beratern und Vertretern der Finanzverwaltung. Das umfasst sowohl eine deduktive Überprüfung des derzeitigen wissenschaftlichen Erkenntnisstandes als auch eine Suche nach induktivem Erkenntnisgewinn. Im Rahmen dieser Untersuchung zeigen sich nachfolgende Erkenntnisse:

Diese Untersuchung bestätigt die Praxisrelevanz der PSM in Deutschland. Dabei zeigt sich eine leicht steigende Relevanzdynamik in Bezug auf die PSM. Steuerpflichtige meiden die PSM derzeit in der Praxis und begründen sie überwiegend unter Nutzung des Ausschlussprinzips. Hierbei spielt das derzeitige Regelwerk, und somit auch die normativen Tatbestandsindizien der PSM, in der Praxis lediglich eine untergeordnete Rolle. Das belegt, dass die PSM in der Praxis derzeit (nach wie vor) eine Notfallmethode ist.

Ferner wird bestätigt, dass die Aufteilung des Residualergebnisses und die Auswahl geeigneter Aufteilungsfaktoren zentrale Praxishürden der PSM sind. Beispielsweise ist die methodische Umsetzung von Beitragsanalysen, im Rahmen einer CPSM, in der Praxis weitgehend unklar. Diese methodische Herausforderung wird durch die RPSM reduziert, weshalb diese in der Praxis grundsätzlich präferiert wird. Darüber hinaus zeigen sich im Rahmen dieser Untersuchung keine erkennbaren Muster bei der Auswahl der Aufteilungsfaktoren. Vielmehr existiert ein Methodenpluralismus und eine Präferenz für einfache und pragmatische Aufteilungsfaktoren. Infolgedessen ist die Auswahl der Aufteilungsfaktoren ein praktisches Anwendungshindernis. Angemessene Aufteilungsfaktoren sollen idealtypisch objektivierbar, dokumentiert, quantifizierbar, verifizierbar und inhaltlich plausibel sein. Derzeit ist unklar, wie ein solcher Angemessenheitsnachweis in der Praxis geführt werden soll. Diese Untersuchung bestätigt, dass in der Praxis mehrheitlich eine Überarbeitung des Regelwerkes in Bezug auf die Aufteilungsfaktoren gefordert wird.

Darüber hinaus ist die Ermittlung des aufzuteilenden Ergebnisses ein Anwendungshindernis. Derzeit existiert hierfür kein methodischer Konsens. Es werden interne und externe Zahlenwerke genutzt, wobei die Faktoren

Informationsverfügbarkeit und Qualität der Zahlenwerke zentrale Praxishürden darstellen. In der Praxis zeigt sich eine heterogene und inkohärente Ergebnisermittlung im Rahmen der PSM. Diese Untersuchung belegt die Existenz von Reformbedarf für die Ermittlung des aufzuteilenden Ergebnisses. Konkret werden einheitliche Regelwerke und Orientierungshilfen für die Ergebnisermittlung gefordert.

In dieser Untersuchung bleibt ergebnissoffen, ob die Existenz von immateriellen Werten ein praktisches Anwendungshindernis der PSM ist. Zudem bleibt ergebnisoffen, ob die Klassifizierung von Unternehmen ein Anwendungshindernis ist. Selbiges gilt bei der Abgrenzung des Geschäftsvorfalls als potenzielles Anwendungshindernis. In der Praxis zeigt sich jedoch eine Tendenz zu einer holistischen Anwendung der PSM, anstelle des geforderten Geschäftsvorfallbezugs. Somit liefert diese Untersuchung Indizien, dass der geforderte Geschäftsvorfallbezug der PSM in der Praxis eine untergeordnete Rolle spielt.

Diese Untersuchung bestätigt die Praxisrelevanz von Verlustsituationen iVm der PSM. Im Verlustfall nimmt die Prüfungsintensität zu. Zudem existiert eine Verlustaversion bei der Anwendung der PSM, d.h. diese wird im Verlustfall seltener angewendet. Darüber hinaus wird bestätigt, dass die Ergebnisaufteilung in der PSM ergebnisunabhängig erfolgt. Somit bestätigt diese Untersuchung, dass die Bezeichnung Gewinnaufteilungsmethode für die PSM grammatikalisch und inhaltlich inkorrekt ist. Ferner wird bestätigt, dass der Verlustfall einer PSM derzeit eine Regulierungslücke darstellt, insb. da er zu signifikant abweichenden Rechtsfolgen führt.

Im Rahmen der vorliegenden Untersuchung wird belegt, dass die PSM in der Praxis und im Vergleich zu anderen VP-Methoden Spezifika aufzeigt. So existieren Spezifika in Betriebsprüfungen, insb. durch eine erhöhte Komplexität, einem vergleichsweise hohen Subjektivitätsgrad und erhöhtem Prüfungsaufwand. Aus Sicht der Finanzverwaltung ist eine PSM idealtypisch überprüfbar. Allerdings sind die Kriterien der Prüfbarkeit in der Praxis weitgehend unklar und es existiert diesbezüglich kein Konsens. Unklar bleibt auch, in welcher Form entsprechende (Angemessenheits-) Nachweise erbracht werden sollen. Darüber hinaus liefert diese Untersuchung mehrfach Indizien, dass ein (perfekter) Angemessenheitsnachweis für die PSM derzeit faktisch nicht möglich ist.

Zudem existieren derzeit weder ein standardisiertes Prüfungsschema noch Verwaltungsanweisungen der Finanzverwaltung in Bezug auf die PSM, d.h. die Prüfung einer PSM liegt derzeit vollständig im Ermessen des Betriebsprüfers. Somit belegt diese Untersuchung, dass erhöhte Konfliktpotenziale der PSM in einer Betriebsprüfung existieren. Darüber hinaus existiert derzeit kein Konsens, wie die geforderten Nachweise zu erbringen sind und ab wann geforderte

Mitwirkungspflichten als hinreichend erfüllt gelten. Für Steuerpflichtige ist dieser Zustand unbefriedigend. Eine regulative Spezifizierung für Kriterien der Prüfbarkeit und der Nachweise im Rahmen einer PSM wäre wünschenswert.

In Bezug auf Rechtsmittel existieren keine Spezifika für die PSM, da die Feststellungen auch für andere VP-Methoden gelten. Diese Untersuchung zeigt, dass unilaterale Rechtsmittel für die PSM nicht praxisrelevant sind. Die Praxisrelevanz multilateraler Rechtsmittel wird hingegen bestätigt. Ferner wird bestätigt, dass eine erhöhte (zwischenstaatliche) Kooperation in der Praxis etwaige Konfliktpotenziale reduziert. Bestätigend hierzu äußerten Vertreter aus Finanzverwaltung und Beratung mehrfach den Wunsch, zukünftig weitreichendere Kooperationsmöglichkeiten in diesem Kontext zu etablieren.

Auch in Bezug auf die Dokumentation existieren nachweislich Spezifika für die PSM. So ist die Sachverhaltsanalyse vergleichsweise aufwendiger und die PSM erfordert einen erhöhten Transparenzbedarf. Eine zentrale Praxishürde der Dokumentation der PSM ist die Informationsverfügbarkeit. Zudem sind die konkreten Dokumentationsanforderungen an eine PSM in der Praxis überwiegend unklar, insb. in Bezug auf Angemessenheitsnachweise. Laut Vertretern der Finanzverwaltung ist die Informationsdichte der Dokumentation der PSM in der Praxis ausbaufähig. Insgesamt sind die Anforderungen an eine solche Dokumentation in der Praxis nachweislich nicht hinreichend bekannt. Diese Ergebnisse sind insofern von entscheidender Bedeutung, als dass die Dokumentation den Ausgangspunkt der PSM in jeder Betriebsprüfung darstellt und die fehlende Kohärenz inhärent Konfliktrisiken beinhaltet. Eine regulative Spezifizierung von Dokumentationsanforderungen und Nachweispflichten in Bezug auf die PSM könnte hierfür Abhilfe schaffen.

Diese Untersuchung bestätigt die praktische Nutzung von konsensorientierten Hilfsmitteln in der PSM. Demnach haben Hilfsmittel nachweislich eine unterstützende Funktion bei der Sachverhaltsermittlung und Sachverhaltsanalyse einer PSM. Die Praxis bestätigt, dass Hilfsmittel die Subjektivität einer PSM reduzieren und nennt eine Präferenz für einfache und pragmatische Hilfsmittel. Derzeit dominieren betriebswirtschaftliche Hilfsmittel die Praxis. Hierbei existiert kein methodischer Konsens, sondern eine pluralistische Nutzung verschiedener Methoden ohne erkennbare Muster. Spieltheoretische Hilfsmittel spielen derzeit eine untergeordnete Rolle. Aus Praxissicht ist die Spieltheorie zu komplex und mathematisch zu anspruchsvoll für eine flächendeckende Nutzung iVm der PSM. Das grundsätzliche Potenzial spieltheoretischer Lösungen wird mehrfach bestätigt und zugleich werden Vereinfachungen für eine praxisorientierte Etablierung gefordert. Juristische Hilfsmittel sind nicht praxisrelevant für die PSM. Denn bei Aufteilungsfragen der PSM ist eine Reduktion auf rechtliche Fragestellungen idR nicht möglich. Ethische Hilfsmittel, wie insb. Fairness, sind nicht praxisrelevant für die PSM und wirken nicht konsensfördernd, denn es fehlt ein objektivierender Referenzmaßstab für ethische Hilfsmittel. In dieser Untersuchung kann die konsensfördernde Nutzung von Interessensschnittmengen weder bestätigt noch abgelehnt werden. In der Praxis werden Narrative als Hilfsmittel genutzt, obgleich dies kein Spezifikum der PSM ist. Insgesamt bestätigt diese Untersuchung die Nutzung sowie praktische Vorteile von Hilfsmitteln für eine PSM. Gegenwärtig ist die Auswahl der Hilfsmittel heterogen und deren Anwendung mitunter komplex, weshalb zukünftig Standardisierungen und Vereinfachungen in Bezug auf betriebswirtschaftliche und spieltheoretische Hilfsmittel der PSM wünschenswert erscheinen.

Darüber hinaus bestätigt diese Untersuchung, dass eine PSM inhärent mehr Flexibilität bietet als andere VP-Methoden. Vertreter der Finanzverwaltung beurteilen diese Flexibilität als tendenziell nachteilig, wohingegen Berater diese Flexibilität als vorteilhaft wahrnehmen. Zudem ist die operative Anwendung der PSM eine Praxishürde. Die Interdisziplinarität von VP wird in der Praxis überwiegend als vorteilhaft für die PSM wahrgenommen. Diese Untersuchung zeigt, dass Transparenz und Kooperation zwischen Finanzverwaltung und Steuerpflichtigen in der Praxis als signifikant konsensfördernd wahrgenommen werden. Als konsenshemmend gelten Komplexität, Subjektivität sowie fehlende Transparenz und Kooperation. Diese Erkenntnisse gestatten den Rückschluss, dass die Gewährleistung von Transparenz und Kooperation zwischen Steuerpflichtigen und Finanzverwaltung in beidseitigem Interesse aktiv vorangetrieben werden sollte, um in Bezug auf die PSM konsensfördernde Rahmenbedingungen zu schaffen.

Insgesamt belegt diese Untersuchung, dass die Praxis der derzeitigen Regulation der PSM Reformbedarf attestiert, insb. in Form von Vereinfachungen, Verbesserungen des Regelwerkes, (bi-)lateralen Auslegungshilfen und durch Standardisierung. Denn der derzeitige Mangel an Regulation gestattet erhebliche Flexibilität in Bezug auf die PSM, zu Lasten der Rechtssicherheit. Ob die dabei entstehende Unsicherheit in einem angemessenen Kosten-Nutzen-Verhältnis zu einer vergleichsweise flexibleren Lösungsfindung innerhalb der PSM steht, erscheint in Rahmen dieser Untersuchung fraglich. Denn letztlich führt die derzeitige Regulation überwiegend zu (Rechts-)Unsicherheit und somit zu derivativen steuerlichen Mehrbelastungen aufseiten der Steuerpflichtigen.

Abschließend zeigt diese Untersuchung, dass bisherige wissenschaftliche Erkenntnisse in der deutschen Praxis mehrheitlich bestätigt werden. Im Rahmen dieser Untersuchung zeigt sich zudem, dass sich Vertreter der Finanzverwaltung, trotz Mangel an spezifischen und internen Vorschriften zur PSM, kohärenter in Bezug auf die PSM äußerten als Vertreter aus der Beratung. Auch im Rahmen der Schnittmengenanalyse zeigt die Auswertung der Ergebnisse von Vertretern der Finanzverwaltung insgesamt mehr Konsenspotenzial. In der Praxis überwiegt eine positive Einstellung zu Reformvorschlägen. Auch wenn lediglich in wenigen Fällen eine gemeinsame oder einheitliche Schnittmenge vorliegt, belegt deren Existenz, dass in Bezug auf die praktische Anwendung der PSM Konsenspotenziale beider Interessensgruppen existieren. Abschließend bieten diese Konsenspotenziale eine wissenschaftlich fundierte Grundlage zur Weiterentwicklung der PSM in Praxis und Wissenschaft.

5.2 Forschungslimitationen dieser Untersuchung

Diese Untersuchung ist mit Forschungslimitationen behaftet, welche nachfolgend erläutert werden. Das beinhaltet systematisch-inhärente Limitationen aufgrund der Fragestellung und der damit verbundenen Forschungsmethodik. Aufgrund der holistischen Perspektive dieser Untersuchung ist der Spezifizierungsgrad der Fragestellung limitiert. Diese Limitation kann zukünftig durch Vertiefungen anhand spezifischer Fragestellungen dezimiert werden. Zudem limitiert der Praxisbezug dieser Untersuchung den theoretischen Detailgrad.

Für diese Untersuchung existieren zwei empirische Limitationen. Zum einen ist die (öffentliche) Verfügbarkeit empirischer Daten bezüglich der Anwendungspraxis der PSM begrenzt, da der Zugang juristisch systematisch verwehrt ist.[2020] Zum anderen belegt dieser SLR, dass der derzeitige Forschungsstand zur PSM bisher wenig empirisch geprägte Forschungsansätze enthält. Folglich existieren Limitationen bezüglich der Verfügbarkeit von empirischen Daten sowie von empirischen Forschungsergebnissen zur PSM. Der überwiegend qualitativ-normative Charakter bisheriger Forschungsarbeiten beinhaltet inhärent die grundlegenden Forschungslimitationen qualitativer Forschungsmethoden. Selbiges gilt für die qualitativ geprägten Forschungsmethoden dieser Untersuchung.[2021]

Darüber hinaus existieren inhaltliche und territoriale Limitationen. Das alleinige Untersuchungsobjekt dieser Untersuchung ist die PSM, was die Ergebnisse inhaltlich auf diese limitiert. Zudem ist die Forschungsfrage dieser Untersuchung auf Deutschland reduziert, um homogene Rahmenbedingungen

2020 Beispielhaft hierfür steht das Steuergeheimnis nach § 30 AO.
2021 Ausführlicher in Kapitel 3.

der Forschung zu gewährleisten. Diese Reduktion limitiert die gewonnenen Erkenntnisse territorial.

Ferner existieren statistische Limitationen. Diese Untersuchung erfasst eine begrenzte Expertenstichprobe, folglich erhebt diese Untersuchung keinen Anspruch auf (statistische) Vollständigkeit. Denn der Schwerpunkt dieser Erhebung ist die Erfassung von Expertise bezüglich der nationalen Anwendung einer spezifischen VP-Methode innerhalb einer begrenzten Stichprobe. Eine weitere Limitation sind potenzielle Auswahlverzerrungen durch die Expertenauswahl. Zudem existiert eine Limitation durch potenzielle interpretative Verzerrungen sowie subjektive Einflüsse bei der Auswertung und Durchführung der Experteninterviews.

Da sich Forschungslimitationen nicht vollständig vermeiden lassen, ist die Gewährleistung größtmöglicher Transparenz über das methodische Vorgehen das maßgebliche Kriterium zur Gewährleistung wissenschaftlicher Qualität. Aufgrund dessen wurde das methodische Vorgehen sowie dessen Limitationen in den jeweiligen Kapiteln dieser Untersuchung ausführlich erläutert, begründet und dokumentiert.[2022]

5.3 Ausblick dieser Untersuchung

Im Rahmen dieser Untersuchung wird bestätigt, dass die PSM eine potenzielle Lösung für komplexe Sachverhalte und Herausforderungen des Fremdvergleichsgrundsatzes darstellt. Vorteilhaft daran ist insb., dass eine Weiterentwicklung der PSM inkrementell und systemkonform möglich ist und keinen Systembruch mit dem Fremdvergleichsgrundsatz erfordert. Nachteilig ist, dass die praktische Anwendung der PSM derzeit mit erheblicher Unsicherheit einhergeht. Da die Praxisrelevanz der PSM nachweislich zunimmt, erscheint es insgesamt erstrebenswert diese Unsicherheiten zukünftig zu reduzieren.[2023]

Die PSM wurde bisher überwiegend analytisch-qualitativ erforscht. Infolgedessen belegt diese Untersuchung die Existenz und die Relevanz von zukünftigen Forschungsbedarf für die PSM. Hierfür liefert die vorliegende Untersuchung eine homogene und synthetisierte Ausgangsbasis. Diese Untersuchung erweitert den bisherigen wissenschaftlichen Erkenntnisstand zur PSM mit induktiven Erklärungsgehalt und Begründungen aus der Praxis. Dadurch schafft diese Untersuchung Transparenz, insb. zu Praxishürden, Anwendungshindernissen,

---

2022 Kapitel 3.1, 3.6.1, 4.

2023 Kapitel 4.3.1.2.

potenziellen Hilfsmitteln und Spezifika der PSM. Diese Transparenz ermöglicht aus wissenschaftlicher Sicht eine präzise künftige Erforschung der PSM sowie einen Orientierungspunkt für eine Weiterentwicklung bzw. Vereinfachung der PSM in der praktischen Anwendung.

Darüber hinaus gestattet die erarbeitete Transparenz einen Abgleich mit dem tatsächlichen Verhalten fremder Dritter, in Bezug auf die Anwendung der PSM in Deutschland. Auf Grundlage dieser Transparenz kann die Anwendung des Fremdvergleichsgrundsatzes, insb. in Bezug auf einer Angemessenheit dem Grunde nach und bezüglich der konkreten praktischen Anwendung, verbessert werden. Eine Orientierung an dieser Untersuchung kann Anwendungsunsicherheiten reduzieren, da bisher keine Vergleichsdaten und wenig Anhaltspunkte zum Verhalten fremder Dritter in Bezug auf die PSM in Deutschland existieren.

Ferner identifiziert diese Untersuchung Konsenspotenziale von Vertretern aus der Finanzverwaltung und aus der Beratung, in Bezug auf die PSM in Deutschland. Dadurch ist die Existenz von Konsenspotenzialen in Bezug auf die praktische Anwendung der PSM erstmals bestätigt. Die nachgewiesenen Konsenspotenziale innerhalb der Finanzverwaltung könnten effizient in eine normative Selbstbindung dieser überführt werden. Auf Grundlage der existierenden Konsenspotenziale innerhalb der Beratung könnte ein konsensfähiges BEST-PRACTICE für die praktische Anwendung der PSM erarbeitet werden.

Ein Fehlen von Konsenspotentialen oder die Existenz von Widersprüchen identifiziert potenzielle Konfliktrisiken beider Interessensgruppen. Die identifizierten Risiken könnten proaktiv reduziert werden, z.B. mit Hilfe von gemeinsam erarbeiteten Auslegungshilfen oder gesetzlichen Vorschriften. Das erscheint erstrebenswert, da die praktische Anwendung der PSM derzeit mit erheblicher (Rechts-) Unsicherheit behaftet ist und das derzeitige Regelwerk überwiegend als unzureichend kritisiert wird.

Insgesamt wird bestätigt, dass konsensfähige und praxisorientierte Verbesserungen und Vereinfachungen in Bezug auf die PSM gefordert werden. Die Erkenntnisse dieser Untersuchung können als Ausgangspunkt für künftige (regulative) Präzisierungen oder Reformen der PSM dienen. So wäre eine Standardisierung der PSM möglich, wenn Aufteilungsfaktoren, Hilfsmittel und Anwendungsempfehlungen für spezifische Sachverhalte oder Branchen erarbeitet werden. Ein solches Vorgehen gestattet Flexibilität für die Spezifika von Einzelfällen und könnte zugleich die existierten Anwendungsunsicherheiten in Bezug auf die PSM reduzieren. Darüber hinaus sind in der Praxis die Entwicklung von Vereinfachung für potenzielle spieltheoretische Lösungsansätze sowie die Weiterentwicklung von betriebswirtschaftlichen Hilfsmitteln bezüglich deren praktischer und operativer Anwendung gefragt.

Abschließend ist es ernüchternd, dass die Bestrebungen des EUJTPF zur Vereinfachung und Standardisierung der PSM nicht fortgeführt wurden. Diese sollten durch andere politische Institutionen fortgesetzt oder wiederaufgenommen werden. Mit Verweis auf die Ergebnisse dieser Untersuchung erscheint es erstrebenswert, dass die Praxisfähigkeit der PSM künftig länderübergreifend oder zumindest auf europäischer Ebene weiterentwickelt und vereinheitlicht wird.

Anhangsverzeichnis

Anhang 1: Übersicht deutscher Rechtsverordnungen zu VP

Bezeichnung	Inhalt
Betriebsstättengewinnaufteilungsverordnung (BsGaV)[2024]	Verordnung zur Anwendung des FVG auf Betriebsstätten nach § 1 Abs. 5 AStG.
Gewinnabgrenzungsaufzeichnungs-Verordnung (GAufzV)[2025]	Verordnung zu Art, Inhalt und Umfang der Aufzeichnungen iSd § 90 Abs. 3 AO.
Funktionsverlagerungsverordnung (FVerlV)[2026]	Verordnung zur Anwendung des FVG nach § 1 Abs. 1 AStG für grenzüberschreitende Funktionsverlagerungen.

Anhang 2: Übersicht BMF-Schreiben zu VP

Grundlagen und Auslegung des FVG	BMF-Schreiben vom
Verwaltungsgrundsätze 1983	23. Februar 1983
Verwaltungsgrundsätze-Verfahren 2005	12. April 2005
Glossar Verrechnungspreise	19. Mai 2014
Verwaltungsgrundsätze 2020	3. Dezember 2020
Verwaltungsgrundsätze Verrechnungspreise 2021	14. Juli 2021
Verwaltungsgrundsätze Verrechnungspreise 2023	6. Juni 2023
Auslegung für spezifische Sachverhalte	
Betriebsstätten-Verwaltungsgrundsätze	24. Dezember 1999
Verwaltungsgrundsätze-Umlageverträge	30. Dezember 1999
Verwaltungsgrundsätze-Arbeitnehmerentsendung	9. November 2001
Grundsätze der Verwaltung zur Bestimmung des Dotationskapitals bei Betriebsstätten international tätiger Kreditinstitute	29. September 2004
Verwaltungsgrundsätze-Funktionsverlagerung	13. Oktober 2010
Anwendung des § 1 AStG auf Fälle von Teilwertabschreibungen	29. März 2011
Finale Entnahme und Betriebsaufgabe	18. November 2011

(*wird auf nächster Seite fortgeführt*)

2024 BsGaV vom 13. Oktober 2014 (BStBl. I, S. 1603), zuletzt geändert durch das Gesetz vom 20. Dezember 2022 (BStBl. I S. 2730).

2025 GAufzV vom 12. Juli 2017 (BStBl. I S. 2367).

2026 FVerlV vom 18. Oktober 2022 (BStBl. I S. 1803).

Anhang 2: Fortsetzung

Grundlagen und Auslegung des FVG	**BMF-Schreiben vom**
Verwaltungsgrundsätze Betriebsstättengewinnaufteilung	22. Dezember 2016
Namensnutzung im Konzern	7. April 2017
Grundsätze für die Prüfung der Einkunftsabgrenzung durch Umlageverträge	5. Juli 2018
Anforderungen an den länderbezogenen Bericht multinationaler Unternehmensgruppen (CbC-Reporting)	11. Juli 2017
Wirtschaftliche Gründe, die den Abschluss eines Geschäftes unter nicht „fremdüblichen Bedingungen" rechtfertigen	6. Dezember 2018
Verfahrensrechtliche Erläuterungen	
Merkblatt zur zwischenstaatlichen Amtshilfe durch Auskunftsaustausch in Steuersachen	3. Februar 1999
Konsequenzen der Verletzung von Mitwirkungspflichten nach § 90 Abs. 2 AO	17. Oktober 2001
Grundsätze zur Anwendung des AstG	14. Mai 2004
Geschäftsbeziehungen zum Ausland im Sinne von § 1 Abs. 1 und 4 AStG	22. Juli 2005
Merkblatt zur zwischenstaatlichen Amtshilfe durch Auskunftsaustausch in Steuersachen	25. Januar 2006
Merkblatt Advance Pricing Agreements	5. Oktober 2006
Tatsächliche Verständigung über den der Steuerfestsetzung zugrunde liegenden Sachverhalt	30. Juli 2008
Anwendung der Grundsätze des BFH-Urteils zur finalen Entnahmetheorie	20. Mai 2009
Umfang der Besteuerung, Begriffsbestimmungen, ausländische Einkünfte	13. Juli 2009
Steuerhinterziehungsbekämpfungsgesetz und Steuerhinterziehungsbekämpfungsverordnung	5. Januar 2010
Anwendung der DBA auf PersG	16. April 2010
Zentrale Sammlung und Auswertung von Unterlagen über steuerliche Auslandsbeziehungen	6. Februar 2012
Anwendung des § 1 Abs. 4 AStG	4. Juni 2014
Tax Information Exchange Agreement (TIEA)	10. November 2015
Merkblatt zur zwischenstaatlichen Amtshilfe durch Informationsaustausch in Steuersachen	23. November 2015
Nichtanwendung der BFH-Urteile zur Sperrwirkung von DBA-Normen	30. März 2016
Merkblatt über koordinierte steuerliche Außenprüfungen mit Steuerverwaltungen anderer Staaten und Gebiete	9. Januar 2017

Anhang 2: Fortsetzung

Grundlagen und Auslegung des FVG	**BMF-Schreiben vom**
Merkblatt zum verpflichtenden automatischen und spontanen Austausch verbindlicher Auskünfte	17. August 2017
Mitteilungspflicht bei Auslandsbeziehungen	5. Februar 2018
Durchführung des spontanen Austauschs länderbezogener Berichte	16. August 2018
Merkblatt zum internationalen Verständigungs- und Schiedsverfahren	9. Oktober 2018
Merkblatt zu internationalen Verständigungs- und Schiedsverfahren (Streitbeilegungsverfahren) auf dem Gebiet der Steuern vom Einkommen und vom Vermögen	27. August 2021

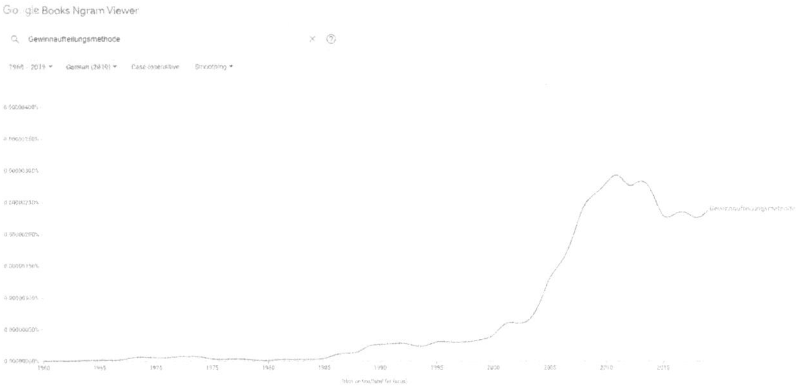

Anhang 3: Google Ngram Research zur deutschen Literatur – Suchparameter: GEWINNAUFTEILUNGSMETHODE

Quelle: https://books.google.com/ngrams/graph?content=Gewinnaufteilungsmethode&year_start=1960&year_end=2019&corpus=31&smoothing=3&direct_url=t1%3B%2CGewinnaufteilungsmethode%3B%2Cc0, zuletzt abgerufen am 3. Januar 2023.

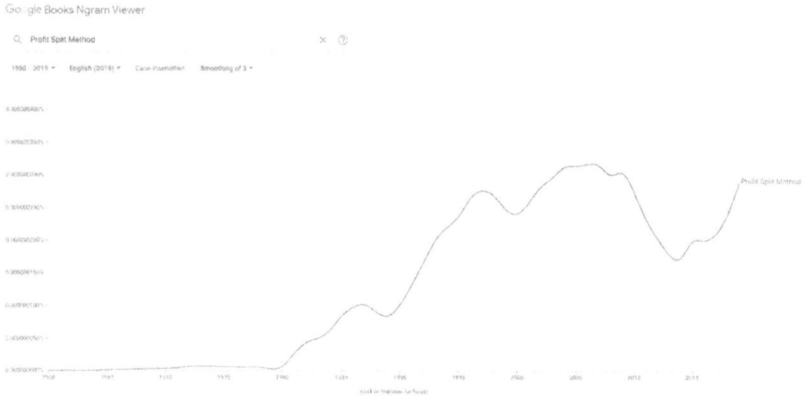

Anhang 4: Google Ngram Research zur englischen Literatur – Suchparameter: PROFIT SPLIT METHOD

Quelle: https://books.google.com/ngrams/graph?content=Profit+Split+Method&year_start=1960&year_end=2019&corpus=26&smoothing=3#, zuletzt abgerufen am 3. Januar 2023.

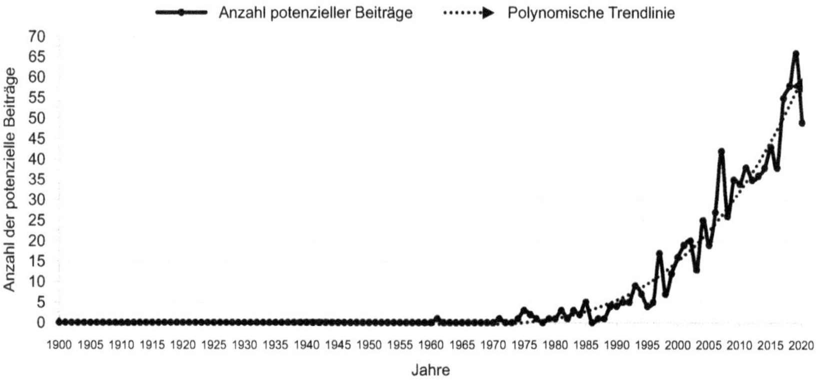

Anhang 5: Zeitstrahl der potenziellen Beiträge pro Jahr im Zeitraum der Jahre 1900 bis 2020

Anhang 6: Auswertung der Interviewexperten

Experte	Ausbildung	Berufstitel/ Behörde	Berufsjahre	Erfahrung PSM	Promoviert	Dozierende Tätigkeit	Kategorie	Dauer in Min.
Experte 1	Betriebswirt	StB	21	X			Beratung	47
Experte 2	Betriebswirt	StB	24	X	X	X	Beratung	46
Experte 3	Betriebswirt	StB & WP	39	X	X	X	Beratung	44
Experte 4	Volkswirt	StB	14	X	X	X	Beratung	39
Experte 5	Betriebswirt	StB & WP	36	X	X	X	Beratung	21
Experte 6	Betriebswirt	StB	22	X		X	Beratung	43
Experte 7	Betriebswirt	StB	25	X	X	X	Beratung	55
Experte 8	Betriebswirt	BZSt	4	X		X	Finanzverwaltung	66
Experte 9	Betriebswirt	StB	8	X		X	Beratung	43
Experte 10	Betriebswirt	BZSt	5	X			Finanzverwaltung	41
Experte 11	Betriebswirt	BZSt	9	X		X	Finanzverwaltung	40
Experte 12	Betriebswirt	BMF	7	X	X	X	Finanzverwaltung	33
Experte 13	Betriebswirt	StB	22	X	X	X	Beratung	37
Experte 14	Betriebswirt	BMF	17	X		X	Finanzverwaltung	32

Anhang 7: Interviewleitfaden

Gesprächs-abschnitt	Gesprächs-gliederung	Gesprächsstruktur	Frage(n)	Inhalte	Anmerkungen	Zielsetzung	Methodik & Frageform	Theoretische Grundlage	Zeit in Min
Grund-lagen	**1. Vorge-spräch**	**1.1 Rahmen und Formalia**	-	·Begrüßung und Dank ·Beschreibung Interview-ablauf und Zeitrahmen ·Datenschutzvereinbarung	Arbeitsbündnis fixeren: ·Gemeinsame Moti-vation ·Asymmetrisches Gespräch ·Rolle als Co-Experte ·Gesprächsgliederung	Gesprächs-beginn	-	Grundlagen Experten-interviews	5
	2. Einführung	**2.1 Biografie bestä-tigen**	Bitte um Bestätigung der Position und Ausbildungs-disziplin: Sie sind gelernter Volkswirt/Betriebswirt/Jurist und der-zeit Partner mit Berufstitel, richtig?	·Bestätigung vorab recher-chierter Position und Ausbildungsdisziplin	·Ausbildung: Zuord-nung in BWL, VWL oder Recht ·Zuordnung Berater oder Finanzver-waltung	Bestätigung der Exper-tise und Qualitäts-sicherung	Faktenfrage, Bestätigungs-frage	·Interdiszi-plinarität ·Metasyn-these zur PSM	
		2.2 Erfahrung & Ver-ständnis bestätigen	Bitte um Bestätigung der Berufserfahrung und prak-tischer Erfahrungen mit der PSM (nach OECD-TPG): ·Sie haben X Jahre Berufs-erfahrung, richtig? ·Sie besitzen praktische Erfahrungen mit der PSM gemäß den OECD-TPG, richtig?	·Berufserfahrung ·Erfahrungen mit PSM (nach OECD-Regelwerk) ·Untersuchungsobjekt wird fixiert	·Bestätigung Berufs-praktiker ·Definition und Aus-legung nach OECD-TPG ·Trennscharfe Abgren-zung Untersuchungs-objekt		Faktenfrage, Bestätigungs-frage		

Gesprächs-abschnitt	Gesprächs-gliederung	Gesprächsstruktur	Frage(n)	Inhalte	Anmerkungen	Zielsetzung	Methodik & Frageform	Theoretische Grundlage	Zeit in Min
Deduktiver Schwer-punkt	**3. Abfrage des Status Quo**	**3.1 Relevanzabfrage**	·Bitte um Erläuterung (High-Level): Ist die PSM aus ihrer Sicht praxisrelevant?	3.1.1. Frage der Praxis-relevanz: ·High-Level Identifikation von Relevanzhindernissen bzw. Akzeptanz? ·Warum – Nennung von Hauptursachen? 3.1.2. Frage der Relevanz-dynamik: ·Einschätzung der Rele-vanzdynamik innerhalb der letzten Jahre (Zunahme, Abnahme, Stagnation?)	Prüfung der Relevanz und Relevanzhinder-nisse	Prüfung des existieren-den Wissens und Begründung	Nachfragen, Bewertung, Prü-fung (Deduktiv) und Begründung (Induktiv), Erzählfrage	·Relevanz-analyse·An-wendungs-herausforde-rungen	5
Induktiver Schwer-punkt	**4. Holistische Anwendungs-analyse**	**4.1 Praktische Umset-zung des Prozessablaufes der PSM**	Im Folgenden werden neun Projektschritte der PSM auf-gezählt (vom Projektbeginn bis zu Rechtsstreitigkeiten). Bitte beschreiben Sie den praktischen Prozessablauf ausführlich mit Erläuterung der Entscheidungsprozesse.	Frage(n):	Holistische Analyse untersucht: ·Einheitliches Ver-ständnis der PSM · Praktischen Anwen-dungsablauf · Konflikte und Risiken · Spezifische Probleme und Herausforde-rungen · Präferenzen und Erfahrungen	Prüfung existieren-den Wissens (Deduktiv) sowie neue Erkennt-nisse und Transparenz (Induktiv)	Erzählge-nerierend, Begründung, Bewertung, Zusammenfas-sung,Schlussfrage, Sondierungen	Metasyn-these zur PSM, insb. Anwen-dungsheraus-forderungen	25
			4.1.1. Projektbeginn	·Wann beginnt ein PSM-Projekt typischerweise? (Neu, Review, Monitoring, zu spät)? ·Wer beschäftigt sich damit und warum (Chefsache)?					

(*wird auf nächster Seite fortgeführt*)

Anhang 7: Fortsetzung

Gesprächs-abschnitt	Gesprächs-gliederung	Gesprächsstruktur	Frage(n)	Inhalte	Anmerkungen	Zielsetzung	Methodik & Frageform	Theoretische Grundlage	Zeit in Min
			4.1.2. Regelwerk, Eignungsnachweis und Unternehmensanalyse in der PSM	·Genutzte Regelwerke (OECD-TPG, EUJTPF, nationales Recht, BMF-Schreiben)? ·Ist der Eignungsnachweis eine Praxishürde? Existieren Spezifika? ·Wie entsteht der Eignungsnachweis der PSM (Dokumentation, separates Gutachten)?					
			4.1.3. Geschäftsvorfall erfassen und abgrenzen (Geschäftsvorfallbezug)	·Wie erfolgt die praktische Umsetzung? Genutzte Herangehensweise und Methoden? ·Gelingt die Abgrenzung des Einzelfalls (immer)? Was sind Alternativen?·Existiert ein schuldrechtlicher Rahmen bzw. eine Vertragsgrundlage? ·Welche Relevanz hat der Verlustfall? Wird dieser eingeplant? Ist dies überhaupt Thema? Welche Konsequenzen hat das? Bitte um Erläuterung.	Zusätzliche Untersuchung des Verlustfall in Praxis				

Gesprächs-abschnitt	Gesprächs-gliederung	Gesprächsstruktur	Frage(n)	Inhalte	Anmerkungen	Zielsetzung	Methodik & Frageform	Theoretische Grundlage	Zeit in Min
			4.1.4. Ermittlung des Transaktionsergebnisses	·Wie wird das Ergebnis ermittelt? Erstellung einer fiktiven GuV? ·Ist die Notwendigkeit der internen Datenverfügbarkeit eine Herausforderung? Warum? ·Konkretes Vorgehen und Methodik im Entscheidungsprozess (Beispiel: prognostizierter Gewinn)?·Abweichung im Verlustfall (Lösungsvorschlag und Konsequenzen)?					
			4.1.5. Aufteilungsschlüssel und Aufteilungsmechanik	·Beschreibung des Auswahl- und Entscheidungsprozess (Gibt es eine Hausmeinung)? ·Was ist bei der Aufteilung besonders wichtig und warum? ·Einer oder mehrere Aufteilungsfaktoren? Wie erfolgt die Gewichtung? ·Existierend Abweichungen im Verlustfall (Lösungsvorschlag)?					
			4.1.6. Dokumentation der PSM	·Ist die Dokumentation der PSM umfangreicher als bei anderen Methoden? Was ist der Mehraufwand?·Abweichung im Verlustfall (Welche Folgen hat dieser? Was wird dokumentiert?)					

(wird auf nächster Seite fortgeführt)

Anhang 7: Fortsetzung

Gesprächs-abschnitt	Gesprächs-gliederung	Gesprächsstruktur	Frage(n)	Inhalte	Anmerkungen	Zielsetzung	Methodik & Frageform	Theoretische Grundlage	Zeit in Min
			4.1.7. Monitoring/Evaluation und Folgethemen	·Wird die PSM überwacht und überarbeitet? Welche Punkte sind hierbei besonders relevant? ·Welche kritischen (Rechts)-Folgen kann eine PSM auslösen?·Wurden andere Teams integriert und benötigt? Welche? Folgethemen?	Holistische Analyse untersucht: ·Praktischen Anwendungsablauf·Konflikte und Risiken·Spezifische Probleme und Herausforderungen·Präferenzen und Erfahrungen				
			4.1.8. Betriebsprüfung	·Wie bereiten Sie sich auf eine BP mit PSM vor? ·Gibt es Spezifika bei einer BP mit PSM? ·Welche Themen sind hierbei besonders relevant? ·Wie wird eine Lösung gefunden? Spielt Konsens/Intersubjektivität dabei eine Rolle?					
			4.1.9. Einsatz von Rechtsmitteln	·Welche Verfahrenswege werden bei einer PSM genutzt (APA, MAP, VA, VZ, Klage)? ·Begründung der Auswahl. Warum wurden andere nicht genutzt?					
		4.2 Zusammenfassung derpraktischen Lernkurve des Experten	Zusammenfassung der praktischen Anwendungsanalyse in Form einer Bilanz, insb. der praktischen Lernkurve: · Bitte fassen Sie die Lehren Ihrer praktischen Lernkurve in wenigen Sätzen zusammen.	·Welche Punkte sind generalisierbar und von besonderer Bedeutung? ·In aller Kürze: Was lief gut und was lief schlecht? (Dos und Don'ts)	Generalisierbare Verdichtung und Begründung	Zusammenfassung, bilanzierender Charakter	Erzählgenerierend, Begründung, Bewertung, Zusammenfassung, Schlussfrage	Metasynthese zur PSM, insb. Anwendungsherausforderungen	5

Gesprächs-abschnitt	Gesprächs-gliederung	Gesprächsstruktur	Frage(n)	Inhalte	Anmerkungen	Zielsetzung	Methodik & Frageform	Theoretische Grundlage	Zeit in Min
				·Welche praktischen Hürden und Schwierigkeiten sind vermeidbar? ·Ist die Literatur hilfreich/ausreichend für die Praxis? ·Was würde die Anwendung erleichtern? / Was hilft (nicht)?					
	5. Hilfsmittel, Konsens-orientierung und Intersub-jektivität	**5.1 Hilfsmittel in der PSM**	·Nutzen Sie Hilfsmittel innerhalb der PSM? (Bitte um Nennung und Begründung der Nutzung/Ablehnung)		Untersuchung der Entscheidungsfindung sowie Begründung	Prüfung existierenden Wissens (Deduktiv) sowie neue Erkenntnisse und Transparenz (Induktiv)	Erzählgenerierend, Begründung, Bewertung, Zusammenfassung	Konsens-orientierte Anwendungshilfsmittel in der PSM	10
			·Gibt es Qualitätsstandards, Leitbilder, Methoden, Heuristiken oder Narrative die als Hilfsmittel wirken können, um Konfliktrisiken in der PSM zu reduzieren?	·Betriebswirtschaftliche Hilfsmittel: RACI, Stage-Gate, Prozessanalyse, Wertschöpfungsanalyse					
				·Ökonomische Hilfsmittel: Spieltheorie (Bsp. Shapley-Value)					
				·Juristische Hilfsmittel: Leitprinzipien, Äquivalenzprinzip, Leistungsprinzip					
				·Ethische Hilfsmittel: Fairness oder Gerechtigkeit					
			·Gibt es Ihrer Ansicht nach einen Zusammenhang zwischen Ausbildungsdisziplin und der Auswahl der Hilfsmittel?	·These: Intersubjektivität ist durch Ausbildungsdisziplin verankert.					

(wird auf nächster Seite fortgeführt)

Anhang 7: Fortsetzung

Gesprächsabschnitt	Gesprächsgliederung	Gesprächsstruktur	Frage(n)	Inhalte	Anmerkungen	Zielsetzung	Methodik & Frageform	Theoretische Grundlage	Zeit in Min
		5.2 Konsensorientierung und Intersubjektivität	·Spielen Konsens/Intersubjektivität in der Praxis eine Rolle für die PSM? Warum (nicht) und wie äußert sich das?·Ist die Interdisziplinarität ein Hindernis für Konsens und Intersubjektivität? ·Werden innerhalb der PSM-Projekte verschiedene Sprachen gesprochen? ·Ist die Flexibilität der PSM für den Konsens/Intersubjektivität förderlich, hinderlich, gleichgültig? ·Sind Narrative ein potenzieller Anker für die Konsensorientierung/Intersubjektivität?	·Positiv, Negativ, Gleichgültig? Konsens als Interessensschnittmenge.·Existiert ein Konsens innerhalb der eigenen Institution (Hausmeinung – Finanzverwaltung und Firma)?·Ist Flexibilität der PSM aus Praxissicht ein Vorteil oder Nachteil? ·Wie beurteilen Sie die Wirkung von Narrativen in der PSM?	Untersuchung der Entscheidungsfindung	Neue Erkenntnisse und Transparenz (Induktiv)	Bewertung, Bestätigung, Bewertung, Zusammenfassung	Konsensorientierte Anwendungshilfsmittel in der PSM	10
Bilanz	**6. Zusammenfassung und Reformvorschläge**	**6.1 Zusammenfassung und Reformvorschläge**	·Was ist notwendig um Praxisfähigkeit der PSM zu verbessern? ·Bitte fassen Sie Ihr Kernanliegen zur PSM in wenigen Sätzen zusammen?	·Zusammenfassung des Status Quo (Ist-Zustand) ·Einholen von Verbesserungsvorschlägen (Soll-Zustand)	Soll-/Ist-Analyse	Bilanzierender Charakter, Holistische Gesamtanalyse, Generalisierung	Begründung, Bewertung, Zusammenfassung, Schlussfrage	-	5
		6.2 Cliffhanger	Gibt es aus Ihrer Sicht noch etwas Relevantes, das bisher keine Erwähnung fand?	·Sehen Sie Anmerkungsbedarf?	Freie Anmerkungen zulassen. Raum für Ergänzung.	Vollständigkeit	Offenes Ende, Erzählgenerierend	-	
Ende	**7. Abschluss**	**7.1 Feedback**	Haben Sie Feedback zu Interviewform und -methodik?	-					
		7.2 Ausblick und Abschluss	Haben Sie abschließende Fragen?	·Erneutes Bedanken ·Information über Auswertung ·Verabschiedung und Abschluss	-				Summe 65

Rechtsprechungsverzeichnis

Gericht	**Aktenzeichen**	**Fundstelle**
BFH, Urteil vom 16.03.1967	I 261/63	BStBl. II 1967, S. 626
BFH, Urteil vom 10.05.1967	I 187/64	BStBl. III 1967, S. 498
BFH, Urteil vom 10.01.1973	I R 119/70	BStBl. II 1973, S. 322
BFH, Urteil vom 09.03.1983	I R 182/78	BStBl. II 1983, S. 744
BFH, Urteil vom 16.12.1992	I R 2/92	BStBl. II 1993, S. 455
BFH, Urteil vom 17.02.1993	I R 3/92	BStBl. II 1993, S. 457
BFH, Urteil vom 17.05.1995	I R 147/93	BStBl. II 1996, S. 204
BFH, Urteil vom 17.08.1995	I R 147/93	BStBl. II 1996, S. 204
BFH, Urteil vom 06.12.1995	I R 88/94	BStBl. II 1996, S. 383
BFH, Urteil vom 10.07.1996	I R 108–109	BStBl. II 1997, S. 230
BFH, Urteil vom 17.06.1999	III R 37/98	BStBl. II 1999, S. 600
BFH, Urteil vom 17.10.2001	I R 103/00	BStBl. II 2004, S. 171
BFH, Urteil vom 06.04.2005	I R 22/04	BStBl. II 2007, S. 658
BFH, Urteil vom 17.12.2014	I R 23/13	BStBl. II 2016, S. 261
BFH, Urteil vom 21.01.2016	I R 22/14	BStBl. II 2017, S. 336
BFH, Urteil vom 27.02.2019	I R 73/16	BStBl. II 2019, S. 394
BFH, Urteil vom 19.06.2019	I R 32/17	BB 2020, S. 226
FG-Münster, Urteil vom 07.12.2016	13 K 4037/13 K F	DB 2017, S. 3026
FG-Köln, Urteil vom 29.06.2017	10 K 771/16	EFG 2017, S. 1812
BVerfG, Urteil vom 04.03.2021	2 BvR 1161/19	NJW-RR 2021, S. 617
EuGH, Urteil vom 12.09.2006	C-196/04	NWB NAAC-09456
EuGH, Urteil vom 31.05.2018	C-382/16	IStR 2018, S. 461
EuGH, Urteil vom 20.12.2017	C-529/16	IStR 2021, S. 103
EuGH, Urteil vom 08.10.2020	C-558/19	IWB 18/2006 S. 1065

Gesetzes- und Regelwerksverzeichnis

AbzStEntModG	Gesetz zur Modernisierung der Entlastung von Abzugsteuern und der Bescheinigung von Kapitalertragsteuer (AbzStEntModG) vom 02.06.2021 (BGBl. 2021 I S. 1259)
AEAO	Anwendungserlass zur Abgabenordnung vom 31.01.2014 (BStBl. 2014, S. 290), zuletzt geändert durch BMF vom 23.1.2023 (BStBl. S. 184)
AO	Abgabenordnung vom 16.03.1976 (BGBl. I S. 3866; 2003 I S. 61), zuletzt geändert durch das Gesetz vom 20.12.2022 (BGBl. I S. 2730)
AStG	Gesetz über die Besteuerung bei Auslandsbeziehungen vom 08.09.1972 (BGBl. I S. 1713), zuletzt geändert durch das Gesetz vom 16.12.2022 (BGBl. I S. 2294)
ATAD-UmsG	Gesetz zur Umsetzung der Anti-Steuervermeidungsrichtlinie (ATAD-Umsetzungsgesetz – ATADUmsG) vom 25.06.2021 (BGBl. 2021 I S. 2035)
BewG	Bewertungsgesetz vom 01.02.1991 (BGBl. I S. 230), zuletzt geändert durch das Gesetz vom 16.12.2022 (BGBl. I S. 2294)
BsGaV	Betriebsstättengewinnaufteilungsverordnung vom 13.10.2014 (BStBl. I, S. 1603), zuletzt geändert durch das Gesetz vom 20.12.2022 (BGBl. I S. 2730)
DAC 7-UmsG	Gesetz zur DAC 7-Umsetzung und zur Modernisierung des Steuerverfahrensrechts vom 16.12.2022 (BGBl. I S. 270 ff.)
DRS 3	Segmentberichterstattung vom 20.12.1999, zuletzt geändert am 22.09.2017
EStG	Einkommensteuergesetz vom 16.10.1934 (BGBl. I S. 3366,3862), zuletzt geändert durch das Gesetz vom 20.12.2022 (BGBl. I S. 2730)
FVerlV	Funktionsverlagerungsverordnung vom 18.10.2022 (BStBl. I, S. 1803)

GAufzV	Gewinnabgrenzungsaufzeichnungs-Verordnung vom 12.07.2017 (BStBl. I, S. 2367)
GewStG	Gewerbesteuergesetz vom 01.12.1936 (BGBl. I S. 4167), zuletzt geändert das Gesetz vom 16.12.2022 (BGBl. I S. 2294)
HGB	Handelsgesetzbuch vom 10.05.1897 (RGBl. I D. 219), zuletzt geändert durch das Gesetz vom 19.06.2023 (BGBl. I Nr. 154)
IFRS 8	Geschäftssegmente vom 03.11.2008, zuletzt geändert durch Verordnung (EU) Nr. 2015/28 vom 17.12.2014 (ABI. EU 2015 Nr. L 5 S. 1)
KStG	Körperschaftsteuergesetz vom 31.08.1976 (BGBl. I S. 4144), zuletzt geändert durch das Gesetz vom 16.12.2022 (BGBl. I S. 2294)
OECD-MA	OECD-Musterabkommen 2017, in der Fassung vom 21.11. 2017
OECD-TPG	OECD-Verrechnungspreisleitlinien für multinationale Unternehmen und Steuerverwaltungen vom 20.01.2022
OECD-TPG 2010	OECD-Verrechnungspreisleitlinien für multinationale Unternehmen und Steuerverwaltungen vom 17.11.2011
OECD-TPG 2017	OECD-Verrechnungspreisleitlinien für multinationale Unternehmen und Steuerverwaltungen vom 17.08.2018
OECD-TPG 1979	OECD-Bericht: Verrechnungspreise und Multinationale Unternehmen vom 01.05.1979
OECD-TPG 1995	OECD-Verrechnungspreisleitlinien für multinationale Unternehmen und Steuerverwaltungen von 13.07.1995
UN-Model	UN Model Double Taxation Convention between Developed and Developing Countries von September 2021

Verzeichnis amtlicher Schriften

Typ	Datum/ Drucksache	Erläuteurung
BT-Drucksache	vom 17. März 2021/ 202119/ 27.632	Drucksache des deutschen Bundestages 19/27.632: Entwurf eines Gesetzes zur Modernisierung der Entlastung von Abzugsteuern und der Bescheinigung der Kapitalertragsteuer (Abzugsteuerentlastungsmodernisierungsgesetz – AbzStEntModG)

Literaturverzeichnis

Abdel-Khalik, Rashad A./Lusk, Edward J. (1974): Transfer Pricing – A Synthesis, in: ACCR, Vol. 49 (1974), S. 8–23.

Alles, Michael/Datar, Srikant (1998): Strategic Transfer Pricing, in: Management Science, Vol. 44 (1998), S. 451–461.

Altshuler, Rosanne/Grubert, Harry (2010): Formula Apportionment: Is it better than the current system and are there better alternatives?, in: National Tax Journal, Vol. 63 (2010), S. 1145–1184.

Amici, Denis (2020): In-Depth Analysis of the Concept of Options Realistically Available in Transfer Pricing, in: ITPJ, March/April 2020, S. 112–122.

Andresen, Ulf/Hartmann, Rainer (2021): Ende der Diskussion über den in Deutschland Steuersystemfremden Price-Setting-Approach, Ubg, 2021, S. 17–20.

Arbeitskreis Verrechnungspreise der Schmalenbach Gesellschaft (2017):Immaterielle Vermögenswerte – ausgewählte Fragestellungen aus Sicht der unternehmerischen Praxis und der Wissenschaft, Ubg 2017, S. 537–542.

Avi-Yonah, Reuven S. (1995):The Rise and Fall of Arm's Length: A Study in the Evolution of U.S. International Taxation, Virginia Tax Review, Vol.15, S. 89–115.

Avi-Yonah, Reuven S. (2007): The Rise and Fall of Arm's Length: A Study in the Evolution of U.S. International Taxation, a revised and updated version of the 1995 article, in: Finance and Tax Law Review, Vol. 9 (2006), University of Michigan Law & Economics, Olin Working Paper No. 07–017; University of Michigan Public Law Working Paper No. 92.

Avi-Yonah, Reuven S. (2010): Between Formulary Apportionment and the OECD Guidelines: A Proposal for Reconciliation, in: WTJ, Vol. 2 (2010), S. 3–18.

Avi-Yonah, Reuven S. (2013): Splitting the Unsplittable: Toward a Formulary Approach to Allocating Residuals under Profit Split, in: Public Law and Legal Theory Research Papers Series, Nr. 378, University of Michigan Law School, S. 1–6.

Avi-Yonah, Reuven S./Clausing, Kimberly A./Durst, Michael C. (2009): Alloacting Business Profits for Tax Purposes: A Proposal to Adopt a Formulary Profit Split, in: Florida Tax Review, Vol. 9 (2009), S. 498–553.

Baistrocchi, Eduardo (2006): The Transfer Pricing Problem: A Global Proposal For Simplification, in: Tax Lawyer, Vol. 59 (2006), S. 943–980.

Baldenius, Tim/Melumad, Nahum D./Reichelstein, Stefan (2004): Integrating Managerial and Tax Objectives in Transfer Pricing, in: ACCR, Vol. 79 (2004), S. 591–615.

Baldenius, Tim/Reichelstein, Stefan (2006): External and Internal Pricing in Multidivisional Firms, in: Journal of Accounting Research, Vol. 44 (2006), S. 1–28.

Ballivet, Louis (2020): Use of Non-Arm's-Length Approaches within the Arm's Length Principle: Heading towards a New Standard?, in: ITPJ, Vol. 27 (2020), S. 123–136.

Barney, Jay B. (1991): Firm resources and sustained competitive advantage, in: Journal of Management, Vol. 17 (1991), S. 99–120.

Bärsch, Sven-Eric/Luckhaupt, Hagen/Schulz, Sebastian (2014): Bestimmung angemessener Verrechnungspreise im Zusammenhang mit immateriellen Vermögenswerten, in: Ubg 2014, S. 37–47.

Bauer, Christian J./Langenmayr, Dominika (2013): Sorting into outsourcing: Are profits taxes at a gorilla's arm's lenght?, in: Journal of International Economics, Vol. 90 (2013), S. 326–336.

Bauer, Georg/Schanz, Deborah/Sixt, Michael (2019): Die Besteuerung digitaler Wertschöpfung – „Doing nothing is not an option", in: DStR 2019, S. 887–893.

Becker, Jan Dierk/van der Ham, Susann (2019): Paradigmenwechsel in der internationalen Unternehmensbesteuerung? Die OECD unterbreitet vier Vorschläge zur Besteuerung grenzüberschreitend tätiger Unternehmen, in: DB 2019, S. 502–509.

Becker, Johannes/Englisch, Joachim (2019): Taxing where Value is created: What's "User involvement" got to do with it?, in: Intertax, Vol. 47 (2019), S. 161–171.

Becker, Johannes/Englisch, Joachim/Schanz, Deborah (2019): Re-Allocation of Taxing Rights for Big Data Business Models, Internet: https://papers.ssrn.com/sol3/papers.cfm?abstract_id=3433715, 29. April 2022, S. 1–32.

Bee, Charles W./Strothe, Gunther (1989): Konzernverrechnungspreise in den USA, in: DB 1989, S. 1429–1433.

Beer, Sebastian/Loeprick, Jan (2014): Profit shifting: drivers of transfer (mis) pricing and the potential of countermeasures, in: International Tax and Public Finance, Vol. 22 (2014), S. 426–451.

Behrens, Reinhard/Feuerlohn, Bernd (2018): Angewandtes Unternehmenscontrolling-Operative Systeme der Planung, Kontrolle und Entscheidung,1. Auflage, Boston/Berlin 2018.

Benshalom, Ilan (2009): Taxing the Financial Income of Multinational Enterprises by Employing a Hybrid Formulary and Arm's Length Allocation Method, in: Virginia Tax Review, Vol. 28 (2009), S. 619–671.

Benshalom, Ilan (2013): Rethinking the Source of the Arm's length Transfer Pricing Problem, in: Virginia Tax Review, Vol. 32 (2013), S. 425–459.

Bernhardt, Lorenz (2014): Verrechnungspreise, 1. Auflage, Stuttgart 2014.

BMWi (2016): Monitoring Report Wirtschaft Digital 2016, Internet: https://www.bmwk.de/Redaktion/DE/Downloads/M-O/monitoring-report-wirtschaftsindex-digital-ikt-2016.pdf?__blob=publicationFile&v=4, 29. April 2022.

Bogner, Alexander/Littig, Beate/Menz, Wolfgang (2014): Interviews mit Experten – Eine praxisorientierte Einführung, Berlin 2014.

Borkowski, Susan C. (2002): Electronic Commerce, Transnational Taxation, and Transfer Pricing: Issues and Practices, in: International Tax Journal, Vol. 28 (2002), S. 1–36.

Brähler, Gernot (2014): Internationales Steuerrecht, 8. Auflage, Wiesbaden 2014.

Brauner, Yariv (2008): Value in the Eye of the Beholder: The Valuation of Intangibles for Transfer Pricing Purposes, in: The Virginia Tax Review, Vol. 28 (2008), S. 79–164.

Bültmann-Hinz, Barbara (2018): Staatscompliance als Standortvorteil, in: DStR 2018, S. 49–55.

Calabrò, Andrea/Vecchiarini, Mariangela/Gast, Johanna/Campopiano, Giovanna/De Massis, Alfredo/Kraus, Sascha (2019): Innovation in Familiy Firm: A Systematic Literature Review and Guidance for Future Research, in: International Journal of Management Reviews, Vol. 21 (2019), S. 317–355.

Casley, Andrew/Horrocks, Victoria (2000): Practical Application of Transactional Profit Methods, in: ITPJ, July 2000, S. 135–141.

Cecchini, Mark/Leitch, Robert/Strobel, Caroline (2013): Multinational transfer pricing: A transaction cost and resource based view, in: Journal of Accounting Literature, Vol. 31 (2013), S. 31–48.

Chamberlin, Edward Hastings (1948): The theory of monopolistic competition, Harvard economic studies, Vol. 38 (1948), 6. Auflage, Cambridge 1948.

Chand, Vikram (2019): Allocation of Taxing Rights in the Digitalized Economy: Assessment of Potential Policy Solutions and Recommendation for a Simplified Residual Profit Split Method, in: Intertax, Vol. 47 (2019), S. 1023–1041.

Chand, Vikram/Wagh, Sagar (2014): The Profit Split Method: Status Quo and Outlook in Light of the BEPS Action Plan, in: ITPJ, November 2014, S. 402–408.

Chandler, Alfred Dupont (1962): Strategy and structure-Chapters in the history of the industrial enterprise, Cambridge 1962.

Chapman, Christopher S./Hopwwod, Anthony G./Shields, Michael D. (2007): Handbook of Management Accounting Research, Vol. 2, Amsterdam 2007.

Choe, Chongwoo/Hyde, Charles E. (2004): Multinational Transfer Pricing, Tax Arbitrage and the Arm's Length Principle, Internet: https://ssrn.com/abstract=600881, 22. September 2004.

Clausing, Kimberly A. (2014): The U.S. State Experience Under Formulary Appointment: Are There Lessons for International Reform?, in: International Centre for Tax and Development, Research Report 2, March 2014, S. 1–39, Internet: https://www.ictd.ac/publication/lessons-for-international-tax-reform-from-the-us-state-experience-under-formulary-apportionment/, 29. April 2022.

Coase, Ronald (1937): The Nature of a Firm, in: Economica, Vol. 4 (1937), S. 386–405.

Coase, Ronald (1960): The Problem of Social Cost, in: Journal of Law and Economics, The University of Chicago Press, Vol. 3 (1960), S. 1–44.

Coenenberg, Adolf G./Haller, Axel/Schultze, Wolfgang (2018): Jahresabschluss und Jahresabschlussanalyse, 25. Auflage, Stuttgart 2018.

Cohen, Jeffrey/Holder-Webb, Lori/Sharp, David/Pant, Laurie (2007): The Effect of Perceived Fairness on Opportunistic Behaviour, in: Contemporary Accounting Research 2007, S. 1–28.

COM (2011): Communication from the Comission to the European Parliament, the Council and the Eurpoean Economic and Social Committee on the work of the EU Joint Transfer Pricing Forum in the period April 2009 to June 2010 and related proposals 1. Guidelines on low value adding intra-group services and 2. Potential approaches to non-EU triangular cases", Brüssel den 25. Januar 2011, 16 final.

COM (2016): Study on Comparable Data used for transfer pricing in the EU, Final Report, Deloitte Specific contract no. 5 under FWC TAXUD/2014/CC/126, Brüssel den 8. Dezember 2016.

COM (2017): Mitteilung der Kommission an das Europäische Parlament und den Rat-Ein faires und effizientes Steuersystem in der Europäischen Union für den digitalen Binnenmarkt, Brüssel den 21. September 2017, 547 final.

Cook, P. W. (1955): Decentralization and the Transfer Price Problem, in: The Journal of Business, Vol. 28 (1955), S. 87–94.

Cooper, Harris M. (1988): Organizing knowledge syntheses: A taxonomy of literature reviews, in: Knowledge in Society, Vol. 1 (1988), Nr. 104, S. 104–126.

Corlaciu, Alexandra (2013): Business Models For Tax And Transfer Pricing Purposes, in: Annals Of The University Of Oradea, Economic Science Series, Vol. 1 (2013), S. 1182–1189.

Danon, Robert/Maisto, Guglielmo/Chand, Virkam/Cappelleri, Gabriella (2021): The Future of the Profit Split Method, 1. Auflage, Lausanne/Mailand 2021.

Dawid, Roman (2016): Verrechnungspreise - Grundlagen und Praxis, 2. Auflage, Frankfurt am Main 2016.

Dawid, Roman/Hülshorst, Jörg (2021): „Is Europe (still) one market?" - Eine aktualisierte statistische Analyse pan-europäischer Benchmarking-Studien, in: Seer/Lüdicke/Rasch (2021), S. 119–151.

Dawid, Roman/Hülshorst, Jörg/Meenan, Peter (2004): Is Europe One Market? A Transfer Pricing Economic Analysis of Pan-European Comparables Sets, in: EUJTPF vom 24. Februar 2004, DOC: JTPF/007/BACK/2004/EN, S. 1–54.

DBIS (2022): Datenbank Infosystem der Universität Regensburg, Internet: https://dbis.uni-regensburg.de//fachliste.php?lett=l, 29. April 2022.

Dean, Joel (1955): Decentralization and Intracompany Pricing, in: Harvard Business Review, Vol. 33 (1955), S. 65–74.

Deloitte (2016): Trends in Transfer Pricing: Global Research Bulletin-March 2016, Deloitte Touche Tohmatsu Limited.

Devereux, Michael P./Vella, John (2014): Are we heading towards a corporate tax system fit for the 21st century?, in: Fiscal Studies Forthcoming Oxford Legal Studies Research Paper, Nr. 88/2014, S. 1–26.

Dharmapala, Dhammika (2014): What do we know about Base Erosion and Profit Shifting - A Review of the Empirical Literature, in: Fiscal Studies, Vol. 35 (2014), S. 421–448.

Dharmapala, Dhammika/Hines, James R. (2009): Which countries become tax havens?, in: Journal of Public Economics, Vol. 93 (2009), S. 1058–1068.

Die Zeit (2013): Keine Geheimnisse mehr!, Vol. 16 (2013) vom 11. April 2013, Internet: https://www.zeit.de/2013/16/steueroasen-offshorefinanzzentren-reformvorschlag, 29. April 2022.

Dischinger, Matthias/Riedel, Nadine (2011): Corporate taxes and the location of intangibles within multinational firms, in: Journal of Public Economics, Vol. 95 (2011), S. 691–707.

Ditz, Xaver (2015): Die Grenzen des Fremdvergleichs - Zugleich ein Plädoyer für ein Festhalten am Fremdvergleichsgrundsatz, in: FR 2015, S. 115–121.

Ditz, Xaver/Eberenz, Ralf/Bärsch, Sven-Eric/Kluge, Sven/Müller, Horst/Palmer, Daniel/Schröder, Moritz (2019): Internationale Verrechnungspreise - Eine empirische Analyse in Zeiten von BEPS und zunehmender Digitalisierung, in: DB 2019, S. 1044–1049.

Ditz, Xaver/Quilitzsch, Carsten (2020): Auswirkungen der Corona-Krise für die Bestimmung, Prüfung und Dokumentation internationaler Verrechnungspreise, in: DB 2020, S. 971–979.

Dresing, Thorsten/ Pehl, Thorsten (2018): Praxisbuch Interview, Transkription & Analyse, Anleitungen und Regelsysteme für qualitativ Forschende, 8. Auflage, Marburg 2018.

Drüen, Klaus-Dieter/Gosch, Dietmar/Lüdicke, Jürgen/Schnitger, Arne (2017): Das Verfahrensrecht der Verrechnungspreise-PWC Studien zum Unternehmens- und Internationalen Steuerrecht, Band Nr. 5, Wiesbaden 2017.

Duden (2022): Duden Online-Wörterbuch des Präfixes „ver“ https://www.duden.de/node/196155/revision/196191, 3. Januar 2023.

Eichfelder, Sebastian/Hechtner, Frank/Hundsdoerfer, Jochen (2017): Formula Apportionment: Factor Allocation and Tax Avoidance, in: European Accounting Review Forthcoming 2017, S. 1– 48.

Eigelshoven, Axel/Mank, Katharina (2021): Der neue zweistufige Fremdvergleichsmaßstab – das Ende der Vertragsfreiheit?, in: Seer/Lüdicke/Rasch (2021), S. 175–195.

Eisele, Wolgang/Knobloch, Alois Paul (2011): Technik des betrieblichen Rechnungswesens, 8. Auflage, München 2011.

Engström, Per/Nordblom, Katarina/Ohlsson, Henry/Persson, Annika (2015): Tax Compliance and Loss Aversion, in: American Economic Journal: Economic Policy, Vol. 7 (2015), S. 132–164.

EUJTPF (2016): Report on the use of comparables in the EU, Oktober 2016, DOC: JTPF/007/2016/FINAL/EN, S. 1–16.

EUJTPF (2018): Profit Split Method Summary of Replies to the Survey, Meeting of 26 June 2018, 3. Internet: https://ec.europa.eu/taxation_customs/system/files/2018-08/profit_split_method_-_summary_of_replies_to_questionnair e_clean.pdf, 29. April 2022.

EUJTPF (2019): EU Joint Transfer Pricing Forum: The Application of the Profit Split Method Within the EU, März 2019, Doc: JTPF/002/2019/EN.

Ewert, Ralf/Wagenhofer, Alfred (2007): Management Accounting Theory and Practice in German-Speaking Countries, in: Chapman et al. (2007), S. 1035–1069.

Expertguide (2021): Internet: https://www.expertguides.com/articles/transfer-pricing-expert-guide-2021-is-now-live/arfchrib, .

Finfgeld-Connett, Deborah (2009): Generalizability and transferability of meta-synthesis research findings, in: Journal of advanced nursing, Vol. 66 (2010), S. 246–254.

Fischer, Roger/Ury, William/Patton, Bruce (2015): Das Harvard Konzept, 25. Auflage, Zürich 2015.

Flick, Hans/Wassermeyer, Franz/Baumhoff, Hubertus/Schönfeld, Jens (2022): Kommentierung des Außensteuergesetzes, außensteuerrechtliche Vorschriften der Abgabenordnung, des Einkommensteuergesetzes und des Körperschaftsteuergesetzes, 102. Ergänzungslieferung von August 2022, Köln 2022.

Förster, Hartmut/Naumann, Mandfred (2006): Bedürfen die OECD-Verrechnungspreisleitlinien 1995 einer Anpassung hinsichtlich der Anwendung transaktionsbezogener Gewinnmethoden? – Öffentliche Einladung der OECD zur Stellungnahme, in: DB 2006, S. 1129–1132.

Frankfurter Allgemeine Zeitung (2013): Ab in die Steueroase, Internet: https://www.faz.net/aktuell/wirtschaft/wirtschaftspolitik/konzerne-ab-in-die-steueroase-12536214.html, 18. August 2013.

Goldscheider, Robert/Jarosz, John/Mulhern, Carla (2002): Use of the 25 Per Cent Rule in Valuing IP, in: les Nouvelles, Dezember 2002, S. 123–133.

Gonnet, Sebastien (2016): Risks Redefined in Transfer Pricing Post-BEPS, in: Lang/Storck/Petruzzi (2016), S. 33–59.

Gonnet, Sebastien/Fris, Pim (2007): Contribution analyses under the profit split method, in: International Tax Review 2007, Vol. 6 (2007), S. 8–12.

Goppelsroeder, Philipp (2020): Does the Profit Split Method Apply to Principal Structures? ITPJ, July/August 2020, S. 255–265.

Gordon, Roger H./Wilson John D. (1986): An Examination of Multijurisdictional Corporate Income Taxes under Formula Apportionment, in: Econometrica, Vol. 54 (1986), S. 1357–1373.

Gosh, Dipankar (1994): Tolerance for Ambiguity, Risk Preference, and Negotiator Effectiveness, in: Decision Sciences, Vol. 25 (1994), S. 263–280.

Göx, Robert F./Schiller, Ulf (2006): An economic perspective on transfer pricing, Internet: https://ssrn.com/abstract=885480, 1. Februar 2006.

Graetz, Michael J./Doud, Rachael (2012): Technological Innovation, International Competition, and the Challenges of International Income Taxation, in: Columbia Law Review, Vol. 113 (2012), S. 347–445.

Graham, Frank (1923): Some Aspects of Protection Further Considered, in: Quarterly Journal of Economics, Vol. 37 (1923), S. 199–227.

Greil, Stefan (2017): The Dealing at Arm's Length Fallacy: A Way Forward to a Formula-Based Transactional Profit Split?, in: Intertax, Vol. 45 (2017), S. 624–630.

Greil, Stefan (2019): The Arm's Length Principle in the 21st Century-Alive and Kicking?, Internet: https://papers.ssrn.com/sol3/papers.cfm?abstract_id=3379092, 5. September 2019.

Greil, Stefan/Schwarz, Christian/Stein, Stefan (2018): Fairness and the arm's length principle in a digital economy, Working Papers Nr. 42, Hochschule Düsseldorf, Internet: https://www.econstor.eu/bitstream/10419/204678/1/102570620X.pdf, 29. April 2022.

Greil, Stefan/Wargowske, Lars (2020): Aktuelles zum Fremdvergleichsgrundsatz, in: ISR 2020, S. 171–180.

Greinert, Markus/Metzner, Susann (2015): Die Bedeutung von Risiken bei der Ermittlung fremdüblicher Verrechnungspreise – Diskussionsentwurf der OECD zu den Maßnahmen 8,9 und 10 des BEPS-Aktionsplans, in: Ubg 2015, S. 60–68.

Grinberg, Itai (2018): International Taxation in an Era of Digital Disruption: Analyzing the Current Debate, Internet: https://papers.ssrn.com/sol3/papers.cfm?abstract_id=3275737, 29.Oktober 2018.

Grubert, Harry (2003): Intangible Income, Intercompany Transactions, Income Shifting, and the Choice of Location, in: National Tax Journal, Vol. 56 (2003), S. 221–242.

Gupta, Ranjana (2018): Analysis of intellectual property tax planning strategies of multinationals and the impact of the BEPS project, in: Australian Tax Forum, Vol. 33 (2018), S. 185–219.

Haase/Nürnberg (2018): DBPT und CCCTB: Wirklich zwei unterschiedliche Konzepte zur Bekämpfung von BEPS und welche Auswirkungen haben sie auf das System des IStR? (Teil 1), in: Ubg 2018, S. 29–36.

Haka, Susan/Chalos, Peter (1990): Evidence of agency conflict among management, auditors, and the audit committee chair, in: Journal of Accounting and Public Policy, Vol. 9 (1990), S. 271–292.

Halperin, Robert/Srinidhi, Bin (1996): U.S. Income Tax Transfer Pricing Rules for Intangibles as Approximations of Arm's Length Pricing, in: ACCR, Vol. 71 (1996), S. 61–80.

Handelsblatt (2016): Starbucks, Apple und Co.-EU legt Gesetzespläne gegen Steuervermeidung vor, vom, Internet: https://www.handelsblatt.com/politik/international/starbucks-apple-und-co-eu-legt-gesetzesplaene-gegen-steuervermeidung-vor/12891280.html?ticket=ST-3108653-7j3MHUhKdJ04W37g3R0t-ap3https://www.handelsblatt.com/politik/international/starbucks-apple-und-co-eu-legt-gesetzesplaene-gegen-steuervermeidung-vor/12891280.html?ticket=ST-3108653-7j3MHUhKdJ04W37g3R0t-ap3, 28. Januar 2016.

Haskel, Jonathan/Westlake, Stian (2018): Capitalism Without Capital – The Rise of the Intangible Economy, 1. Auflage, Oxford 2018.

Heidecke, Björn/Müller, Tobias (2021): EuGH-Urteil „Impresa Pizzarotti" (C-558/19) – Abweichung vom Fremdvergleich? Urteilsbesprechung und Tendenzen in der EuGH-Rechtsprechung zum Fremdvergleich, in: Ubg 2021, S. 469–475.

Heidecke, Björn/Schmidkte, Richard/Wilmanns, Jobst (2017): Funktionsverlagerung und Verrechnungspreise – Rechtsgrundlagen, Bewertungen, Praxistipps, 1. Auflage, Wiesbaden 2017.

Heidecke, Björn/Stein, Stefan/Schwarz, Christian/Fiehler, Kati/Van der Ham, Susann/Freudenberg, Michael/Lappe, Silke/Pandeya-Koch, Arundhati/ Prinz, Aloys (2020): Verrechnungspreise und Digitalisierung: Verrechnungspreise in digitalen und sich digitalisierenden Geschäftsmodellen – Bestandsaufnahme und Leitlinien, in: Institut Finanzen und Steuern 2020, ifst-Schrift Nr. 536.

Helfferich, Cornelia (2011): Die Qualität qualitativer Daten – Manual für die Durchführung qualitativer Interviews, 4. Auflage, Freiburg 2011.

Henn, Markus (2017): Steuerflucht: Die internationale und europäische Dimension, in: Friedrich-Ebert-Stiftung (2017), S. 13–26, Internet: http://library.fes.de/pdf-files/wiso/13412.pdf, 29. April 2022.

Hergert, Michael/Morris, Deigan (1989): Accounting Data for Value Chain Analysis, in: Strategic Management Journal, Vol. 10 (1989), S. 175–188.

Herzfeld, Mindy (2017): The Case against BEPS – Lessons for Coordination, in: University of Florida Levin College of Law Legal Studies Research Paper, Nr. 18–3, S. 1–39.

Hey, Johanna (2018): Deutsche Interessen im Steuerwettbewerb-Internationale Kooperation, EU-Harmonisierung oder nationale Gesetzgebung?, in: DB 2018, S. 2951– 2957.

Hiebl, Martin R. W. (2021): Sample Selection in Systematic Literature Reviews of Management Research, in: Organizational Research Methods, S. 1–33, Internet: https://journals.sagepub.com/doi/10.1177/1094428120986851, 29. April 2022.

Hines, James R./Rice, Eric M. (1994): Fiscal Paradise: Foreign Tax Havens and American Business, in: The Quarterly Journal of Economics, Vol. 109 (1994), S. 149–182.

Hines, Jim (2010): Income Missattribution under Formula Apportionment, in: European Economic Review, Vol. 54 (2010), S. 108–120.

Hirschleifer, Jack (1956): On the Economics of Transfer Pricing, in: The Journal of Business, Vol. 56 (1956), S. 172–184.

Holmes, Oliver Wendell (1987): The Path of the Law, in: Harvard Law Review, Vol. 457 (1987), S. 1–20.

Holmström, Bengt/Tirole, Jean (1991): Transfer Pricing and Organizational Form, in: Journal of Law, Economics and Organization, Vol. 7 (1991), S. 201–228.

Hongler, Peter (2018): Steuergerechtigkeit im internationalen Steuerrecht – eine überflüssige Diskussion?, in: IStR 2018, S. 756–764.

Hoon, Christina (2013): Meta-Synthesis of Qualitative Case Studies: An Approach to Theory Building, in: Organizational Research Methods, Vol. 16 (2013), S. 522–556.

Horst, Thomas (1971): The Theory of the Multinational Firm: Optimal Behavior under Different Tariff and Tax Rates, in: Journal of Political Economy, Vol. 79 (1971), S. 1059–1072.

Horvath/Flick Gocke Schaumburg (2015): Studienbericht: Spannungsfeld Transferpreise-zwischen Steuerung und steuerlichen Anforderungen, S. 1–15.

IDW (2019): Verrechnungspreisdokumentation – Überblick über Dokumentationspflichten und verfahrensrechtliche Besonderheiten, 1. Auflage, Düsseldorf 2019.

Jakimovski, Robert (2011): Formelhafte Gewinnaufteilung und zwischenstaatliche Gerechtigkeit – Fundierung und Konstruktion von Aufteilungsformeln auf Basis von Erfolgsfaktoren und Internationalisierungsursachen, in: Innovative Betriebswirtschaftliche Forschung und Praxis, Band 315, Hamburg 2012.

Juve (2021): Internet: https://www.juve-steuermarkt.de/juve-rankings/berater/verrechnungspreise/, 1. Februar 2022.

Kadet, Jeffery M (2015): Expansion of the Profit-Split Method: The Wave of the Future, in: Tax Notes International, Vol. 30 (2015), S. 1183–1188.

Kadet, Jeffery M./Faccio, Tommaso/Picciotto, Sol (2018): Profit-Split Method: Time for Countries to Apply a Standardized Approach, in: Tax Notes International, Vol. 23 (2018), S. 359–362.

Kahneman, Daniel (2003): Maps of Bounded Rationality: Psychology for Behavioural Economics, American Economic Review, Vol. 93 (2003), S. 1449–1475.

Kahneman, Daniel (2019): Schnelles Denken, Langsames Denken, 25. Auflage, München 2019.

Kahneman, Daniel/Knetsch, Jack/Thaler, Richard (1991): The Endowment Effect, Loss Aversion and Status Quo Bias, in: Journal of Economic Perspectives, Vol. 5 (1991), S. 193–206.

Kahneman, Daniel/Tversky, Amos (1979): Prospect Theory: An Analysis of Decision under Risk, in: Econometrica, Vol. 47 (1979), S. 263–292.

Kane, Mitchell A. (2014): Transfer Pricing, Integration and Synergy Intangibles: A Consensus Approach to the Arm's Length Standard, in: WTJ 2014, Vol. 6 (2014), S. 282–314.

Kessler, Wolfgang/Spengel, Christoph (2018): Checkliste potenziell EU-rechtswidriger Normen des deutschen direkten Steuerrechts-Update 2018, in: DB 2018, Beilage 1 zu Heft Nr. 5, S. 1–37.

Kessler, Wolfgang/Spengel, Christoph (2019): Checkliste potenziell EU-rechtswidriger Normen des deutschen direkten Steuerrechts-Update 2019, in: DB 2019, Beilage 1 zu Heft Nr. 5, S. 1–37.

Kessler, Wolfgang/Spengel, Christoph (2020): Checkliste potenziell EU-rechtswidriger Normen des deutschen direkten Steuerrechts-Update 2020, in: DB 2020, Beilage 2 zu Heft Nr. 5, S. 1–38.

Keuschnigg, Christian/Devereux, Michael P. (2013): The arm's length principle and distortions to multinational firm organization, in: Journal of International Economics, Vol. 89 (2013), S. 432–440.

Kiesewetter, Dirk/Steigenberger, Tobias/Stier, Matthias (2014): Can formula apportionment really prevent multinational enterprises from profit shifting? The role of asset valuation, intragroup debt, and leases, in: Journal of Business Economics, Vol. 88 (2014), S. 1029–1060.

Klein, Daniel/Ludwig, Christopher/Nicolay, Katahrina (2020): Internal Digitalization and Tax-efficient Decision Making, in: ZEW Discussion Paper, 20–051, Oktober 2020.

Klein, Joachim/Schmidtke, Richard (2009): Transfer Pricing Regulations and Business Relocations, Internet: https://edoc.ub.uni-muenchen.de/10608/1/Klein_Joachim.pdf, 22. Juli 2009.

Kobetsky, Michael (2019): The Transfer Pricing Profit-Split Method After BEPS: Back to the Future, in: Canadian Tax Journal, Vol. 67 (2019), S. 1077–1105.

Kroppen, Heinz-Klaus/Dawid, Roman/Schmidkte, Richard (2012): Profit Split, the Future of Transfer Pricing? Arm's Length Principle and Formulary Apportionment Revised from a Theoretical and a Practical Perspective, in: Schön/Konrad (2012), S. 267–294.

Kroppen, Heinz-Klaus/Rasch, Stephan (2022): Handbuch Internationale Verrechnungspreise, 37. Ergänzungslieferung von September 2022, Köln 2022.

Krugmann, Paul R./Obstfeld, Maurice/Melitz, Marc J. (2019): Internationale Wirtschaft-Theorie und Politik der Außenwirtschaft, 11. Auflage, Halbergmoos 2019.

Lang, Michael/Storck, Alfred/Petruzzi, Raffaele (2016): Transfer Pricing in a Post-BEPS World, Wien 2016.

Li, Jinyan (2002): Global Profit Split: An Evolutionary Approach to International Income Allocation, in: Candian Tax Journal, Vol. 50 (2002), S. 823–883.

Llopis, Estefania Lopez (2017): Formulary Apportionment in the European Union, in: Intertax, Vol. 45 (2017), S. 631–640.

Luft, Joan L. (1997): Fairness, Ethics and the Effect of Management Accounting on Transaction Costs, in: Journal of Management Accounting Research, Vol. 9 (1997), S. 199–216.

Luft, Joan L./Libby, Robert (1997): Profit Comparisons, Market Prices and Manager's Judgments About Negotiated Transfer Prices, in: ACCR, Vol. 27 (1997), S. 217–229.

Mair, Christina/Scheffler, Wolfram/Senger, Isabell/Sureth-Sloane, Carsen (2019): Analyse der Veränderung der zwischenstaatlichen Gewinnaufteilung bei Einführung einer standardisierten Gewinnverteilungsmethode am Beispiel des Einsatzes von 3D-Druckern, Center for Tax and Accounting Research Universität Paderborn, FAT Working Paper Nr. 42, Februar 2019, S. 1–33.

Markusen, James (1995): The Boundaries of Multinational Enterprises and the Theory of International Trade, in: Journal of Economic Perspectives, Vol. 9 (1995), S. 169–189.

Marx, Karl (1872): Das Kapital-Kritik der politischen Ökonomie, ungekürzte Ausgabe nach der zweiten Auflage, Hamburg 2011.

Max R. Fuss (2019): Die internationale Allokation von Erträgen und Verlusten aus immateriellen Werten durch Verrechnungspreise, Internet; https://kups.ub.uni-koeln.de/10552/, 29. April 2022.

Mayer, Thierry/Gianmarco, I.P. Ottaviano (2008): The Happy Few: The Internationalisation of European Firms: New Facts Based on Firm-Level Evidence, in: Intereconomics, Vol. 43 (2008), S. 135–148.

Mayring, Philipp (2015): Qualitative Inhaltsanalyse – Grundlagen und Techniken, 12. Auflage, Weinheim 2015.

Mayring, Philipp (2016): Einführung in die qualitative Sozialforschung, 6. Auflage, Weinheim 2016.

Mehafdhi, Messaoud (2000): The Ethics of International Transfer Pricing, in: Journal of Business Ethics, Vol. 28 (2000), S. 365–381.

Mey, Günter/Mruck, Katja (2007): Qualitative Interviews, in: Naderer/Balzer (2011), S. 249–278.

Milewska, Marta/de Mendoza, Mauricio Hurtado (2010): The Increasing Importance of Intangible Assets and the Rise of Profit Split Methods, in: ITPJ, March 2010, S. 162–168.

Mill, John Stuart (1848): Principles of Political Economy, Green/London 1917.

Mössner, Manfred (2018): Steuerrecht international tätiger Unternehmen, 5. Auflage, Köln 2018.

Musselman, Annalise C. (2020): The best of both methods: A proposal for a hybrid international transfer pricing method, in: South Caroline Journal of International Law and Business, Vol. 16 (2020), S. 58–92.

Naderer, Gabriele/Balzer, Eva, (2007): Qualitative Marktforschung in Theorie und Praxis – Grundlagen, Methoden und Anwendungen, 1. Auflage, Wiesbaden 2007.

Naisbitt, John (1982): Megatrends, Ten New Directions Transforming Our Lives, New York 1982.

Neuling, Alexander/Wilmanns, Jobst/Busch, Oliver/Scheibe, Henning (2020): Verrechnungspreise in der Betriebsprüfung, 1. Auflage, Berlin/Düsseldorf/Frankfurt am Main 2020.

Nientimp, Axel/Braun, Michel/Flanderova, Tereza (2019): Herausforderungen der transaktionsbezogenen Nettomargenmethode: Implementierung bei einer Vertriebsfunktion, in: Schilling (2019), S. 33–44.

OECD (2015): Addressing the Challenges of the Digital Economy, Action 1 – Final Report, vom 5. Oktober 2015, Internet: https://www.oecd.org/tax/addressing-the-tax-challenges-of-the-digital-economy-action-1-2015-final-report-9789264241046-en.htm, 3. Januar 2023.

OECD (2016): Public Discussion Draft BEPS Actions 8–10 – Revised Guidance on Profit Splits 4 July-5 September 2016, Internet: https://www.oecd.org/tax/transfer-pricing/BEPS-discussion-draft-on-the-revised-guidance-on-profit-splits.pdf, 3. Januar 2023.

OECD (2017): Gewährleistung der Übereinstimmung zwischen Verrechnungspreisergebnissen und Wertschöpfung, Aktionspunkte 8–10, OECD BEPS Abschlussbericht 2015, veröffentlich am 5. Mai 2017, Internet: https://dx.doi.org/10.1787/9789264274297-de, 3. Januar 2023.

OECD (2018a): Multinational enterprises in the global economy-Heavily debated but hardly measured, OECD May 2018, Internet: https://www.oecd.org/industry/ind/analytical-amne-database.html, 3. Januar 2023.

OECD (2018b): Überarbeitete Leitlinien zur Anwendung der geschäftsvorfallbezogenen Gewinnaufteilungsmethode, Inclusive Framework on BEPS:

Aktionspunkt 10, Juni 2018, Internet: http://www.oecd.org/tax/beps/revised-guidance-on-the-application-of-the-transactional-profit-split-method-beps-action-10-DEU.pdf, 3. Januar 2023.

OECD (2022): OECD Mutual Agreement Procedure Statistics 2021, Internet: https://www.oecd.org/ctp/dispute/mutual-agreement-procedure-statistics.htm, 3. Januar 2023.

OECD-TPG (1979): OECD-Verrechnungspreisleitlinien für multinationale Unternehmen und Steuerverwaltungen 1995, veröffentlicht 1. Juni 1979, Internet: Transfer Pricing and Multinational Enterprises | OECD iLibrary (oecd-ilibrary.org), 3. Januar 2023.

OECD-TPG (1995): OECD-Verrechnungspreisleitlinien für multinationale Unternehmen und Steuerverwaltungen 1995, veröffentlicht 13. Juli 1995, Internet: TPguidelines.com provides a free and fully searchable database of transfer pricing guidelines, 3. Januar 2023.

OECD-TPG 2010 (2010): OECD-Verrechnungspreisleitlinien für multinationale Unternehmen und Steuerverwaltungen 2010, veröffentlicht am 16. August 2010, Internet: OECD Transfer Pricing Guidelines for Multinational Enterprises and Tax Administrations 2010 | OECD Transfer Pricing Guidelines for Multinational Enterprises and Tax Administrations | OECD iLibrary (oecd-ilibrary.org), 3. Januar 2023.

OECD-TPG 2017 (2018): OECD-Verrechnungspreisleitlinien für multinationale Unternehmen und Steuerverwaltungen 2017, veröffentlicht am 17. August 2018, OECD Publishing, Paris, Internet: OECD-Verrechnungspreisleitlinien für multinationale Unternehmen und Steuerverwaltungen 2017 | OECD iLibrary (oecd-ilibrary.org), 3. Januar 2023.

OECD-TPG (2022): OECD-Verrechnungspreisleitlinien für multinationale Unternehmen und Steuerverwaltungen 2022, veröffentlicht am 20. Januar 2022, OECD Publishing, Paris, Internet: https://www.oecd.org/tax/transfer-pricing/oecd-transfer-pricing-guidelines-for-multinational-enterprises-and-tax-administrations-20769717.htm 3. Januar 2023.

Oestreicher, Andreas (2020): Aktuelle Überlegungen in Bezug auf die Ausgestaltung der Profit-Split-Methode, in: Rödder/Wassermeyer/Ditz (2020), S. 243–256.

Olbert, Marcel/Spengel, Christoph (2017): International Taxation in the Digital Economy: Challenge Accepted?, in: WTJ, Vol. 2 (2017), S. 3–46.

Olbert, Marcel/Spengel, Christoph (2019): Taxation in the Digital Economy – Recent Policy Developments and the Question of Value Creation, ZEW Discussion Paper Nr. 19–010,04/2019, S. 1–32.

Oosterhoff, Danny/de Vries, Ida (2002): Transfer Pricing when Losses Arise, in: ITPJ, Vol. 9/10 (2002), S. 167–173.

Owens, Jeffrey (1993): The Implications for Tax Policies, in: Fiscal Studies, Vol. 14 (1993), S. 21–44.

Peng, Claire/Lagarden, Martin (2019): DEMPE Functions and the RACI Concept – More Clarity or Confusion Ahead?, in: ITPJ, Vol. 1/2 (2019), S. 3–11.

Penrose, Edith Tilton (1959): The theory of the growth of the firm, Oxford 1959.

Penrose, Edith Tilton (1960): The Growth of the Firm – A Case Study: The Hercules Powder Company, in: Business History Review, Vol. 43 (1960), S. 1–23.

Petronella, Giandomenico (2019): Valuation for Transfer Pricing of Intangibles: A Comparative Analysis of the Excess Earnings Method and Residual Profit Split, in: ITPJ, Vol. 11/12 (2019), S. 375–380.

Pietschner, Margreta Stoyanova (2001): Internationaler intra- und interindustrieller Handel zwischen ungleichen Partnern – Empirischer Test eines Neu-Heckscher – Ohlin-Modells am Beispiel des Außenhandels Bulgariens mit der Europäischen Union, Dissertation Universität Konstanz, Internet: https://kops.uni-konstanz.de/bitstream/handle/123456789/12078/Pietschner.pdf?sequence=1, 29. April 2022.

Piltz, Detlev (2015): BEPS und das staatliche Interesse, in: IStR 2015, S. 529–533.

Porter, Michael E. (1986): Wettbewerbsvorteile: Spitzenleistungen erreichen und behaupten. 8. Auflage, Frankfurt am Main 2014.

Porter, Michael E. (1990): The Competitive Advantage of Nations, in: Harvard Business Review, Vol. March/April (1990), S. 74–93.

Postler, Steffen (2019): Die Digitalisierung traditioneller Geschäftsmodelle: Ein Ansatz zum Umgang mit steuerlichen Verrechnungspreisen, in: IStR 2019, S. 100–107.

PWC (2019): Tax Challenges of the Digitalisation of the Economy, Internet: https://www.pwc.com/gx/en/services/tax/publications/response-to-oecd-consultation.html, 29. April 2022.

PWC/ZEW (2017): Steuerliche Standortattraktivität digitaler Geschäftsmodelle-Steuerlicher Digitalisierungsindex 2017, Internet: https://www.pwc.de/de/industrielle-produktion/executive-summary-digitaliiserungsindex-de.pdf, 29. April 2022.

Rathke, Alex/Rezende, Amaury J./Wartin, Christoph (2020): Classification of Transfer Pricing Systems Across Countries, in: International Economics, Vol. 164 (2020), S. 151–167.

Rawls, John (1958): Justice as Fairness, in: Philosophical Review 1958, Vol. 67 (1958), S. 164–194.

Rawls, John (1971): A Theory of Justice, Cambridge 1971.

Reif, Selina (2021): Die Profit Split Methode zur Bestimmung von Verrechnungspreisen – Eine Analyse der bestehenden Verrechnungspreisvorschriften, in: PWC-Studien zum Unternehmens- und Internationalen Steuerrecht, Vol. 11 (2021), Nr. 123, München 2020.

Ricardo, David (1817): The Principles of Political Economy and Taxation, London 1817.

Riedel, Nadine (2010): The downside of formula apportionment: Evidence on factor demand distortions, in: International Tax and Public Finance, Vol. 17 (2010), S. 236–258.

Riedl, Andreas/Protas, Oskar (2019): Simple Solutions for Complex Transfer Pricing Cases: A Possible Comeback of Rules of Thumb?, in: ITPJ, Vol. 7/8 (2019), S. 253–258.

Rieke, Sabrina (2015): Verrechnungspreise im Spannungsfeld zwischen Konzernsteuerung und internationalem Steuerrecht, Osnabrück 2013.

Rocha, Sergio André/IFA (2017): The future of transfer pricing-General Report – 71th Congress of the International Fiscal Association Rio de Janeiro 2017, Rotterdam 2017.

Rödder, Thomas/Wassermeyer, Franz/Ditz, Xaver (2020): Internationale Einkünfteabgrenzung: Freundesgabe für Hubertus Baumhoff, 1. Auflage, Köln 2020.

Roeder, Achim/Nientimp, Axel (2021): Wunsch und Wirklichkeit – Ökonomische Theorie und Verrechnungspreise, in: Seer/Lüdicke/Rasch (2021), S. 365–384.

Rosenzweig, Adam H. (2015): Defining a Country's Fair Share of Taxes, Legal Studies Research Paper Series, Paper Nr. 15-05-01, 42 Florida State University, in: Law Review, Vol. 373 (2015), S. 373–424.

Runkel, Marco (2012): In Favor of Formulary Apportionment A Comment on Kroppen/Dawid/Schmidtke: "Profit Split, the Future of Transfer Pricing? Arm's Length Principle and Formulary Apportionment Revisited from a Theoretical and a Practical Perspective, in: Schön/Konrad (2012), S. 295–305.

Russo, Caterina Colling/Karnath, Susann (2019): Intercompany Licensing of Intangibles – A Comparative Global Outlook, in: ITPJ, Vol. 11 (2019), S. 381–387.

Sandelowski, Margarete/Docherty, Sharron/Emden, Carolyn (1997): Focus on Qualitative Methods – Qualitative Metasynthesis: Issues and Techniques, in: Research in Nursing & Health, Vol. 20 (1997), S. 365–371.

Schaumburg, Heide/Hendricks, Michael (2018): Steuerrechtsschutz, 4. Auflage, Köln 2018.

Schilling, Dirk (2019): Jahrbuch Verrechnungspreise 2019 – Betriebswirtschaftliche Steuerung und steuerrechtliche Anforderungen, Worms 2019.

Schindler, Dirk/Schjelderup, Guttorm (2009): Profit-shifting in Two-sided Markets, in: International Journal of the Economics of Business, Vol. 17 (2009), S. 373–383.

Schmalenbach, Eugen (1908): Über Verrechnungspreise, in: Zeitschrift für handelswissenschaftliche Forschung, Vol. 3 (1908/1909), S. 165–185.

Schmalenbach, Eugen (1948): Pretiale Wirtschaftslenkung: Band II – Pretiale Lenkung des Betriebs, Bremen 1948.

Scholz, Christian Marcus (2009): Recession transfer pricing returns, in: Tax Planning International Transfer Pricing, Vol. 2 (2009), S. 1–5.

Schön, Wolfgang (2009): International Tax Coordination for a Second-Best World (Part I), in: WTJ, Vol. 10 (2009), S. 67–113.

Schön, Wolfgang (2010): International Tax Coordination for a Second-Best World (Part III), in: WTJ, Vol. 10 (2010), S. 227–261.

Schön, Wolfgang (2012): Zur Zukunft des internationalen Steuerrechts, in: Steuern und Wirtschaft, Vol. 3 (2012), S. 213–224.

Schön, Wolfgang (2018): Ten Questions about Why and How to Tax the Digitalized Economy, in: Bulletin for International Taxation, Vol. 4/5 (2018), S. 278–292.

Schön, Wolfgang/Konrad, Kai A. (2012): Fundamentals of International Transfer Pricing in Law and Economics, Heidelberg 2012.

Schoueri, Luis Eduardo (2015): Arm's Length: Beyond the Guidelines of the OECD, in: Bulletin for International Taxation, Vol. 12 (2015), S. 690–716.

Schramm, Matthias (2005): Verhaltensannahmen der Transaktionskostentheorie – Von eingeschränkter Rationalität zu sozialer Einbettung, Berlin 2005.

Schreiber, Rolf/Nientimp, Axel (2020): Verrechnungspreise, 9. Auflage, Düsseldorf 2020.

Schreiber, Rolf/Nientimp, Axel (2022): Verrechnungspreise, 10. Auflage, Düsseldorf 2022.

Schreiber, Ulrich (2018): Sales-Based Apportionment of Profits, in: Bulletin for International Taxation, Vol. 4/5 (2018), S. 259–272.

Schreiber, Ulrich/Fell, Lisa Maria (2017): International Profit Split Allocation, Intangibles and Sales-Based Transactional Profit Split, in: WTJ, Vol. 2 (2017), S. 99–115.

Schwarz, Christian/Stein, Stefan (2018): Quantitative Verrechnungspreise – Wertschöpfung im Unternehmen verstehen, Verrechnungspreise aktiv gestalten und benchmarken,1. Auflage, Weinheim 2018.

Schwarz, Christian/Stein, Stefan (2019): Benchmarking von Verrechnungspreisen, in: Schilling (2019), S. 23–31.

Schwarz, Christian/Stein, Stefan/Flanderova, Tereza/Hoffmann, Sebastian (2017): Hindsight bei Verrechnungspreisen, in: Ubg 2017, S. 638–642.

Seer, Roman/Lüdicke, Jürgen/Rasch, Stephan (2021): Globalisiertes Steuerrecht – Anspruch und Verantwortung: Festschrift für Heinz-Klaus Kroppen, Köln 2021.

Selznick, Philip (1957): Leadership in administration – A sociological interpretation, New York 1957.

Sen, Amartya (2017): Die Idee der Gerechtigkeit, 2. Auflage München 2020.

Sikka, Prem/Willmott, Hugh (2010): The dark side of transfer pricing: Its role in tax avoidance a wealth retentiveness, in: Critical Perspectives on Accounting, Vol. 21 (2010), S. 342–356.

Simon, Herbert Alexander (1955): A Behavioural Model of Rational Choice, in: Quarterly Journal of Economics, Vol. 69 (1955), S. 99–118.

Simon, Herbert Alexander (1978): Rational Decision Making in Business Organizations, in: American Economic Review, Vol. 69 (1979), S. 493–513.

Sinz, Andreas/Kahle, Holger (2019): Brennpunkt Verrechnungspreise – BEPS Umsetzung in der Praxis, 1. Auflage, Herne 2019.

Sloan, Alfred Pritchard (1964): My years with General Motors, New York 1964.

Smith, Michael J. (2002): Ex Ante and Ex Post Discretion over Arm's Length Transfer Prices, in: ACCR, Vol. 77 (2002), S. 161–184.

Solilova, Veronika/Nerudova, Danuse (2018): Transfer Pricing in SMEs – Critical Analysis and Practical Solutions, Brno 2018.

Stähli, Lukas (2018): The Use of the Profit Split Method in Highly Integrated Transactions, in: ITPJ, Vol. 7/8 (2018), S. 280–288.

Strotkemper, Noemi (2017): Das Spannungsverhältnis zwischen Schiedsverfahren in Steuersachen und einem Internationalen Steuergerichtshof – Möglichkeiten zur Verbesserung der Streitbeilegung im internationalen Steuerrecht, Internet: http://www.ciando.com/img/books/extract/3845279877_lp.pdf, 29. April 2022.

Taylor, Grantley/Richardson, Grant/Lanis, Roman (2015): Multinationality, Tax Havens, Intangible Assets, and Transfer Pricing Aggressiveness: An empirical Analysis, in: Journal of International Accounting Research, Vol. 14 (2015), S. 25–57.

Tellge, Florian (2020): Verhandelte Verrechnungspreise – Determinanten und Anreizwirkungen, Leipzig 2019.

Thaler, Richard (2018): Misbehaving – Was uns die Verhaltensökonomik über unsere Entscheidungen verrät, 1. Auflage, München 2018.

Thiele, Bożena (2016): Verrechnung von Marken im Konzern –Eine empirische Analyse zur Ermittlung umsatzabhängiger Markenlizenzpreise mit der äußeren Preisvergleichsmethode, Internet: https://tinyurl.com/2cp9bqqh, 29. April 2022.

Thomsen, Martin/Ullmann, Robert/Watrin, Christoph (2013): The impact of taxes on location decisions, Universität Münster Working Paper, S. 1–53, Internet: https://pages.business.illinois.edu/accountancy/wp-content/uploads/sites/12/2014/10/Tax-2013-Thomsen.pdf, 29. April 2022.

Thomsen, Martin/Ullmann, Robert/Watrin, Christoph (2014): What happens when tax havens are shut down? An analysis of accounting decisions and location decisions, Universität Münster Working Paper, S. 1–42.

Ting, Antony/Gray, Sidney J. (2019): The rise of the digital economy: Rethinking the taxation of multinational enterprises, in: Journal of International Business Studies, Vol. 50 (2019), S. 1656–1667.

Tranfied, David/Denyer, David/Smart, Palminder (2003): Towards a Methodology for Developing Evidence – Informed Management Knowledge by Means of Systematic Review, in: British Journal of Management, Vol. 14 (2003), S. 207–222.

Trang, Nguyen Thi Xuan (2016): A Review of Transfer Pricing: From Domnestic to International Transfer Pricing, in: International Journal of Business Economics and Law, Vol. 10 (2016), S. 18–23.

Trede, Mark/Ullman, Robert (2016): Bandbreiteneinigung bei der Ermittlung von Verrechnungspreisen – Verwendung von Konfidenzintervallen für geschätzte Quantile in der steuerlichen Einkünfteabgrenzung, Die Betriebswirtschaft, Vol. 76 (2016), S. 477–519.

Ulrich, Patrick/Baltzer, Björn (2019): Wertschöpfung in der Betriebswirtschaftslehre, 1. Auflage, Wiesbaden 2019.

UN (2013): United Nations Practical Manual on Transfer Pricing for Developing Countries, Newsletter of Financing for Development, Nr. 2013/4, New York 29. Mai 2013.

UN (2021): World Investment Report 2021, Internet: https://unctad.org/webflyer/world-investment-report-2021, 29. April 2022.

VHB (2020a): Internet: https://vhbonline.org/vhb4you/vhb-jourqual/vhb-jourqual-3/gesamtliste, 3. Januar 2023.

VHB (2020b): Internet: https://vhbonline.org/vhb4you/vhb-jourqual/vhb-jourqual-3, 3. Januar 2023.

Vögele, Alexander (2020): Profit Split basierte Verrechnungspreissysteme als kommender Standard für Konzerne, in: Rödder/Wassermeyer/Ditz (2020), S. 357–369.

Vögele, Alexander (2021): Intangibles, Immaterielle Werte, 2. Auflage, Frankfurt am Main 2021.

Vögele, Alexander/Borstell, Thomas/Bernhardtt, Lorenz (2020): Handbuch Verrechnungspreise-Betriebswirtschaft Steuerrecht, 5. Auflage, Frankfurt am Main 2020.

Vögele, Alexander/Witt, Wolf (2007): Valuing know-how and knowledge through bottom-up approaches, in: International Tax Review, Vol. 6 (2007), S. 35–39.

Vom Brocke, Jan/Simons, Alexander/Niehaves, Bjorn/Reimer, Kai/Plattfaut, Ralf/Cleven, Anne (2009): Reconstructing the Giant: On the Importance of Rigour in Documenting the Literture Search Process, European Conference on Information Systems, Proceeding Paper Nr. 161, S. 1–14, Internet: https://aisel.aisnet.org/ecis2009/161, 29. April 2022.

Vom Brocke, Jan/Simons, Alexander/Reimer, Kai/Niehaves, Bjorn/Plattfaut, Ralf/Cleven, Anne (2015): Standing on the Shoulders of Giants: Challenges and Recommendations of Literature Search in Information Systems Research, Communication of the Association for Information Systems, Vol. 37 (2009), Artikel 9, S. 205–224, Internet: https://aisel.aisnet.org/cais/vol37/iss1/9/, 29. April 2022.

Walsh, Denis/Downe, Soo (2004): Meta-synthesis method for qualitative research: a literature review, in: Journal of advanced nursing, Vol. 66 (2010), S. 204–211.

Wassermeyer, Franz (2007): Modernes Gesetzgebungsniveau am Beispiel des Entwurfs zu § 1 AStG, in: DB 2007, S. 535–539.

Wassermeyer, Franz (2015): Festgabe Wassermeyer-Doppelbesteuerung, 75 Beiträge zum Recht der DBA, 1. Auflage 2015, München 2015.

Wassermeyer, Franz/Baumhoff, Hubertus/Ditz, Xaver (2022): Verrechnungspreise international verbundener Unternehmen, 2. Auflage, Bonn 2022.

Webster, Jane/Watson, Richart T. (2002): Analyzing the Past to Prepare for the Future: Writing a Literature Review, in: MIS Quarterly, Vol. 26 (2002), S. 13–23.

West, Andrew (2018): Multinational Tax Avoidance: Virtue Ethics and the Role of Accountants, in: Journal of Business Ethics, Vol. 153 (2018), S. 1143–1156.

Wier, Ludwig (2020): Tax-motivated transfer mispricing in South Africa: Direct evidence using transaction data, in: Journal of Public Economics, Vol. 184

(2020), S. 1–16, Internet: https://doi.org/10.1016/j.jpubeco.2020.104153, 29. April 2022.

Williamson, Oliver Eaton (1975): Markets and hierarchies – analysis and antitrust implications: a study in the economics of internal organization, New York 1975.

Williamson, Oliver Eaton (1985): The Economic Institutions of Capitalism: Firms, Markets, Relational Contracting, New York 1985.

Zinser, Thomas/Gilson, Gert/Thiem, Stefan (2018): Risiken steuerlicher Verrechnungspreise in Wertschöpfungsnetzwerken und hybriden Geschäftsmodellen, in: DB 2018, S. 2317–2325.

Zucchetti, Simone/Piva, Caterina (2019): Revised Guidance on the Application of the Transactional Profit Split Method: Evolution or Revolution?, in: ITPJ, Vol. 3/4 (2019), S. 96–108.

www.ingramcontent.com/pod-product-compliance
Ingram Content Group UK Ltd.
Pitfield, Milton Keynes, MK11 3LW, UK
UKHW021836290926
8980IPUK00004B/480

9 783631 921494